谨以本书再版敬献

上海大学知识产权学院建院三十周年

（1994 年 9 月至 2024 年 9 月）

中国知识产权人才培养研究

陶鑫良　王勉青◎主编

（二）

知识产权出版社
全国百佳图书出版单位
—北京—

图书在版编目（CIP）数据

中国知识产权人才培养研究.二/陶鑫良，王勉青主编. —北京：知识产权出版社，
2024.9. —ISBN 978-7-5130-9465-8

Ⅰ.D923.404

中国国家版本馆 CIP 数据核字第 202451R7A8 号

内容提要

知识产权是当今国内国际科技、经贸、文化、外交等重要领域交流沟通的重大议题，知识产权人才培养是我国经济社会发展的当务之急。在当前的国内国际发展形势下，这项工作需要耐性，也需要魄力，需要深入钻研，也需要集思广益。本书收录了在 2007 年和 2009 年分别举办的第三届和第四届中国高校知识产权人才培养研讨会上由各位知识产权专家和青年学者所作的发言和论文，是凝聚了集体智慧的璀璨结晶，可给我国的知识产权人才培养事业带来积极推进的作用，为我国在新形势下应对知识产权领域的机遇与挑战提供参考与建议。

责任编辑：卢海鹰   责任校对：谷 洋

封面设计：杨杨工作室·张冀 责任印制：刘译文

中国知识产权人才培养研究（二）

陶鑫良 王勉青 主编

出版发行：知识产权出版社 有限责任公司		网 址：http://www.ipph.cn	
社 址：北京市海淀区气象路 50 号院		邮 编：100081	
责编电话：010-82000860 转 8122		责编邮箱：lueagle@126.com	
发行电话：010-82000860 转 8101/8102		发行传真：010-82000893/82005070/82000270	
印 刷：三河市国英印务有限公司		经 销：新华书店、各大网上书店及相关专业书店	
开 本：720mm×1000mm 1/16		印 张：27.75	
版 次：2024 年 9 月第 1 版		印 次：2024 年 9 月第 1 次印刷	
字 数：520 千字		定 价：158.00 元	

ISBN 978-7-5130-9465-8

再版序

为迎接上海大学知识产权学院建立三十周年院庆，十多年前上海大学出版社先后出版的《中国知识产权人才培养研究（一）、（二）》，将由知识产权出版社再版，是为上海大学知识产权学院三十院庆而抚今忆昔，锦上添花。因我曾兼任上海大学知识产权学院首任院长多年，故两位主编邀我写再版序言，我婉拒不能，勉为其难。

上海大学知识产权学院成立于 1994 年夏秋，是我国继 1993 年 9 月成立的北京大学知识产权学院之后，全国高校中成立的第二所知识产权学院。校内外都说钱伟长校长是上海大学知识产权学院的总设计师，的确如此。我时任上海大学常务副校长，作为亲历者配合钱校长，参与和见证了相关的历史进程。

钱校长 1983 年年初南下出任上海工业大学校长后，尤为关注学校的科技创新及其知识产权问题。记得 1984 年我国《专利法》颁布后，中国专利局与国家教育委员会共同要求在所有委属重点大学内必须建立专利事务所。故当时上海的复旦大学、上海交通大学、同济大学、华东师范大学、华东理工大学共五所重点大学相继建立了专利事务所，上海其余几十所高校则由上海市高教局科研处牵头成立"上海高校联合专利事务所"，形成上海高校专利代理"5 + 1"格局。当钱校长听取相关汇报后即指示，上海工业大学也是理工科基础扎实的高校，应建独立的专利事务所，配套学校发展。在他亲自推动下，很快获批建立了"上海工业大学专利事务所"；上海高校专利代理格局也因此转变为"5 + 1 + 1"模式。当时钱校长还特地要求我本人兼任专利事务所所长加以重视，又找来了理工科出身且法商思维较活跃的陶鑫良担任常务副所长。专利事务所刚成立，钱校长就让陶鑫良集合起全校第一批专利代理人，由他亲自给大家宣讲专利对科学研究与技术开发的重大作用及其巨大的科技与经济价值等问题。在 1985 年 4 月 1 日中国《专利法》实施的当天，上海工业大学专利事务所向中国专利局递交的第一批十多件专利申请案中，第一件就是钱校长为第一发明人的"汉字宏观字形编码方案（钱码）及其中文支持系统"。当时钱校长还强调要同步推进学校的专利及知识产权方面的教学与科研工作，所以 1988 年又成立了"上海工业大学知识产权教学与研究中心"，开始在全校开设"专利法""著作权法""商标法""技术合同法"等课程并推进相关科研。1990 年还在上海市科委领导下，由我校与复旦大学、华东政法学院、上海社会科学院、上海交通大学、上海政法干部管理学院等单位的相关研究队伍共同组建了"上海科技法联合研究所"，总部就设在我校并由我担任所长。该年秋又牵头会同中国科学技术法学会与京沪深穗西豫等多所高校和多个知识产权团体，在上海工业大学文荟图书馆召开了"科技进步的法律调节国际学术研讨会"，率先研讨科技进步中的科技法律与知识产权系列议题；钱校长还特地为会议及其论文集题名，同时邀请了国务院知识产权办公室主任宋健国务委员专门为会议论文集题了词。回顾1994年秋上海大学知识产权学院的建立，尤其要归结于钱校长在前十年的高瞻远瞩及其行阵布局，春种秋收，春华秋实，厚积薄发，水到渠成。

1994年5月原上海工业大学、上海科技大学、老上海大学等四所高校合并组成新上海大学，钱伟长教授出任校长。钱校长获悉北京大学已经建立了知识产权学院后，当年秋季就在刚合并的上海大学紧跟建立了上海大学知识产权学院，并特地要求我兼任院长进行组织与推进。当时我们一方面聚汇人才，首先在校内优化集合相关师资，譬如将校知识产权教学与研究中心主任兼专利事务所长陶鑫良、原人文社会科学学院常务副院长许瀛涛、原文学院科研处长程璞等骨干相继调至知识产权学院，又相继引进了一批优秀人才。另一方面聚合经验，譬如在国际著名知识产权专家刘江彬教授引导与陪同下，上海大学知识产权学院与北京大学知识产权学院组团同行出访美国，北京大学方面的陈美章、郑胜利、张平与上海大学方面的我、陶鑫良、吕国强、杨钧等一行十来人，从美国东海岸至西海岸，连续访问了华盛顿的乔治·华盛顿大学、美国版权局、美国专利商标局、美国贸易代表署、美国联邦上诉法院与美国国际知识产权保护联盟等，纽约的IBM总部，西雅图的华盛顿大学、微软公司、波音公司、任天堂公司等一系列相关知识产权的高校、政府机构、跨国公司与其他单位，并分别参加了"中美知识产权法比较研讨会"与"亚太知识产权保护国际学术讨论会"。再一方面聚集经费，钱校长获悉是他的老朋友香港星光传呼集团董事长黄金富先生捐赠巨款资助北京大学知识产权学院后亲自联系，黄金富先生闻讯后致意钱校长愿意捐赠千万资金助建上海大学知识产权学院：当年首期支持200万元，翌年再支持150万元，以后每年支持100万元作为上海大学知识产权学院办学经费，十年为期。1994年9月1日在上海工业大学举行了捐赠仪式，中国专利局高卢麟局长等一行专程来沪出席，上海市谢丽娟副市长、上海市政协赵定玉副主席、上海市教卫办王生洪主任、上海市专利管理局俞子清局长等市领导与上海工业大学党政领导出席；钱校长因在青岛特发来贺信，由我来宣读，黄金富先生与王生洪主任等即席演讲。

1994 年上海大学知识产权学院成立后，我是第一任院长（1994～2002 年），第二任院长是陶鑫良（2002～2009 年、2011～2016 年），第三任院长是许春明（2016～2020 年），第四任即现任院长是袁真富（2021 年至今）。当年在钱校长的引领下，上海大学知识产权学院顺天时、得地利、聚人和，脱颖而出，发展较快。1994 年就分别从已完成二年级学业的法商与理工本科生中优选一批转入"知识产权法"或者"知识产权管理"本科专业，从 1996 届开始相继培养出 11 届"法学（知识产权专业方向）"本科生和 2 届"管理学（知识产权管理方向）"本科生。1995 年试办了一期"知识产权管理工程"硕士研究生班。从 1996 年起先后在管理工程、工业外贸与法学专业招收硕士研究生；从 2005 年起先在社会学专业，后主要在管理科学与工程专业招收博士研究生；已经培养了数以千计的知识产权本科生、数以百计的知识产权硕士研究生、数以十计的知识产权博士研究生。记得严隽琪副委员长担任上海市副市长时，2005 年亲自调研后支持与批准了上海大学知识产权学院改革创新的"理工本科 + 知识产权法硕士"的"本硕连读"人才培养新模式，每年特批 20 个名额，并曾一再予以肯定与予以推广。2007 年受严隽琪副市长与时任上海市教委沈汉明主任的指示，上海大学知识产权学院向教育部提交了关于知识产权人才培养模式与经验的调研与总结报告。

多年来上海大学知识产权学院的科研工作也锐意向上，与时俱进。譬如 20 世纪八九十年代连续参加了技术合同法、科技进步法、科技成果转化法与合同法等立法研究。参加了 1997 年 12 月由北京大学罗玉中教授主讲的中共中央第六次法制讲座之预备阶段的 B 组准备工作，譬如由我亲自带队至北京参加了两次试讲与相关活动，我们的"科技进步与法制建设"研究文章也作为附录被收录进《中共中央法制讲座汇编》一书。在 2006 年国家知识产权战略纲要制定研究的"20 + 1"系列研究课题中，就参与承担了 20 个课题中的 4 个课题，陶鑫良教授还参加总课题组并提交了"国家知识产权战略纲要（专家建议稿）"等。又如 2017 年上海大学知识产权学院研究生会牵头召开了"中国研究生著名商标问题研讨会"，北京大学、中国人民大学、中国政法大学、复旦大学、同济大学、华东政法大学等二十多所高校的近二百名硕博士研究生与会，会后还联名向全国人大法工委提交了相关立法问题建议书并获采纳，开创了研究生成功参与立法焦点问题之先例，相关研究成果还获得了上海市优秀教学成果奖一等奖等。如今，上海大学知识产权学院正在继续全面培养知识产权本科生、硕士研究生与博士研究生，并且创新了"金专计划"等项目持续培养社会紧缺的复合型中高级专利应用人才等；最近还刚获教育部批准进入了我国第一批"知识产权专业硕士学位"培养高校的行列。

从 1994 年至 2005 年，其间 1998 年上海大学文学院涉外经济法系（即"文革"后上海首先恢复法学专业本科招生的原复旦大学分校法律系）又与知识产权学院合并，上海大学知识产权学院一直是与上海大学原法学院平行的拥有数十名教师员工的校内独立建制学院。2005 年因上海大学原法学院全面脱离上海大学，成为独立建制高校即现上海政法学院后，上海大学知识产权学院易名成为新的"上海大学法学院"，并继续进一步发展成为今天的上海大学法学院，其下设置知识产权学院为二级学院。2024 年 3 月上海大学又决定再将知识产权学院定位为挂靠法学院的校级平台。

上海大学知识产权学院自 1994 年建立伊始，就遵照钱校长的指示会同兄弟高校一起，不断探索各种知识产权人才培养的模式与路径。有人说上海大学是我国探索时间最早、探索模式最多、探索经历最复杂的高校之一。中国高校知识产权研究会的人才培养专业委员会多年一直设在我校，陶鑫良教授担任其主任委员近二十年，并因此在我校或者由我校参与牵头召开过一系列我国及高校知识产权人才培养的专业会议，我也曾经多次参加。譬如还记得 2003 年 10 月在我校开会的那次，由北京航空航天大学沈士团校长领衔的十多位相关高校校长、院长与数十名教授等还曾发出过一份《关于中国知识产权人才培养的倡议书》，提出了我国知识产权人才培养的六点重要倡议。当年还曾将这一系列知识产权人才培养会议之会议记录与相关研究文章汇编成书，譬如这次拟再版的《中国知识产权人才培养研究（一）、（二）》。

值此上海大学知识产权学院建立三十周年之际，由知识产权出版社再版《中国知识产权人才培养研究（一）、（二）》。抚卷读来，当年几乎全国开展了知识产权人才培养的主要高校都参加了这些会议；故这两本书不仅是上海大学知识产权学院曾参与举办的那几次会议之简单实录，更是那些年我国或我国高校知识产权人才培养的整体剪影，颇具历史意义，或见参考价值；尤其是书中关于第二届、第三届中国高校知识产权人才培养研讨会这两次会议的会议记录，一时荟萃群英，包容百家；会上提出的这两份《关于中国知识产权人才培养的倡议书》与《关于中国高校知识产权人才培养的建议书》当年振聋发聩，继往开来。

今天《中国知识产权人才培养研究（一）、（二）》再版，一是抚旧庆新，采撷上海大学知识产权学院发展 30 年来江河长流中的几朵浪花，为上海大学知识产权学院三十周年院庆锦上添花。二是抚旧迎新，储合那一段历史时期中几十所高等院校和上百位知识产权工作者致力于我国知识产权人才培养的相关信息及历史资料，纵合横连，拾遗补阙，有助今后的相关研究工作。三是温故知新。虽然近二十年来我国高校知识产权人才培养形势几乎天翻地覆，今非昔比，但历史的经验总是值得进一步提炼与回味，抚今再追昔，鉴往更知来。

我国高校中的知识产权人才培养于 20 世纪 80 年代自中国人民大学等启始，至 20 世纪 90 年代北京大学和上海大学相继成立知识产权学院，再至本世纪以来相继在同济大学、华东政法大学、华南理工大学、暨南大学、中南财经政法大学、西南政法大学、南京理工大学等建立了几十个知识产权学院。我国高校知识产权人才培养的形势已经从当年的涓涓细流，汇成了今天的滔滔江河，与时俱进，今非昔比。就在我国高校知识产权人才培养千帆竞发、百舸争流新形势下的 2024 年夏秋，上海大学知识产权学院迎来了成立三十周年院庆。

饮水不忘掘井人，在上海大学知识产权学院三十周年之际我们更深切缅怀钱伟长校长"总设计师"；快马加鞭再兼程，愿在新时代的新形势召唤下，上海大学知识产权学院和上海大学法学院扬鞭跃马，一往无前。

是为愿，谨作序。

方明伦

2024 年 8 月 18 日

（方明伦为上海大学原党委书记、常务副校长；
1994～2002 年曾兼任上海大学知识产权学院院长）

（原版）**序一**

  培养知识产权人才是我国建设创新型国家与培养创新型人才，尤其是创新型科技人才的主要配套工程和重要实践路径。

  2004年6月温家宝总理指出："世界未来的竞争就是知识产权的竞争。"知识产权已经成为当今世界的主要竞争手段，也势必是未来时代的主要博弈工具。我国正在制定国家知识产权战略，科教兴国，知识产权是根；人才强国，知识产权是神；可持续发展，知识产权是魂。当代中国的科技进步、经济振兴、文化繁荣和贸易发展、外交斡旋都躲不开知识产权，也都离不开知识产权。因此，知识产权人才的培养既是我国当务之急事，也是我国长远之需求。

  2006年6月胡锦涛同志指出："建设创新型国家，关键在人才，尤其在创新型科技人才。""培养造就创新型科技人才，要全面贯彻尊重劳动、尊重知识、尊重人才、尊重创造的方针，以建设创新型国家的需求作为基准，遵循创新型科技人才成长规律，用事业凝聚人才，用实践造就人才，用机制激励人才，用法制保障人才，不断发展壮大科技人才队伍，努力形成江山代有才人出的生动局面。"而知识产权制度正是用机制激励人才、用法制保障人才的最优化模式，知识产权运作正是用事业凝聚人才、用实践造就人才的最重要资源。创新型国家需要依靠知识产权顶天立地与继往开来，创新型科技人才需要依仗知识产权披荆斩棘与保驾护航。在我国培养创新型人才、建设创新型国家的历史进程中，知识产权既是加速器和护身符，又是地雷阵和紧箍咒。可以说，建设创新型国家的关键尤其在于培养与扶植创新型科技人才，创新型科技人才的造就和作用发挥尤其在于知识产权保护与经营。而知识产权人才其实也是创新型人才之一，是为培养创新型科技人才，建设创新型国家架桥铺路、保驾护航的工程兵。所以，培养创新型的知识产权专业人才，也是我国高校当务之急的时代任务和继往开来的历史使命。

  上海在知识产权人才培养方面多年来做了一点工作。上海大学知识产权学院是继北京大学知识产权学院之后于1994年9月成立的我国第二所知识产权学院，仅上海地区高校内近两年又接踵成立了同济大学知识产权学院、华东政法学院知识产权学院和其他六个知识产权教学研究机构，各自作出了知识产权人才培养的有益尝试与积极探索。据悉全国各大学迄今已经建立有 11 所知识产权学院和几十个知识产权教学研究中心，都已经有各自宝贵的教学改革成果与丰富的办学经验累积。也正因此，在各校之间进行交流和讨论就愈发重要与日趋迫切。

围绕如何培养我国知识产权人才的议题，在承担国家知识产权战略研究之"我国知识产权人才培养与普及宣传研究"课题的同时，两年来中国高校知识产权研究会人才培养委员会会同上海大学知识产权学院、北京大学知识产权学院、上海市知识产权研究发展中心等单位连续在上海大学召开了几次我国高校知识产权人才培养的专题研讨会，每次都进行了深入且务实的讨论，产生了一系列积极的影响，在国内外引起了较大的关注和反响。

将这几次会议的与会论文及部分会议讨论记录结集出版，形成了这本《中国知识产权人才培养研究》论文集以飨大众，以便在全社会的平台上进一步进行交流和探讨，这一定会对我国的知识产权人才培养事业和高校系统的有关教学、研究工作起到积极的推进作用，为培养我国创新型科技人才、为将我国建设成创新型国家作出实在的贡献。

谨以为序。

上海市教育委员会副主任

（原版）序二

社会需求引导高校的研究，人才需求决定大学的培养。为适应我国建设创新型国家和培养大量创新型人才的战略目标，我们需要加紧培养同样也属于创新型人才的知识产权专业人才。

知识产权已经成为当代科技交流、经贸活动、文化交往乃至国际关系、外交谈判的主要讨论议题和重要"游戏规则"，知识产权人才培养也已成为适应我国市场经济发展之需要的当务之急和百年大计。在我国，知识产权人才的培养是一项新的工作，需要锐意进取与大胆改革，需要积极交流与共同探讨，需要集思广益与群策群力。即将出版的《中国知识产权人才培养研究》一书，就是几年来在中国高校知识产权研究会人才培养委员会组织和主持下，我国相关各大学知识产权教学与研究工作者几次会议的实录和集体智慧的结晶。

近年来较有规模、较为系统地交流与研究中国高校知识产权人才培养问题的这几次会议，有幸大多在上海大学举行，兄弟院校纷纷传经送宝，挥斥方遒，给我们上海大学带来了时代的气息。

2003年10月，"中国高校知识产权研究会第十一届学术年会暨大学技术转移国际论坛"在上海大学召开，会上发出了由北京大学、清华大学、复旦大学、上海大学等11所高校的18名校长、院长偕知名教授联合发起，与会的国家知识产权局田力普副局长等数百名知识产权工作者共同响应签名的《关于中国知识产权人才培养的倡议书》，数以百计的媒体竞相报道，在国内外引起很大反响。

2005年2月，"2005中国知识产权人才培养研讨会"又在上海大学召开，来自全国数十所高等院校等单位的专家学者在会上较为全面地交流和探讨了我国高校及高校知识产权专门人才培养与普及教育的相关问题。

2005年5月，来自教育部、国家知识产权局等部门和来自上海相关高校的专家学者，又在上海大学汇聚一堂，就"上海高校知识产权教育状况"进行了一次深入的讨论与交流。

2006年3月，全国相关高校的知识产权专家再次会聚上海大学，参加"2006中国高校知识产权人才培养研讨会"，主要就"研究生层面的知识产权人才培养""本科生层面的知识产权人才培养"和"在职教育层面的知识产权人才培养"三个议题进行了别开生面的观点撞击和深层探讨。

　　会场空间总是有限的，会议时间总是短暂的，对于已经列入国家知识产权战略研究内容的我国知识产权人才培养的议题，需要更多的人给予关注和参与讨论。也希望我国高校系统已建立的十几所知识产权学院和几十个知识产权教学与研究中心进一步加强沟通与联系，进一步交流经验和信息，进一步探讨合理模式和相关问题。《中国知识产权人才培养研究》一书的出版，可能为我国的知识产权人才培养就此开启一条新的信息频道和建起一个新的交流平台。

　　谨此为贺，并以为序。

上海大学常务副校长

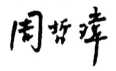

目 录

关于中国高校知识产权人才培养的建议书

　　未来世界的竞争，主要是知识产权的竞争；未来世界的知识产权竞争，主要在于知识产权人才的竞争。2008 年春颁行的《国家知识产权战略纲要》已经将"加强知识产权人才队伍建设"作为我国七大战略措施之一，强调"建设若干国家知识产权人才培养基地。加快建设高水平的知识产权师资队伍。设立知识产权二级学科，支持有条件的高等学校设立知识产权硕士、博士学位授予点。大规模培养各级各类知识产权专业人才，重点培养企业急需的知识产权管理和中介服务人才"等。2008 年秋以来的国际金融海啸进一步加重和提升了我国高校知识产权人才培养的迫切性和使命感。值此第四届中国高校知识产权人才培养研讨会召开之际，为积极推进《国家知识产权战略纲要》的实施，我们提出如下建议：

　　（1）建议国家及省市政府相关主管部门尽快制定落实《国家知识产权战略纲要》"加强知识产权人才队伍建设"战略措施的专项计划和筹措专项资金，积极推进和提升高校在职、在学知识产权教育与人才培养工作。

　　（2）建议把知识产权内容列为研究生、本科生、专科生素质教育的组成部分，推广工程硕士已经设立知识产权必修课程的有效经验，逐步将知识产权类课程列为理工科和文科各专业本科生和研究生的必修课程。

　　（3）建议国家知识产权局允许知识产权法专业或者知识产权管理专业的毕业生参加专利代理人资格考试。

　　（4）建议国务院学位委员会尽快增设知识产权法为法学二级学科，增设知识产权管理为管理学二级学科，在有条件的高等院校尽快设立相应的硕士和博士学位授予点。

　　（5）根据我国知识产权人才主要社会需求的复合型、实务化、多样性的综合特点，建议重点培养知识产权应用型硕士。根据我国知识产权从学科交叉到交叉学科的发展进程，根据未来最大量的知识产权人才应当兼具知识产权法律和知识产权管理知识结构的客观规律，建议将现有的知识产权法律硕士和知识产权 MBA 培养模式整合改革为专门化的兼容知识产权法律与管理内容的单列的"知识产权"专业硕士制度，在高等院校内优先制订与推进包括在职人员的"知识产权"专业硕士培养计划。

（6）在我国高校内迅速建设若干个国家知识产权人才培养基地，加强高等院校间知识产权教学合作，制订和实施中国高等院校知识产权师资培养行动计划，支持和推进中国高校知识产权研究会的相关工作。

谨此建议。

建议人：

吴汉东　中南财经政法大学校长，教授

陶鑫良　上海大学知识产权学院院长，教授

张玉敏　西南政法大学知识产权研究中心主任，教授

张　平　北京大学知识产权学院常务副院长，教授

朱雪忠　华中科技大学知识产权战略研究院院长，教授

曹新明　中南财经政法大学知识产权研究中心常务副主任，教授

单晓光　同济大学法学院院长，教授

高富平　华东政法大学知识产权学院院长，教授

黄武双　华东政法大学知识产权学院院长，教授

田文英　西安交通大学知识产权研究中心教授

关永红　华南理工大学知识产权学院副院长

马治国　西安交通大学知识产权研究中心主任，教授

宋晓亭　上海中医药大学知识产权研究中心主任，教授

王莲峰　华东政法大学知识产权学院教授

杨　凯　中国计量学院法学院院长，教授

丁丽瑛　厦门大学知识产权研究院教授

朱谢群　深圳大学教授

唐　恒　江苏省知识产权研究中心主任（江苏大学）教授等共41名正副教授

2009 年 5 月 12 日于江苏吴江同里

2007 中国高校知识产权人才培养研讨会会议记录

2007 年 5 月 26 日　14：45—17：45

主题一：国家知识产权战略"知识产权人才培养"专题

主持人：郑胜利（北京大学知识产权学院院长，教授）

张乃根（复旦大学知识产权研究中心主任，教授）

郑胜利：

我们这个专题是关于知识产权战略"知识产权人才培养"的。是不是请舒华讲一点她的想法？这是咱们的"父母官"，主管这件事情的，舒华是教育部的。

舒华（教育部科技司高新处）：

今天非常高兴参加"中国高校知识产权人才培养研讨会"，有机会和大家一起交流和探讨我国高校知识产权人才培养方面的若干问题。郑老师说让我先讲讲，其实这份报告我知道得并不比大家早多少，因为我也是 3 月份才接手这项工作的，最多是比大家多看了几遍，多了解了一些进展情况。目前，教育部方面的国家知识产权战略研究工作告一段落，我就借此机会向大家作一个简要的介绍，同时希望为下一步工作作一个提前思考。

2005 年 1 月，由国家知识产权战略制定工作领导小组组织 20 多个部门和单位及有关学者，开始研究制定《国家知识产权战略纲要》（以下简称《纲要》）。教育部作为工作领导小组成员单位之一，承担了国家知识产权战略研究 20 个专题中的第二专题——"知识产权人才队伍建设和宣传普及研究"。经过专题研究组全体成员一年多的共同努力，现在大家手中拿到的就是已完成研究报告的简本。目前，知识产权战略制定工作的重心已由各专题研究转移到《纲要》的撰写和修改，预计年内可正式颁布实施。

《纲要》颁布后，马上随之而来的就是如何实施和落实的问题。世界未来的竞争是知识产权的竞争，而竞争的关键在人才，不仅需要创新型科技人才，更需要懂得知识产权的专业人才和具有知识产权意识的人才。针对人才培养和宣传普及工作，我们提出了未来 15 年的任务和目标，比如：提到 2010 年要使知识产权专业人才队伍达到 5 万人；到 2020 年要增加到 8 万人，其中知识产权高层次人才至少达到 3000 人。这只是对人才需求数量的估算，但是，对于人才队伍的结构、培养的模式和质量等，还没有整体的规划，比如，建设知识产权人才培养基地的问题。现在国内的一些高校设有知识产权学院、研究所、培训中心等，那么我们所提出的知识产权人才培养基地与这些机构的关系是什么？也就是基地的定位问题，以及建多少、建在哪、怎么建等。这些都是我们要进一步研究和落实的问题。

高校作为人才培养的基地，应抓住这次机遇，提前做好规划和布局工作，促进学科的发展，为国家的经济和社会发展提供强有力的人才支撑。这次研讨会，汇聚了高校知识产权方面的专家学者，既是一次工作交流会，也是一个战略思考的研讨会。因此，希望借此机会，请各位专家针对报告中指出的在知识产权人才培养中存在的问题，结合提出战略目标和主要任务，各抒己见，一起来为下一步的工作出谋划策。

张慧（北京工业大学知识产权研究中心教授）：

我来说一些好了。我做知识产权工作时间也不短了，算是第一批代理人吧，目前主要从事涉外知识产权代理。这些年来和企业对口工作比较多，包括咨询、顾问以及一些知识产权的诉讼。从去年开始和国外的一些企业合作，它们诉中国的一些企业，牵扯到大量的案子，需要代理机构配合，看是否能找出与知识产权相关的一些资料。接触了很多企业及其相关人员，给我一个最大的体会是发现我们这两年知识产权的教育发展的确非常快，但我们的知识产权教育似乎忽略了一个问题，即忽略了对在职人员进行的二次教育。例如全国有13 家软件学院，因为我在软件学院任课，感觉教育部特意给他们开了一条工程硕士的路子。我曾经问过他们：为什么他们招生专业不限制于软件，而是连化工的、机械的等方方面面的都招。他们说就是前几年在软件这个专业，招生出了很大的问题，专业交叉没人来做，现在专门学软件的人不一定能做其他专业的软件，所以我们国家软件产业的发展和国外比，差距非常大。他们希望利用二次学校教育来提升这批软件人才的水平。通过专门设立的工程硕士这个学位，他们大量地培养已经取得本科资格的学生或者工作了好几年的人士，甚至一些领导干部也到软件学院进行二次学习。他们的学制大概是 3 年，而且他们授予学位也是比较自主的。经过这样的培养，我们 2005 年底至 2006 年初进行了一个调研，发现这些人的确在我国的相关行业的软件开发上起到很好的作用。知识产权人才培养也一样，从法学角度看，培养的是一些研究人才和教学人才，但我们的实务人才缺口太大。从我们的战略来看，有很多普及培训，说到这一块我倒是也有点经验。2006 年的时候，我们北京工业大学与北京市知识产权局设立的知识产权培训基地就做这个工作，发现学员在实务分析上的知识点有断截，比如遇到案例，并不是经验问题，而是技术和法律的结合问题。而出现这个问题跟我们培养的出发点有关，因为我们就没从这个角度来进行培养。如果我们仅仅是在法律的课程里加些技术的课程，那其实是很浅薄的。现在各个事务所招人，招代理人的话，绝对不会招单一的本科的人，而且绝对不进一个本科学法学的人，因为如果他学机电的，我希望他本科和研究生方面都是机电方面一直学下来的，这样他才能对案件有一个很清楚的技术分析；但是他对案件有一个技术分析后还不行，还要进行后续的知识产权方面的教育培训。所以我觉得在知识产权人才培养方面设立像工程硕士这样的途径，效果会非常好。如果说教育部给出这么一个条件来的话，我相信来的人是非常多的。因为就北京工业大学的软件学院每年上下半年招生（如今年 5 月份招生），这一次光报名的人就 3000 多人。然后这一次录取的人，6 月初公布了，就 120 个人。后来我看了看学生的来源，有北京市科委的，还有烟草总公司的，另外还有一些企业的主管和一些刚毕业、到企业不久的学生，专业分布非常宽。其实这是一个很好的教育资源。把这些人拉到我们知识产权培养中来，是一个很好的培养实务人才的途径。但现在的问题在什么地方呢？我们没有这么一个平台。没有这么一个平台就没有办法去做这个工作。我很关心咱们的这个战略研究。但今天看了战略后，我发现仍然没有提到这方面的问题。因为宣传也好，激励培训也好，都解决不了我刚才说的复合型人才，尤其是比较专业化的复合型人才的培养问题。我就是这么一种感觉，也可能说得不对，因为这几年和教学研究脱离比较多一些，尽管给研究生上一些课吧，但是毕竟在整个教学的框架的研究上参加得不是很多，而我的体会还是有一些的。

孙国瑞（北京航空航天大学知识产权研究中心主任）：

感谢组织者。我是北京航空航天大学法学院的孙国瑞，我们这里有一个知识产权研究中心，还有一个知识产权咨询服务中心，有很多业务我也跟着参加；教学工作搞了好多年了。但是我看这个材料里面，比如说知识产权人才的规划，提到 2010 年，特别是 2020 年，知识产权专业人才队伍的规模至少要达到 8 万人，其中知识产权高层次的专业人才要达到 3000 人。所以，结合刚才张老师说的，这个高层次人才只是高学历人才呢？还是除了理论，操作水平也比较高的？这是我提出的一个问题。还有的一个呢，是现在这个课题后面还有一块内容是宣传。在宣传方面，正好我们北京航空航天大学借北京的地利，从2002 年开始与国家知识产权局合作，在北京航空航天大学做普及性的教育，所有的学生都可以在网络上选我们的课，然后我们法学院几位老师负责答疑、咨询、出卷子、考试、阅卷、给成绩。实际上北京航空航天大学的学生从本科生一直到博士生，都知道我们开设的这个课程。这是一个层次。

另外就是去年，我们根据与国家知识产权局和中国知识产权培训中心的交流，感觉是不是应该再往前走一步，就是在本科生中把我们的课作为必修课。但是全面推开又可能有点困难。所以我们选了一个院系，这个院系一年的招生数量是北航 3000 多学生的 1/10。它一个年级的本科生就有 300 多人。就拿它作为一个试点，把我们的课去年作为本科生的必修课，体现了我们学校对知识产权这个课程的重视。还有就是硕士生和博士生，这个阶段怎么办呢？他们也没有本科生的这个公选课了。我们就在社会科学的系列讲座中，专门讲知识产权问题。而且在北京航空航天大学，这个课程基本都是我去上。因为大家说：原先是你上的，那就继续由你去上。确实是，原先做这个讲座的时候，那些学生一看这是文科的课，就兴趣不大。但我们要求必须到场，要求班主任、班长协助老师做好工作。因此刚开始时，比如原本要讲 4 个钟头，一般都讲 3 个钟头，不要讲太多。比如说怎么从事知识产权服务的，就讲我们校内有一个知识产权服务中心。学生问什么意思？这种简单的咨询，用三言两语就能解释清楚。结果，很多学生听了之后就发现真的有用，这样也就有兴趣来听了。

现在讲复合型人才，那什么是复合型？如果是工科一直学到了硕士，再去读一个法学的硕士或者是博士，这就叫复合型吗？有了比较深厚的工科的功底，相当一部分学生再去读一个法学专业，可能仅仅是为了再要拿一个学历，有一个这方面学习的经历。但是学生真正要很扎实地学一些知识产权的操作技能，我感觉还是难度比较大。因为现在在有些知识产权事务所，我们了解到，确实是有些学生到了那里之后得培养 2～3 年的时间才能基本入行，做一些实务工作。可是学校培养了这么长时间，学生到知识产权事务所里去又却不会做业务。如果学校这个阶段的培养就能够把学生变成知识产权专业性、操作能力很强的人才，那当然很好，但我看到目前为止没有一个高校有这种能力。所以说接下来怎么做，我也想听听各位的高见。

张慧：

我们学校的知识产权培训基地到底有什么意义呢？其实我们通过办知识产权教育基地就发现了一个问题。我所说的这种在职研究生的培养对象不是指学校的学生，而是很多在企业干得相当不错的管理人才，因为我们有很多，比如说神州数码、北京联想、大唐、华为、新东方。这些公司我接触比较多，还有中关村的公司，当时到教育基地去参加培训的这些学员，基本上原来在学校都是学得相当不错的；走上工作岗位上后，到了企业，可能有的在一个部门当主管，有的可能就在企划部，有的又可能在企业的一个管理部门，或者说当秘书等。我们一做知识产权培训，他们这些人就都来了。他们听完了以后，体会是什么呢？他们说，如果有一个再来学法学，就是知识产权学位的这一个地方，他们特别想来。我觉得这些人恰恰是我们培养专门化人才的一个基础。像我们软件学院这样，如果教育部能够设置一个类似于工程硕士的知识产权方向的硕士学位，很多在职的、很有作为的企业人就可能进来学习。进来以后，经过两三年的在职培养，就可以成为知识产权界实务的专业化人才。有了工作经验后他们再学习接触，上手是非常快的。例如，我们曾接到欧共体的一个案子，由于人员不够，没有办法，只好找了 3 个专家，又找了一家律师事务所，把两边的人合在一起，给他们进行了一周的培训，专门培训怎么理解这个审查指南；学习完后依靠他们来把这个案子做完。在这些案子运作的过程中，他们的体会也是一样的，包括那些专家的体会也是一样的。如果说工科学完以后，有一个近乎这样的培训，哪怕是法学的培训（其实当时我们就完全是用法学的一些教师对他们进行培训），让他们从业务的角度理解法学的一些知识点，这样的培训就可以造就一些我们非常需要的专业化人才。

我觉得我们国家的知识产权人才战略如果从大学生着手就太晚了，因为时间太短。我们可以将来慢慢来，但在目前国家有一个急需专门化实用人才的阶段，应该在学位上"开点口子"。我是这么认为的，就像软件学院一样。软件学院的这个运作我觉得是非常好的。它等于是在教育改革上的一个突破。比如，有一次做数控机床的那些软件，做的人就是从软件学院出来的，而当初他们在学校学的就是机电，根本不懂软件。经过 3 年的软件学院培训以后，他们就成为这领域中的专业化人才了。他们再加上 2 个专家和其他的一些人，做出来的软件在数控机床领域中得了一个北京市二等奖。所以我觉得教育资源不能浪费，应该相互衔接，这样可能会更好一些，既能发挥我们知识产权领域这些前辈们、老师们在这方面的经验和作用，又能够利用多年来在我们国家工科的这种资源，结合起来是非常有意义的。

王岚涛（中国知识产权培训中心副主任）：

接着刚才两位老师说的。孙老师刚才说的那个专题，实际上是我们培训中心开发的一门课，就是知识产权法律基础知识。这是一个免费的远程课程，是2002年开始在北京航空航天大学、西北农林大学、华东政法学院，还有华中科技大学的本科阶段当中，作为一个选修课的试点开始的。借助孙教授的帮助，这个课程在北航推进得特别快。去年是300个本科生进行必修课的试点。今年总共是2700个学生。进展得比较快。我们当初是想在理工科学生当中进行知识产权的教育应该是非常必要的。我们也希望教育部的领导看看到时候怎么能推广我们这个课。课程是免费的，而且现在已解决了技术问题。原来还需要北航的网络支持、网络服务，但是现在我们把这个问题都解决了，直接与我们的网络管理人员协作，直接在孙教授那里做一个课程辅导就可以了。我们中心总共开了七门课，知识产权法律基础是其中一门，另外，还包括著作权、反不正当竞争、专利代理等。我看咱们写的这个专题当中，也提到了国家专业技术人员知识更新工程。刚才提到的那个"六三工程"也是把我们这门课选走了，作为公选课。今年我们还要办人事部工程的6个班，包括在五大技术领域的班和一个师资班，实际上是已经列入这个工程了。但只是这一门课的话，我觉得还是少了点，我们也希望通过教育部这个层面往理工科学生当中推广。刚才北京工业大学的张慧老师说得很好。其实我们现在跟中国政法大学也有一个合作，就是民商法学方面的一个研究生课程进修班，像国家知识产权局内的审查员，很多拿到理工科硕士的人都在学这个课程。这个课程第一次是和华中科技大学1999年合作的，2001年转到中国政法大学来了。这个培训总共3个学期，一年半的时间，特别系统地来学民商法学，总共是15门课程。这个班主要招收在职人员，周末班，每年9月份开学，到后年的1月份，学习结束，有一个结业证。如果可以通过学校的学位考试，再通过国家的两门考试之后，可以申请学位。现在已经有很多人申请到学位了。这个课程我们一直在做，希望与更多的学校有这样的合作。

张乃根：

刚才听了北工大的张慧老师、北航的孙老师的发言，主要是讲具体的培养方面的看法，我深受启发。我想，现在谈知识产权战略中的人才培养，一个就是要看到我们的现实，也就是目前我们高校中的现实，同时也要有一个思维创新，根据目前的形势需要进行思维创新。

从 20 世纪 70 年代末到现在有将近 30 年，从法学这个领域来看，知识产权的人才培养实际上是走过了一个曲线形的道路。为什么这么说呢？在 20 世纪 70 年代末恢复法学教育的时候，是没有各个专业的，就是一个法学专业。

到 1980 年初在北京大学首先设立了国际法专业，在王铁崖老先生在的时候。然后在中国人民大学设立经济法专业。我们复旦大学是国际经济法专业。换句话说，当时就变成法学专业、经济法专业、国际法专业、国际经济法专业，是隶属于大法学这样一种专业。还有像华东政法学院，1981 年设立专门化，包括刑事侦查，都作为是专门化。现在事实上已经变成专业了。我们法学现在是二级学科里有三级学科，三级学科里 9 个是绝大多数院校里有的。还有 2 个，一个是军事学，还有一个是刑事侦查是少数学校有的。一共有 11 个三级学科，这都是在 20 世纪 80 年代以后形成。从本科看，四大政法院校分得更细，而一般的学校就是法学、国际法、经济法，或者国际经济法。

然后到 20 世纪 90 年代初期的时候，教育部就是当时的教委想调查全国的专业设置情况，请北京大学法学专业的苏力、复旦大学国际经济法专业的我、中国人民大学经济法专业的刘老师，3 个人组成一个小组，调查全国的专业设置情况。当时想规范，结果调查了 2 年多，最后大家得出一个结论：最好是淡化本科各专业。换句话说，就把原先的专业合并成一个大专业。

然后到 1995 年的时候，教委就下文把法学并成一个专业，包括政法学院也是如此。因为当时有些政法学院出现一系、两系、三系、四系、五系、六系，就根据这个专业分系了。1998 年以后，我们复旦大学就按照这个规定，变成了一个大专业，就是法学专业了，现在本科专业目录只有法学专业了。有些政法学校还保留了括号，括号里面是某些专业。这就是目前的情况了。

我感觉，从知识产权入手，好像开始又要求设立新的专业。比如华东政法学院现在设立本科正式的一个知识产权专业。其他学校也开始这样做了。那么我们目前在讨论知识产权战略的过程当中已经把它提到正式日程上来了，不仅是法学硕士，11 个三级学科当中再出来一个，相当于 12 个三级学科，从民商法中分出来一个，而且博士是跟着硕士的。这是我介绍的情况。

因为我是教育部法学专业指导委员会的。我从第一届到第三届，从 1997 年开始调研以后，我代表复旦大学，是该委员会委员，进行包括课程设置方面的调研，一直到现在。这是我介绍的一个现实情况。这是学历教育。刚才张慧老师提到在职人员怎么去进一步学习，学历教育基本的现状是这样的。那么我们如何创新，根据现实的情况如何创新，这就是我们要讨论的。因为我们总是要根据形势走。需要什么，如何变，当时怎么变的，现在又要怎么变，教育部是怎么考虑的。

还有就是非学历教育。刚才张慧老师谈到的，还有孙老师谈到的，国家知识产权局的同志谈到的，实际上是非学历教育。常规的非学历教育，并不是再要去取得学位的学历，而是在职继续去学习。比如律师，他每隔一段时间去继续学习，在美国叫 continue learning，就是继续学习。那么我们这里实际上在知识产权这方面也可以考虑继续学习。关于如何办好 continue learning 这一块，美国现在有一个很好的方法，它实际上是这几年开始的，利用有特色的学校，办短期的（或者是 1 周的，或者 10 天，甚至 3 天）集中在一个 program（项目）里，在这里面学习就给你 3 分，你可以在这里取得 3 分，也可以在那里取得 3 分。你只要取得比如说 6 个学时，那你就可以今年完成这个 continue learning 了，你也不用专门到哪里关起来集训，我们这里是关起来集训。上海就到青浦那边的上海政法学院去集训，然后给你盖个章，你今年可以续展律师在职注册了，那个是开放式的。

那么如果要回过头再进行学历教育，刚才讲的软件学院的这个工程硕士，也是专业学位，那么我们的 JM（法律硕士）里实际上就是这个专业学位当中的一个系列。这几年已经设立了好多专业学位，就在原来的 11 个三级学科之外设立了专业学位，这是针对二学位来的。二学位的话，北京大学设立了知识产权二学位，中国人民大学也是如此；复旦大学是 1992 年设立国际经济法二学位的。我们后来取消了，因为从 1998 年开始招 JM 以后，我们就并轨了，2 年学一个学士学位还不如 3 年学一个硕士学位，所以我们取消了，人大还保留着。而事实上北京大学也取消了。JM 已经为他们创造了第二学位了，比如我们招 300 个 JM，150 个是非法学专业毕业再学法学的。北京大学也是这样，因为教育部期望的就是这样。秋季招非法学专业，然后春季招法学专业的。这样的话就是一个叫研究生班，一个叫学位班。那么这些人实际上是学历教育。你可以当了工程师后来学，限定非法学专业来学，为那些理工科背景学生的学历教育开拓了一条道路。这就是我们讲的从现实出发，如何利用我们目前的体制创新思维，来培养我们所需要的知识产权人才。我就补充这些情况介绍。

赵莉（上海大学法务办主任，博士）：

我是上海大学法律事务办公室的负责人，但实际上我之前是在知识学院做专业教师的，现在到学校做了法律事务工作。总体上我感觉，正是这样一个身份的变化，使得我再一次关注知识产权人才这样一个概念，包括它的培养问题。所以在这里我借着教育部的领导在，想围绕我们知识产权人才培养战略的定位问题与我们的领导谈一些实际工作的体会。

目前我们梳理了从教育部到地方教育主管机关以及各高校自身的内部规定，国家层面有 1999 年教育部颁发的《高等学校知识产权保护管理规定》。那么接下来，各地方，尤其是上海，在 2002 年也顺势颁发了这样一个相应的规定，即关于上海市高校知识产权管理工作的一个通知。然后从 2006 年整个国家的"十一五"规划出台以后，国家知识产权局也出台了知识产权人才的"十一五"规划，以及近期的关于知识产权培训方面的指导纲要等这一系列的内容。

我想关注的是什么呢？就是从目前来说，是不是在整个政策层面，或者说是整个战略工作的层面已经存在了部门的规章、地方的规定。年底即将出台的整个国家的知识产权战略，具体也包括了我们的人才培养战略。

那么这两者之间是一个什么关系？我想说明的是，目前围绕我们的知识产权人才的需要，或者人才培养，无论从政策层面，还是从部门的规章层面，都已经有明确的规定和要求。那么实际情况如何呢？也就是说，到底在高校、企业或者整个社会层面，知识产权人才的状况，或者说知识产权人才培养，是不是已经回应了这样一个政策的要求呢？即实际的问题不是政策与规定空缺的问题，而是政策与规定的落实问题。

从我的实际工作，特别是涉及知识产权管理的实际工作中发现，我们的规定或者政策的落地，它的执行是非常有局限的。如上海大学，每年的专利申请和专利授权量，2002～2006 年，在所有高校里的排名是 20～25 名。那也就是说它在上海高校里是前五名。从这个数据看，专利的拥有状态是比较好的。但是如果看专利实施方面，其比例还是比较低的。我认为，这其中我们知识产权的各类人才不能发挥很大的作用是很重要的因素之一。所以就这点来说，我想谈的看法是，对我们将来出台的知识产权人才战略的内容，我希望它的定位和目前已经存在的这些政策相一致，即国家知识产权战略中人才战略的内容能否考虑更具有可操作性的政策；也应当考虑在一定层面上增加政策的强制要求性，使得各个机构、各个层次都意识到知识产权人才培养的重要性和现有的知识产权管理人才以及研发人员都应当具备知识产权的素质。在这一个意义上，我认为目前高校知识产权管理人才的培养是至关重要的，而且是非常迫切，甚至是基础性的。再一点，从我们国家提出创建创新型国家以来，对高校的定位越来越明确，即高校是一个高智慧的聚集机构，是我们的智力成果产生最多的场所。那在这一个层面上如果我们的知识产权管理工作不能达到与之地位相匹配的水平，我们的知识产权工作就很难产生更大的成就。

在这里我特别想跟各位专家报告的是，在我们做知识产权相关的科研合同的审查时发现，目前国外企业或机构已经特别关注在高校设立联合实验室以及共同研发中心。这种现象如果从顺应国家的科技发展要求的角度看是对的，但问题是在这样一些研发中心的合同中，国外企业或机构基本上一律通过合作研发合同规定：合同所产生的知识产权全部归某个企业、外国企业或外国组织所有。同时，国外企业或机构目前在国内高校还纷纷设立各种各样的学习与科研奖学金，并且要求他们在这一类优秀的毕业生本行业求职时，有优先选择这些学生的权利。我认为要关注这样的现象，这样的局面会不会使我们的高校在为国外的企业和国外的机构培养具有高智力、高创造能力的人才。我觉得在这个意义上，我们的爱国主义教育也需要在我们人才培养的内容中。

我的观点总体上来说：第一，希望我们将来出台的人才战略定位与目前已经具备的政策保持一致，更应当关注政策的执行与落实问题；第二，我觉得高校知识产权管理人才培养的需求特别迫切，而且知识产权的管理人才应当包括高校的领导；第三，在知识产权人才专业知识与专业技能培养的过程中，建议加强对人才的爱国主义教育。

陶鑫良（上海大学知识产权学院院长，教授）：

首先，今天我们这个主题主要还是舒华老师带来的教育部的这个国家知识产权战略课题报告引发的。这个课题，我们高校的许多老师都参加了，我们上海大学知识产权学院就承担了其中的"我国知识产权人才培养现状分析与发展战略研究"子课题任务。预期国家知识产权战略一旦制定，这个报告中关于知识产权人才培养的一些主要精神很可能被采纳进国家知识产权战略。而国家知识产权战略制定后的关键在于施行。我们在知识产权人才培养方面应当有所预案，以便战略一旦制定及施行，我们就可以及时行动。围绕这一点，我对刚才张慧教授、孙国瑞教授和各位都谈到的，王岚涛主任也重点指出的内容很有同感。

首先是需求决定方向，市场决定培养。我们的目标在这个报告里已经基本上被描绘清楚了，那么下一步究竟怎么实现？最近我碰到几件事情。一件来自我们国内一个十分有名而且知识产权工作也做得较好的公司。这个公司的知识产权主管对我说："企业的知识产权工作主要在于应用，我们企业现在要的知识产权应用专业人才，你们大学现在基本上培养不出来；你们大学现在培养出来的知识产权毕业生，我们企业现在基本用不上。你们大学培养的是从理论到概念的研究法学的学术型人才，我们企业要的是从管理到经营的运用法律和知识产权的实用型人才。"有人告诉我,他们公司通过上海的猎头公司招聘知识产权总监这样的职位,年薪是 100 万～200 万元,但是找了几个月,猎头公司就是找不到,因为他们公司强调要有实务能力,要求最好有 3～5 年的跨国公司知识产权经营管理从业经验。这是一个有关企业实际需求的信息。

另外一件事情或者另外一个信息是,我带的几位临近毕业而且目前正在律师事务所实习的研究生,就是韩颖、王晔、潘娟娟她们几个,前几天在上海向法院提起一起有关驰名商标的"公益诉讼"。因为给她们讲课中间谈到,现在驰名商标的认定和应用严重异化。本来驰名商标认定仅仅是解决相关纠纷或者诉讼的手段,应该是"被动认定、个案认定、争议认定、事实认定、需要认定、动态认定";本来就是"一案一认定,认定本案用,他案作参考,不宜做广告",但现在却多异化成为"认定就为做广告,为做广告假认定",一时间"驰名商标不驰名,弄虚作假求认定。虚假广告满天飞,政绩工程放卫星"。她们就此进行社会调查,发现广东汕头的"康王"系列商标相关方,在安徽某市中级人民法院将该系列商标认定为驰名商标后,就自己做了一块"中国驰名商标"的铜牌在互联网上和市场营销中大肆宣传,涉嫌弄虚作假。她们就自费去买了两瓶醒目标注有"康王"之"中国驰名商标"字样的洗发水,以消费者权益案由提起了诉讼。她们在诉讼中认为被告不能因以前在特定的个案中曾被司法认定为驰名商标,就在其商业广告中打出"中国驰名商标"或者"驰名商标"的字样。她们自认为这属于"公益诉讼"。然而跑了几个法院,这个案件都没能立上案。她们对我说,自己的知识产权法课程和民事诉讼法课程的成绩都不错,但是面对这真刀真枪的诉讼实践,在实体上和程序上自己却往往"找不着北"了,这才真正感觉到"书上得来终觉浅,绝知此事须躬行"。

还有一件事情是,我们上海大学现在推行"2＋2＋3"的知识产权本硕连读工程,上海市政府原就支持我们,而且在今年"2007 上海市政府知识产权推进计划"中也希望把这一模式加以推广。这些理工科本科生在其本科三年级就开始进入知识产权法律和管理的第二专业学习,然后在硕士研究生阶段接受知识产权法律和管理的有关教育。他们都有理工本科背景,本硕连读阶段在"法学硕士研究生"的框架下学习的不仅有知识产权法,同时还有知识产权管理(也许是更重要的学习内容),譬如必须要开设"专利检索"之类的课程。但是,问题就来了,这究竟算是法学专业还是管理专业?我们现行的专业设置是高度模具化或者说高度僵化的,从学科的交叉到交叉的学科,社会需求的知识产权专业本来就是亦法亦管、非驴非马的。面对沿袭多年并且墨守成规的专业模具和学科传统,行走在与时俱进的社会需求和一成不变的专业模具之夹缝中的知识产权人才培养，因此经常变得进退维谷和举步艰难。

这里面就引出一个问题，我们知识产权人才培养的目标何在？实现目标的路径又何在？从教育部这一份课题报告中看，我们的目标有这样两个：数量目标和质量目标。数量目标是到 2010 年我国要有不少于 5 万人的知识产权专业人员。基本估计现在已有知识产权人员 3 万人。假定说到 2010 年要实现 5.5 万~6 万人，现在缺口还有 2.5 万~3 万人，至少 2.5 万人。那么这个 2.5 万人的数量指标如何实现？如何来落实？质量指标是要培养什么样的人才？能不能为社会所接纳？是否与我国社会需求相匹配？就像课题报告所说，未来几年我国主要的需求是企业知识产权人员，企业需求就可能高达 3 万人。那么我们现在的培养模式是不是适应这一目标需求呢？

有些问题我们去年讨论过。去年我们讨论的方式应该说也蛮有意思的，论文拿过来大家一律不念，就围绕 3 个问题聚焦讨论：第一个问题，本科生阶段如何培养知识产权人才；第二个问题，研究生阶段如何培养知识产权人才；第三个问题，在职阶段如何培养知识产权人才。各抒己见，见仁见智，但有一点得到较多认同，即认为本科阶段不宜设置知识产权专业或专业方向。这一点我也是坚决支持的，认为应该在所有本科生中间逐步推广和普及知识产权课程。知识产权专门人才的培养主要是应该在硕士研究生平台上，包括在学和在职的知识产权人才培养两方面。我们和薛处长、刘洋处长一起当时就承担一个相关的研究课题，我们的研究结论可供参考：我国近期的知识产权人才培养，第一，从本科生和研究生角度，应该是以研究生尤其是专业硕士研究生层面培养为主；第二，从在学和在职视角分析，目前应当注重在职培养，让已有工作经历的及时回炉提升，同时开拓针对在学者的科学、系统培养，包括有学历的和没有学历的、有学位的和没有学位的培养；第三，从法学还是管理方面，现在我们想转，全国现在有十多个知识产权学院、几十个知识产权教学研究中心，基本上多是在法律大学科的构架之下，而我们当初也是这样。

但现在我们想把我们的知识产权人才培养的重心从法律移向管理与经营。教育部去年核准的我校自设二级学科博士点就是在"管理科学和工程"一级学科下面的"知识产权管理"。这个"知识产权管理"设置中的法律含量肯定是特别高的。知识产权的权利法定，无形资产比有形资产更加需要法律支撑和规制，其中的法律含量不可忽视，技术含量也必须重视。但是企业最需要的不仅仅是知识产权法律人员，而是知识产权经营管理人员，是从经营管理的角度把知识产权作为一种经营资源去运作和应用的综合性人才。这是一个情况。

假定国家知识产权战略已经设定，人才培养的有关内容已经被采纳，或者需要进一步细化和推进。那么在这一方面除了高部长介绍的、专利局做得非常专业、非常精细也非常高端的审查员人才培养工作，高校和整个社会的培养应该往何处去？我们认为一方面应该突击培养，另一方面应该规模培养我国知识产权应急人才，并且突击培养，应该在职突击培养和在学突击培养双管齐下。一方面，首先应当主要通过较大规模的短期在职培训，将一批已有相当工作经历或者经验者培养为各种知识产权应急人才，以解燃眉之急。另外一方面，从现在起，协调和优化知识产权在学培养模式，以尽快有序培养知识产权法律、管理、经济各方面应用型人才以解全面之需。

在职培养和在学培养知识产权人才，高校都是责无旁贷、义不容辞的，都是应该积极参与的。但是在职培养方面，要和王主任这边的中国知识产权培训中心等社会培训机构共同努力。一旦国家知识产权战略确定，就要细化我们的实施步骤。知识产权教育应当错位发展并采用多元模式，强调百花齐放和各显神通。但我们要培养的知识产权人才，绝大部分更主要是注重实务、注重应用的；并不是每位我们培养出来的知识产权人才都需要在法学领域内有多么博大精深的造诣。我们认为，知识产权人才培养，在本科生和研究生方面应该更注重研究生；在职和在学培养方面应该双管齐下；法律和管理之间现在应该考虑把注意力更多地转向管理这一块。要说知识产权管理，在国内最早推出知识产权管理人才培养的是华中科技大学和同济大学。单晓光院长也来了，我们应该请他来给我们讲讲。他明天上午主持会议，一定会给我们讲这方面的经验的。

陈美章（中国知识产权研究会副理事长，教授）：

因为今天我们的议题主要是知识产权战略中的知识产权教育和人才培养的问题。那么现在战略这个课题已经结题了。因为在战略的制定过程中，我觉得是快经历了一年半到两年了。人才的课题是直属教育部来领导的课题，组成的人员有很多大学的，也有各个部委的，甚至包括宣传部、人事部，还有国家知识产权局、国家版权局、国家商标局、国家新闻出版总署。我非常赞同刚才张乃根提出来的：我们现在高校所担当的主要是学历教育。

学历教育已经有 20 年了，因为北京大学在 1988 年就开始进行调研，给教委打报告，要成立知识产权部门。当时可以说也想成立学院，但是又觉得学院太大，而我们想培养人，所以就办了一个试点班。这个试点班 1989 年招生，现在的学生出来的"成果"，大家比较熟悉的一个就是张平教授，留到学校里，那是我们的第一个成果，是搞教学和科研的。另外一个是另一个领域的，律师。现在我们的会议还有律师协会的人来参加，就是温旭，大家可能也听过。那么他就是在毕业以后又回到了广州。广州那个时候是改革开放最早的。

他 1991 年就毕业了。这个是知识产权研究生班的试点班，我们当年的计划是要招 20 个人，1988 年的计划。后来 1989 年因为特殊因素砍掉了一半的招生资格，去掉了一半，只能给我们 10 个名额。报名的也不少，但是那个时候大概就没有人去认真地复习准备。结果一考出来，人也不少，但合格的、过分数线的，只有 7 个人。这 7 个人毕业了以后，都是各个方面的人才，不管是搞教学的、管理的，现在在知识产权局里还有 1 名，还有就是在国外的。

那么这些人给我们的启发是什么呢？当时我们就是要搞学历教育，要培养新的一代。我们国家知识产权制度建立是在 20 世纪 80 年代初。我们这批人虽然自称是"黄埔一期"，但是我们都是外行，都是从理工科转过来的，没有法律的基础和法律的底子。比如我和郑老师，我是学物理的，郑老师是学计算机的。开始什么是专利都不懂，就去学专利。学完《专利法》就考试，成了第一代中国专利代理人。所以就给我们推到这里来了。我教了 20 年物理，最后来做知识产权。那么这个问题我想我们是深有体会的，因为我们没有法律的基础，法律的底子不厚，来做这个法律，确实还是有问题的。后来就给我们补课，司法部、中国专利局，包括中国人民大学、中国政法大学、北京大学，就联合起来办法律研修班，让我们过一门一门的法律。当年我已经快 40 岁了，再一门一门地去学法律学、宪法、民法、民诉法，学一门考一门，给我们的触动很大，所以我们决心要培养我们国家知识产权制度真正的、科班出身的知识产权人才。所以我们才办了这个试点班。1993 年就招生，招生是招我们学校内部的。全是北京大学的本科生读到三年级再来读知识产权法律，延长 1 年毕业，北京大学应该 4 年本科毕业，他们 5 年毕业学 2 个学位，就是双学位。

我为什么要讲这段历史？因为现在把双学位取消了，而这是一个最大的失误。我这次在制定战略的时候，我们也提出来了。那么现在好像各个学校都取消了。张乃根问过，双学位北京大学取消了，上海大学也没有了吧？然后呢，其实，教委也没有发文取消吧。但现在到底为什么把双学位取消了，这个原因我们不去追究，但是我觉得是因为受经济利益的驱动了，现在大家都办法律硕士，就是收费的。现在我就说这个双学位到底该不该办，我们现在要讨论这个问题。如果能把这个问题思想统一了，有争论不怕，可以各说各的理由，取消的好还是办的好。我说这个问题应该值得我们讨论的。

张玉敏（西南政法大学知识产权研究中心主任，教授）：

双学位的教育和法律硕士的教育有个很大的区别：双学位的教育是双学位在第一学位所学的公共课在第二学位里可以不学，所以它虽然是 2 年的时间，但专业课的学习时间和专业达到的程度实际上远远超过了法律硕士，因为法律硕士是硕士，读硕士期间，那一整套的公共课、政治课、外语科都必须要学。

陈美章：

我们学校的法律硕士不学那些的。可能各个学校课程设置不同，先不做讨论。我们先把学历教育理清楚，有双学位，法律硕士和法学硕士、博士，在学校的教育中，知识产权人才学历教育可能就分为这么几个档次。为什么要说这个双学位不应该取消呢？

我想我们北京大学从1993年就开始招生，到1996年人才已经出来了，双学位已经毕业了，分配到各个社会领域，且非常受欢迎，各个不同的领域都需要，包括企业界的管理人员，例如现在在华为做法律部副部长的是我们第一届的双学位学生，然后国家知识产权局都有我们的学生，他们在那里都做得很好。这是仅以一个单位为例，但是在北大方正、同方，包括联想都有我们的双学位学生，他们在那里完全能够胜任工作，而且现在都已担任部门领导，这是其一。

其二，我这几天在思考这样一个问题。最近碰到几个以前北京大学的双学位毕业的，毕业后出国了，现都成了美国最有名律师事务所的中层合伙人的律师。其中一个是北京大学毕业后，1997年出去的第二届双学位，出去之后因为有理工背景，故在美国又读了一个JD，美国称为实务博士吧。然后他又读了一个化学专业的博士，读了5年书，出来后马上考了美国的律师。因为有北京大学的双学位，又有美国的JD，所以考了律师，我从他那里打听了考美国专利代理人的相关内容。他说只要你有一个科技、技术背景就可以考了，考美国的专利法，做专利代理人只考美国专利法，别的都不考。只要这个考过了且具有技术背景，就可以做专利律师。他现在有法律律师和专利律师两个律师资格，所以他在这个事务所发展很快，做的案子也非常好，老板对他很满意，很快就提升他为中层合伙人。因为是自己的学生，我就直接问他工薪是多少。他在那里工作了5年，而且还在那里出过一次严重的车祸，但即使这样，事务所老板仍然重用他，年薪有21万美元，这只是基本工资，还不包括加班费。另一个学生在美国待了11年，是北京大学法律本科毕业，再读了知识产权的硕士，但只读了1年，就被推荐到乔治·华盛顿大学，他在那里拿了一个LLM，用了10个月，且考了2个州的律师，在一个很大的律师事务所工作，现在从美国这个事务所被派到上海。通过这几个人，我想说明的是，他们都不是在国内拿到很高学位，而都是双学位，具备两个，一个法律一个理工科专业，这样他们出去发展的路是很宽的。这是国外。

国内最需要的，我调查了一下，他们最喜欢的还是双学位，这是因为：第一，知识面广，但不需要深，都懂就可以做了；第二，这样的人好用，如果是博士、硕士，很容易做了两天就觉得不合适，就跳槽了，而企业最不喜欢这么不稳定的。所以我现在说的意思是这个双学位是否可以讨论要不要恢复，因为市场需要决定人才培养，从政策和国家计划方面也可考虑，但是要搞战略的话就是市场需要。现阶段的发展，我国要创办一个创新型国家，那么怎样把人才培养跟上去才能有创新的人才、管理的人才、知识产权的法律人才，这方面可以讨论什么样的人才是市场最需要的。有的要通才，有的要专才，有的要高才，包括国际型、交叉型人才，处理很复杂的问题，包括国际规则方面的问题，这个还是以市场需要为主。搞战略的一个支柱就是人才的培养，人才如何规划、以什么样的机制去规划人才培养的需求，这是一个立足点，是学校培养的一个模式。当然，学校开设公共课、选修课，这个目前都进行普及了，这是课程设置与人才培养的一个层次；另一个是刚才张慧老师讲的思路，我们去培养有用的人才。我也想过能否培养知识产权的 MBA，这个也是很有用的。若设一个这样的专业，出来的 MBA 专门作管理、保护、运用这方面的人才，当然这就不是搞发明创造了，这是另外一批人。还有一条路就是在职培训或者远程教育，或者像王岚涛讲的那样，他有一个平台，中国知识产权培训中心，就可考虑什么样的人来培训。这种就是非学历教育，比较多；也有一部分学历教育。在北京大学参加远程教育的有上万人，可否进行一个知识产权的远程教育？这个就是普遍的通才教育，这就是我们今天要讨论的我们到底要培养什么样的人才，什么模式、什么层次。有不同意见可争论。

我这次提供了一篇文章，这篇文章我研究了 4 年，对中国高等教育知识产权人才培养的研究，对一些问题的思考，其中有一些对宏观问题的讨论。现在讲人才教育是个很大的工程，树人很难。今天在座的有很多博士，北京大学、上海大学、中国社会科学院法学所的博士都有，包括中国人民大学、中国政法大学博士，这些博士都是小于 40 岁，还有些没有来的，均担任了重要岗位。20 年来的成果培养出了科班出身的知识产权人才，但是我国这方面培养的人才数量极少。我这里也有个调查，在今天发的战略里面也有个调查，数字为一般统计，可能不是太准。但数量是一个方面，重要的是现在我们人才培养的结构配置不够合理，需要的没有出来。现在学生找工作，知识产权其实相对于其他法律好找工作，他们可以挑，他们不是没有工作单位可去，但现在想要找更好的。目前根据需要来看，我们人才急缺，很多企业都要人，但知识产权人才在数量、质量、结构上都有问题。上海大学开了 3 届人才讨论，开了个头。哪怕一届只讨论一个问题，我们也还是有成果的。考虑不一定全、不一定大，但只要有一个突破点，那么我们就是成功的。我就谈到这。

蒋坡（上海政法学院知识产权研究中心主任，教授）：

我来说几句。我是上海政法学院的。看了材料和听了各位专家老师的意见，发现不说还不行，所以我也谈几点。看提供的战略材料，数据很翔实，内容也很多，各方面都提到了，但感觉有点像前几年我们学院做的申报新专业的材料。我在想，人才战略问题研究要从市场的需要出发，市场需求很重要，但仅仅如此是否足够？我们从事知识产权教育那么多年，我从 1984 年转过来，一直在校内从事教学和科研工作，始终觉得知识产权人才结构不到位，那么问题是什么呢？我认为是缺少对知识产权这个学科本身的认识。我们希望这个学科能被列为二级学科，但是二级学科不仅仅是培养一个人，培养一个硕士生或是博士生，重要的是怎样把一个学科建立起来。

建这个学科，第一，要问这个学科的基础是什么，学科的理论是什么。20 多年来，知识产权学科陷入外界各方面的压力，市场需求很大，但真正的理论却又讲不清楚。我觉得知识产权人才战略研究，除了市场需求这一块，这个学科本身应然的东西、应该的东西，也应该作为我们研究知识产权人才战略重要的支撑点。

第二，知识产权人才的教育培养问题。一方面我们也在做，另一方面几次听会，感觉什么都有，什么都要，但真正要说的话，又谁都说不清楚。当然问题很多，各个学校情况背景不同，既有像北京大学这样的"航空母舰"，也有其他相对较弱的，层次不同，多个层次势必会使人才的培养和设置需求不同。教师的来源和背景也不同。我同意刚才陈美章老师所讲的，我们从理工科转过来，然后逐步搞知识产权的人，非常痛切地感觉到我们原来缺少法学基础，在法学界一直站不住脚，开不了口，急需补上这块。而现在知识产权又都是大量放在法学这一块，思维往往就仅仅被限制在法学这一领域内，禁锢了知识产权这一特殊人才的培养。真正的知识产权人才应该是知识产权各类人才的总和，而不应该也不可能仅仅是同一类型。不同的社会需求、不同的企业或不同的单位，对人才要求必然不同，有的是要代理人才，有的是要管理人才，当然也有更进一步的。有的人才将要做的学科理论研究，而更多的将主要从事代理实务、诉讼实务、管理事务等。需求层次不同，人才建构也不同，不该停留在同一个层次上。根据不同分类有不同的人才，从社会对不同的知识产权人才的需求出发，有知识产权法、知识产权管理，这些东西很多，对知识产权人才应该多元化、多层次，不搞"一刀切"。

第三，我很有感触：社会上要的人我们没有，而我们培养的人社会却不要，那么矛盾究竟在什么地方？这症结不在于法学的学历教育本身，而主要在于我们究竟给学生提供一些什么样的课程、提供什么样的知识结构、这些课程设置知识点的结构是否是合理的、正确的、对这些问题目前我们研究得还很不够。像我们这些在高校里工作的同志，总希望自己所从事的这个领域能够得到社会的承认，在学校里就是指要被列为一级学科，才有立足之点，这个都需要，但更重要的还是怎样为学生提供合理的教学计划，怎样使我们培养的人可以和社会需求真正地挂起钩来。如果去年讲这句话，今年讲这句话，明年还是讲这句话，那我们从事教育工作的人是失职的。所以，我想是否应该把它作为研究人才培养战略的一个重要组成部分，不仅在表面，还要深层次思考，这样我们的这个战略付诸实施后，才能真的为国家知识产权战略的发展做一些工作。以上就是我要表述的三点。

郑胜利：

因为大家刚才认真聆听后又对一些问题进行了讨论，现在我就对以前研究报告中的思考及了解到的一些情况跟大家做一个交流。

第一，报告写出来，你看的时候要猜。报告是按战略的报告格式——"八股"写下来的，"八股"不是件坏事，我们专利说明书也是"八股"，但要求国内外情况不管怎样都必须按这一格式写，这就值得商榷了。我们碰到的问题有 3 个：专利人才、特定人群、对社会大众的普及这 3 个框架，看专利人才你要联系后面的，串起来去看。

第二，谈到高层次知识产权人才的概念，现实中有这种人才。律师协会曾在浙江开了一次关于应付"337 条款"的调查会，浙江省领导提出浙江集中100 名人才来应付 337 调查。我当时就说在浙江找这 100 名人才有点难，因为他要求这 100 名人才其一要外语能与外国律师进行文字口头沟通，其二能做专利，其三懂国际贸易，其四要懂美国有关 337 条款的一些规定。这样的人在浙江肯定没有那么多，但在上海、北京可能可以凑出来这样的 100 名，但是估计也难。所以要有一种能在知识产权上从事比较重要的工作的人才。胡锦涛同志5 月份就提出知识产权要培养高层次人才。我们要重视，要弄清什么是高层次，这一定不是简单的高学历知识产权人才，如高校的教授应该是符合要求的高层次人才；符合要求的高层次人才包括虽然学历不高，但所起作用及能力很高的，例如一些大公司的知识产权总监。

第三，对未来需求的分析从几条途径走。例如研发型知识产权人才，按国际惯例，比例应为 2% 左右，就如同医生与人口联系起来。知识产权服务对象主要是创新的人员，创新人员与其有很大关系。研发人员有比例。还有几条途径测试结果大致表明，至 2010 年中国这些企业大致 3 万人。统计数据大致可以但还不是很严密，其次目前学校能培养的人与国家需求的量差距太大了，统计了一下，法学里培养的大概不到 3000 人，后来又增加了几百人，而社会的需求是 3 万人；20 世纪 90 年代开始的十几年培养了这 3000 人，北京大学大约 600 人，差距太大。故即使现在的大学开足马力保证质量培养的话，也不能满足国家的需求。比如，今年北京大学法律硕士培养的人大概 50 多人，一个学生要 3 个老师评阅，4 个老师答辩，工作量太大，可见知识产权的培养规模的工作量情况。另外，讲到工作量，为什么在本科生方面我们不敢提太多要求？怕承受不了。北京大学一年招收本科生 3000 人，若都上知识产权课程，每年老师们将给几千人上课，而即使按一个班级几百人的课，对老师的需求量很大，因此老师严重不足，这就是一个现实的情况。管理学的要设计知识产权学科的难度大，课程设置难，我本来说等那些教授有了积极性再说，但大家认为要提速。所以，在课题研究中，提出要在法学二级学科下设立知识产权学科，管理学的也提出了这样的意见。但是做事要有规矩，不是简单一个名字就可以了。关于法学知识产权专业招收理工科的问题，首先是考试的问题。考试是统一的卷子。最近北京大学研究生入学考试发现问题了，有些人专门来应付研究生考试，今年不行，明年再来，所以北京大学的应届毕业生考不过这些人；而北京大学法学院将知识产权设为二级学科的话，那些理工科的没法来考；可以招收理工科，但是没有专业不能设置考试科目，所以北京大学就索性安排提前报，人数少就干脆不考，采用推荐方式。但招进来后发现这些学生虽没有学法律，但当年 9 月份司法考试，却能高分通过。法律系本科生还过不了，没学的却当年就过了司法考试，其实，这些孩子的天资比较好，花了一定功夫。所以进来后学习的状况就不太一样，得到的评价就还是比较高的。

还有一个双学位，4 年同时读 2 个学位，有第二学士学位，毕业后再学 2 年。这个从个人经验看，教育情况与法律硕士基本一致，差别是：第一，法律硕士入学有个全国法硕入学考试，要考法律，而第二学士学位不考法律，考语文写作、高等数学等；第二，课程基本一致，就差别在论文上，法硕要写法硕论文，至少花半年时间，而学士论文比较简单；第三，钱的问题影响非常大，法硕是收费的，目前大概 3 年花费 4 万~5 万元，而第二学士学位知识产权是属于国家计划内的，国家补贴，收取本科生学费 5000 元，但还要发给他助学金。

另外，在岗学历教育方面，司法部去年批准 5 所大学招收政法法硕班，即在职可读硕士学位，其中北京 3 所北京大学、中国人民大学、中国社会科学院，武汉 2 所——华中理工大学、中南财经政法大学，共五所。在职教育发现有个问题，北京大学原来办的是不脱产的，但发现成果没保证，所以现在所有法律硕士全部要脱产，而政法法硕一般都是不脱产的，所以招当地的，而外地的有些是能脱产读一年。我大概介绍了一下战略写法中涉及的一些情况。我们今天就暂时讨论到这里，明天晚上可以继续。

2007 年 5 月 27 日　19：30—22：00
主题二：我国知识产权人才培养模式及其教学安排专题
主持人：单晓光（同济大学法学院院长，教授）
　　　　蒋坡（上海政法学院知识产权研究中心主任，教授）

单晓光：

我们来介绍今天的议题，即人才培养的第二个议题，这个议题由我和蒋坡老师共同主持。共有 6 项，我就不一一列举了，大家自己看，我们自由发言。我利用这个机会，首先介绍下我们自己的学院。我是同济大学知识产权学院的，我们在知识产权教育这方面主要做两个层次：一个是博士，一个是硕士。

博士主要是在管理学这个专业里做。我们在管理科学与工程里自设一个二级学科，叫作知识产权管理，大家可能都知道，博士生的课程是非常少的，原来与我们这个专业有关的课程只有两门，一门是知识产权专题研究，一门是文献阅读。我们后来把这两门课改造成两个 seminars，一个就变成所有博士研究生的开题报告，包括中期评估，即研究当中阶段性成果的交流，坚持每个星期做 1 次，有点模仿德国马普所（马克斯·普朗克研究所）的做法；另外一个是文献阅读。文献阅读我们原来的初衷是想参考德国马普所的一个做法。很多老师知道我们与德国马普所有合作，它们送了我们很多资料，一个德文的知识产权研究，一个英文的 INNC。原来我们是想利用这个机会，逼着所有的学生来学习这些文献，然后大家交流，但由于语言的障碍，目前还没实现到这一步。现在至少要求大家轮流阅读相关的中文文献，再就某个专题进行讨论，这主要是博士层面的。但是很遗憾地告诉大家，关于这两个课能不能坚持下去，是有疑虑的。可能很多人也知道同济大学现在研究生的培养方案在进行大刀阔斧的改革，改革的一个方向是砍课程，完全模仿欧洲的做法，认为博士研究生不应该上课，就是做研究，所以这两门课很有可能被砍掉。我们自己想坚持，就作为研究生院里不记为学分的要求，完全是自己的业余活动。原来我们的博士研究生的学分是 21 个学分，而据我上星期的了解，要砍到 13 个学分，就几乎没有什么课了，除了马克思主义理论的课和外语的课，其他的课都砍掉了，这是我们正在做的，很可能要推广，但是受到各方面各专业的抵制也很多，但是估计还是要做。

那么我们的硕士研究生，大家知道知识产权没有二级学科，我们是"挂着羊头卖狗肉"，在经济法这个二级学科里招。由于经济法本身的要求，我们知识产权的课也是安排得比较少，都是安排在选修课。我们跟德国的拜耳公司有合作，它要求我们全部开知识产权课，不需要其他的法律的课程。我们费了很多时间解释，在中国必须要按中国的教学模式来执行，所以我们的很多课在选修课这个行列里来做，各个研究生有自己的研究方向；所以我们采取了个别培养的模式，缺哪个补哪个，这是我们目前的状况。

根据我刚才的介绍，我不知道同济大学的研究生改革方向会不会推广到其他学校。这是我对我们学校作的简单介绍。我想不管我是抛砖引玉也好，提供点思路也好，希望大家自由发言。在我主持前，陶老师给我"严重的警告"，让我控制每位的发言时间，不能超过 10 分钟，希望大家严格遵守。欢迎大家对我们的主题展开讨论。

蒋坡：

我来插一句，原来是孙国瑞教授来主持，我是"超级替补"。我感觉 6 个议题中间接着昨天那个发言，所以这里再重复强调一下：高校知识产权的人才培养应该是多元模式和错位发展。知识产权是个很大的概念，包含的内容很多，有法律的，有管理的，有经营的，还有其他的。从实际需求来讲也是多方面的。而且随着社会大生产的分工越来越细致，对知识产权人才的需求也应当是多元化的。我们现在感觉到，如果要求一个单位或一个企业的知识产权管理人是个多面手，既懂法又懂管理又懂贸易，既懂这个又懂那个，其实是不可能的，也不现实。就我们国家现在的教育体制而言，哪怕是 4 年的本科加上 3 年硕士和几年博士，也不可能培养出这样的人才。因此，在这样的情况下，整个高校的知识产权人才培养就应该是多元模式的。各个学校的性质也不一样：有些是研究型大学，有些是教育型大学，有些是研究教育型大学，还有些是教育研究型大学，说法很多，但至少说明一点，即各个学校的层次地位和办学目标不同，定位不一样，因此不可能要求所有学校是同一个模式。现在我们面临的最关键的问题是教育部要把二级学科定下来。定下来以后，在二级学科的基础上，你是办本科教育还是办硕士教育，还是办博士教育，甚至办高职高专的都有可能。前不久，我收到一个材料，要组织编写高职高专的精品教材，其中也包括知识产权内容。所以说这个内容也是多元化的模式，不同学校之间有错位发展的问题，这也很正常。如刚才所说，知识产权是个很大的概念，它包含的方面随着知识产权学科的发展，从知识产权法逐步发展到知识产权，以后再发展到知识产权学，这中间包含的内容将会很多。因此，在这种情况下，培养模式和教学安排应该各不相同，各有侧重，至少一条不能"打统战"。今天的讨论很有意义。这里有不同的学校，有对不同社会需求的了解，这个讨论很有意义。我先说这么两句。

高康（国家知识产权局专利局人事教育部）：

我这里想说，有这么个难得的机会跟高校知识产权方面的专家坐在一起，那就借这个机会，我也把我们国家知识产权局一些人才培养的工作向大家作一个介绍，利用这个机会跟大家作一个沟通和交流。在人才培养过程中，我们也希望可以和一些大学有一些合作，而目前我们正在做这个工作。今天我们来的这个3个单位就像我们第一天说的，是国家知识产权局的3个做培训工作的主要部门。有些同志总是分不清这3个部门分别做什么工作。我先做简单的介绍：国家知识产权局人事司负责宏观管理全国知识产权系统的知识产权培训工作；国家知识产权局专利局人事教育部主要是做国家知识产权局内部职工的人才培养、继续教育、新入局审查员的培训工作；中国知识产权培训中心一般是承办国家知识产权局人事司下达的培训任务，同时也会自主地承担一些对企业和社会的培训的工作。非常简单地概括下大概就是这么一个分工。

我在这里主要说的是我们国家知识产权局专利局人事教育部这一块开展的培训工作，我们最近着手做的是国家知识产权局高层次人才培养的工作。众所周知，国家知识产权局是专利实务人才聚集地，同时也是专利实务人才的培养基地，近几年几乎每年都要招录300～500名新人，再加上审查协作中心的，大概每年要招近千人。我们的任务就是把这些大学刚毕业的，或是本科或是硕士、博士的新人，培养成合格的专利审查员，这是我们的一项主要工作。除此之外，我们最近主要在做高层次人才培养，这是我们国家知识产权局领导特别重视的工作。国家知识产权局领导一直强调国家知识产权局有两大历史任务，一个是知识产权战略，另一个是建设强局，其中的中间环节就是人才工作。国家知识产权局对培养人才工作非常重视。这几年，国家知识产权局的诸位知名的专家，像文希凯、乔德喜、尹新天等好多老同志和专家级人才，有些已经退休，有些即将退休，所以我们必须尽快培养在国际上能够说得上话、可以参与进去的一些新人。我们从去年 7 月份开始筹备高层次人才培养工作。当时按照急需先培的原则，我们确定了国家知识产权方面有 6 类人才是我们首先最先要考虑的——国际事务人才、法律人才、专利审查人才、信息化人才、教学人才、战略研究和政策研究人才等。当时没有把管理人才放进去，也是经过考虑的。国家知识产权局开展评审，请了在座的郑老师参与评审，还想请信息化部门的 2 位专家，本来还想请外交部的几位专家来参加国家知识产权局的内部评选。我们现在评选出了 119 人，这是我们内部的高层次人才。

上海大学、同济大学、清华大学、北京大学，我们都走访了，想寻求合作的方式，最后决定选择了清华大学。我们和清华大学马上就要联合举办高层次人才的培训班。这只是我们这块。稍后，薛丹处长还会从国家层面介绍。他们有个"百千万知识产权人才工程"，我想在座的可能有些学校的人也入选了。他们有他们的培养方法，我们采取的培养方法主要以岗位培养和实践锻炼为主，也会阶段性地一年办一次培训班。我们想采取封闭式的培训模式。我们集中培训时，不会主要给受训人员培训知识产权方面的知识，因为这方面的知识他们都已经有了相当的背景。我们的培训方案的设计叫作"个性化"的培训方案。贺局长正在组织我们做这个方案，也就是说给每个人都要量身定做一个培养方案，缺什么补什么，例如法律人才重点就是补其他方面的知识内容。先根据每个人的情况，弄清他现有的知识多少，欠缺哪一块。大家知道人力资源管理上有个"360 度测评"的方法，而我们正在根据这种科学的方法进行设计。在"十一五"期间，我们计划把这选拔出来的 119 人做重点培养，所以我们主要采取的是岗位培训，如轮岗、参与重大课题、参与国际谈判这类在实际岗位锻炼的方式；还有送到国外去学习。这是一个方方面面的培养方案，而且我们采取了跟踪管理的方式，还有淘汰机制，本来我们是每两年补充新的人，然后把其中潜力不大的人再淘汰下去。通过这么一种方式鼓励和激励大家，不是这次评上了就等于进了保险箱，如果觉得你培养的潜力不够，还会把你淘汰下来，然后增加新的人。这样就对年轻人有一种激励的作用，让他们积极争取进入这个队伍。现在看来，这个工作还是卓有成效的。我们觉得摸清了自己人才储备的家底，知道我们到底在哪些方面大概有哪些储备人才，在哪些方面缺什么。另外，我们已经开始充分利用高层次人才库的名单了。我们近几年长期出国的机会比较多，一学期的，一学年的都有。还有比如战略办需要人，我们基本上都从这个名单里提。我们觉得目前的收获是，如果我们现在要再派出一个人，我们心里基本上有底，有个项目下来的话，应该派什么人去；我们知道这个什么人大概缺什么，或者是什么人在哪方面有特长的。

另外我们还有一个有特色的地方，就是在教师的培养这方面。虽然我们是国家机关，我们的教师都是脱产教师，但我们已经连续 3 年做了师资培训，专门培训审查员的老师。从去年开始，我们已经有 17 个人阶段性脱产，来专门做教学研究工作，而今年在我们审查任务这么紧张的情况下又扩充到 35 个人。这些人都是阶段性脱产，专门做教学研究，准备教案。他们每个人在讲课之前都要试讲，一些有经验的人士或是各个部的部长来听这些课，保证我们审查的思想是统一的，都是标准的课件，这也是我们比较有特色的培训方面，像一般的国家机关不会有专门教师这种的高层次人才。这点也是根据我们的实际情况。近几年我们进的新人太多，培训任务太重，所以根据实际情况，我们有 10 个高层次教学人才，包括我们的陈玉娥处长，她做这个教学管理。上述内容就是我刚刚想到的。我就暂时说到这里，内容可以后面再补充。

薛丹（国家知识产权局专利局人事司）：

我接着高老师说。我们人事司主要是负责全国知识产权培训，不仅是面对全国知识产权局系统，而且面对社会、企业、领导干部。我们第一个议题是我国知识产权人才的社会需求。从我们国家知识产权局的角度考虑，现在我国的知识产权人才队伍中尤其是高层次人才特别缺乏，其次是缺知识产权中介服务人才，这块也是知识产权队伍非常重要的环节，但是这块队伍的素质达不到我们的要求。刚才高老师提到国家知识产权局，2007～2010 年就面对全国实施一个"百千万知识产权人才工程"。这个工程主要是针对知识产权人才队伍建设的。今后的 4 年，第一个层次是培养数百名精通国内外知识产权法律法规，熟悉知识产权国际规则，具有较高专业水平和实务技能的高层次人才；第二个层次是培养数千名在知识产权管理、行政执法、法律和政策研究、专利审查、文献、信息化、中介服务等领域具有专业先进水平和学术优势的高素质专业人才；第三个层次主要是培养数万名中介服务队伍和企事业单位的知识产权工作者。最后的目标是建立一支数量充足、结构合理、素质比较高的，能够满足经济社会发展的人才队伍。具体的量化指标我们初步估算了一下：根据我们的培训能力，第一个层次"百名"，是到 2010 年在全国培养出 150 名左右的中青年优秀人才，这是高层次人才，具有世界先进水平的高层次人才；第二个层次"千名"，主要是培养 1500 名左右知识产权专业队伍；第三个层次"万名"，是培养 30000 名左右企事业单位的知识产权工作者和中介服务人员。我们目前开展的主要是百名高层次人才工作。我们想通过选拔评审，最后建立一个全国知识产权高层次人才的信息库，通过具体的培养措施，包括参加国家知识产权战略的制定、实行开放式的培养、送到国外中长期的学习、参加重大的课题等，最后达到我们的目标。希望通过人才的培养，能与高校进一步开展合作，为高校培养出一些顶尖的中青年优秀教师，也希望高校的专家老师能够给我们的人才培养提供一些师资。最近我们也有个想法：培养一些中青年人才，从全国知识产权的角度出发，针对现有的知识产权专家，建立一个全国的知识产权专家库，也是建立一个高层的师资库。我就简单介绍这些，希望还是和高校加强合作。

高康：

刚才忘了讲一点，国家知识产权局的审查员培训。从 2006 年开始，我们制定了一个国家知识产权局的专利人才教育培训的指南，为国家知识产权局的职工设计终身的培训。它一共分为 5 个阶段：第一个是入门阶段，第二个是岗位培训，第三个是提高培训，第四个是继续教育，第五个是拓展培训。从进了国家知识产权局开始，你的终身培训就都设计好了，这是以一个课程模块形式体现的专利人才教育培训指南。昨天我看到好多老师讨论的时候，想考虑怎样能够培养出一出校门就能直接使用的知识产权人才。其实我们觉得这还是比较难的。像我们国家知识产权局是比较大的用户，每年招 500～1000 人，每个审查员即使是博士毕业，我们也要从头培训起，但我们希望大学里出来的人是有基础的、有潜力的，让我们能够用比较短的时间、比较快的速度培养为知识产权某个领域的专业人才。当然也有些人是可以直接用的。有些学法律的可以直接到我们的条法司做事。总体上来看，我们国家机关在人才的培养和使用上不是那么急功近利，可以花很多精力和财力培养人才。可能企业更需要可以直接使用的人才，所以我们培养出来的人在实践中锻炼一下，有可能很快地被企业挖走。现在我们思想也开放了，不管怎么说也是为国家培养人才，在我们这里实践过之后到企业服务，同样是为国家知识产权事业做贡献。一般来说，学校想直接培养出来专利代理人和专利审查员是非常不容易的。新人到了国家知识产权局首先有 4 个半月的集中培训，然后是导师"一带一"地带将近一年多，然后才有个上岗答辩，他基本上才能独立上岗。我们的任务是把有一定潜质、一定基础的人培养成为合格的审查员，而在这个岗位上我们还要不断地对他进行培训，不断地补充知识。我们每年要办好几十个外语培训班，补充他们的外语知识。检索的培训班要从初级到中级。我们现在也做高级检索的培训。他要真正成为一个比较合格的审查员，就要终身不断地在岗位上培训。这就是我要介绍的审查员培训的一个大概情况。其他同志接着讲。

张玉敏：

我非常赞成高部长的说法，我们讨论知识产权人才培养的问题，大的方面可能是两块：一个是高校，一个是社会培养。我们作为高校的人来讲，关注的是高校知识产权人才培养的问题。

首先的一个问题是目标，就是我们高校要培养什么样的人。就像高部长说的，我们是不是要给自己定一个目标。我们培养出来的人一毕业就能做一个优秀的或者合格的代理人、合格的审查员、合格的企业知识产权的管理者？我想要做到这一点是非常难甚至是不太可能的。那么从一般的法学教育来讲，搞得最好的学校，恐怕也不可能在学生一毕业就培养出一名合格的法官出来，也不可能培养出一名合格的律师出来。应该说，西南政法大学在培养本科生方面，在全国都是公认的教学质量好，学生出来后比较能干，比较受欢迎，但是它也做不到上面这一点。在学校里无论如何重视实践环节的培养也无法做到这点。一名合格的法官或律师还是要在实务当中经过相当一段时间的锻炼才能出来。我个人认为学校这个阶段应该培养的是具有良好的法学素养、比较好的外语水平，在本专业的知识方面有比较好的基础的人才，这是我们应该达到的，应该给自己设定的一个目标。培养学生的过程中必然要尽量增加学生的实习环节，但毕竟时间有限，不可能很多。实践环节能够帮助他们学习，但新人不会通过短时间的培训就变成一个真正的实务工作者，而系统的、全面的基础知识培训对一个人的一生发展十分重要，而这个所需的时间只有在大学教育的时间里。大学教育主要的问题是学生的基础，要为他今后的继续学习和全面发展打下良好基础，我是这么认为的。如果他的基础打得好，今后接受各种各样的专业培训就会比较容易，能够事半功倍。如果他的基础打不好，搞成一个"万金油"，什么都知道一点，但其实等于什么都不知道，那么他将来的发展会受到严重的限制。

所以，我觉得我们确定目标后，剩下一个非常重要的问题是考虑他的合理知识结构到底应该是什么。在有限的时间内，我们应该把哪些最需要的知识教给学生，也就是教学计划和课程设置，这应该是非常重要的问题。我始终相信高校是一个教学研究的部门，就应该来研究这个问题，可惜的是很少有人认真研究，不知道他们设置这个机构研究什么。例如法学本科的学生应该开设些什么课程，每门课程应该有多少学时，应该在什么时间来开，应该先开什么后开什么，其实这都是很有讲究的、值得研究的问题。如果设计得好，学生的知识结构就会比较合理；设计得不好，就算老师讲课的水平高，在这门课上可以让学生兴趣比较高，但是他必要的知识结构问题没有得到解决。所以我觉得国家知识产权人才是以多层次、多方面、多种手段来培养的。我们高校如果有时间的话，可以深入来研究一下后一个问题。现在我们研究的一个是知识产权法的专门人才，一个是知识产权管理的专门人才。我们学校从硕士这个阶段来讲，教育部给我们批的二级学科是知识产权法的硕士和博士，而有的学校被批的是知识产权管理的硕士点和博士点，这就是说有所侧重。但是我个人觉得，讲法的不能不讲管理，讲管理的也不能不讲法，法应该是管理的基础。知识产权的管理人员如果对知识产权法方面不熟悉的话，知识产权管理就跟纯粹行政企业管理一样没什么区别，而管理的特点其实是在掌握法这个制度的基础之上，怎样利用这个制度来进行管理。所以说还是要学法，只是有所侧重。要学法的，就像学我们的知识产权法这样的点，当然不能就讲法而不讲管理，法如何发挥作用，还是要讲一定的管理，但是这里就有所侧重，可能讲法的分量多些，讲管理的分量少些。将来同学出去以后，从事管理工作是他自己继续深造的问题，而接受培训可以解决这个问题。具体的课程设置在这个场合谈可能不太合适，但我觉得这是个很值得研究的问题，因为课程设置十分重要。

在这些问题定下来以后，才是我们的下一步问题，即要开这些课的话，需要如何培养合格的老师。从法这个角度来讲，研究知识产权法的本科也好，硕士、博士也好，除了要掌握知识产权法，从基础理论来讲，法学的基础知识，特别是法理的、民法的，从实用来讲还有民事诉讼法，是要作为非常重要的课程来学的。另外一个是对外语的水平一定要高度重视。至于理工的背景这个问题，我是这样看的：因为知识产权整个来讲包括的内容比较广泛，其中有些专业必须要有这个理工背景才好进一步发展，比如代理人到企业做管理。有些如商标、一般的版权，除了计算机软件这类，并不需要你一定要有多少理工背景，而是需要你有其他的社会科学方面的知识。所以不应该一说知识产权就强调理工科背景。有一部分声音强调要有理工科背景的人才来读，我认为这是有必要的。我觉得法学的知识、外语的知识都是非常必要的。我就先说这些。

郑万青（浙江工商大学法学院教授）：

刚才听了张老师讲的，我很有同感。对于我们本科阶段要不要开知识产权专业，我觉得张老师讲得非常正确。关键是我们怎样教给学生基本知识。离开本科这个阶段后，他很有可能永远没有机会再学习基础知识和基础理论，而本科阶段过分地强调专业显然不利于基础知识的学习。我想起我的一个同事讲的一个事例，也可以说是一个经验，可以给张老师讲的话做个注解。这位同事是从美国回来的，在美国待了十多年，在耶鲁拿的学位，在美国做律师，主要是金融证券方面的律师。他回国后在我们那里任教。他说耶鲁和哈佛的职业法律文凭（JD），并没有证券法的课，根本不开，但是出来的学生可以成为美国一流的证券法律师。它们为什么不开证券法呢？它们的基本理念就是：我法学院开的课程你学过后，再自己去看证券法，去考证券法，你完全可以考好，实践证明也是这样的。他介绍的这样一种情况，我并没有实地考察过，但我想，他的介绍是不是可以为张老师的话做个注解，也就是说基本的理论、基本的知识、基本的训练比之于某种专业是不是更加重要。

目前不少人提倡我们在高校本科设立知识产权专业，我们浙江已经有两所学校率先设立了，一个是中国计量学院，还有一个杭州师范大学，这当然也是出于浙江省对知识产权的重视。其他高校也在考虑是不是要办本科知识产权专业。我个人反复思考后，觉得法学院，没有必要在本科阶段设立知识产权专业。我的想法跟张老师的讲法是一致的。我们作为地方性大学，主要立足于为浙江省的经济建设服务。浙江省有个特殊情况：它的经济是飞速发展的，人们的知识产权意识不断增强。我们在实践中遇到大量的知识产权问题。我们查看一下美国的"337 条款"的诉讼案，很多都是发生在浙江省，而最近美国在对中国的知识产权调查中，重点也是盯住浙江省。去年 10 月份，美国商务部专门派出一个代表团到浙江省，就是要求省政府出面谈知识产权问题。他们与中央谈不下来，就直接到地方来谈，要亲自到市场上做调查。所以浙江省领导这两年对知识产权问题十分敏感，对知识产权教育非常重视，有时也请我们高校的教师去座谈。我本人就参加过省政府主管副省长亲自主持的座谈会。去年在浙江省和美国的知识产权圆桌会议上，我以一个教师和律师的身份参加，谈了知识产权保护的问题，其中就谈到知识产权人才的缺乏。

的确，从经济建设角度来考虑，浙江省很需要知识产权的人才。除了中国计量学院和杭州师范大学在本科设有知识产权专业，浙江省其他高校的知识产权人才培养情况更加注重基础知识和基本技能。例如浙江大学的硕士点就是没有这个知识产权专业的，它只是个方向，放在经济法下面，它的教学是硕士培养的模式。法学本科就开知识产权法，但课时不多。到硕士阶段在经济法学科点下面有个知识产权方向。又比如浙江工商大学，由原来的杭州商学院法律系和浙江政法管理干部学院合并组成了现在的浙江工商大学法学院。我们在民商法的硕士点下有知识产权方向，招知识产权法的硕士。在知识产权的本科教学当中，本科生的课时原来非常少，1 周 2 节课，现在扩展到 1 周 3 节课。整个教学共 3 个学分，还是传统的知识产权法学教育。其他如知识产权管理和知识产权信息化方面的课程，我们很想开，但是开不起来，目前只是开了专利文献检索。我们学校科技处有两个老师是浙江省最早一批的专利代理人，有些经验。我们法学院有些搞工科出身的老师已经开始向知识产权这方面转，我们也希望他们有机会到像上海大学这样有比较成熟的知识产权人才培养经验的学校进修。我们硕士生的课程主要是民商法的课程，其中有几个知识产权专题研究课程，另外有一门以英文讲授的国际知识产权法。总之，我们在本科阶段培养的是具有基本理论和基础技能的法学本科人才，专业不宜分得过细。而对硕士阶段的教育，我们目前还是民商法科目下的知识产权方向。我们想在这方面做些探索，将来领域拓广一点，搞知识产权法二级学科硕士点。

我们还成立了知识产权研究所，在该所成立的两年时间内，我们承担了一项国家社科基金的课题、一项国家知识产权局的课题、两项浙江省社科规划课题。另外，我们还对浙江省的企业提供一些服务，讲授如何进行品牌建设和品牌保护、如何应对"337 诉讼"等。还有的项目是针对个别的企业的，比如中小企业自身的专利管理。我们专门有针对性地为企业做些课题，给予法律上的诊断和管理上的诊断，效果非常好。特别是浙江省有几个企业，它们原来是做贴牌生产的，现在是从贴牌到创牌，我们给他们做品牌战略的发展指导，效果非常好。浙江省这几年对商标品牌战略非常重视：省政府提出口号，要把浙江省建立为品牌大省，因为浙江省经济发展非常快，成为中国、全世界的制造业基地。大家到义乌的小商品市场去看看就知道，制造业流通中心在那里。浙江省的经济有个特点就是"块状经济"，比如义乌的小商品、温州的制鞋制衣、诸暨的袜业、嵊州的领带、桐乡的羊毛衫兔毛衫、海宁的皮夹克。这些产业要么是中国最大，要么是亚洲最大甚至全世界最大，某类产业所有的商品都集中在这。当然最高端的没有，问题就出在没有或者缺乏自己的自主品牌和高端产品。所以现在浙江省面临的是如何让企业从贴牌生产走向创牌生产，这中间涉及重大的知识产权问题。我们的服务内容就是对企业和市场做些诊断。我们知识产权研究所除了做些理论研究，更主要的是面向浙江省的实际，为浙江省经济建设服务，而这方面我们还在探索中，工作才开始，两年时间不到。今天参加会议的专家中很多人有丰富的经验，我要将这些经验和知识带回去向浙江的同事传达。

还有一个问题：随着我们在知识产权方面越来越重视，越来越多地研究和学习，不少人在法学阵营里做知识产权研究的人，孤独感却越来越强，这是为什么呢？知识产权学科日渐成为交叉学科、边缘学科，而知识产权研究者也变得越来越边缘，法律不像法律，管理不像管理。法学学科觉得你这种学科越来越没有理论，与你的共同语言越来越少。知识产权学科发展得越来越快，越来越具有综合性、边缘性，是个新兴学科。当然我们要区分知识产权与知识产权法这两个概念。从知识产权法学发展到知识产权学科，我个人感觉它不是二级学科，而是一级学科，是个独立的学科。单就知识产权法来讲，传统上，知识产权法是民法的一个部门，而现在我觉得知识产权法就是一个独立的法律部门，许多内容民法理论解释不了，它就是不同国家力量博弈的结果，许多规则就是以美国为首的发达国家主导的结果。知识产权学科就是一个独立的学科，我们不能不承认这个事实。与这种情况相违背的是，知识产权学科缺乏一个独立的学术平台，比如说现在学校都是搞一套量化指标，让教师除了做课题，还要发文章。我们学校就只认法学类的 8 种杂志，非常现实，比如《法学研究》《法学家》《中国法学》《现代法学》《中外法学》等，这 8 种之外的就不算。我们知道，发表文章的话，每一期刊物的篇幅都是很有限的。将知识产权研究成果放在民商法的范围内，能够容纳的篇幅很有限，偏离了一点法学研究范畴，杂志就不发你的文章了，所以我觉得这几年在学术上的孤独感越来越强。比如搞知识产权的都熟悉几本有影响的知识产权学术杂志。《知识产权》《中国版权》《电子知识产权》等，我在上面发的文章拿到学校都不承认，但是这没办法。我跟学校科研处说：你不承认归你不承认，但是我们同行承认，我总不能在学术同仁不大看的刊物上发表自己的研究结论，那样就起不到学术传播的作用了。这里要借助大家的力量呼吁一下，是不是能把知识产权的学术平台提高层级，否则我们搞这个学科的学人就成为"边缘人"了。因为在现实的学术考评的压力面前，我们的确很难走出一个比较好的路子。我们总不能孤立于这个世界之外。

张玉敏：

我们学校现在是承认《知识产权》和《中国版权》的，你在那上面发表的文章和在其他核心杂志是一样的。

于正河（青岛大学知识产权学院院长，教授）：

加强我们国家知识产权人才培养的倡议书，于 2003 年 10 月在上海会议上被提出。会议结束以后，青岛大学积极响应。2004 年 4 月，我们学校的校长办公会提出一个方案，要利用一年半左右的时间筹建一个知识产权学院。经过近两年的筹建，青岛大学知识产权学院于 2006 年 6 月 30 日正式挂牌，在这个筹建过程中，本科阶段培养采取的方案是借鉴昨天郑老师那个定义，采取双学历双学位这个模式来做的。处在大二下学期对于全校生非法学专业的本科生，只要其在本专业班级排名前 50%，没有不及格记录，就可以报名。省里批给我们学校的双学位计划分配到法学的名额为每年 150 个左右。2005 年我们招了 150 个学生，通过报名、简单的筛选，用前两个报名的条件已经把学生定位。筛选出的学生在原来的专业是学习比较好的，我们的教学计划设置是他们原来的专业必须在 4 年内完成。我们也给他 2~4 年时间，利用这 2~4 年的时间完成法学专业知识产权方向的 60 个学分。因为我们的课是在晚上和周末来开课，对选课的学生来说相对压力大点。为什么要从大三开始呢？我们学校的教学计划基本的主要课程在大二之前让学生把基本的学分拿到 2/3。我们学校追求就业率、考研率，整个的教学计划学时和教学任务在大三结束之前基本完成，除了毕业设计和其他个别专业的选修课。所以我们知识产权方向二学位的设置利用这个特点，利用学生原来这个专业的后两年尤其是大四这一年课堂教学任务轻的特点，把二学位大部分的课压在大四的时间。2005 年招的 150 个学生中，目前已有 9 位完成了学分。这 9 个同学在 4 年的学习中既拿到了原来专业的毕业证和学位证，还能再拿到法学知识产权方向的学士证。所以我们就推出了这样一个模式。我们的教学计划比较灵活，定的 60% 的学分要在法学的主干课程中开设，10% 是实践性教学的学分，剩下的 30% 学分是围绕知识产权中的几个方向，开设了几类。150 个学生进来后，分成 3 个班级，以便学生管理到教学管理等工作的开展。前 60% 学分是公共课程，后来分成 3 大类：理工类的、经管类的、社科类的。现在只是开头，将来能不能成功还得实践。有 30% 学分是比较灵活的，而且这 30% 的学分里有 3 个学分是与学生原来学什么专业有关，就是与所谓理工科背景的课程有关，如果学生在相关的理工课程中学了 2 门的，可以免 3 个学分。在学籍管理中采取了这种方式比较灵活。

我们在学生管理中强调保证质量、保证素质，采取了一些措施。原来所在的学院还是照样管理，到我们法学院学习后，我们按班级管理，设辅导员。比如说有个同学在原来学院学习很好，但表现一般，然后在我们学院表现好，他在原来学院不能符合入党条件，那在我们学院能不能入党？我们认为可以。全面考查，征得原来学院同意，可以给学生机会。通过 4 年的学习学生一般都能拿到 2 个学位，这也增加了学生的就业"砝码"和条件。我也写了一个材料在资料中，但有很多不成熟的地方。我们的体会是：本科生知识产权的人才培养不一定存在什么固定模式，各个学校的情况不同。我们设计了这个方案，进行了 2 年的实践，我们认为还是不错的，学生报名的积极性也很高。我来的时候，新一届的学生开始报名。我们今年还是招 150 个，我来时已经报到 200 余人。还有一个体会是：管理要抓好，这种模式如果两边都忽视了管理，两边都不一定成功，所以要在加强教学管理方面采取一些措施。我们学校的情况就是这样，提出来给大家参考，请给我们提些建议和指导。谢谢各位！

袁真富（上海大学知识产权研究所副所长，博士）：

各位领导、各位老师、各位专家，大的方面我可能也没有很开阔的视野。这次主题有个课程设计的问题，我就知识产权方面的课程谈一下自己的想法。我们在上海大学对本科生、研究生开了一门知识产权经营管理的课程，这是陶老师于 2004 年改革时提出的课程，由我承担下来，到目前为止在上海大学开设已经有 4 届了，2005～2007 年。通过 4 次的教学，应该说每次上课的教学结构都是有很大变化的，后面的 PPT 里总结了变化的情况。

对于知识产权管理在法律框架下怎样运用，法律跟企业的管理环节相结合的知识整合，课程的角度、定位、目标，还有各个方面的结构，现在我们也有了很多的教材（蒋老师也刚出了一本《知识产权管理》）正在探索。我们这里要讲一下定位的问题。从目前来看，知识产权管理有几个层次：大的层次是宏观的管理，包括行政管理等；中观一点的层次有行业管理。我谈的这个管理是面向企业管理的，相对而言是微观层次的，当然，后来在上课的过程中发现，它还是无法微观的，总体上还是中观的教学，在个案上进行微观层面的探讨。知识产权管理内容的定位主要包括几个部分：企业的体制建设、信息管理、经营策略、风险控制以及战略规划方面的问题。

关于知识产权管理的视角问题，知识产权管理和知识产权法学的分野、教学的分界在什么地方，特别是知识产权案例教学，有的老师上课偏法律实践，应该怎样区分，也是我一直思考的问题。这里我提到视角的角色思考的问题，那么就提出两个方向：一个是从法律角度看商业上的企业经营问题，一个是从企业经营角度去看法律上的争议问题，即提出"商业问题法律化，法律问题商业化"两个方向。当然，这两个方向是不能涵盖经营管理思路的，只是大体的一个分界。商业问题法律化，比如通过专利无效挑战专利上的瑕疵，为自己的市场进入行为扫除障碍的问题，把商业问题换成法律问题。在法律问题商业化方面，通过商业的模式处理法律争议，也是企业在做的，比如通过并购的方式消除潜在的专利侵权的纠纷，或者说通过商业上的收购或许可的模式来化解将来可能侵权的危机，甚至消除自己将来专利发展上的障碍，如思科公司在发展中收购了 400 多个公司，花了几百亿美元，就是因为看到其他公司的专利对自身可能形成威胁或可能有所阻碍，就把它们收购。

从知识产权管理的视野来看，可以从企业组织建设层面、制度建设层面、信息管理层面、流程管理层面、风险控制层面、策略应用层面、经营利用层面等方向进行观察。具体的个案，我们以"优盘商标案"来看。"优盘"是朗科公司生产的 U 盘的商标，后来被华旗公司提起争议。到商标评审委员会（以下简称"商评委"）认为这个商标丧失了显著性，商标退化了，商标名称通用化了，变成了通用名称，所以申请应该予以撤销。最后商评委撤销了这个商标，后来朗科公司和商评委在打行政案子。从商标法的教学上来看，对这个案子的探讨可能是关于"优盘"的商标显著性到底有没有退化。我们目前的《商标法》只规定了没有显著性的经过使用取得了显著性，即第二含义的问题，没有明确规定有显著性的经过使用后没有显著性了、成为通用名称了怎么处理，没有明确的法律依据。当然，商评委和法院司法实践已经判了一些这样的案子，如果当事人有过错，客观上又变成通用名称了，就是要撤销这个商标注册或者对它的保护范围进行限制。这是法律上的探讨。而从知识产权管理的角度上，则要探讨纠纷背后怎么导致了一个有显著性的商标变成没有显著性的商标，探讨它的发生机制是什么。在知识产权管理的课堂教学上针对这个现象，我们归纳了八个原因。在企业管理方面，至少有八个因素导致商标可能变通用名称，比如有些企业在它的产品里只有商标名称，没有产品名称，导致消费者不知道怎样称呼这种新产品，就把商标当成产品名称。比如矫正身体姿势的英姿带，它用的时候就是把"英姿"注册为商标的，后来背背佳出来的时候把这种产品叫作矫姿带。因此，正确的叫法应该是"英姿"矫姿带。但是通过到英姿带厂商的网站查阅，发现它叫的是"第一代英姿带产品""第二代英姿带产品""第三代英姿带产品"，根本分不清"英姿带"到底是通用名称还是商标名称，结果有人叫背背佳"英姿带"，把"英姿带"当成了一个通用名称。英姿，也在词语"飒爽英姿"中，本身它的显著性就很弱这也是它的一个容易被通用名称化的很大的原因。我们分析这个原因，探讨企业怎样采取措施，避免由显著性商标变成通用名称；从企业管理的角度、从风险救济的角度怎么处理，这是我们从管理学的思路探讨知识产权的问题。

关于课程的进路问题，我这里列举了几个。第一个是主题类聚式，按照传统知识产权法学的分类方式，分成专利、商标、版权、商业秘密等进路，来谈专利管理、商标管理、版权管理、商业秘密管理等；还有一种主题类聚方式是按照产业链来深入，具体的个案例如电影工业里的知识产权管理，通过分析电影工业里出现知识产权纠纷的环节，以这些环节作为主题，比如围绕明星的形象可能出现的知识产权问题，应该如何规划，如何管理。这是一个思路。第二个大的思路是主题发散式，围绕一个小的主题，从多个角度谈知识产权管理的问题，比如"专利经营管理"，围绕专利经营，从管理体制、资源规划，成本控制，利用渠道、危机管理等角度谈。第三个思路是流程管理式，这里主要列了4个环节，从研发设计到产权获取（比如专利申请和商标注册），从经营利用到侵权防御，这是流程管理的一个思路。

在国外的著作里，还有其他的进路，比如美国的智慧资本管理群：他们研究出大公司知识产权管理的层次，共5个：第一个是防御阶段，以防御侵权为主；第二个是成本控制；第三个是创造利润；第四个是整合，即知识产权职能跟企业其他部门的整合；第五个是愿景规划，如面向未来的专利布局等。如果把这5个层次缩小一下，就是3个层次：首先是知识产权保护（不只是法律上的保护，也包括从风险管理的角度谈保护），然后是知识产权经营，最后是知识产权战略。

我们目前在上海大学做的知识产权管理课程，最新的情况是分成五大层次，主要突出知识产权经营、战略和风险这三大核心。第一层次是知识产权管理观念，是导论性质的，涉及知识产权的定位、思路、框架、角色，通过个案来调整学生对课程的期待；第二层次是知识产权经营管理，主要涉及知识产权的资源规划、成本控制的问题，还有营销管理、经营利用的问题；第三层次是知识产权战略管理，包括研发战略、经营战略、战略联盟等问题；第四层次是知识产权风险管理，主要包括知识产权的尽职调查、回避设计、侵权规避、诉讼攻防等；第五层次是知识产权管理机制，主要包括组织管理、制度建设、信息管理、员工管理。相关课程材料总共分20章，有的内容多，有的内容少。铺开这样的结构，尽量吸纳企业管理中各种可能用到的知识产权思路、策略和技巧，把知识产权和企业管理知识整合的内容纳入这样的框架中。当然，这种框架没有什么具体的理论指导，只是希望建立一种开放式的结构，能够把知识产权管理的知识容纳到这个结构里去。

关于后面的知识产权管理的气质问题，这只是一种个人的追求，希望知识产权管理变成独立的课程，在结构上与传统的法学教程相比时有它的独立性。对于教材编写，我一直也在倡导这种写作理念。我们法学界的教材主要是以文字为主导，我们希望能够像引进的一些管理学教材那样，多一些经典案例的提炼，进行精美的版式设计，使其图文并茂，相得益彰，让读者能够愉悦地读完这本书。叙述方式也很重要。传统的思维方式使叙述方式相对比较僵硬，而各位，包括我自己都在期待能够看到一种叙述方式非常活泼，能够让大家很容易接受的教材。中国目前还是比较缺这类教材的。特别是从企业培训的角度来看，我们高校的教材可能很难放到社会上进行人才培养；企业人员、实务工作者可能不太适应这种写作方式，可能觉得与他们工作、学习的东西很难吻合。

以上是我对上海大学的知识产权管理课程的介绍，希望各位专家批评指点。

周丽（上海市知识产权发展研究中心）：

我是上海市知识产权发展研究中心的。首先，对我们中心做个简单的介绍。我们是 2005 年刚刚成立的，功能定位主要是做政策研究。上海目前有 3 个知识产权学院和 6 个知识产权研究中心，所以上海市知识产权局成立我们研究中心时，在主要的功能定位上要和其他的高校和研究中心错位发展，我们主要是做高起点的，主要是依靠专家的力量进行政策的研究咨询。

关于知识产权人才培养的问题一直是我们中心关注的一个课题，也是我们局长关心的一个非常重要的问题。关于这点我谈谈自己的看法，主要是谈谈在职培养教育方面的问题。

在职培养教育与高校本科或其他层次人才也是错位发展的问题，这点是非常重要的。而在这方面，以政府背景为依托的培训机构可能有更大的优势。以上海市专利管理工程师第一期培训的实践经验来看，第一次招生时对这个市场的预期可能有点过大。当时有 3 个分点，第一个点是上海市知识产权局下属的上海市知识产权服务中心，第二个点是陶老师那边的上海大学，第三个点是上海政法学院。但在实际的招生工作中，可能我们的服务中心多年从事在职培训，有一定的经验，有一定的影响度，因为行政管理的关系与企业有天然的联系，所以生源主要是集中在我们这边。在培训的师资方面，我们主要是请来有实践经验的老师，目前已经培养出了 200 多名具有中级职称的知识产权专利管理工程师。所以我觉得，在职培养这方面以政府背景为依托的机构相对高校来说，以资源相比的话有一些相对的优势。

第二个在职培养应该以市场的需求为导向，这点非常重要，我非常同意几位老师的说法。高校对人才的培养应该是对思维模式、法学或最基本的专业知识、外语技能的培养，在职教育培养的切入点应该是以市场需求和社会热点为导向。目前有个新的现象：上海市一些大型的外企、大的专利代理机构和一些中介服务机构有个新的需求——知识产权调查员。这是什么样的岗位呢？这些知识产权调查员主要是运用知识产权侵权的技术去进行专利商标侵权的追踪，掌握被侵权产品的动向，最后配合工商部门或公安进行查处。这个需求是个非常新的需求点。我觉得这点是我们在职培训的初步动向问题，对我们高校的人才培养也是一个启示。目前社会上出现这个新的需求点，那么高校对学生的课程设计上是不是应该有个导向，因为这种知识产权调查员不仅需要专利和其他知识产权的专业知识，还需要侦查和行政方面的工作经验，而这些依靠本科基本的教学是不可能完成的。另外还有一个是农业知识产权的人才缺乏问题，这点我的体会比较深。我们中心给上海市的金山区做农业的知识产权战略。我们希望得到专家的指导或是一些评审建议，但是后来我们去查上海市农业方面的知识产权专家，却发现数量和工业领域的知识产权专家的数量相比是非常少的。如果去做些培训的话，可能涉及资源整合的问题，只依靠知识产权的培训机构是不够的，还需要农委和农业院校结合起来做一些培训。这就是我谈的几点看法。

陶鑫良：

我这边补充一下，专利管理工程师这次在上海市是 4 月 13 日或 4 月 14 日统考的，考培分离。我们是培训单位，人事局是主考单位，命题是找的另外专家。这次考试有三种组合：一种是原来没有中级职称，参加考试，准备获得中级职称的；一种是原来从事专利工作，或者没有从事专利工作，有这个机会想从事的；还有一种是已经有了中级职称甚至高级职称，愿意来学习，想获得知识产权和专利管理方面的职称资格，同时学点东西的。我们那个班上还有两个博士，博士学位已经拿到了，也仍然愿意来考这个中级职称。这一次总的来说，考试的人还是不多，与期望有差别，还有些是企业管理工作者动员来报名的。现在上海正在准备高级专利管理工程师的职称相关政策，教材正在编写，可能在今年年底或明年年初能够出台。上海这个职称系列已经转化为实践，但在实践中还有很多问题。薛丹处长说全国如果在职称方面发力的话，还有很多工作要做。高校在这里能起到什么作用，也是我们的主要议题之一。好，我就补充这一点。

陈玉娥（国家知识产权局专利局人事教育部教育处）：

结合职业教育，我谈谈国家知识产权局的职业教育。国家知识产权局每年招进来五六百人，其中 60% ~ 70% 是研究生。我们职业教育的目标非常明确，就是通过入局培训和岗位培训，使工科院校的学生能够达到合格审查员的标准，"合格审查员"是指他在独立从事审查工作时，能符合质量检查体系的三级检查要求，这是我们非常明确的。为了这个目标，国家知识产权局专利局人事教育部的教育处要完成职业教育，而这类教育社会上是无法提供的。我简单介绍一下我们是怎样做的工作。

为了使学的知识和技能能马上付诸实践，我们有几方面的办法：

第一，我们教师队伍的来源是第一线的审查员，要求有至少 5 年的工作经验，要经过严格的选拔，通过报名、推荐、考试，最终成为我们的兼职教师。选拔上了，我们还要进行专门的培训，按照成人教育的规律，包括教学课程设计、教学理念教学方法的设计、老师上课的情景道具，培训师的培训单。大家可能上过国外成人教育培训师的课程，我们的受训教师要经过至少 3 天这种课程的培训设计技能的学习。这是我们对教师的选拔和培训。

第二，我们有个说法"兼职教育但专业化要求"，那我们的教材是怎么来的呢？我们的教材都是工作中的第一手资料。我们在审查实践 20 年的工作中积累了很多案例，就在这些鲜活的案例中筛选出相关案例。我们对这些案例不是简单使用，而是经过兼职老师队伍的研究，整理出一套适合我们教学的教材。这些教材要经过专门的专家的认真评审和规范，才能成为我们的教材。

第三，我们有一套独特的教学方法，主要是采取面授，但更多案例教学是老师带着学员进行实际案例的操作。比如检索，我们讲了基本检索技能和检索技巧后，学员必须要回到部门，针对实际的审查案子进行检索，再由导师检查他们的检索水平，然后对他们进行考核。检索审查的时候，我们也是针对真实的案例。我们有一门课叫标准案例，模拟整个审查过程，从阅卷开始，分析发明点，分析技术权利要求，然后进行检索、检索的分析和申请人会晤，最后做出对案例的判断。我们编制了标准案例进行模拟，这是模拟的过程。

第四，在整个过程中，我们设置了 5 个单元的课程。在单元课程的前面，是公务员制度介绍和国家知识产权局情况的介绍。实际的技能课程就是《专利法》及其实施细则课程的介绍、对检索技能单元的学习、审查基础和技能的学习，另外还有案例教学。这是我们这段时间入门审查基础的学习，只是学习基础。后面很重要的学习就是岗位学习，是在导师的指导下，针对实际的案子，进行审查有一年半的时间。导师的指导是非常具体的。学员做完以后，他的思路和检索过程由导师把关。最后的考核是，用你在实际过程中做的真实案例，在我们组成的答辩委员会进行答辩，对你的检索方法、分析方法、"三性"的判断要求，作出一个答辩。

我觉得我们的这个培训是个实务教学，是实际技能的学习。从效果上看，经过这么多年的摸索以及对教师专职化的培养，对教材的统一、教学方法的研究，这套方法还是形成了我们国家知识产权局的一些特色。我觉得基础的理论学习和岗位锻炼形成了我们职业教育和审查员教育的方法。我们是学习理论，实践，再学习理论，再实践，中间还有一个环节叫"回头看"，就是说前面集中学习，到审查部门实践大概半年，半年后我们再"回头看"，把半年中在岗位上遇到的问题再解决和升华，那么学员对《专利法》的理解、对审查技能的掌握、对检索技能的掌握，就有了更深的提高。所以我们是逐级培训的。就像我们高部长说的，我们的检索分初级的入门培训、一般检索手段的培训、高级检索手段的培训，包括我们现在 PCT 的审查，有初级的入门基础知识和 PCT 的国家阶段的检索审查，在不同的层面逐渐提高检索技能。我觉得我们这套职业培训方法需要再借鉴国外的专利局和国外培训机构的一些方法。因为成人的教育和学校的教育可能不一样，我们以尽量采用真实的案例和模拟真实的情景这种方法来培训我们的审查员，使他们在短期内达到一个合格审查员的要求。我就介绍了一下国家知识产权局的这些计划，谢谢大家。

郑万青：

我提个问题：高校或者社会上的人有没有机会到你们那里接受这个培训？因为我们有些老师有工科背景，我们希望他们能够转到这方面来。

高康：

我觉得这个培训课程还是适合审查员，而在 4 个半月完成集中的课程，接下来还有将近一年的课程。你可能阶段性地选择某一课程，比如检索，但是全程跟下来可能不是很有必要。我们的这套培训方法在国际上也不落后，这是我们国家知识产权局的领导为之感到自豪的，因为国外有些为难、刁难我们的，就专门提出，你们每年招收那么多的新审查员，而且你们审查员那么年轻，你们能不能保证审查质量？那么我们局领导每次都是拿出我们的培训方案，说我们的培训不断地走向科学化、规范化、制度化。另外，加上我们的培训符合三级质量检查，每次说完之后他们也没什么可说的了。

陶鑫良：

高部长和陈处长讲的问题引发了我的想法。实际上，大学培养的人，到国家知识产权局专利局是不能马上上手做审查员的。审查员是知识产权中高端的人才，是国家知识产权局专利局通过自己一套非常严格、非常先进、非常专业的培训手段完成的。我们的审查员 4 个半月的集训，还有一年半由老审查员执行的一对一带教，然后"回头看"，还有导师带的。但是假设在我们国家知识产权战略影响下，以后企业需要大量的知识产权经营管理人才，那么谁来做这个环节的工作？对企业这部分，是由社会中介机构和特定的培训机构来处理，还是这个问题前置，或者全部或部分放到高校里？通过对师资的改造，对教学环境、教学实践的改革，高校能不能承担全部或部分的工作？现在在这方面脱节是客观的事实。需求是明显的，也逐步在上升。社会的需求和学校的培养中间有很大的问题。这个脱节包括师资的脱节。师资的问题如何解决，也是主要的问题。但是最主要的是我们以后要 3 万 ~ 4 万名知识产权经营管理人才，这个环节究竟怎么解决，希望大家能够深入讨论。

田文英（西安交通大学知识产权研究中心主任，教授）：

从在上海大学提出《关于知识产权人才培养的倡议书》到现在，我们年年都在讨论这个问题。我是西安交通大学的，我们的知识产权研究中心成立很多年了。我们学校是全国第一批做知识产权培养和教学的单位。我们的教师中研究知识产权的教授有 6 名。但是我们没有形成合力，主要原因是我们没有一个平台，没有一个学院，没有一个学科，没有一个专业，使我们只能各自依附。比如管理学院依附管理学院，从事法学知识产权教学的只能依附人文学院。所以我想说 4 个观点：第一个观点，知识产权人才的知识结构和学历教育是相冲突的；第二个观点，知识产权人才的市场需求与高等学校的教育目标也是冲突的；第三个观点，我认为知识产权的学科定位和我们现在所谓学科的课程设置也是冲突的；第四个观点，知识产权人才的学位培养和职业继续教育存在脱节和衔接的问题。

第一点谈一下知识产权人才的知识结构和学历教育冲突的问题。我认为高等学校的学位教育，无论学士、硕士、博士，都无法达到知识产权人才知识结构需要的要求。举个例子（我从事知识产权教育从 1988 年到现在，这是我深刻的体会）：我们现行的学位教育的体制下，对知识产权的审查员、执法人员、知识产权的律师或是企业的知识产权管理人员，要求其既要有工科的背景又要有法学的知识，既要有管理的知识，又要有解决国际贸易纠纷能力的需求。这是不现实的，所以我们培养的时候就会出现矛盾。比如我们学校曾经从1999 年起尝试过开了个辅修专业，双学位的，但是在明年可能就要被取消了，因为教育部好像不让搞辅修了。这个辅修就是 4 年中可以拿到 2 个学位，大二的时候可以直接去选法学辅修。我们当时的想法是从工科学生中选出部分学生，让他们获得法学学位的同时又在知识产权方面有个知识结构的交叉，这个特点很好，国家知识产权局每年都会到我们学校去要这方面的学生，因为用作审查员很好。比如学通信又学了法学的，他的起点就高，对知识的吸纳就容易得多。前段时间有个学生来西安讲课，还专门到我家来说"老师你听我讲课合格吗？"他已经代表国家知识产权局来讲课了。所以说这里提供了一定的衔接，但是教育部否定了这种培养模式，使这种途径将来走不下去了。那么就要探索一个新的模式了。

第二点是关于人才市场的需求与高等院校培养目标的冲突。例如，1995年我们学校成立法学院，我们是经济法专业。西南政法大学原来有刑法专业、民法专业、诉讼法专业，后来教育部1997年做专业合并，所有的都变成了法学专业。这里就有一个是通才教育还是专才教育的问题。我们学校的工科发展越来越萎缩。我们原来有8个工学专业学院，现在都按照大学院模式招生，比如电信学院有9个专业，但你都要打着电信的大旗做，"2+4+X"，这个X出来就是博士。高校现在这种发展趋势是打破现在的学历式教育。知识教育结构是走大的专业方向，而知识产权人才又越来越专了，所以是矛盾的、冲突的。我们法学专业从来没有一个定位是培养法官、检察官还是律师，我们出来就是法学，然后等你的基础雄厚了就有了职业定位。我们现在在大学里面强调培养知识产权人才，阻力是非常大的。

第三点我认为的冲突是知识产权学科定位和课程设置的冲突。我们学校一直是在经济法专业下面招知识产权方向，在企业管理方面设知识产权管理。在这两个学科，我们尝试了十几年，在学科方面看样子能搞一个交叉，但是交叉结果是在课程设置中老是冲突的。我们越来越发现在我们经济法硕士点的学科检查当中，要求你必须按照一级学科来设置学位课必修课，这样专业化越来越不明显。所以知识产权的课到后来就剩下一两门课能开，方向课就不能开。经济法里既想开金融的、税收的，又想开知识产权的，还想开合同法等的，根本就不行，因为选修课门数是有限制的，所以就出现了课程设置冲突。当然，郑老师的课题组正在想办法把我们知识产权设置为二级学科，这样就可能解决这个问题。就像入学考试，我们西安交通大学的知识产权考试一直设两个，让工科的也能考我们的经济法知识产权的方向，考你本专业的硕士入门的一门专业课（你任意选）。我们让他们专业的老师批改涉及他们专业的卷子，成绩我们认；我们法学再出我们法学的课的卷子。入门问题是解决了，课程设置又出现了问题。在管理学、法学、硕士、博士的定位上都决定了课程学位课和必修课，知识产权人才所需的课程设置无法加进去，这个问题一直困惑我们很久。

第四点，我越来越体会到，知识产权的人才培养在学位的问题上，而实际上在大学里很难达到职业要求，我同意张玉敏老师的意见。我们培养的人才，即使将来我们有了知识产权二级学科，不管是法学还是管理学的，硕士还是博士，审查员队伍是照样不能马上用，国家知识产权局不一定能用，企业不一定能用。它还需要一个职业定位。这个职业定位是不是高校在学位的培养过程中能达到的呢？我觉得这里面是有冲突的。我觉得这里的职业定位可以在高校的继续教育中完成，也可以在高校的工程硕士的培养中完成。在继续教育中，高校仅仅完成的是基础性知识结构的教育，职业性的培训应该是高校和社会共同结合完成，包括国家知识产权局做的就是很有价值的尝试，对审查员的培训。实际上，我们律师也一样。企业的法律工作者，我们将来的定位能不能是企业知识产权的工作者，这个工作需要政府来推进，高校来协助培养，同时要有一些专门的职业性培养。这里最重要的是岗位的确定。我这次在郑老师的课题里参加的是人事部下面的关于知识产权人才的使用和吸引这个课题。更重要的研究是在人事体制下如何给我们的知识产权人才在将来有一个岗位定位、职业定位，然后把职级、职称都解决，也就是把人才的下一个问题解决疏通。这个课题还在协商中，人事部还没最后解决。上海现在做了有益尝试，就是专利管理工程师的设立。但三百六十行现在已经发展到一千多行了，能不能给我们知识产权人才一个行业定位，还要大家的努力。

林衍华（上海知识产权发展研究中心副主任）：

我接着田教授的话继续发言，也对周丽的发言做些补充。上海市知识产权局和上海市人事局做了专利管理工程师这样的职称工作，在上海市的范围内得到认可了。我们也很希望这个尝试得到比较正面有益的经验以及国家各个部委和高校的支持。今天很高兴，我们教育部和国家知识产权局的领导都在，我希望能够得到你们的支持。专利管理工程师经过我们试点以后，明年的这个时候希望能把我们的经验教训与大家分享，得到大家的认可和推进。最初我们想叫"知识产权管理工程师"，后来想来想去还是认为"专利管理工程师"比较妥当。开始做的时候面不宜广，范围要小点，就是对应专利这块，效果比较名副其实。其实，开始时反对的声音也不少，认为平白无故就出来这么个新的行当，来的人员是不是经过一定的培训通过考试，就拿到一个工程师的职称了。陶老师前面解释了，我们做了些把关，对现在进来培训的人员还是要考虑他们基本的情况。比如说大学刚毕业的人员就来培训，即使他通过了，我们也不会马上给他专利管理工程师的职称。我们主要是针对在企业里有中级职称、初级职称，比如助理工程师都是在企业管理中从事了多年专利实务操作的人员。

我觉得高校的人才培养模式是一个模块的问题。具体培养模式肯定是多元的，到底应该怎样做，我也做了个思考，我想大家是不是可以做成这样的模块，就是每门课程做一个模块。我是学工程出身的，工程教育里有个抽屉原理，每一门课的设置都有特定的目标。我这样的培养模式，通过特定目标课程进行组合，利用积木的方式做成一个培养方案，这样根据市场的变化、培养目标的细分，"积木"可以根据不同的情况搭配，但是搭的范围、搭的内涵、搭的原则应该把握住，保持不变，对具体的细节可以根据搭积木的形式来做。因此，我觉得每门课的设置非常关键。刚才国家知识产权局领导也讲了审查员的培训，4个月的培训，接下去还有一年半培训，其中已经有了很好的课程。当然其目标性很明确，就是针对审查员，但我们在其中是不是可以抽取一些比较通用的，来和有关的高校实现共享，例如抽出一部分内容补充到他们的教材中，使他们的教材更加接近实际。如果说采取模块式，那么采取搭积木的方式就比较容易做到。工程上我们建房子，有很多的通用件，包括机械设备，甚至化工，都有很多通用件，根据特殊情况再用特殊件，一个工厂就可以根据这样的设计和组合出来了。不管怎样这都是一个工科，都是产业。哪怕就是通信的也是这样搭积木，都有通用的和特殊的情况。对我们知识产权发展是不是也可以采取这样的考虑？有些课程是大家都通用的，有些课程是根据每个学校的特色做出来的，这样我们的模式多元化有个落脚点。

还有一个是我们人才的培养是不是也分高级、中级、助理到一般的管理员？是不是参照工程技术类，工程技术类有技术员、助理工程师、高级工程师。反过来，在知识产权这个行当里，比如对于专利，是不是分专利管理工程师、专利管理助理工程师、专利管理高级工程师？对企业来说，给它一个职称系列，将来就可以发展。高校参照工程技术人员培养模式，培养出来的学生是不是一年后就可以成为专利助理管理工程师？

第三点是培养目标。我很同意张教授和田教授的说法。高校培养出来的学生走出校门是不是马上上岗就能做，这是很难的。研究生做课题，到研究性的企业比较好，上手比较快。当然，到设计院、工厂的话，也有一个见习。这些已经反映出一个普遍的规律。我们不可能指望我们的学生一出校门就可以做所有事。我们的教育在高校里主要是破万卷书，但还要行万里路，就是要参加实践。我们高校知识产权人才培养是不是也要参加实践，学习在工作后怎样适应自己的职业。高校里主要是对中高端人才的培养，初级的、一般的、实务性的，可以考虑以一般的职业教育为主。知识产权学科现在如果能走到二级学科是非常好的，至于将来能不能走到一级学科，受内部环境和外部环境影响，我们知识产权是成为一级学科，还是成为其他一级学科或二级学科中的一部分，这里有个集成的功能。如果从事知识产权的工作，通过辛勤耕耘，大家把所有有利的因素综合起来，使我们知识产权成为一门显学，这样知识产权成为二级学科都不成问题。

还一个是知识产权人才要做一个细分。根据细分的不同目标，形成相应的对策，才能形成相应的培养模式。

最后谢谢大家。

黄玉烨（中南财经政法大学知识产权中心副教授，博士）：

大家好！我来自中南财经政法大学，我们那里对知识产权也是非常的重视。我们有两个基地，教育部高校人文社科重点研究基地和国家保护知识产权工作研究基地。还有一个知识产权研究中心、一个知识产权学院、一个知识产权司法鉴定所、一个知识产权仲裁院。从事知识产权教学与研究的教师有 16 人，其中有 3 个博士生导师和 10 个硕士生导师。

关于知识产权人才培养，这两天也听了很多专家和领导的发言，我深受启发，也有点想法。今天晚上有个议题是关于知识产权人才社会需求与高校培养模式的选择和人才培养多元模式发展，我想就这个议题谈一谈。

首先，我认为知识产权人才可以从各个角度来多方面、全方位地培养。各个高校可以根据自己学校的现有资源和师资来进行分类培养。在培养方法上，可以从两个大的方面着手：一个是普法，主要是从培训这个角度来进行，因为培训的时间有限，一般就是一个星期甚至只有几天或半天的时间，那么这种培训只能起到普法作用；另一个是专才教育，这个方面我们很多专家这两天都谈到了，这种专才教育还是主要通过学位教育来进行。关于应用型人才的学位教育其实有很多方式：一是法律硕士的培养，二是双学位教育，三是研究生课程进修班，还有就是昨天陶老师和陈老师都提到的知识产权方向的 MBA 培养。

例如我们学校，应该说从事知识产权学位培养的条件还是非常好的。在知识产权人才的培养上，我们有知识产权博士研究生的培养和博士后流动站，有知识产权专业的法学硕士和法律硕士。知识产权方向的 MBA 培养也可以考虑，因为管理学和 MBA 教育原本就是我们学校的优势学科；知识产权管理也一直都是我们知识产权研究中心的研究方向之一。

其次，是关于知识产权人才培养的类别与数量问题。根据市场需求和社会需求来看的话，应该是应用型的需求多一些，研究型的需求相对少一些。因为像我们说的所谓研究型人才主要是在高校、研究所，而这类人才的需求量不大，在法院、检察院、机关的需求量也不大。从昨天我们看的教育部给的那个材料，还有陈老师做的调查来看，现在我们紧缺的是为企业服务的应用型人才，这一方面的人才急需大量培养。那么我想说的是，在数量培养的同时，我们在人才培养上还必须注意质量。我们不能说因为急需这种人才就马上在所有的高校开设知识产权专业，批量培养所谓的"知识产权人才"，而无论条件是否具备、是否成熟。在知识产权人才培养上首先要保证质量、控制数量，做到宁缺毋滥。如果学校本身不具备培养知识产权专门人才的条件，如师资不足、课程设计不成熟，那么培养出来的就不是人才，而有可能是庸才，是对学生不负责任。

最后，从人才培养的数量来看，在昨天我看到的报告里说，现在知识产权人才的缺口有 3 万。这个数据是我们根据企业的需求计算出来的，即一个企业需要配备 3 个知识产权方面的人才。这是从理论上算出来的，但在事实上一个企业究竟要不要 3 个知识产权人才呢？不一定。我们的企业在用人的时候，由于没有认识到知识产权人才的重要作用，从节约成本等因素出发，往往一个知识产权专门人才都不要，这也是我们这几年法学专业的大学生和研究生不好就业的原因之一。所以我们在知识产权人才培养的数量上还是要适度地控制一下。目前法学毕业生就业情况就给我们敲响了警钟。应该说，十年前我们的法学本科毕业生、硕士研究生都是非常紧俏的，但是这几年法学竟成了最难就业的专业之一。如果我们现在全部都上马来培养知识产权专业的学生，那么过几年知识产权毕业生的就业形势可能比现在的法学毕业生更严峻。到那时，我们将如何向学生交代？

谢谢！

蒋坡：

根据第一主持人的意见，今天晚上讨论很激烈，也很有成效，是不是讨论暂时告一段落？好在明天上午还有，可以接着讨论，这是第一。第二，从今天晚上的讨论情况来看，有很多学校介绍他们自己学校人才培养的一些情况，比如说同济大学、浙江大学、山东大学、青岛大学，给了大家一个很好的启示。同时国家知识产权局的同志也从各个方面介绍了培养审查员的一些很好的经验，给出了很好的意见，虽然与很多高校培养本科生、硕士生还不完全一样，但是很多方法和经验是很值得我们学习的。第三，我们上海市知识产权局的同志又专门介绍了关于上海设置专利管理工程师的职称以及相应的考前培训的事情。据我所知，国家知识产权局也曾经打报告想要在全国范围内推行关于专利管理工程师的做法。这个报告已经上报了，听说就在贺局长手上。贺局长如果批下来，事情可能会被推动。当然，这个信息只是听说，可能不是很准确。所以说这个职称的做法还是有它的一定的需要的。

那么大方面都谈了，有几点大家都达成了共识：第一，知识产权人才培养是多元化的，有多方面需求的；第二，高校培养知识产权人才和职业教育、职业定位、职业需求之间，是有距离的，两方面之间本身就不是一回事情。高校本来就主要不是单纯地培养职业人员的。现在许多高校越来越多地强调宽口径、重基础，已经成为一种趋势，和专利代理机构等需要什么样的人的职业定位是有差距的，本来就不该放在一起，如果混在一起，就会永远都讨论不清楚。关于高校培养人才，我很同意张玉敏老师所讲的，还是要从基本理论、基本知识和基本思想方法上去动脑筋。让学生掌握这些东西比具体教他怎么办案子有用得多了，后者主要不是高校的事情。虽然因为时间关系，具体课程设置、教材安排等问题还没有来得及进行讨论，但是就此我们得出了相关的结论，希望我们陶教授不仅仅是今天办第三届，甚至办第四届、第五届、第六届，还要把具体课程设置和具体的教材安排讨论下去，把真正的知识产权人才培养落到实处，干出成效来。好，今天我们的讨论就到此结束。谢谢诸位！

2007 年 5 月 28 日　08：00—10：00
主题三：高校知识产权人才培养条件建设专题
主持人：张玉敏教授　林衍华副主任

张玉敏：

今天由我和林主任一起来主持讨论。今天的中心议题是高校知识产权人才培养条件建设。昨天晚上我们进行了非常热烈的讨论，应该说是比较深入的，已经进入知识产权人才培养的一些实质性的问题。说起知识产权人才培养的目标、方式和意义，为了实现这样的培养目标，应该通过哪些途径？高校的学历教育和社会的继续培养是两条并行的非常重要的途径。另外，大概涉及了一些包括课程设置这样比较具体的问题。

今天我们的议题限定在高校的知识产权人才培养的范围之内，社会方面的培养今天就不讨论了。如果讨论的范围太宽，就无法深入。关于高校知识产权人才培养，大家手里有材料，一个是师资问题，一个是学位点，博士学位、硕士学位授予和建设的问题。

另外，按照我们主办方的设想，要搞一个高校知识产权的院长和中心主任协作的网络，看这个网络如何来更好建设，看大家有没有好的设想。同志们对于知识产权人才培养和其他人才培养的协调问题以及其他跟我们这个专题有关的问题都可以发表意见。这是一个非常具体的问题，我们讨论了很多，希望能够具体落实一下。

希望今天会议讨论的成果，可以对各个学校今后知识产权人才的培养起到一些启发和指导的作用。所以今天的讨论还是非常重要的，希望大家不要保守，把你们宝贵的经验在这个地方简明扼要地贡献出来，供大家分享。

林衍华：

时间是稀缺的资源，我们就开始吧。

马瑞芹（北京工业大学知识产权研究中心副教授）：

我先来说几句。

我想把我们的做法向大家做个汇报，因为今天各位专家老师都在座，我想如果我们的做法对大家有一点借鉴作用的话，也算是一点贡献吧。也非常希望各位领导、专家和老师们为我们提出宝贵的建议，为我们出谋划策。

因为去年 3 月份我们在上大路的新校区开研讨会时，我向大家说过我们要建立一个北京市的知识产权教育基地，而前天张慧老师也给大家讲过这个事情，我现在就把我们北京知识产权教育基地的做法介绍下，正好前面张老师也说了关于一个实习基地建设的问题，所以也算稍微有点关系。

我们北京市的知识产权教育基地是北京工业大学和北京市知识产权局共建的，它的宗旨是探讨如何为北京市培养知识产权急需人才和长效人才。目前我们还是主要在培养北京市知识产权急需人才的方面做了一些工作。从去年 3 月我们开始建立基地，到现在已经 1 年多。去年 3 月份到 12 月份一共是举办了 14 期培训班，主要是服务于北京市政府和北京市主要的企业（因为北京市每年有 200 家专利引进试点企业），然后是知识产权管理人员、公务员。我们也和北京市工业促进局和北京市农村工作委员会联合办过一些班次。今年按照我们的计划，因为是联合举办知识产权培训，准备办 19 期培训班，大概是 3000 多人的规模。我想我们的做法是"政府搭台高校唱戏"的模式：从北京市政府来说，可利用我们高校的教育资源；而从我们高校来说，有了个学科发展更好的平台，和企业的联系会更加紧密，无论是我们做课题、做调研还是学生的实习实践，那么在这个平台上我们就做得更有条件一些，把这些资源用得更为充分一些。当然，我们这个工作目前也只是初步地开展，才一年多的时间。下一步我们会在整个北京市的知识产权宣传普及工作上，根据我们在教育基地的教学方式和内容上的思考，在一些课题研究和下一步的长效人才培养方面上多做一些事情。所以也希望专家领导为我们提一些更好的建议，使我们能够把这个教育基地建得更有成效，同时也希望这种模式在其他的地区能够有所推广，这样的话，就会更有效果一些。

张玉敏：

北京市知识产权教育基地对企业人才进行培训的经费是由培训的人自己出吗？

马瑞芹：

不是，是北京市政府出的，有专款支持。培训对于培训人员来说是免费的。

张玉敏：

我就是想问一下这个问题。因为以我们的经验来讲，像重庆市知识产权局也经常办这样一些班，有些班的内容非常好，但是来的人很有限，其中一个原因就是有些企业在没有充分认识到这个问题的重要性之前，要他们出一点点钱都舍不得。我到台湾去的时候也了解到台湾出很大一笔钱给了刘江彬他们那里，人才培训就由他们来进行，来的人只要受训就行了，那么这样效率就要高一些。本来我还说在大陆地区这个问题是不是可以作为一个建议向各级政府提，即政府拿一点钱出来，让来学的人不出钱就可以学习，这样的话来的人就多了，要不然小一点的企业不愿意来。

马瑞芹：

我们招生时是和北京市知识产权局等联合发文的。北京市知识产权局与北京市工业促进局联合往下发通知。培训之后，我们给学员发一个知识产权教育基地的培训证书，这个证书在北京市具有"继续教育"的效力，就是说可以作为继续教育的课时来使用。这个我们在做计划时是和北京市知识产权局一起做的，也是分层次分领域分专业来做的。比如我们去年的班有生物医药的、集成电路的、农业口的，还有提高班，主要是解决急需人才。我们培训时请的专家是这样的模式：我们在北京有个北京市知识产权专家库，培训就主要是从这个专家库中选取专家，挑一流的专家来讲课，比如专利就是我们张老师来讲的。而检索这一块，因为我们学校图书馆的资源非常丰富，就由我们自己的老师来讲。其他班也是。由于各个班次开的课程不一样，根据课程的情况，我们聘请相应的专家和老师来上课。上课时间长短不一，非常短的只有一两天。

张慧：

我接着马老师的说一句。

这种班不能说是完全教学的那种班。这种短期的培训班要求在非常短的时间内把最精华的内容教给大家，所以我们先期建立一个专家库，在专家库的基础上利用北京的最丰富的知识产权资源。比如讲战略、讲发展这一块，就请的是商务部的，还请的可能是国家版权局的或者是国家知识产权局的一些专门做战略分析的人来讲；讲到实务这一块，那可能就要借助于一些事务所的人来讲；讲到审查这一块，就要请国家知识产权局专利局的审查员来讲。所以它是这么来搭配的，学员感觉效果还是比较好的。

整个设置其实关键不是在教师这一块，而是在教学计划的设置这一块，能不能紧扣这个班的情况，设置成在最短的时间内让他们分阶段地对知识产权有个大致的了解。设计好了后，教师就配套进入，实际上是这么一个过程。我就是通过这个班想到一个问题：去年我们办了 13 期，今年已经完成第 1 期，现在是第 2 期，我们来之前已经有 300 多人报名，人非常多，很多学员后来都提出一个问题，为什么不能在这个平台上给我们一个学位教育？所以这个又回到我原来说的那个事情了，就是像软件学院的工程硕士那样的学位教育。昨天国家知识产权局的领导也介绍了，新人经过他们的培养就可以作为审查员审查一些项目。那么对于在企业已经工作了几年的人，如果能够借助高校的这种资源和力量，给他们一年半到两年的培养，其实也是一种专业化的培养，就可以使他们的条件非常适合企业，有能力去做一些中层以上的知识产权管理工作。因为他们有丰富的经验、背景，就比刚刚走出校门的人更为实用。

我就觉得一种是专业化人才培养，一种是实用化人才培养，那么高校要不要承担类似带有学位的实用化人才培养的任务？这是我提出的一个问题。为什么呢？因为我感觉到比如北京市的技术市场特别想培养那种比较好的技术经济师，而这样的经济师从高校是完全走不出来的，但技术市场上有很多有工作经验或法律背景的人，如果经过两年的工程硕士的培养就可以胜任。不过，大家也知道，如果不设立一个学位的话，在职人员可能是不愿意来培养的。这是一个国情，也是人之常情。他来了之后经过两年的培养，作为一个技术经济师走出去，应该马上能够着手工作了，就像我们的审查员一样，经过两年的培养就能够着手工作。那么我们工科毕业的学生，经过几年的工作，再经过这样的学位授予以后，也能马上进入工作，这非常适合于解决目前实用人才短缺的问题。甚至，我们现在最大的问题不是法学该怎么建设，而是考虑能不能为我们知识产权实用化人才培养另外找一个途径。如果这样的话，我们要给人才一个更高层次的平台。在去年 13 期的培养过程中，我很关注一些学员对于今后发展的想法，因为我们搞了多年知识产权工作，特别关心这支队伍的建设。我跟很多人聊天，他们都说没有一个平台可以让他们再提高学习，只能够自学，只能是参加各种各样的短训班，但是学习过程支离破碎。所以我说我们能不能破除这种培训的设置理念。上次我跟教育部的同志也说过，但是他们说可能在上层的角度有些不同思想，但是我总觉得我们做知识产权工作的人，能不能考虑在学科设置上应急于中国目前的这种状况，这是我一直想呼吁的一件事情。

张玉敏：

我作为主持人员来说一下。

我要说刚才提出来的内容很好，最后张老师也讲了，这个事情恐怕是教育部职权范围以内的事情，涉及授予学位这个指标问题，还有计划。如果这些不解决的话，一般情况下是没办法的，除非是地方有魄力。所以还是希望教育部能不能强烈地给我们呼吁一下，同时我们下边也争取在各个地方政府的层面能够突破一下。我现在强调的是高校知识产权人才的培养，我们是不是把重点集中到这上头来。

郑胜利：

我们这个会议已经接近尾声了。那么我就想是不是可以弄个倡议，因为大概在我们这个层次参加的这些人来讨论这个问题还是不太够，所以我建议召开一次知识产权主任会议，今年就开。因为战略方面的讨论基本上今年就差不多了，紧接着是大家怎么落实的问题，这牵涉师资、教学计划、专业设置的问题。专业设置可能得有所突破，这是我的建议。那么要开主任会议的话，要有人挑这个担子，就由我来组织那个会议。咱们各学校的知识产权机构的叫法有点乱：知识产权学院、知识产权中心、知识产权研究所、知识产权系，但不管怎么样，你叫它们的主管同志为"主任"都还没有什么问题。所谓主任会，就是主管同志的会。这是一个提议。

另外一个倡议，我思考了一下，就是参加了两天的会后再看，恐怕这个知识产权人才培养得分这么几大块看。首先是基础理论的教育，这个责无旁贷只有大学能做。

其次，就是上岗的培训，这块有一部分国家机关能做，而国家知识产权局专利局做得非常专业，世界一流，可是它的培训对象是它的审查员和公务员。

那么还有很多政府部门做不到，因为它规模小，比如国家版权局的话可能就有难度，因为它编制小。我国管知识产权的部门实在是太多了，培训是肯定得做的，但像国家知识产权局专利局这么规范地来做，难度大点。这个是政府部门的上岗培训。另外的话是企业的上岗培训。这个我建议作为行业协会和行业主管部门的重点，比如信息产业部，因为单靠企业来做这个培训比较难，除非是像中石化这种特大型企业。还有些中小企业还是没人管。当然，如果地方政府能够把这个管起来的话也很好。

除此之外，特别是对中小企业，我还有个建议就是逐步推广到企业接受培训的模式，因为国外就有这种制度，就是刚刚毕业的人没有工作经验，可以到某个企业去做实习生，而中国还没有这样接受实习生的企业。进一步讲就是毕业之后人还没有找到工作，就先到企业里去做个实习生，继续学习。从企业里我发现一条规律，尤其是在国外企业中多，就是今天招你来了，明天就开始干活，决不培训。我曾经问过企业，企业说招来的人就是要工作的，所以都要招有工作经验的人，但是企业舍得这个出钱。他们没有这种制度，就是来了以后再给你培训的制度。这样有些公司就应运而生，就是猎头公司。所以企业都是委托猎头公司，提出需要一个什么样的人，猎头公司就给他搜索了，介绍人才去，人才再通过几关考查后就上岗了。所以就像前面高部长也讲了，国家知识产权局专利局也为外面输送了很多的人才。上岗培训方面就是这样。而有一部分人已经在岗了，但是知识结构不合理，也需要培训，就是我们说的继续教育，那么这块就需要两方面工作了。一个就是用人单位和大学要联合来做。有的人才缺的知识比较多一点的话，比如说做专利工作的，他要接受比较系统的法学教育就只能在大学。为什么？因为大学做这个非常成熟，要上什么课，排一下就可以，而单位没有这样的资源。大学有规模效应，一个人讲课很多人听。3个人可以上课，300个人也可以上课。这里面老师有自己的一整套方法。所以大学培养人才效率高。另外一个就是知识产权教育，我比较倾向于放在大学本科以后的教育之中。好几次讨论了这个问题，希望我们的院长们注意下。大家知道有个专业叫作科技英语。这个专业后来被发现里面是有问题的。科技英语它算理科还是英语？我们算理科的话，学生进来后想参加代理人考试，但他不是理学学位，不能考；算英语呢？英语人才很丰富，这就有问题了。科技英语的学生在大学里要念些科技，而英语人才是不练科技而是专攻英语的。所以科技英语的学生的英语又比不上英语系的。最后就是论科技比不上这头，论英语跟不上那头，是两头都跟不上。当然试验应该引起大家注意，试验不行了，要准备往后撤。为什么？因为咱们是在教育孩子，是教育下一代，得对他们负责，不能把他们给耽误了。这个主任会议，还希望教育部等方面的领导来听听，要不然院长们讨论了大半天还是不解决问题。

单晓光：

我听了郑老师的话，那个科技英语里面已经有这个教训了，我也深有感触。我们参加了几次知识产权人才培养的研讨会，我个人认为或许很多人也认为知识产权这个专业是国际化程度最高的，没有什么中国特色或是西方特色。关于那个人才培养依此类推，说这个是因为我们感觉下来在中国搞知识产权本科专业的做法可能也是世界上独一无二的。至于到底符不符合这个学科的发展规律，这几年已经有所表现。就像刚才郑老师提到的，谈到所谓在一年半把高等数学学下来，其实就是你四年把理工科都啃下来也不是那么容易的一件事情。这是我附和下刚才郑老师的话。另外一个体会，就是知识产权人才培养最难的，也是有中国特色要攻破的就是一个学科问题。因为在国外不存在这个问题，也不会为二级学科弄个专业而苦苦地思索、苦苦地攻关，开一届、二届、三届研讨会，不存在这个问题的，而我们这里最大的难点就在这里。我也是附议一下郑老师的倡议，因为我们在百年校庆的时候，正好有一个很好的机会，田力普局长和吴启迪部长正好到我们学院，我们也就讨论了这个问题。我看田局长的思路是很清晰的，他说我们知识产权人才培养现在的难点就是学科问题。当面和吴部长说的。然后吴部长也说，结合去年郑老师和吴汉东老师的讲课，也讨论了这个问题。据我了解，国家知识产权局可能也会向教育部呼吁。其中提到一点就是希望我们这些做第一线工作的人要极力呼吁，要提供一个有分量的报告。我想郑老师的这个建议，如果作为知识产权第一线有分量的人能够去呼吁，将是个很好的突破点，其他的问题也就可以迎刃而解了。我就呼应郑老师的这么几点。

姜黎皓（云南师范大学知识产权研究中心，副教授）：

先自我介绍一下：我来自云南师范大学，在学校法律系从事教学工作，同时也在刚刚成立的知识产权研究中心做兼职研究工作。我们确实是最新成立的，2007 年 4 月批下来的，各方面都没有经验，在摸索要怎么发展。然后我们就接到了上海大学的这个邀请，先来参加这个会议，向大家学习学习，然后回去后再挂牌。但是其实我们很多工作都开展起来了。例如今年 4 月份的时候，国家知识产权局下发了一个任务——"知识产权认知度调查"，我们就按照云南省知识产权局的要求开展了高校大学生的知识产权认知度调查，而这个调查工作也已经完成了。然后我们也参与了一些国家知识产权局以及云南省教育厅的科研项目，比如知识产权人才培养战略的研究等，这些工作我们都已经参与进去了。这就是我们知识产权研究中心目前开展工作的情况，给大家做一个简单的介绍。

回到讨论的主题，谈高校知识产权人才的培养，我想附议下郑教授的观点。我这两天听大家讨论后有这样的思考，就是高校知识产权人才培养应该还是基础理论教育，但是这个基础理论教育到底是在什么层次上？我个人的意见认为还是应该放在硕士研究生层次上来进行教育。我第一天听郑老师的发言，对其中的一句话印象特别深刻，就是说现有的学校开足马力培养人才都不一定能够完成需求的目标。对于这点，我担心的不是数量问题，毕竟中国人多力量大，以后各个高校都参与进来，都开设知识产权专业，各个层次的都有，甚至是专科函授都出来了，那数量肯定不成问题。但是质量呢？我有这个担心，主要还是对出于法学教育的检讨。最近关于这方面的报道有很多，虽然我不大清楚是基于什么背景，但是这说明法学教育有问题。其中，一个最大的问题是法学专业设置混乱、规模失控，函授、夜大甚至职高都有法学专业，难以保证质量。知识产权专业正处在要大发展的关口上，此时就要考虑一个长期的规划，避免一窝蜂地搞知识产权专业设置。我们应把重点放在研究生培养层次以上，进行层次较高的基础理论研究。另外，为了提高大学生的知识产权战略意识，让大家都了解些知识产权的知识，可以考虑在各个专业里把知识产权课开成必修课。其实我们学校从 2001 年就开设有知识产权公共选修课，让理工科的学生都来选，还是有效果的，他们都很感兴趣。他们有想要搞点发明创造去申请专利的要求，就会来选课。但是由于师资力量有限，仅仅开设一个班，60 多个名额。而且因为是选修课，没有强制性，不能保证课程学习的普及率。所以我就考虑，如果加大知识产权意识教育的话，把它设置成一个必修课，那么就需要我们教育部的领导作一个长远的考虑，怎么来做一个设置，而且也不能一下子铺开，所以要有一个逐步推进的步骤，先从校级公共选修课层面推广，有条件再开设必修课，做成一个制度化安排，这样来促进国民知识产权意识培养。总的说来，知识产权专业设置的核心还是要放在研究生这个层次上，毕竟知识产权这个专业对人才的素质要求很高，我想应该避免走法学专业发展走过的一个不太好的路子。我就围绕这个议题说这些想法，不妥之处，请各位老师指正。

张玉敏：

我们国家知识产权局领导到日本去考察过日本知识产权正规教育的情况，

那我们请陈处长给我们介绍下好吗？

陈玉娥：

我简单介绍一下。

有一个机会，我到日本去学习了几个月，正好是在东京工业大学，那个大学相当于中国的清华大学这样的工科型院校，它的知识产权管理教育设在自己的管理学院。它有几个特点。

第一，老师的来源一部分是学校，走学术派路线的，但是大部分的老师是有实践经验的。比如带我的导师是在日本特许厅工作了 10 年，在日本企业也做了 12 年知识产权工作的实务人才。另外还有两个教授都是具有丰富的实务经验的老师。

第二，学校经常请各种各样的企业来给研究生开讲座。

第三，都是把国外的一些教材进行翻译作为它的教材，包括很多公司的案例和工作。

第四，它的学生基本上都是研究生，从社会各个层面来的，包括企业和一些行政管理单位。还有，他们做的课题我觉得很有意思，方方面面，跟工作结合得特别紧密：有的是带着企业的课题来的；有的是从日本特许厅带过去的，就研究如何用专利文献为企业作数据分析。还有我参加过的小讨论，比如代理人如何跟申请人进行有效的沟通，这些都是跟生产结合得很紧密的。而学习过程也不是一个单纯的理论过程。每个星期都有一个"presentation"，就每个研究生分组，每个组每个星期用一个下午的时间，让每个研究生利用很短的时间，把研究成果互相分享。另外，我在学习的半年时间中，还到企业去参观实习，跟企业知识产权工作者和研发人员座谈。它整个的教学模式可能也有值得我们探讨的地方。

另外，我去学习是想了解日本知识产权教育培训的体系，所以老师就经常陪我去访谈日本特许厅做过培训的那些工作者，包括了解审查员部的那些培训的模式。所以我觉得虽然它是个大学，但它整个的教育培养体系培养的人出来后马上就能够为企业服务，因为学校培养带着非常强的目的性。为这个问题我还问过教授。以前他们也是实行我们这种纯的法学教育，但是也有不同。法学院的法学教育有对各个国家知识产权方面的研究，但是像这种工科院校的教育就是为企业服务的，这样就避免了人才培训和人才使用的脱节。这个大学下面还有个产学研的转移中心。学校里很多老师是聘用制。像我的这个老师，他既在这个学校讲课，也在很多社会上的协会讲课。他讲课时会经常跟学员交流，发现学员中有什么问题，然后把这些问题收集后又交给他的学生去做，所以这样的模式使得学校和社会的联系特别的紧密，跟政府、企业和协会都保持着非常紧密的联系。

张玉敏：

我还想再问两个问题。第一个是关于日本的知识产权教育。你去的那个学校是日本知识产权教育中的某个类型之一，还是普遍情况的代表，其他类型的特点能不能给我们介绍一下？

陈玉娥：

我因为不算是很深入地了解，所以只是觉得日本的大学对不同的人员用不同的培养方式。日本有各种不同层面的培训，甚至还包括中小学的培训。它做得特别细。比如我去的大学是在管理学下面设立的知识产权，与法学培养不是一个方向。所以说应该是细化的培训。

张玉敏：

那第二个问题。对于高校来说，它是否像我们国家这样，一说法学重要，大家就都来办法学院；一说知识产权重要，大家就都来办知识产权学院？还是仅仅局限在少数的学校在办？

陈玉娥：

对不起，对这个问题我实在没有发言权，因为我没有专门研究过这个问题。我当时只是带着了解日本知识产权教育体系的目的而走访了一些地方，没有深入了解过你说的这方面的问题。

陈美章：

我来补充一点。

最近 3 年，日本发展很快。我应邀请去那边讲课，发现有一个新的苗头，就是培养人。它们培养人的思想很超前。比如东京理工大学和大阪工业大学现在已经建立了知识产权学院，明确地挂牌子了；而且就是做知识产权学院研究生部，不培养本科生，就是从研究生起步。我们现在经常和它们有交流，它们的人员也到北京大学来了解我们知识产权学院的设置、人员情况、课程设置，摸得很清楚。它们现在邀请世界各国做知识产权研究的专家给学生讲课，经费是很充足的，来源是各方面的，和产业结合，有产业资助，而且还可以直接请企业的相关人员来上课。另外，它们还要到中国来招中国的学生到它们的学院去当学生，日语不行，还可以给予培训。培养的目标是直接跟产学研结合在一起的。

前面国家知识产权局介绍的对审查员的培训充分反映了高校人才培养的僵化。我国教育部还没有突破计划经济体制的思路，最明显的表现就是名额的限制。日本大阪工业大学成立知识产权学院，院长就是原来日本特许厅的副厅长，副院长是日本松下电器知识产权部的部长，现在已经退休下来了。很明显，它们是官、产、研结合，然后培养的学生很实用，学生不能出来后还要经过再加工、再培训，否则实际上是失败的。学生在学校阶段一个是打基础，法学理论基础也好，知识产权基础也好，打好基础的同时必须结合实际。将来这些人要去做审查员也好，做法官也好，做代理人也好，在他求学时必须给他一些这方面的知识，对程序和要求有个基本的了解。你可以在他学习期间给一个实践的机会，不至于到审查员队伍里还要从头去培训一年半，这实际上是说明了我们理论和实践的脱节。当然谁都希望招的职员有工作经验，来了就上手，但我觉得这个思路是有点问题的，既是对资源的浪费，也是对学校学习时间的浪费。所以从这个角度来看，日本到中国来招中国的学生去他那里念书，念完后给它的企业服务，因为日本企业到中国来申请专利的量非常大且逐年增长，但是发生了纠纷、发生了问题，它们不信任我们的一些代理机构或者律师，反倒要培养自己的人去为自己服务，这个动向是很值得注意的，等于是用我们的师资、用我们的学生，最后去给它们的企业服务。那我们反过来为什么不能反思一下，为什么我们这么多年辛辛苦苦地培养出来这么多的人，最后很多都到了美国最好的律师事务所去给他们做律师，当然也有人回归。我们就是没有一个长远的规划。应该多学一点发达国家的经验，少走弯路。

张玉敏：

陈老师，日本的学制是几年？

陈美章：

他们研究生、博士生也是 2～3 年的都有。

张慧：

我这里插一句，因为做具体工作而了解到的：日本人现在还采取了非常特殊的办法，给很多做涉外工作的事务所发工资，希望你加盟他们进行合作，每月数额不等，给你10万元、20万元、甚至最多的有给30万元的，就用你这个中国的牌子，然后让你帮他们做日本在中国的事情，而且希望你不要放弃中国的业务。我知道北京这样的公司就有4~5家。所以，国外的实务和教育结合非常紧密、发展非常快。如果我们的教育和实务仍然这样游离的话，将来的发展是很危险的。

马瑞芹：

高校的知识产权人才队伍建设方面由于师资人才非常缺乏，不管是公共选修课还是专业课，都是缺口挺大的一个方面，所以也呼应一下刚才各个老师讲的：在高校教育实践方面，可以把社会上丰富的资源整合进来。

陶鑫良：

人才的外流，也就是"溢外效应"，在我们整个人才培养过程中应得到重视。我们说我国未来缺3万还是5万知识产权人才，这是单指我国缺少知识产权人才的净值，是不包括培养出来的知识产权人才中"外流"或者"流外"部分的。所谓"外流"是学成以后在国外工作；所谓"流外"是学成之后虽未离国，但是在我国境内的外国企业中服务。现在我们经常在会议上讲到：知识产权人才培养"辛辛苦苦为谁忙，为洋人作嫁衣裳。请看番营五虎将，尽是中华好儿郎（好女郎）。"例如我们"知识产权五教授"在对菲利浦公司提起要求宣告其"一种编码数据的发射方法和接收方法及其发射机和接收机"发明专利权无效最后达成和解的新闻发布会上，台上一排坐着8个人，这边5位中国教授，张平教授、我、单晓光教授、朱雪忠教授和徐家立教授；那边3位是菲利浦公司的3位高管，也都是中国人，也是我们起步培养的知识产权高端人才。

铁打的营盘流水的兵。在当今市场经济条件之下"流外"和"外流"都是不可避免的，也都是无可厚非的。然而我们在知识产权人才培养的整个计划中，需要考虑到这个溢外效应。我们应该找到一个动态的平衡。这些"流外"和"外流"的知识产权优秀人才在大学学成之后在外国企业干个三五年，可以说是知识产权人才培养的"博士后"进修和学习，因为外国企业往往有十几年、几十年、上百年的知识产权经营管理传统和经验，老马识途、轻车熟路，正好培养和训练我国的知识产权"博士后"。但是如果这些知识产权人才"流外"或"外流"30年或者50年，长期不回归，终老他方，那就是我们中华民族的悲哀了。我们在考虑高校知识产权人才培养时，一个是考虑如何改善我们的"土壤和气候"，让这些人可以去而复回、叶落归根，另外一个就是我们现在考虑的知识产权人才培养计划里面，要考虑到知识产权人才"流外"和"外流"的溢外效应。

另外，我国当前的知识产权师资的确是个瓶颈问题。要什么样的师资，如何培养这些师资，是现在实际的大问题。我们上海大学知识产权学院1994年建立以来，现在培养知识产权的本科生有上千人，研究生也有上百，在读的本硕连读已经3届，每届20个，但我们心里仍然没底，其中最没底的就是师资，担心我们的师资能不能配合和适应这样的需求。比如，早期知识产权人才的培养主要是给学生开4~6门的知识产权法相关课程，现在我们面对本硕连读的研究生开了知识产权法和知识产权管理的6门课：知识产权前沿问题研究、知识产权案例研究、企业知识产权战略与策略、知识产权信息检索与利用、跨国公司知识产权法务与经营、中国企业知识产权法务与管理。我们还花了65万元建了一个"知识产权信息检索与利用实验室"，到现在为止，硬件设备与软件设施均已经到位，但相关师资的培养还需要强化。还有跨国公司知识产权法务与经营和中国企业知识产权法务与管理这两门课，我们都是开放性的。课程的主持人最多上4次，还有6次要让中外企业的知识产权主管和其他人士来上，师资建设今后肯定是一个攻坚项目。

郑胜利：

关于外聘教育，我们这里也遇到这样的问题。这几年外聘教师给我们上过3次课的人很少，他最多给你上一次课就已经算很对得起你了。另外，在指导硕士生方面有这么个问题，就是法律硕士现在一年有50个，再往后恐怕会有70个。外头在评价我们的知识产权教育的时候是不算客气的，70个学生配6个老师，你论文怎么指导呢？现在我参加一些博士生的答辩也发现了一些问题：一年4~5个博士生你怎么以一个老师辅导呢？那么外头来的指导3个的已经算是非常非常对得起你了。当然，专家绝对没有问题，校外一流水平。指导比例的话是这样的：我们的老师一个人一年大概占1/3，校内2/3。但是校外导师有个问题啊，因为教学都走上规范了，所以本科生的课根本就不敢让他们去上。为什么？评估的来了，你不是学校老师，你不熟悉那套评估方法的话，那堂课评估后搞砸的话就全完了。所以让他上研究生的课，因为研究生要求不那么刻板。但是还有个问题：硕士论文现在是盲评，而盲评时外面的人有时不知道法律硕士的特点，导致自己带的学生盲评过不去，所以为外聘人员，就让学生感觉没底。因为对学生来讲，学位是他最要命的东西，所以他比较愿意要学校老师指导。这不管水平，只要老师认真点，都能够达到。对外聘老师，学生还是有点担心。另外，外聘人员时常挺忙的，包括退休的人，甚至有的退休的比我们还忙。现在我们的外聘老师一般是指导 2 个，好点的话是指导3 个，往往校内还要有个老师来帮助关照他，才不会像"放鸽子"。所以外聘老师也有其难处。

张玉敏：

刚才这两位资深老师在知识产权方面谈到知识产权人才培养的关键问题。师资问题的确是制约我们知识产权人才培养的最根本的问题。其他的再好，这个问题解决不了，就等于零。这个问题在北京和上海还有一些有利的解决条件，比如北京的知识产权专家库。知识产权人才集中在北京的恐怕是大部分。除了北京、上海，重庆、武汉大概排在第二个档次。再往后的档次就更难说了。像在我们重庆，要到政府管理机关、企业、事务所去找那种有档次、有经验、能够来讲课的人，实在是比较困难。如果到外省去找，比如关于专利信息分析的问题或关于其他方面比较前沿的问题，我们到北京请人来讲课，费用太高。我们也不像上海有那么大的官方支持力度，我们这边的政府一分钱也不肯出。我们重庆拿课题也不像有北京大学这个牌子或者在北京这个地方那么方便，所以在这方面受到非常大的限制。这个问题，我在这里希望向北京、上海的提个要求：如果你们聘请的有外国来的人才，你们感觉确实对我们的教学有帮助的话，跟我们通个信息，我们可以支出他从北京、上海过来讲课的这一段时期费用，其他的就你们管了。我们首先提这个要求，然后我们具体商量，希望借助你们的条件请国外的老师讲讲课。以我们的经验，外国的专家对我们西南还是有很大兴趣，但是由于交流不够，我们没有信息，所以希望可以达成一个协作的网络。

郑胜利：

我有个建议。我们国家知识产权局的是人教部吧？现在我国国家知识产权的多头管理现象在短时间内没法解决，而且也不可能解决，比如人才培养你就一定得跟教育部合作，不可能再弄其他的教育主管。这样的话，人事司的也在这，教育部也在这，有些工作是要政府财政来做支持的。在你们做计划的当中，希望在人才培养上，相关的官员们可以跟教育部多做沟通，共同建设。实际上，咱们国家目前教育花多少钱都不会亏本，所以可以去推动。因为以我们国家现在的财政，还是可以去申请的。特别是战略一出来以后，我们在里面也提到，中央财政要出钱。比起其他项目来讲，教育上出几亿元的话是个很大的数目，但跟其他一些投几十亿元的项目相比却更有作用。

林衍华：

我提个建议。大家讨论得很激烈，是各位专家、各位教授觉得，我们这个会的范围是否可以扩大一下？下次请有关部委的领导也来参加。比如国资委下面的政策法规司，现在它下面专门成立了一个知识产权处。国资委是管中央企业的。我们要研究怎样培养中国人为中国自己的企业所用，而中央企业对自身的知识产权这块的工作应该是最重视的。我想把他们请过来，是因为我们众多高校所培养那么多人才，也是希望为他们培养的。所以，在这里希望能建立一个比较好的互动，让我们各个知识产权学院、中心能比较有针对性地通过国资委和相应的中央企业进行联系。

陶鑫良：

这里我再提一个动议或建议。关于博士学位授予点，我们这里面强调了法学一级学科之下增设知识产权法为二级学科。前两天我也参加了国家知识产权战略总纲的"20＋1"的那个"1"的组的讨论。在战略的一些咨询意见稿中，我们的有些意见已经在里面了，但是当场我和其他几位都提出了，觉得光在法学一级学科下增设知识产权法为二级学科好像是已经比较窄了点，所以大家建议能不能在法学一级学科下增设知识产权法为二级学科，在管理科学与工程之下增设知识产权管理为二级学科，在经济学下面增设知识产权经济为二级学科。这可能提得多了一点，但是知识产权的综合性、交叉性需要有这样的表述。依据是2004年以教育部的名义下发的文件中，已经把知识产权法和知识产权管理都写上去了。所以在国家总纲摘要中我们不应再退一步——不应把知识产权管理扔掉。还有，经济和知识产权的关系这方面现在恐怕也应该讨论，当然意见还会返回各个部委再加以讨论。在讨论过程中间，我希望如果能上《纲要》的话，这3个内容能一并解决，而不是仅仅限制在法学一级学科之下的知识产权法二级学科。我们中国高校的建设是模具化建设，老是搞一刀切。合理的应该是看情况定切几刀，但它就是一刀切，我们也只好往里面套。目前情况之下，只有同济大学单老师那边和我们上海大学现在在管理一级学科内设立了二级学科博士授予点，我们两家都是知识产权管理，而实际上这个情况说明也已经有这个事实了，所以建议如果是二级学科设置的话，就干脆从法学拓展到管理学甚至经济学。

好，这是个建议。

张玉敏：

不好意思，可能还有很多老师有很多的话要讲。我们知识产权这个专业的人开会总是有非常强的社会责任感，开会总是有说不完的话。这种现象一是说明发现的问题多，二是说明大家责任心很强。今天上午的讨论中有很多很好的建议，我本人也很受启发。在这个地方也对陶老师，对会议的主办方有个小小的建议：希望能够把我们今天提的一些有实质意义的要求、要做的具体建议，包括我们对国家知识产权局、对教育部的建议，能够形成一个文字的东西。这样的话，可以便于教育部和国家知识产权局来的同志回去汇报，向领导提要求。这样是不是会更有利一些？当然很多问题只是开了个头，还并没有细化下来，所以希望大家回去后继续考虑。我非常赞同我们郑老师的提议，希望能够再有一个会议来研究更为具体的一些问题。由于时间的关系，上午的讨论到此结束。

2007 年 5 月 28 日   10：00—10：30
闭幕式
主持人：田文英（中国高校知识产权研究会人才培养委员会副主任，教授）

田文英：

我很郁闷。第一个郁闷是，我们开了 3 次这样的会议，每次都是陶老师安排我闭幕、他开幕。第二个郁闷是时间太短了，感觉讨论都还没有尽兴，却由于时间的原因，大家都要匆匆离开，所以大家是带着问题来，再带着更多的思考回去。第三个郁闷是，每次开会大家都带着强大的信心和要干一番事业的热情来，好像是"你给我个立足地，我就要撑起一片天"的感觉，但是每次都受到我们的市场人才需求和现行教育体制以及人事体制改革的制约，我们这个平台的建设总是举步维艰。但是每次都有新的起点，比如说我们这次已经深入很多有共识的问题中去。那么就请我们中国高校知识产权研究会的人才培养委员会的陶鑫良教授给我们做大会总结。

陶鑫良：

各位朋友，我们是"年年开会年年会，去年会后今又会"。这次会议非常荣幸，有国家知识产权局的专利局和人事司，以及教育部的各位老师与会。其他的还有各有关部门和中华全国律师协会知识产权专业委员会的代表，以及我们20多所高校的同仁。这两年，我们的会议都控制在30~40人，这个范围可能是最佳的开会规模。

这两天来，虽然大家在舟山群岛最适宜开会的海天台宾馆开会，但也辛苦大家了。何谓"海天台"？就是"东海上，蓝天下，研讨开会一平台"。我们则是"群贤聚会海天台，集思广益育人才，涛声依旧东海潮，知识产权来复来。"讨论来讨论去还是在讨论去年这些老问题，但是形势在发展，议题在深入，老生常谈，常谈常新。

这次我们得到了一些新的感悟和体会，但是还有一个遗憾，就是问题好像依然没有解决。革命尚未成功，同志继续努力。但是不管怎么样，我们这几天的活动非常辛苦。昨天晚上讨论到十点钟，之后还有好几位老师意犹未尽，在海边平台上又讨论了一个多小时。我路过有些房间，其中传出的声音也是在讨论知识产权人才问题。所以这几天中，我们通报了情况，交流了信息，聚焦了问题，探讨了难点，提出了建议。

所谓通报了情况，就是通过介绍和交流，在我们国家的知识产权战略及人才培养方面，让大家有了较清晰和全面的了解。因为参与知识产权人才培养的大学和人员多了，通报情况对我们很要紧，因为我们在微观和中微观的操作中间，需要宏观背景及其指导。

我们也交流了各个学校的信息，不过最主要是聚焦了问题，探讨了难点，涛声依旧，研究更深。这两天大家讨论的一些难点问题，例如社会的需求到底是什么，涉及方方面面，这里一是数量，二是质量。去年在上海大学国际会议中心开会，大家讨论的是高校承担知识产权培养人才任务应该在哪一个层次和平台。这次会议上大家谈到尤其要重视知识产权法律硕士和MBA这两种知识产权专业人才的培养。同时，昨天晚上和今天上午也都谈到了高校和社会的分工和关系。高校培养的人才究竟是直接成才、一步到位，还是提供主要"毛坯"，在社会上进行精加工，成为各个单位需要的人才？国家知识产权局专利局审查员是我们知识产权人才培养的专门化与高端化的体现，它们的人才培养提供了优化模式。但是其他方面究竟怎么样？大家有不同的意见，尚待我们进一步思考；不同观点之间也需要进一步的探讨和深入。我觉得理论要论理，实务要务实。如何安排知识产权应急人才和长效人才的培养？如何安排知识产权应用人才和理论人才的培养？即使要宽口径和厚基础，那么我们知识产权人才培养的口径到底宽到什么地方？基础到底厚在什么地方？这些都有待于我们进一步讨论和深入。

那么谈到模式和分工，从高校角度来讲到底该怎么培养人才？大家好像也一致认同多元模式和错位发展，认同"不拘一格育人才"，不希望千军万马都走在一条路上。学校基础、事业追求、客观需求都要对你这一方面有匹配，所以说在这种情况之下，我们应当是多元模式与错位发展相辅相成。现在看来，我们的教育有严重的模具化和"一刀切"倾向，但是知识产权人才尤其灵动，其社会感应度比较快，在这种情况下我们如何应对和匹配。

大家也谈到知识产权法与知识产权管理两者的问题。错位发展现在有两个比较大的方向：一个是法律，一个是管理，各占一半。我们在座的来自20多所高等院校，但是相关的知识产权学院或者知识产权教学研究中心基本上都是依附在法律这张"皮"上的。但是实际上知识产权可能不止这张皮，而具体每个学校是依附在哪张皮上，实际上是一种自己的选择和取舍。昨天张玉敏老师和其他老师都谈到了：现在讨论知识产权怎么也离不开法律，你要偏重经营管理也离不开法律，因为知识产权中的法律含量太高了，离开了法律就谈不上对知识产权的管理和经营。

我们的社会需求也是多元化的，而多元模式取决于社会的多元需求。你主要在培养知识产权的法官还是检察官？实际上，就社会需求而言，恕我直言，知识产权的"三官堂"或者"五官科"已经是人满为患了，对审查员也已经所需不多。中国知识产权的诉讼数量是吉尼斯纪录，我想不会与年俱增，而应该会有所回落。如果知识产权法院的模式一旦建立，知识产权的法官就会不是少了而是多了。知识产权仍然依附在法律这张皮上，法学专业的学生这几年是最难分配的，这种情况今年已经开始影响到法学硕士研究生了。所以我们千万不要一窝蜂，中国有一个特色就是一窝蜂，大家一起上。原来是校校都法、无校不法，再下去可能是校校都知、无校不知。所以我个人觉得知识产权法律和管理这一块大家可能要考量。各个高校应根据多元模式，错位发展，各取所需，自我核定，但有个整合的问题。

现在最大的问题就像刚才郑老师讲的那样，知识产权是"四沾边三不像"。在高校现有模具化培养下，实在是非常难办。我和单老师碰到一起的时候，首先就是这个感慨。中南财经政法大学和华东政法大学去年在法学一级学科下设立了二级学科知识产权的博士授予点，都故意把"知识产权法"中的"法"字去掉了。一级学科是法学博士授予点，但是二级学科知识产权却没有

"法"，其用心良苦而用意深远，但这恰恰说明了我们现在高校知识产权教育工作在教育模具化下的发展之尴尬。社会需求是这样，但现有模具它套不进去，而又没有新的模具给我们。所以希望在座的领导能"为民请命"。

还有就是学习和学位的事。可能我们双管齐下的话，会相得益彰。学历和非学历教育我们都要关注，但是主要目的是培养符合国家需求的知识产权人才，而学历可能是锦上添花。现在最好的路线是往 MBA 和法律硕士方面发展。这可能是两个比较好的平台，较适合绝大部分知识产权应用型人才的需求。大家知道有一个信息：现在知识产权二级学科还没有建立，千呼万唤还不出来。一方面知识产权的实际需求非常强烈，另一方面知识产权学科在模具化中运作是如此困难。这是最大的矛盾。希望教育部也好，国家知识产权局也好，能给我们最大的支撑和正确的导引。

这次会议有很好的论文，不论各位已经带来的或是没有带来的，现在已经写好的或是正准备写的有关知识产权人才培养的论文，请惠赐相关的稿件。同时，各个学校都有自己的教学模式、教学计划及其课程设置，就这些材料也想跟各位老师做好联系，也包括以后与没有参加会议的高校联系，大家经验分享、信息共享。

2003 年 10 月 14 日提出的《关于中国知识产权人才培养的倡议书》文字不长，其中有些内容正在变为现实，但有些还仍待努力。《关于中国知识产权人才培养的倡议书》中共是 6 项倡议：

第一，建议有条件的高等院校将知识产权法列为本科生的必修课、选修课，在高等院校中积极开设更多更深入的有关知识产权法律的专题讲座和系列讲座。这个大家都在做了，下面看如何更进一步有序地推进。

第二，建议增设知识产权法为法学二级学科，增加硕士和博士学位授予点，注重招收具有理工农医专业背景的知识产权法律与知识产权管理研究生，倡导本硕连读与硕博连读模式。这个现在也在进行中，但许多问题包括博士学位授予点问题，大家能不能再推动一下，各级领导也再进一步关注一下。

第三，在有条件的高等院校中积极培养知识产权研究方向的法律硕士等应用型专业硕士，以适应我国日趋紧迫的知识产权中高级应用人才的需求。北京大学一马当先在实践，其他高校也会紧紧跟上。

第四，加强知识产权教学和研究机构的建设。在有条件的高校中创办知识产权专门院系，培养知识产权法律与经营管理专业人才。实际上，此项工作正处于"现在进行式"。

第五，加强高等院校间知识产权教学合作，组建中国高等院校知识产权师资培训中心，制订和实施中国高等院校知识产权师资培养行动计划。在中国高校知识产权研究会等组织协调下，逐步在北京、上海、广州、武汉、西安等地相关高等院校内建立"知识产权人才培养基地"。

第六，推动国际合作，促进内外交流，增强与境外高等院校及相关机构的合作，以多种形式合作培养多层次的知识产权专业人才，开展多元化的企业知识产权战略研究及其实务培训。我想从形式上来说，当年我们提了倡议书，那么现在我们能不能对即将浮出水面的国家知识产权战略以及相关的人才培养部分再提出一个建议书——实施的建议书。具体比如学位授予点、师资培训，还有就是穿线成网，使以后的信息交流和教学互动方面符合我们倡议书的精神。另外，关于郑老师提到的召开院长主任的联席会议，我们能不能通过电子邮件、网站网络去真正做到信息共享。

最后，我们还是要把这个会议推进，使涛声依旧，成果更新。在配合国家知识产权战略的实施上，要起到我们自己的作用和力量。这次会议要感谢各位与会代表百忙之中来到这里，同时感谢舟山市政府和有关的主办单位共同把会议落到实处和推向高处。我这不是会议小结，实际上只是把大家的想法汇总一下，也提出了若干设想和建议，看看大家是否认同和支持。

谢谢大家。

田文英：

下面第二个议程，就是请国家知识产权局及中国知识产权培训中心的王岚涛副主任给我们讲话。

王岚涛：

陶院长的又一个"突然袭击"啊。我来参加这个会，位置是比较独特的，既不是来自政府机关决策单位，也不是来自高校，而是来自我国唯一的一个知识产权专业培训机构。但是这次来我收获还是很大的，第一是抱着学习和开阔眼界的目的，第二个目的是想寻求合作。因为我们培训中心每年大概有57个培训，加上远程培训的有12000多培训人次，今年的培训班次更是达到了80多个，而我们培训中心的工作人员只有二十几个人，对任务我们来说有些吃力，所以我们想能不能跟高校合作。我们的培训主要是从普及和实务这两个角度来做的，所以想看在知识产权实务培训上有没有可能和高校进行合作。再就是在实务培训的教学研究方面，课程设置和师资是让我们觉得非常困难的一件事，比如针对企业的培训我们每年做两次，一次是针对企业负责人的培训，一次是针对企业实务管理人员的培训，而他们的要求其实已经是非常高了，一般知识产权操作层面的教学已经满足不了，所以我们在这方面也想寻求一些合作；另外就是师资方面，想看看各个高校有没有可以互相交流的一些师资。我大概是抱着这么两个目的来的。

由于时间关系我就说这些，谢谢大家。

田文英：

现在第三个议题，请国家知识产权局专利局人事教育部的陈玉娥处长讲话。

陈玉娥：

我们参加这次会议是抱着学习的目的来了解我国知识产权人才在高校的培养情况。我觉得收获很大。第一，我结识了很多知识产权界的专家；第二，我了解了我国高校知识产权人才培养的现状以及目前存在的问题，还听了专家学者的建议。

我有两个感动：一是我们国家知识产权界顶尖的专家学者如此关注和投入我国知识产权事业；二是与会大家在这几天的会期都这么投入，包括会上、会下，甚至偶然碰到，都在交流这个问题。

我没有别的说，就是非常感谢大家。另外，我们其实是做职业教育，我更希望将来利用大家的社会资源来发展我们知识产权职业。我们想借助高校的力量一起来完成我们的职业教育；而我们也想让我们特色的职业教育更好地、更有效地为社会服务。

这是我的想法。谢谢大家。

田文英：

第四个议题是请中华全国律师协会知识产权专业委员会的执行委员李德成律师讲话。

李德成：

这次代表中华全国律师协会知识产权专业委员会来参加这个会议，与各位领导、专家、老师一起，讨论这一系列的问题，我觉得非常有意义。我也谈谈我的想法：第一，我从事知识产权律师工作也已经时间不短了，但这些年来从不会觉得心累，这是不容易的事。工作之余，我每年写一本书，并且每月写一篇文章，也不觉得很累，反而会觉得很幸福。为什么？就是因为我喜欢我所从事的工作，而且这也是我的兴趣之所在。将兴趣与爱好结合到自己职业中的人是幸福的。所以，与知识产权有关的高等教育要考虑兴趣的因素，要让学生喜欢并热爱这个专业。这一点看上去很虚，但是却是非常重要的。有了兴趣和爱好，人不论是做研究还是实务工作，都会劲头十足，也不会感觉到辛苦。

第二，我个人认为也是非常重要的，那就是习惯，包括工作习惯和学习习惯。知识产权作为一门科学，有其科学的学习方法和工作方法。在此基础上，养成一个好的习惯，这可能对他（她）一生都会产生积极的作用。这也是职业化和专业化要求的基本内容，否则，没有一个系统的教育或者培训，形成了乱七八糟的习惯，后来想改的话会非常的困难。

第三，也是各位老师讲得也比较多的，就是知识结构是否科学的问题。如果知识结构不科学，没有必要的知识作为支撑，在进一步发展上就没有可能了。

所以说，兴趣、习惯和知识结构，是知识产权人的三大法宝。要将这三个方面有机地结合在一起的。

田文英：

下面第五个议题，请中国知识产权研究会的副理事长陈美章教授致闭幕词。

陈美章：

今天我们这个会，有大概 20 多个学校参加。从北京、上海开始，后来发展到西安、武汉，还有我国西南地区，这些地方的知识产权教育都已经初具规模了。可以说在发展的状况上，咱们不分先后。今天这个沟通不仅有高校的参与，还有主管教育的一些部门，包括教育部、国家知识产权局。这个形势很好。我们大家交流沟通是很重要的，把一些现有的状况、现存的问题和未来的目标都很明确了，那么下一步该怎么办？这个就是我们的一个收获。然后主管的领导也请听听我们的呼声，看现在到底政府可以帮我们做些什么，就相当于看政策应该往哪个方向引导以扶持教育的发展。所以这个方面我觉得这个会开得很好，以后要继续下去。

另外，我觉得我们要不要有个突破？我现在的考虑，就是我们的战略马上就要出来了，那么我们的人才培养能不能和战略结合起来，怎么去推进？知识产权制度的关键是你怎样去利用它。这个制度是很好，但如果你用得不好，它就没有起到效果。那我们就在教育人才这方面把制度更优化，更完善。我们过去的教育制度有很多弊病，在体制上，在整个管理上都有些问题。因为我们都遇到过。我们在这些方面进行突破，哪怕有一点点突破，也是我们努力的成就。

再一点，就是大家提出来的：现在的知识产权人才培养上，各个学校形式不拘一格、各有特色。我觉得有一些，像青岛大学提出的那个模式，是我们北京大学成立知识产权学院前三年所走过的路。现在我觉得这些都可以试。这是一个实验和实践的过程。

另外，不管学历教育还是非学历教育，我觉得这次谈的面比较宽、比较多。那么资源的共享方面，比如教育资源，包括人才、信息，还有一些资料，其实都可以共享。我们要创造一个协作的模式，因为这样的话能够把我们的国家的教育搞起来，不是只有一家或两家做得好，应该是大家都做得好，这样才能形成气候；这样我们的人才培养才能无论从质量上还是数量上都不断地满足国家的需要。

我就讲这么几点。因为我一直在研究这个教育的问题，所以这次来参加这个会，我想看看各个学校的状况到底是什么样。我也达到目的了，谢谢大家。

田文英：

我们的会议经过几天的研讨，到现在已经顺利圆满地结束。那么可以这样说：经过 2003 年我们的关于中国知识产权人才培养的《倡议书》的发表，一直到目前我们的推进工作，"长征大军已经走到雪山脚下，很快就会翻过雪山，跨过草地到达延安。"

谢谢大家。

（以上内容由上海大学知识产权学院顾晓辉、
李婷婷、戴顺孝、杨涛等同学记录）

中国高校的知识产权教学研究机构及其人才培养模式

陶鑫良*

一、我国高校知识产权教育及其教学研究机构的发展沿革

至 2008 年，我国高校的知识产权教学以及人才培养已经走过了 20 来年的发展历程。我国高校的知识产权教学，初始萌芽于 20 世纪 80 年代末，逐渐起步于 20 世纪 90 年代，提速发展于进入 21 世纪以来的近十年中。20 世纪 80 年代末，我国一些高等院校开始对本科生与研究生开设"专利法"等单门知识产权类选修课程；20 世纪 90 年代，我国若干高等院校陆续建立了名称为"知识产权学院""知识产权教学研究中心"之类的教学与研究机构，开始培养知识产权方向的第二学士学位生、本科生与研究生；进入 21 世纪以来的近十年中，我国高校掀起了一波新的知识产权办学热潮，更多高校建立了知识产权院系或者知识产权中心，纷纷在本科生、硕士研究生、博士研究生等各个层面上较大规模地培养知识产权专门人才。

（一）20 世纪 80 年代起一些高校开设知识产权类选修课程

1984～1985 年，中国《专利法》的颁布和施行，给我国高等院校带来了知识产权知识教学与人才培养之潮的第一波。因为高等院校是我国主要的研究开发基地之一，《专利法》实施后，我国拥有理工科专业的高等院校需要一大批服务于大学科研成果之专利申请、专利代理、专利管理和技术转移的专门人员。所以，在《专利法》颁行前后，国家教委（现为教育部）自 1982 年就开始了在高校培养专利人才的工作，先后举办了 9 期培训班，为国家教委直属高校培养了专利管理人员和专利代理人共数百人，同步还选送了 30 人到国外进修专利代理和专利管理业务。当时，国务院其他部委所属高校和各地方高校也同步培养了近千名专利代理人和专利管理人员。1985 年，经国家教委批准，其直属的 30 所高校普遍建立了专利事务所，各部属高校与地方高校也纷纷单

---

* 上海大学知识产权学院院长。

独或者联合建立了专利事务所。在各校专利管理机构与专利事务所中工作的这些专利代理人和专利管理人员，大多是由各高校的理工科教师与研究人员经过短期专利法培训后转岗的，我国高校内第一支知识产权专门队伍由此产生。1985 年，主要由这批各高校专利工作者发起建立了"中国高校知识产权研究会"。刚开始，这支队伍主要顺应我国高校专利代理与管理工作的形势需要，尚未过多涉及知识产权教学。

1986 年 11 月，由北京大学陈美章教授等运作，世界知识产权组织和国家教委在北京大学联合举办了"亚太地区知识产权教学与研究国际研讨会"。我国各高校参加这次会议者主要就是上述的专利管理人员和专利代理人，只有很少量法学等方面的大学教师。该会议的议题包括高等院校知识产权课程设置，教学方法及教材准备，对教师及研究工作者的考核、培训、国际合作，知识产权教学与研究对经济、科学、文化及法律发展的影响，教育机构与工商业部门之间的关系等。在该会议的启迪和推动下，主要由我国各高校的上述专利人员，在从事专利管理和专利代理工作的同时，开始为本科生、专科生开设知识产权类选修课程，大多是专利法、工业产权法等知识产权单门课程；当时的高校知识产权课程师资基本上都是专利管理人员和专利代理人，课程的教材也大多为他们自己编写，而各高校的法学和其他专业的教学、研究人员当时还未能大量、积极地参与知识产权教学活动。

（二）20 世纪 90 年代若干高校建立了知识产权教学研究机构

1991～1995 年的 3 次中美知识产权谈判，客观上大大促进了我国全社会知识产权意识、认识和知识的普及和提升，也同样较大幅度推动了我国高校知识产权教学和研究活动。这一期间，我国一些高校内建立了知识产权教学和研究机构，不再仅仅满足于为本科生、研究生开设一些专利法之类知识产权选修课程，同时也注重于培养知识产权方向的本科生与研究生。例如，在 20 世纪 90 年代前后，中国人民大学就建立了知识产权教学研究中心，华中科技大学也在管理学院之下设立了知识产权系，两者多年来都致力于重点培养知识产权法第二学士学位的本科生，迄今中国人民大学和华中科技大学已经各培养出数百人。北京大学于 1993 年秋成立了"北京大学知识产权学院"，开始培养知识产权法第二学士学位本科生和在民商法硕士点等之下培养知识产权法研究方向的硕士研究生，在科技法博士点之下培养知识产权方向的博士研究生。此后十多年来，北京大学知识产权学院共培养出了法学专业知识产权方向的第二学士学位本科生数百人，硕士研究生上百人，博士研究生十多人。上海大学于 1994 年夏也成立了"上海大学知识产权学院"，从此先后培养知识产权法本科生、知识产权管理本科生、知识产权法双学位/双本科生，并先后在宪法与行政法学硕士点、刑法学硕士点、管理工程硕士点、国际贸易硕士点之下分别培养各自相应知识产权方向的硕士研究生，并在社会学与管理学学科之下培养博士研究生。1994~2004 年，上海大学知识产权学院共培养出法学专业下的知识产权方向本科生上千人，知识产权双学位/双本科生一百多人，知识产权研究方向的硕士研究生一百多人等。复旦大学等在 20 世纪 90 年代也成立了由校内各单位横向联合组建的复旦大学知识产权研究中心，从事知识产权课程的教学和知识产权课题的研究。这一期间，全国范围内建立了专门的知识产权教学研究机构的高等院校为数仍然很少。而在那些当时就建立的高校知识产权教学或者研究机构里，其知识产权师资一般来自两个方面：一是各高校内专利管理部门与专利事务所中热心知识产权教学者；二是各高校内法学等专业的教师或者研究人员中取向或者熟悉知识产权者。

但是，在这一阶段，无论是上述建立了"知识产权学院""知识产权系"或者"知识产权教学研究中心"等知识产权专门教学机构的大学，还是其他一些高等院校，多开始开设知识产权类选修课程。开设知识产权类选修课程的大学与日俱增，越来越多；课程也从原来偏重于专利法等单一类课程，拓展到了包括著作权法、商标法、商业秘密法等较全面的知识产权单行课程。北京大学知识产权学院、上海大学知识产权学院、中国人民大学知识产权教学研究中心、华中科技大学知识产权系等，都已经逐步形成了各自的知识产权教学系列课程群。发展到这一阶段后，各高校的知识产权师资队伍进一步发生重大变化：一是各高校的法学学科和其他学科的教学、研究人员较大量进入知识产权师资队伍，逐步成为大部分高校知识产权教学研究机构的中坚力量或者主要成分；二是从事知识产权教学的一部分原专利管理人员和专利代理人，正式转岗至知识产权专职教学及研究岗位，成为各高校知识产权教学研究机构中理论联系实务的骨干教师。

（三）进入 21 世纪以来我国高校涌动创建知识产权教学研究机构热潮

鉴于我国"入世"后的外压内因和远虑近忧，21 世纪以来，知识产权问题在我国越来越凸显其重要性和敏感性。知识产权在我国的地位与作用不断升温，也激发了我国高校的知识产权人才培养热情和知识产权办学热潮。尤其是 2003 年以来，我国高等教育界揭开了知识产权人才培养的新篇章。

2003 年 10 月 14 日，在上海大学召开的中国高校知识产权研究会第十一届学术年会上，北京大学、清华大学、上海大学、中南财经政法大学、南京大学、同济大学、复旦大学等 11 所大学的沈士团、吴志攀、吴汉东、方明伦、龚克、郑胜利、陶鑫良、王兵、张乃根、朱雪忠、温旭等 18 名知识产权教授、校长、院长联合发出《关于中国知识产权人才培养的倡议书》。倡议书指出："入世后，我国面临的知识产权形势日趋严峻，知识产权专业人才匮乏已经成为制约国家科技经济发展的障碍，对此，高等院校责无旁贷。"并且提出了六点具体的倡议："①建议有条件的高等院校将知识产权法列为本科生的必修课、选修课，在高等院校中积极开设更多更深入的有关知识产权法律的专题讲座和系列讲座。②建议增设知识产权法为法学二级学科，增加硕士和博士学位授予点，注重招收具有理工农医专业背景的知识产权法律与知识产权管理研究生，倡导本硕连读与硕博连读模式。③在有条件的高等院校中积极培养知识产权研究方向的法律硕士等应用型专业硕士，以适应我国日趋紧迫的知识产权中高级应用人才的需求。④加强知识产权教学和研究机构的建设。在有条件的高校中创办知识产权专门院系，培养知识产权法律与经营管理专业人才。⑤加强高等院校间知识产权教学合作，组建中国高等院校知识产权师资培训中心，制订和实施中国高等院校知识产权师资培养行动计划。在中国高校知识产权研究会等组织协调下，逐步在北京、上海、广州、武汉、西安等地相关高等院校内建立'知识产权人才培养基地'。⑥推动国际合作，促进内外交流，增强与境外高等院校及相关机构的合作，以多种形式合作培养多层次的知识产权专业人才，开展多元化的企业知识产权战略研究及其实务培训。"这一倡议书当时在上海大学召开的中国高校知识产权研究会第十一届学术年会上得到了强烈共鸣，与会的时任国家知识产权局副局长的田力普教授等三百多名会议代表，当场在十多米长的巨幅倡议书上响应签名。会后此倡议书为国内外千百家网站和报刊所转载，产生了很大的社会影响和专业影响。此倡议书的上述六点倡议的大部分内容，几年来已经逐步为国家及各地政府相关主管部门所重视与采信，已经逐步被各高等院校和其他单位所实践或借鉴，也已经为 2008 年 6 月出台的《国家知识产权战略纲要》相应部分所吸收。

2004 年 11 月 8 日，教育部、国家知识产权局联合发出《关于进一步加强高等学校知识产权工作的若干意见》（教技〔2004〕4 号文，以下简称《若干意见》）。该《若干意见》第四部分"加强知识产权专业人才的培养"共 4 条，具体规定与指导我国高校知识产权人才培养的各项工作："11. 普及知识产权知识，提高广大师生的知识产权素养。高等学校要在《法律基础》等相关课程中增加知识产权方面的内容，并积极创造条件为本科生和研究生单独开设知识产权课程。12. 加强知识产权人才培养和专业人才培训，为国家提供急需的涉外知识产权人才。有条件的高等学校要开展知识产权人才培养和专业人才的培训，积极为企业和中介机构培养一大批基层知识产权专业工作者。通过多渠道、多途径，包括开展中外合作办学，努力建设一支精通国内外知识产权规则的高级专业人才队伍，将知识产权作为优先考虑的公派留学专业领域，尽快为国家输送一批涉外知识产权人才。13. 增设知识产权专业研究生学位授予点。鼓励有相应条件的高等学校整合教学资源，设立知识产权法学或知识产权管理学相关硕士点、博士点，提升知识产权的学科地位。加强知识产权师资和科研人才的培养。14. 培养学生的创造能力与创新意识。高等学校应鼓励、支持学生，特别是研究生积极从事创新、发明活动并申请专利。在校学生获得发明专利者，学校可给予相应的奖励，或作为奖学金评定的指标，并在毕业或学位成绩中得到体现。"教育部、国家知识产权局联合颁行的这一份《若干意见》，在一定程度上引导和推动了此后我国高校知识产权教学研究机构的纷纷成立及其知识产权人才培养工作风起云涌的新局面。但该文的各项措施至今或者尚未能付诸实践，或者收效较小。

我国高校知识产权人才培养的此轮新局面主要表现之一是我国更多大学纷纷建立了知识产权教学研究机构。自 20 世纪 90 年代成立了"北京大学知识产权学院""上海大学知识产权学院""华中科技大学知识产权系""中国人民大学知识产权教学研究中心"和"复旦大学知识产权研究中心"等少数高等院校的知识产权教学研究机构以来，有将近十年我国高等院校中基本没有再增添知识产权教学研究机构。但是，2003 年以来，我国高等院校中如雨后春笋般地又增加了几十个知识产权教学研究机构，而且各高校的知识产权教育和人才培养模式也都有了进一步的提升。同时，在其他没有建立专门知识产权教学研究机构的高等院校内，也广泛开展了越来越活跃、越来越普遍的知识产权公共课程或者知识产权专业课程的教学活动。许多高校已经开设或准备开设知识产权通用类公共课程，而且各校所开设的知识产权课程的名称、种类、内容都在不断地被深化和提升。

二、中国高等院校内知识产权教学与研究机构的分布

据初步统计，截至 2008 年 12 月，我国高等院校内已经建立了 17 个知识产权院（系）和 30 多个知识产权研究中心。

随着我国高校知识产权教育与人才培养工作之形势需求和价值取向日渐凸显、与时俱进，我国各高校知识产权教育机构的建立与设置也自然而然地走上了议事日程。如前所述，在我国高校的知识产权教育与人才培养机构方面，在 20 世纪 90 年代前后成立了"中国人民大学知识产权教学研究中心""北京大学知识产权学院""上海大学知识产权学院""华中科技大学知识产权系"和"复旦大学知识产权研究中心"等少数知识产权教学研究机构。2003 年以来，

我国高等院校中如雨后春笋般地又增加了几十个知识产权教学研究机构。需求导引研究，市场导引培养，现实与潜在的知识产权人才之迫切需求再加上中国式的"一窝蜂""一刀切"的思维惯性和行为特征的影响，使得我国高校的知识产权教育与人才培养机构近年来超速度地扩张。我国高校当今数十近百个知识产权教育机构的名称，有的称"知识产权学院"或者"知识产权系"，有的叫"知识产权研究中心"或者"知识产权教学研究中心"，还有的名为"知识产权研究所"甚而"知识产权研究院"等。其主要可以分为两种名称，一种称为"知识产权院系"类，另一种称为"知识产权中心"类，前者一般相对规模较大些，知识产权教学内容与种类相对多一些；后者一般规模相对较小些，知识产权教学内容与种类相对少一些。但目前在我国高等院校内，知识产权仍然是三级学科和后发弱势学科；无论是"知识产权学院"，还是"知识产权中心"，其规模都还不大，教学内容与种类也还不多，所以，两者之间往往只是名称的不同，并没有太大的实质性差异。

（一）目前我国高校内已经建立的知识产权院（系）

我国高校内知识产权教学与研究机构的第一类名称为"知识产权院（系）"，即指"知识产权学院"和"知识产权系"。迄今我国高等院校中已经先后建立了17个知识产权院（系），如表1所示。

表1　截至2008年底我国高校内建立的知识产权院（系）

序号	知识产权机构	负责人	成立时间	专职人员/名	兼职人员/名	主要师资
1	北京大学知识产权学院	朱苏力院长（兼）郑胜利秘书长	1993年	5	48	郑胜利、张　平、曲三强、杨　明等
2	上海大学知识产权学院	陶鑫良院长许春明副院长	1994年	12	36	陶鑫良、许春明、袁真富、王勉青、傅文园、赵　莉等
3	华中科技大学管理学院知识产权系	袁晓东系主任	1995年	9	32	朱雪忠、余　翔、袁晓东、刘　平等
4	同济大学知识产权学院	单晓光副院长	2003年	7	6	单晓光、刘晓海、朱国华、张伟君等
5	华东政法大学知识产权学院	高富平院长何敏副院长黄武双副院长	2003年	12	15	高富平、何　敏王　迁、王莲峰黄武双等

序号	知识产权机构	负责人	成立时间	专职人员/名	兼职人员/名	主要师资
6	暨南大学知识产权学院	徐萱副院长	2004年	5	—	徐萱、王爱华、严永和等
7	华南理工大学知识产权学院（系）	关永红系主任孟祥娟系副主任	2004年	7	4	关永红、孟祥娟等
8	中山大学知识产权学院	刘恒院长（兼）李颖怡	2004年	5	10	李颖怡
9	中南财经政法大学知识产权学院	王景川院长（兼）赵家仪副院长	2005年	19	42	吴汉东、曹新明、胡开忠、赵家仪、黄玉烨等
10	南京理工大学知识产权学院	宫载春院长（兼）	2005年	20	6	吴树山、朱显国
11	山东师范大学知识产权学院	刘国涛	2005年	3	—	刘国涛
12	西北大学知识产权学院	刘丹冰院长	2005年	10	20	刘丹冰、巩富文、
13	青岛大学知识产权学院	于正河	2006年	5	—	于正河
14	中国计量学院法学院知识产权系	杨凯、符琪	2006年	21	—	杨凯、符琪等
15	杭州师范大学法学院知识产权系	肖玉芳系主任陈永强副主任	2006年	8	—	肖玉芳、陈永强
16	重庆理工大学重庆知识产权学院	贺建民院长，苏平副院长	2007年	12	7	苏平、李健、纪光兵
17	湘潭大学知识产权学院	胡肖华	2008年	15	10	王太平、廖永安、胡肖华、肖冬梅

我国高校内的"知识产权院系"的现行体制还可以继续细分为6种类型：

第一种是在综合性大学或者非法学大学内的法学院（即法学院或者其他学院等）等二级学院之上，再加上一块"知识产权学院"的牌子，实现法学院和知识产权学院的"两块牌子，以法带知，大法小知，大小顺之"的模式。一般由法学院或者其他学院的院长兼任知识产权学院院长；同时在法学院或者其他学院等二级学院的构架之下组织一个知识产权学科的三级实体教育机构

（如知识产权系、知识产权教学与研究中心等），来承担和维持法学院或者其他学院等二级学院构架之下的知识产权学科及其教学科研工作，例如北京大学法学院/知识产权学院、华中科技大学管理学院/知识产权系、华南理工大学法学院/知识产权学院、湘潭大学知识产权学院。

第二种是对综合性大学或者非法学大学内的法学院或者其他学院等二级学院，再加上一块"知识产权学院"的牌子，实现法学院和知识产权学院的"两块牌子，一套班子，以法带知，知或虚之"的模式。一般由法学院或者其他学院的院长兼任知识产权学院院长；在法学院或者其他学院等二级学院之下不再单独设立知识产权学科的实体教育与研究机构，由二级学院或其下属法律系部所统筹代之，完全实现"两块牌子，一套班子"，例如青岛大学知识产权学院；中山大学知识产权学院、西北大学知识产权学院、山东师范大学知识产权学院、南京理工大学知识产权学院等。

第三种是在政法类大学内设置的机构独立、直属学校的知识产权学院。其属于政法类大学内的二级学院，但是由于政法类大学整体的或者主流的法学院性质，所以其一般都是法学学科单一或者至少是法学学科为主的二级法学学科性质的知识产权法学院。中南财经政法大学知识产权学院、华东政法大学知识产权学院就属于这一种类型。

第四种是在高等院校内设置的机构独立、体制健全、学科整合、运作自主的二级学院性质的知识产权学院，其与法学院等二级学院"平起平坐"，往往不是单一的知识产权法学院，而是偏向整合性、交叉型、务实化的综合性学院。不仅仅坚持与强化知识产权法学的教学和研究，而且同时也注重和包容管理、经济等其他学科之下的知识产权教学与研究内容。例如1994～2005年曾经作为二级学院的上海大学知识产权学院和2003～2006年曾经作为二级学院的同济大学知识产权学院，还有重庆理工大学的重庆知识产权学院。

第五种是在高等院校法学院（或者法政学院等）之下设置半独立的"特区型"、具有较大自治性质的三级学院。这类知识产权学院整合知识产权法律、知识产权管理、知识产权经济等学科的教学与研究资源，偏向综合性、交叉型、务实化，在学科发展与人财物方面具有相当独立于其所属二级学院的自主权。例如现在的上海大学知识产权学院和同济大学知识产权学院。

第六种是高等院校内单独设置的既与法学院在体制上基本平行，又与法学院在教学上相互交融的二级学院，例如暨南大学知识产权学院。

第七种是在高等院校内法学院或者其他学院之下设置下属一级的知识产权教学研究机构，例如中国计量学院法学院知识产权系、杭州师范大学法学院知识产权系等。

我国上述已经建立了知识产权院（系）的高等院校，其中一部分同时还设有知识产权研究中心或者研究所，例如中南财经政法大学还建立了作为教育部人文学科重点建设基地的"中南财经政法大学知识产权研究中心"，北京大学还建立有"北京大学国际知识产权研究中心"，华东政法学院还设立了"华东政法学院知识产权研究中心"，上海大学还建立了"上海大学知识产权研究所"，湘潭大学还建立了"湘潭大学知识产权研究中心"等。

截至 2008 年底的我国高校各"知识产权学院"和"知识产权系"的基本情况如下。

1. 北京大学知识产权学院与北京大学知识产权国际研究中心

北京大学知识产权学院于 1993 年创立。学院实行董事会管理，董事长为黄金富先生，院长由北京大学法学院院长朱苏力教授兼任，秘书长郑胜利教授负责学院日常事务。学院现有专职师资和研究人员 7 人，其中教授 3 人、副教授 3 人。学院已与美国华盛顿大学、英国谢菲尔德大学、德国海德堡大学、日本清和大学等的许多知识产权教学、研究机构建立了广泛的学术交流和人员交流。学院多年来已经培养了数百名法学专业知识产权方向的第二学士学位毕业生，但从 2004 年起已停止招收知识产权方向第二学士学位本科生。学院目前主要培养知识产权法律硕士、知识产权方向的法学硕士研究生和法学博士研究生。学院的师生们多年来已经出版数十部知识产权专著和教材，发表知识产权论文数百篇，参与了我国知识产权立法和制定国家知识产权战略的一系列课题和各项工作。学院的学术书刊有《北大知识产权评论》和《网络法律评论》；学院还交叉建有互联网法律研究中心、科技法研究中心等。学院现是中国高校知识产权研究会的挂靠单位。2008 年 12 月，北京大学知识产权学院与美国亚太法律研究院等共同建立了"北京大学知识产权国际研究中心"，其荟萃了郑胜利、刘江彬、张平、张广良、孙远钊等一批著名知识产权专家学者。

2. 上海大学知识产权学院及上海大学知识产权研究所

上海大学知识产权学院创建于 1994 年，原是直属学校的二级学院；2005 年翻牌成为现"上海大学法学院"，其中的知识产权团队被组建为"人财物相对独立，计划单列"的特区型学院。学院 2005 年被上海市教委批准为上海市高等学校教育高地建设项目。学院首任院长由时任上海大学党委书记兼常务副校长的方明伦教授兼任，现任院长陶鑫良，副院长许春明；现有专职教师 12 人，其中教授 2 人、副教授 4 人。学院建立 15 年以来，先后探索了知识产权人才培养的多种模式，培养出上千名知识产权方向的本科生、上百名知识产权方向的硕士生。知识产权本科生教育从 1996 年第一届法学专业和管理学专业（均为知识产权方向）的本科毕业生开始。从 1995 年起则先后和分别在管理学、工业外贸、宪法与行政法、刑法、民商法等硕士学位授予点之下招收知识产权研究方向的研究生，迄今已经毕业一百多人。2003 年起在社会学博士学位授予点之下招收知识产权研究方向的博士研究生。2006 年经国务院学位委员会批准备案，在管理科学与工程一级学科及其博士学位授予点之下自设了知识产权管理博士学位授予点。从 2004 年开始，又在上海市教委和上海大学支持下，推出了"理工科本科/知识产权法双学科/知识产权硕士研究生"之"2 + 2 + 3"的本硕连读知识产权人才培养模式。学院现是中国高校知识产权研究会人才培养委员会的主任单位，连年来参与、发起和主办了每年至少 1 次的"中国知识产权人才培养系列研讨会"。2003 年，上海大学又建立了上海大学知识产权研究所，与知识产权学院"一套班子，两块牌子"，所长陶鑫良，副所长袁真富，下属知识产权信息检索与分析中心、知识产权与技术标准中心等。学院师生多年来已出版或者发表大量知识产权论著，积极参与了我国国家知识产权战略制定和我国知识产权法律的一系列立法和修改的研究工作。学院还是"上海市专利工程师培训基地"之一。学院的学术书刊包括《上海知识产权论坛》和《中国知识产权人才培养研究》丛书等。

3. 华中科技大学管理学院知识产权系和华中科技大学知识产权战略研究院

1995 年在学校管理学院下成立知识产权系，多年来一直培养管理类专利与科技管理和法学类知识产权法第二学士学位本科生和专业辅修双学士学位生；1996 年开始培养外国进修生；1997 年起开始在科技法硕士学位授予点之下培养知识产权研究方向的硕士研究生，曾经为国家知识产权局、国防专利局等部门专门开设知识产权研究生班；2002 年开始招收知识产权管理方向的博士研究生；2006 年成为全国 5 个培养知识产权法律硕士的单位之一；2007 年开始招收知识产权管理博士后研究人员；2008 年经国务院学位委员会批准备案而自主设立知识产权管理硕士专业并于 2009 年开始招生，此外，还挂靠工商管理（MBA）专业硕士点、民法学专业硕士点招收有关知识产权研究方向的硕士生。2002 年 1 月 12 日，与武汉市知识产权局等联合组建成立了华中科技大学知识产权战略研究院；近年来先后承担了国家自然科学基金重点项目 1 项、面上项目 4 项、专项项目 2 项和国家社会科学基金重大项目 1 项、青年项目 1 项，并获教育部、科技部、国家知识产权局等国家主管部门的科研项目十余项。在 *European Intellectual Property Review*、*Gewerblicher Rechtsschutz und Urheberrecht*、*International Review of Industrial Property and Copyright Law*、*The*

Journal of World Intellectual Property、《知识产权》、《中国法学》、《管理世界》、《中国软科学》、《科研管理》等国内外与知识产权相关的重要学术刊物上发表论文 400 余篇，其中被 SSCI 收录 4 篇。出版一批专著及教材；参与了我国有关知识产权法律、法规的起草或者修改的咨询论证工作；参加了国家知识产权战略研究、国家中长期（2006~2020）科学和技术发展规划战略研究等研究课题；应邀为中央部委、中央大型企业、高校等作了 30 多次专题讲座；多人曾在德国、日本、美国等国家的高校和研究机构进行学术研究与交流。

4. 同济大学知识产权学院

同济大学知识产权学院成立于 2003 年 3 月，顾问院长为德国马克斯 – 普朗克知识产权、竞争法和税法研究所所长约瑟夫·斯特劳斯教授（Prof. Dr. Dres. h. c. Joseph Straus），名誉院长是已故的中国社会科学院知识产权研究中心主任郑成思教授和现任国家知识产权局局长田力普教授。成立时为直属于学校的一级学院，后成为法政学院的组成部分。学院负责人为单晓光教授副院长。现有专职师资和研究人员 7 人，其中教授 3 人、副教授 2 人。在学校和有关部门的大力支持下，经过 5 年的建设，同济大学知识产权学院正在成长为一个国际化、研究型的知识产权学科发展平台。学院教师和研究人员近年来承担了国家自然科学基金项目、国家知识产权战略研究项目和各部委以及地方政府部门、国内外企事业单位的有关知识产权的重大科研课题多项，年科研经费 100 多万元。学院完成的知识产权类研究成果获得上海市科技进步二等奖等。知识产权学院依托同济大学理工专业的学科优势和对德对欧交往的窗口优势，密切跟踪国际国内知识产权发展的最新动态，致力于培养高层次、复合型的知识产权法律和管理人才。学院与德国马克斯·普朗克知识产权法、竞争法和税法研究所等国内外知识产权教学研究机构建立了稳定的交流合作关系，在学者互访、合作研究、图书资料和信息交换等方面进展明显，并与国家与地方知识产权行政管理部门建立了持续稳定的合作关系。2006 年经国务院学位委员会批准备案，在管理科学与工程一级学科之下自设了知识产权与知识管理博士学位授予点，与本校经济与管理学院已联合招收 20 多名知识产权与知识管理方向的博士研究生；同时与法政学院法律系合作，在经济法硕士学位授予点之下招收知识产权法方向硕士研究生，并招收法学辅修专业知识产权方向的本科生。

5. 华东政法大学知识产权学院和华东政法大学知识产权研究中心

华东政法大学知识产权学院成立于 2003 年 11 月，与华东政法大学知识产权研究中心属于"两块牌子，一套人马"。知识产权学院院长为高富平教授，副院长为何敏教授、黄武双副教授；知识产权研究中心主任由王立民副校长兼任，副主任为黄武双副教授。知识产权学院 2004 年经教育部批准开始招收知识产权专业本科生，第一届知识产权专业本科生已于 2008 年 7 月毕业，其毕业就业率达到 96.2%。2007 年，经国务院学位委员会批准备案，在法学一级学科之下获得了自设的知识产权博士学位和硕士学位授予权，并于同年开始招收知识产权专业博士后研究人员。知识产权学院现有专职教师与研究人员 16 人，其中教授 5 名（含博士生导师 3 名）、副教授 2 名；所有专业教师均具有博士学位，大部分教师具有海外留学或访问学者的背景。学院将知识产权学科定位为：以理工或人文社科专业知识为学科背景，以法律和管理为学科支撑，以知识产权为学科内核的学科模式，以培养知识产权复合型、应用型专业人才为学科目标的学科体系。学科建设思路为：立足知识产权专业特色、遵循知识产权学科规律，依托上海产业发展，面向社会人才需求，坚持走人才培养、科学研究与社会服务三位一体、相互促进的办学道路，强化专业知识、服务能力和综合素质三者合一的人才培养方针，建设一个研究国际性、学术前沿性、教学基地性的知识产权学科；"以学院信息平台为支撑，以师资队伍建设为核心，以人才培养为目标"来开展学科建设工作。

知识产权学院与相关教师已撰写并出版《专利法》《商标法》《版权法》《电子商务法》等专业课程教材，拟在两年内出版剩余的近 10 本教材。近年来，知识产权学院教师已出版学术专著和专业丛书 14 部，在各种专业期刊上发表学术论文 200 余篇；承接国家、地方各级研究课题 30 余项；主办了 10 余次国际和国内高层次学术研讨会；并且拥有"华东政法大学知识产权学院"网站（http：//www.ipschool.net）和"华东政法大学知识产权研究中心"网站（http：//www.cniplaw.net）；出版学术书刊《知识产权研究》。

6. 暨南大学知识产权学院

暨南大学知识产权学院于 2004 年 9 月成立，是广东省和华南地区第一家知识产权学院。学院主持工作的为副院长徐萱。暨南大学知识产权学院与暨南大学法学院合署办公，共享学校资源，共用师资队伍。学院现有知识产权专门教学和科研人员 5 人，共用师资队伍近 40 人，其中法学教授 6 人。学院下设知识产权系和知识产权研究中心。学院设立的知识产权本科专业分知识产权法和知识产权管理两个专业方向，分别颁发法学学士学位及管理学学士学位，已经按照不同的专业方向设计了培养方案和教学计划。学院 2004 年 7 月开始在民商法硕士学位授予点之下独立招收知识产权研究方向的硕士研究生；2005 年秋季开始在海外学生中开始招收知识产权专业本科生。

7. 华南理工大学知识产权学院

华南理工大学知识产权学院成立于 2004 年 11 月。该知识产权学院实际上是法学院的组成部分，法学院及其知识产权学院属于"一个实体，两块牌子"；现任院长由法学院院长葛洪义教授兼任，知识产权系系主任为关永红教授，副主任为孟祥娟教授。知识产权学院即法学院的知识产权系现有专职教师9 人，外聘教师多名，还聘请了 4 名国内外著名知识产权专家学者任兼职教授。学院下设知识产权战略研究中心、企业知识产权保护研究中心、网络空间知识产权研究中心。2005 年经教育部批准，学院可以试办招收知识产权法方向的法学专业本科生，当年招收了 80 名；同年起开始招收知识产权法研究方向的硕士研究生。2008 年学院招收知识产权本科生 88 名，2009 年拟招收知识产权法律硕士研究生 50 名。学院已经制定了完整的本科生和研究生培养计划正在积极组织实施。学院经常聘请专家学者开办讲座，积极参加省内和国内的各种知识产权社会活动和学术活动，积极组织知识产权课题研究，积极组织知识产权教材编写，积极开展企业知识产权的培训。

8. 中山大学知识产权学院

中山大学知识产权学院于 2004 年 11 月成立，与法学院合署办公，共享教学资源与师资队伍。现任院长由中山大学法学院院长刘恒教授兼任；学院还聘请了中南财经政法大学校长、著名知识产权专家吴汉东教授为名誉院长。学院首先致力于培养知识产权领域的高层次人才，2006 年 9 月起在相关法学硕士、博士学位授予点之下招收知识产权研究方向的硕士研究生和博士研究生；同时积极开展本科阶段的知识产权双学位、双专业的教学模式，还计划开展知识产权培训课程、知识产权教育的国际交流与合作。知识产权学院的具体体制、机制仍在进一步落实。

9. 中南财经政法大学知识产权学院与知识产权研究中心

中南财经政法大学知识产权学院于 2005 年 5 月正式成立，其前身是 1988 年成立的中南政法学院知识产权教学与研究中心。中南财经政法大学知识产权学院与知识产权研究中心属于"两块牌子，一套人马"。知识产权研究中心主任吴汉东教授，常务副主任曹新明教授，副主任胡开忠教授；知识产权学院现任院长王景川教授，副院长赵家仪教授。中南财经政法大学知识产权研究中心/知识产权学院现有专职教师 19 名，其中教授 7 人、副教授 6 人，全部具有博士学位，其学历结构为法学学科背景以及工学、管理学、理学等学科背景。知识产权研究中心/知识产权学院已经聘请了数十名国内外知识产权知名学者、专家、法官、检察官和实务工作者担任兼职研究员或者兼职教授。知识产权研究中心/知识产权学院设有知识产权基础理论研究室、中国知识产权战略研究室、世界贸易组织与知识产权国际保护研究室、知识产权贸易与管理研究室等4个研究室以及资料室；开办了"中国知识产权研究网"并出版了《知识产权年刊》。目前学院的知识产权教育与人才培养工作已经涵盖了法学专业和管理学专业的博士后研究员、博士研究生、硕士研究生、法律硕士、本科生等不同层面；多年来已经培养出了几十名知识产权研究方向的博士研究生，数以百计的知识产权硕士研究生以及本科生。

10. 南京理工大学知识产权学院

南京理工大学知识产权学院由南京理工大学与江苏省知识产权局合作共建于 2005 年 9 月。学院是在南京理工大学人文与社会科学学院法律系基础上建成的，属于人文与社会科学学院的组成部分。知识产权学院院长由人文与社会科学学院院长宫载春兼任。根据南京理工大学与江苏省知识产权局签订的合作协议，江苏省知识产权局指导南京理工大学知识产权学院的业务活动，为学院开展人才培训工作提供支持和帮助；组织知识产权学院开展知识产权战略研究等有关活动；为知识产权学院的师资队伍建设以及学生培养、社会实践和毕业生就业提供支持和帮助等。学院的发展定位是立足自身、开放办学、突出特色、注重研究，发展成为国内一流的综合性知识产权教育研究机构。在学院的发展中，实现科技、法律、管理、经济等多学科的渗透和有机融合；吸纳社会资源，形成校内外结合、省内外结合的办学格局；实行多元化的人才培养模式，并以学历教育为主体，重点发展研究生教育；侧重于知识产权战略、知识产权成果的转化管理，兼顾知识产权基本理论、知识产权的创造、知识产权的保护等，积极开展前沿问题的理论研究。学院成立 3 年多以来，在人才培养、学科专业建设、理论研究以及社会服务等方面取得了一定的成效。学院目前在民商法硕士授予点之下设有知识产权研究方向；从 2007 年起正式招收法学专业知识产权第二学士学位本科生，突出知识产权特色，培养法律和知识产权管理相结合的复合型、应用型人才。

11. 山东师范大学知识产权学院

2005 年 9 月，山东师范大学知识产权学院成立，同时建立的还有与其融为一体的山东省知识产权研究与培训中心。知识产权学院是山东师范大学政治法律学院的组成部分，与政治法律学院合署办公，师资共享，旨在培养既懂科学技术基础知识，又懂法律知识具有本科学历的复合型人才，现已在培养法学（知识产权方向）的本科生；同时组织开展学术研究活动，提高山东省知识产权研究的学术水平；举办各种形式的研究班、培训班，积极宣传普及与知识产权相关的基本知识，研究、运用知识产权保护的基本原则和法律法规；加强同省内外知识产权研究机构、高等学校、实际工作部门及企业的联系，交流情况，组织协作，提供咨询，输送人才。

12. 西北大学知识产权学院

西北大学知识产权学院于2005年11月成立，是我国西部地区和陕西省的第一家知识产权学院，与西北大学法学院是"两块牌子，一套人马"。知识产权学院首任院长由时任西北大学法学院院长的巩汉富教授兼任，现任负责人为刘丹冰教授。学院为法学本科专业开设了知识产权法课程，向全校学生开设了知识产权公共选修课程，承担着国际法学（国际知识产权法研究方向）和民商法学（知识产权法研究方向）硕士学位授权点之下知识产权研究方向硕士研究生培养任务。学院设有两个研究中心，即知识产权保护中心和知识产权案例研究中心，与法学院共有具法学、经济学、管理学或者理工科等方面学科背景的专职教师40余人，其中正教授4人、副教授6人；学院还聘请了一批国内外著名知识产权专家学者为兼职教授。

13. 青岛大学知识产权学院

青岛大学知识产权学院于2006年6月成立，现任院长为于正河教授。学院已有多名专职教师以及一批兼职教师。青岛大学是山东高校知识产权研究会的挂靠单位，多次承办全国和全省高校的知识产权研讨会及齐鲁知识产权论坛等。从1994年开始在理工科学生中开设知识产权概论通识教育课；1995年开始通过相关专业的毕业实习和毕业论文设计培养了100余名致力于知识产权方向的学生；1999年建立了青岛大学知识产权研究中心，深入开展知识产权理论研究；2005年开始在本科教学中开设知识产权方向的辅修双学位课程，常年有数以百计的理工科和经济类各专业的本科生在完成主修专业学习任务的同时辅修知识产权法学专业；2005年起始招收知识产权研究方向的硕士研究生。

14. 中国计量学院法学院知识产权系

2006年成立的中国计量学院法学院知识产权系，由法学院院长杨凯教授主管，系主任为符琪。知识产权系下分知识产权管理教研室、知识产权法教研室和民商法教研室，同时合成知识产权科研团队。知识产权专业师资人员由核心教学团队和合作教学团队组成。核心教学团队教师由包括12名正、副教授在内的多学科背景的21位专职教师组成，合作教学团队由兼职的国内知名学者和富有实践经验的专家组成。学院为了避免传统知识产权教学重理论、轻实践，重知识的传授、轻能力培养和知识的应用以及师资队伍建设和评价偏重理论水平的状况，制订了特色教师培养计划，分批次分层次派出教师前往企业、中介服务机构和政府部门进行知识产权实践锻炼，增强了实践性教学环节的重要性，促进了理论教学和实践教学的正确定位和有机结合，适应了以能力培养为主线的知识产权人才培养要求。学院的知识产权科研依托中国计量学院理工科优势背景，围绕知识产权经济学、知识产权管理学、知识产权法学框架，以知识产权师资建设和课程建设为突破，采取非对称性战略，重点研究当今中国和世界知识产权保护中的前沿、热点重点和难点问题，发挥学科建设对专业建设的指导作用，形成知识产权专业学科特色和人才培养特色。

15. 杭州师范大学法学院知识产权系

杭州师范大学法学院知识产权系是该校法学院的两个系之一，负责人为陈永强。杭州师范大学法学院知识产权系自 2006 年起招收第一届法学专业的知识产权本科生，每年约 30 名，至今已经招收 3 届，在校知识产权本科生约 100人。教学主要依靠民商法和知识产权法师资以及信息学院的理工科师资，迄今的 4 年本科的课程设置为 12 门法学课程加 12 门知识产权专业课程。目前，杭州师范大学法学院知识产权系的教学改革正在深入中。

16. 重庆理工大学重庆知识产权学院

2007 年 12 月成立的重庆知识产权学院是重庆理工大学下属二级学院，是在重庆市知识产权局等政府主管部门和重点企业等的大力支持下，创新官产学研联盟新机制，经重庆市教委批准成立的西南地区第一家知识产权学院。院长贺建民，副院长苏平，重庆知识产权学院现有专职师资 12 人，拥有一支具备理工科、法学、管理学专业知识背景的教师队伍，并有分布于知识产权领域的有关国家机关、大型企业及相关的科研院所、高等院校的一批兼职教授。经教育部 2005 年批准，重庆知识产权学院率先在我国西部地区设置本科生知识产权专业，迄今已经连续招收 3 届学生，并且充分利用理工科院校的办学优势，培养既具有知识产权理论及其相关技能，又有相应的理工科知识背景的知识产权应用型高级专门人才。学院自 2009 年开始将招收企业管理专业知识产权企业管理方向的硕士研究生。重庆知识产权学院具有鲜明的官产学研合作办学特色。学院已分别与重庆市知识产权局、长安汽车集团、嘉陵集团、建设集团、力帆集团、重庆宗申集团、隆鑫工业有限公司、重庆渝安创新科技（集团）有限公司、重庆西山科技有限公司等多家单位建立了知识产权官产学研联盟，共建知识产权专业学生教学实习基地、就业基地、科研基地等。

17. 湘潭大学知识产权学院/湘潭大学知识产权研究中心

湘潭大学知识产权学院成立于 2008 年 11 月，是中部地区继中南财经政法大学知识产权学院之后的第二家知识产权学院，旨在依托湘潭大学的综合性大学优势和法学院较为强大的师资力量，以促进学科建设、培养社会急需的复合型知识产权人才为目标，立足于服务湖南省和长株潭两型社会实验区建设，力争建成省内领先、在全国有较大影响的知识产权学院。现任院长为胡肖华教授。学院在湘潭大学法学院民商法学科组和经济法学科组基础上组建，现有专职教师 15 人，其中教授 6 人、副教授 6 人、讲师 3 人，有 11 人具有博士学位，另有分别来自湘潭大学法学院、与其他学院等院系处室及湘潭大学法学院的兼职教师 10 人。学院专职教师大多为毕业于中国人民大学、武汉大学、中国政法大学等名校的博士，具有良好的学缘结构，与国内重点知识产权教学与研究机构联系紧密。学院同时建立了"湘潭大学知识产权研究中心"，中心聘请吴汉东、刘春田、陈传夫等知名学者为顾问，冯晓青、苏旭平为名誉主任，由廖永安教授担任中心主任，王太平博士任执行主任，胡梦云、刘友华任副主任。中心成员的组成充分发挥了综合性大学的优势，整合了全校各个学院的专业人员，目前中心聘请的研究人员分别来自湘潭大学法学院、公共管理学院、商学院、化工学院、机械工程学院、科技处和社科处等院系处室。中心的主要研究方向为：知识产权基础理论研究、知识产权战略规划与管理、专利保护与技术成果转化、版权与创意产业保护以及商标保护与市场规制。近 3 年来，中心研究人员承担各级各类课题 29 项，项目经费达 216.8 万元，获省部级以上奖励 6 项，出版学术专著 18 部，在《法学研究》《法学》《环球法律评论》《知识产权》《电子知识产权》《中国版权》等专业期刊发表知识产权论文 30 余篇，发表其他相关论文 100 余篇，其中发表于 CSSCI 源刊收录的学术论文达 80 余篇。

（二）中国高等院校中已经建立的知识产权教学或研究中心

我国高校内知识产权教学与研究机构的第二类为"知识产权中心"类，其中有称为"知识产权研究中心"的，也有称为"知识产权教学与研究中心"的，还有沿用"知识产权研究所"的等。迄今在我国高等院校中已经先后建立了几十个知识产权中心，如表 2 所示：

表 2　截至 2008 年底我国高校内建立的知识产权研究教学中心

序号	知识产权研究教学中心	负责人	地域	专职人员/名	兼职人员/名
1	中国人民大学知识产权教学与研究中心	刘春田	北京	12	—
2	中国政法大学知识产权法研究所	来小鹏	北京	16	19
3	中国政法大学知识产权研究中心	张楚	—	—	—

序号	知识产权研究教学中心	负责人	地域	专职人员/名	兼职人员/名
4	清华大学知识产权法研究中心	王 兵	北京	7	—
5	北京工业大学 知识产权研究中心	马玉芹	北京	—	—
6	北京理工大学知识产权研究中心	侯仰坤	北京		
7	北京大学国际知识产权研究中心	郑胜利 刘江彬	北京	5	22
8	复旦大学知识产权研究中心	张乃根	上海	10	40
9	上海交通大学知识产权研究中心	寿 步	上海	5	
10	华东理工大学知识产权研究中心	于杨曜 任 虎	上海	6	4
11	上海政法学院知识产权研究中心	蒋 坡	上海	6	14
12	上海中医药大学知识产权研究中心	宋晓亭	上海	5	
13	上海财经大学知识产权研究中心	魏 玮	上海	—	
14	华东政法大学知识产权研究中心	王立民 黄武双	上海	—	
15	上海大学知识产权研究所	陶鑫良 袁真富	上海	12	30
16	中南财经政法大学知识产权研究中心	吴汉东 曹新明 胡开忠	武汉	20	64
17	华中科技大学知识产权战略研究院	朱雪忠	武汉	6	
18	华中师范大学知识产权研究所	刘 华	武汉		
19	武汉大学知识产权高级研究中心	陈传夫	武汉	—	
20	西南政法大学知识产权研究中心	张玉敏	重庆	17	14
21	西北政法大学知识产权研究中心	杨 巧	西安	10	7
22	西安交通大学知识产权研究中心	马治国	西安	10	7
23	厦门大学知识产权研究院	林秀芹	厦门	5	0
24	烟台大学知识产权研究院	王吉法 张文经	烟台	3	—
25	大连海事大学知识产权研究院	王祖温	大连	6	15
26	山东大学科技法与知识产权研究中心	崔立红	济南	—	
27	黑龙江大学知识产权研究中心	杨建斌	哈尔滨	15	5
28	河北大学知识产权研究中心	马永双	石家庄	6	2
29	华侨大学知识产权研究中心	王敏远	泉州	4	3
30	安徽师范大学知识产权研究所	周俊强	安庆	6	5
31	广东金融学院知识产权研究所	吴国平	广州	7	—
32	郑州大学知识产权研究中心	王 锋	郑州	3	—
33	湘潭大学知识产权研究中心	廖永安 王太平 胡梦云 刘友华	湘潭	15	10

注：本章资料分别摘自"中国知识产权评论网"的"全国知识产权教学研究机构名录与简介"和各调查报表等。

其中如中国人民大学知识产权教学与研究中心、清华大学知识产权法研究中心、复旦大学知识产权研究中心、西南政法大学知识产权研究中心等，早在20世纪八九十年代就已经建立并开展了知识产权的教学与科研工作，多年来已有较丰富的知识产权教学和科研的经验积累，是我国知识产权教育与人才培养的传统基地。例如中国人民大学知识产权教学与研究中心是由原国家教委批准于20世纪80年代末成立的我国最早从事知识产权法教学和研究的专门机构，拥有郭寿康教授、刘春田教授、郭禾教授等一批知名知识产权专家；又如中国政法大学知识产权法研究所和中国政法大学知识产权研究中心等，虽然成立较晚，但是后发势头强劲，尤其是荟萃了来小鹏、张楚、冯晓青、张今、薛虹、张广良、李祖明等数十位知识产权知名专家。像诸如此类的一批高校知识产权中心，也是我国知识产权教育与人才培养的主要策源地之一。

我国高校中一些知识产权研究中心和知识产权教学研究中心的基本情况如下。

1. 中国人民大学知识产权教学与研究中心

中国人民大学知识产权教学与研究中心于1986年成立，中心主任一直由刘春田教授担任，现有研究人员16人，其中教授8人、博士生导师6人、副教授4人，包括我国知识产权界知名学者刘春田、郭寿康、郭禾、金海军、李琛等。在人才培养方面，郭寿康教授自20世纪70年代起即从事知识产权的教学和研究，刘春田教授则率先为本科生开设知识产权法课程。中心自1986年起招收本科知识产权方向的法学第二学士学位生，20多年来培养出了数百名知识产权第二学士学位毕业生；随后相继开始招收法学学科之知识产权方向的硕士研究生和博士研究生。目前其知识产权教育与人才培养工作已经涵盖了博士后研究员、博士研究生、硕士研究生、法律硕士、第二学士学位生等不同的层面。目前，中心有知识产权在读博士生16人、硕士研究生48人、第二学士学位生61人。中心的教学科研人员已累计出版专著、教材30余部，发表论文300余篇，参加了我国一系列知识产权立法工作，主持和参与了一系列国家知识产权战略课题等国家、部委重大科研项目，与世界知识产权组织、联合国教科文组织以及哈佛大学、马普学会、剑桥大学、爱知大学等海外著名知识产权研究机构有着密切的人员与学术交流。中心有知识产权系列书刊《中国知识产权评论》，并设有"中国知识产权评论网"网站（www. rucipr. com）。

2. 中国政法大学知识产权法研究所

中国政法大学知识产权法研究所隶属民商法学院，是一个专门从事知识产权法教学与研究、具有较高学术影响和水平的教学与研究机构。所长为来小鹏教授。全所 16 名专职教师，其中教授 4 名、副教授 9 名、讲师 3 名，教师中具有法学博士学位的 12 名、博士生导师 1 名、硕士生导师 12 名。该所除承担学校知识产权法本科课程教学任务外，还承担了民商法专业博士、硕士生以及法律硕士班知识产权法研究方向硕士生的教学任务。该所在知识产权法研究诸多方面进行了有效探索，在许多研究领域处于国内前沿。近年来，该所教师在国内外发表知识产权论文数百篇；出版了知识产权专著数十部；该所教师主持与承担了国家社会科学基金项目、教育部重大课题攻关项目、教育部人文社会科学重点研究项目、国家知识产权战略专题项目、国家知识产权局软科学项目等重大科研课题，并且与国内外建立了广泛、深入的学术联系。

3. 中国政法大学知识产权研究中心

中国政法大学知识产权研究中心于 2005 年 6 月 30 日成立，主任为张楚教授，成立以来，先后承担了 20 余项国家及省部级知识产权专项研究课题，积极参与知识产权理论研究、立法探讨、司法研判和企业运用，并且投身于知识产权公益活动。最近，以中心主任张楚教授为首席专家的"知识产权行政与司法保护绩效研究"获 2008 年度教育部哲学社会科学重大课题攻关项目立项。中心办有"知识产权实验室"网站（www. newiplaw. com）。

4. 清华大学知识产权法研究中心

清华大学知识产权法研究中心是隶属于清华大学法学院的知识产权独立研究机构，中心主任为王兵教授，现有包括王兵、崔国斌、陈建民等知识产权知名专家在内的七名专职研究人员。中心的研究方向为高技术知识产权保护，已经开展的研究工作涉及网络环境下的知识产权保护、生物技术的知识产权保护、计算机软件知识产权保护、科研活动中的知识产权保护、国际技术转移、技术标准和专利等。中心自成立以来承接了十多项国家、国际和国内外企业的知识产权立法、执法和前沿探索等研究项目，在清华大学每两年主持举办一次，迄今已经举办了 5 次高技术知识产权保护国际会议，与会代表来自十多个国家与地区。

5. 复旦大学知识产权研究中心

复旦大学知识产权研究中心于 1995 年 12 月 15 日成立，属于复旦大学校一级的跨学科、跨部门研究机构。现任中心主任为张乃根教授（法学院），副主任为陆飞教授（科技处）和王福新教授（管理学院）。中心实行开放式研究体制，现有本校教师 10 人，其中教授 3 人（张乃根、陈乃蔚、王福新）、副教授 6 人（徐新林、马忠法、陆飞、李高平、吴桂琴、姚静芳）。中心对外特邀顾问陈志兴、须一平等 5 人；特邀研究员陶鑫良、单晓光等 35 人。2005 年以来，中心每年组织若干次学术研讨会或专题讨论，有来自北京、上海等地的知识产权学者和专家与会。近年来，中心将历次研讨会的论文汇编成册正式出版，迄今已经编辑出版了《知识经济与知识产权法》（2000 年）、《克隆人：法律与社会》（2004～2006 年三卷）、《知识创新与技术转移》（2005 年）、《技术转移的法律理论与实务》（2006 年）和《技术转移和公平竞争》（2008 年）等书籍。中心与上海市政府部门、法院、著名大公司均有很好的合作关系，开展了许多研究项目。中心成立以来一直致力于各种国际交流，例如2005 年 5 月 21 日建立了"复旦－飞利浦知识产权教席"，每年由飞利浦公司安排外籍知识产权专家前来为该校法律硕士以英语讲授知识产权法课程，迄今已有近 500 名研究生选修。2008 年 6 月 21 日，中心主办了"专利纠纷解决的新问题高层研讨会"；2008 年 12 月 12 日，中心主办了"专利技术转移高层研讨会"。2008 年，有在校知识产权方向硕士生 22 人和博士生 10 人；同年还开设了知识产权公共课程知识产权法和知识产权合同与管理选修课，学生约150 人。

6. 上海交通大学知识产权研究中心

上海交通大学知识产权研究中心成立于 2004 年 4 月，寿步教授为中心主任，现有专职研究人员 5 人。上海交通大学办学历史悠久，科技资源雄厚，在发展知识产权学科方面具有独特优势。知识产权学科各传统领域和新兴领域都与学校各学科密切相关。学校强理工科背景下的综合性学科发展现状，为知识产权学科作为新的聚焦点和生长点、在大范围内实现学科的交叉与融合提供了有利条件。中心以国家需要为动力，以重大现实问题为核心，以培养复合型高素质的知识产权研究型人才和实务型人才为目标，创建上海交通大学以高新技术知识产权研究为特色的高水平、国际化的知识产权学科。

7. 华东理工大学知识产权研究中心

华东理工大学知识产权研究中心于 2004 年 2 月成立，隶属于法学院；中心主任于扬曜教授，副主任为任虎副教授。中心专职研究人员 6 人，并且聘请国内外专家 4 人为兼职研究人员。中心下设知识产权法律咨询部、知识产权教育培训部、知识产权研究部。中心充分发挥学校的学科优势，以科技产业化和科研成果商品化为重心，开展人才培养和制度研究、法律咨询，并与该校国家技术转移中心互补合作，为知识产权的开发运用和保护提供了全方位的保障。中心成立四年多来在人才培养、理论研究、知识产权法律事务以及国际交流等方面都有所发展。中心已培养了着重理工背景的两届知识产权第二学士学位本科生，重点强化技能培训和实务操作能力，学生毕业后就业率达到 100%，主要在专利事务所、跨国公司知识产权部就职，接收单位评价很高。中心以经济法专业硕士点为轴心，以华东理工大学国家技术转让中心与上海华理律师事务所为依托，为学校及社会提供包括专利代理申请、专利转让、实施许可谈判、订立合同等知识产权交易服务，并为该校和当地解决有影响力的知识产权纠纷和事务。中心曾受学校委托，代理重大知识产权诉讼案件数起，提供法律咨询数十次，有效地维护了学校及相关当事人的知识产权权利。

8. 上海政法学院知识产权研究中心

知识产权已经成为上海政法学院的重点发展学科。上海政法学院知识产权研究中心是该校知识产权教学与科研机构，中心主任蒋坡教授；中心目前拥有教授6名、副教授8名，已经初步形成了结构较为完整、合理的学术梯队，主要开展了知识产权学基本理论、知识产权法学、知识产权管理学、特殊领域的知识产权、知识产权与科技政策法律等领域的研究。中心从1998年起开始招收知识产权方向的硕士研究生，2000年起招收知识产权专业方向的第二学士学位生，2008年开始正式招收知识产权专业方向的本科生，持续培养了一批高层次和高素质的知识产权法学人才。二十多年来，该研究中心的研究人员相继撰写和出版了《计算机法律保护通论》《国际信息政策法律比较》《知识产权法案例教程》《知识产权管理》等著作，承担了国家和省部级有关知识产权的研究课题十多项。近几年来，该研究中心连续组织举办了六届全国性的"科技法学论坛"。中心还积极投入上海市"专利管理工程师"职称资格考试以及"专利代理人资格考试""专利工作者考试"的培训工作。

9. 上海中医药大学知识产权研究中心

上海中医药大学知识产权研究中心于2003年成立，主任宋晓亭教授。中心共有专职研究人员5人。中心成立以来承担了国家知识产权战略研究项目、国家和上海市相关主管部门科研项目等多项知识产权研究课题，取得了一系列研究成果。中心主要通过理论和策略的研究为上海乃至全国中医药的健康发展和中医药现代化提供知识产权方面的服务。中心立足中医药，努力发展成为上海市中医药知识产权的理论研究基地、对外服务基地、学术交流基地和人才培养基地。中心着力推动我国中医药知识产权的管理和保护工作，探索与中医药科学相适应的知识产权保护体系，提高我国中医药知识产权保护水平。

10. 武汉大学知识产权高级研究中心

武汉大学知识产权高级研究中心成立于2002年3月，主任为陈传夫教授。中心同时具备研究与人才培养的双重功能。在研究方面强调知识产权制度与理论创新，强调国家知识产权战略研究，强调多学科的协同研究。每年系统发表与国家知识产权重要政策相关的研究报告以及其他研究成果。在人才培养方面强调跨学科背景与硕士、博士层次的高级创新型复合人才。中心强调新技术、跨学科、国际化；在研究方面强调知识产权制度与理论创新，强调国家知识产权战略研究，强调多学科的协同研究；不定期出版研究报告。中心的研究人员已经承担国家自然科学基金、国家社会科学基金、教育部人文社会科学重点研究基地、欧盟－中国高等教育合作等十多项知识产权研究的项目，涉及法学、经济学、生物学、信息管理等多门学科，与我国知识产权主管部门和司法机关建立了密切的联系，与英国、法国、美国、加拿大、德国的多家知识产权高级研究机构建立了学术合作交流关系。

11. 西南政法大学知识产权研究中心

西南政法大学知识产权研究中心是该校法学院的组成部分，中心主任张玉敏教授是全国著名的知识产权法专家。中心有专职教师17人，其中有博士生导师3人、硕士生导师9人；兼职教师15人，其中有兼职硕士生导师10人。教学科研人员敬业精神强，梯队结构合理，发展趋势好。2005年经国务院学位委员会备案，在法学一级学科之下自设"知识产权法"博士、硕士学位授予点，每年招收知识产权法学博士研究生多人，法学硕士研究生近30人，知识产权法律硕士生30人左右。自2009年开始，与管理学专业联合培养知识产权硕士研究生，设置知识产权法学、知识产权管理、知识产权评估、知识产权国际保护4个研究方向，年招生人数为40人左右。自2005年以来，中心教学科研人员共承担国家社科基金项目2项、省部级科研项目14项、校级项目5项、横向合作项目8项，发表学术论文114篇，出版专著11部、教材4部，多次主办国际研讨会。中心以人才培养为根本任务，以精品课程建设为契机，深化教学内容和课程改革，加强教材建设，积极改进教学方法和手段，取得了一批重要教学成果。2005年，知识经济时代知识产权法教学改革获得重庆市高等教育优秀教学成果二等奖，知识产权法被评为重庆市精品课程；张玉敏教授主编的《知识产权法》于2006年被评为司法部优秀教材。

12. 西北政法大学知识产权研究中心

西北政法大学知识产权研究中心成立于1990年，是隶属于法学院的教学研究机构；中心主任为杨巧教授；中心专职研究人员10人，具有法学、经济学、医学的交叉学科背景。中心的研究重点倾向科技法、网络法、电子商务法等。中心教学与科研并重，承担了全校知识产权法学课程的教学任务，包括法学本科专业的必修课和非法学专业的选修课；同时承担经济法专业、环境法专业硕士研究生及法律硕士研究生的科技专题与知识产权法专题课程；2008年开始独立招收知识产权法专业方向硕士研究生。中心近年来取得了一批科研成果，形成了在非物质文化遗产、遗传资源知识产权保护的研究特色。中心近年来承担的知识产权类学术研究课题涵盖国家社科基金项目、司法部项目、陕西省社科项目、陕西省教育厅和科技厅项目、校级项目等；中心研究人员在国内法学核心刊物上发表论文60多篇，其中还获得全国和本地的各种科研奖励等。中心研究人员近年来出版专著4部、教材4部，其中一部专著获2007年陕西省第八次哲学社会科学优秀成果奖。陕西省法学会知识产权法研究会挂靠在中心。中心已经成为西北地区知识产权研究的重要基地，在全国知识产权研究领域具有一定的影响。

13. 西安交通大学知识产权研究中心

西安交通大学知识产权研究中心是陕西省教育厅首次批准建立的高校哲学社会科学重点研究基地。中心主任为马治国教授，中心共有包括知名知识产权专家马治国、田文英、高山行等在内的专兼职研究人员19人，其中教授12人、副教授3人、具有博士学位的11人。研究领域涉及知识产权领域的诸方面。主要研究方向为：知识产权战略与应用、科技创新与专利法、知识产权的经济学分析、网络知识产权、知识产权与信息安全等。近3年从事国家级、省部级研究项目22项，发表学术论文163篇，出版学术专著45部。研究中心以科研活动为根本，始终关注国内、国际高新技术发展与应用带来的知识产权问题，注意西部蕴藏的传统文化遗产资源的知识产权保护、开发、利用问题。依托西安交通大学雄厚的科研力量，运用多学科的方法，研究科技、经济、法律、管理等社会环节与知识产权的内在联系和规律。同时，研究中心努力实施人才培养计划，开展学术交流活动，积极进行研究平台建设。研究中心坚持跨学科交叉性、前沿性、应用性、系统性、战略性的研究特点，以知识产权为核心，配合国家科技体制和产权体制改革战略，以陕西省和西部的地方战略和企业战略为突破，推动中国西部社会、经济跨越式发展，实现西部与中、东部协调发展，中国与周边国家的协调发展。

14. 黑龙江大学知识产权研究中心

黑龙江大学知识产权研究中心实行与黑龙江大学法学院合一的运行机制，由黑龙江大学法学院直接管理。中心主任为杨建斌教授。中心目前有15名专职研究人员，其中教授6名、副教授3名、讲师和其他人员6名；中心另外聘请校外兼职研究人员5名。中心还聘请了吴汉东教授、杨震教授、刘春田教授、陶鑫良教授、曹新明教授、郭禾教授、唐广良教授为学术顾问。中心主要从事知识产权法方面的研究工作，发挥团队优势，进行合作攻关，在知识产权法理论及其实践方面实现跨越式发展。注重与国家、省、市政府管理部门、司法部门、科研机构合作开展科学研究。同时积极开展对法学等各个专业的本科和专科层面的知识产权教学工作；同步推进硕士、博士研究生层次的知识产权高级人才培养。中心加强对社会各个阶层的知识产权职业培训和知识普及，为政府机关、司法机构、企事业单位和社会公众等提供优质的知识产权咨询、代理、制度设计等各项知识产权服务。

15. 大连海事大学知识产权研究院

大连海事大学知识产权研究院的前身是大连海事大学知识产权法研究中心。在大连市知识产权局的大力支持下，大连海事大学于 2008 年 9 月正式成立知识产权研究院。院长由大连海事大学王祖温校长兼任，副院长为法学院院长（兼）李冬梅教授。研究院下设 6 个研究中心，拥有一支专兼结合、综合实力较强的科研与教学团队，其中教授 11 人、副教授 14 人、具有博士学位的21 人。目前已完成省部级以上科研项目 9 项，在研科研项目 14 项。科研成果获得省社会科学优秀成果奖 3 项，其他奖项 22 项。

16. 广东金融学院知识产权研究所

广东金融学院知识产权研究所成立于 2005 年 4 月，系由该校与广东省知识产权局、广州市知识产权局联合共建的知识产权理论与知识产权人才培养研究机构，吴国平教授任所长。研究所现有专职科研和教学人员 7 名，其中教授1 名；博士 2 人，硕士 5 人；同时拥有多名高素质的兼职教学与研究人员。2005 年以来连续 3 年在经济学专业（知识产权方向）招收了 3 届约 250 名知识产权方向的本科生；2008 年，改在法学专业（知识产权方向）招收了 110名知识产权方向的本科生。研究所成立以来，迄今已发表知识产权论文 20 余篇；同时大力开展知识产权宣传教育，每年都充分利用"世界知识产权日"开展知识产权宣传活动。研究所将继续探讨和建立优化的知识产权人才培养模式，形成独具金融院校特色的知识产权人才培养教育体系。

17. 河北大学知识产权研究中心

河北大学知识产权研究中心于 2002 年 7 月成立，负责人为马永双。中心领衔发起并于 2002 年 11 月 16 日成立了河北省法学会知识产权法研究会，该研究会的秘书处设在中心。中心积极参加相关的知识产权方面的学术会议，承担学校本科生和研究生的知识产权法课程教学工作，近年来承担省（部）级科研课题 5 项，出版学术著作和教材 4 部，发表学术论文 20 余篇，已经培养了知识产权法方向的硕士 12 名。

18. 华侨大学知识产权研究中心

华侨大学知识产权研究中心成立于 2003 年，挂靠华侨大学法学院。中心负责人由法学院院长王敏远教授兼任，副主任梁伟副教授。中心现有专职教师 4 人，承担着法学专业本科生知识产权法必修课程和全校非法学专业本科生的知识产权法选修课的教学任务，同时承担民商法专业硕士研究生和法律硕士研究生的《知识产权法》课程的教学工作。2005 年，中心联合华侨大学法学院及有关律师事务所等科研、实务力量组建华侨大学知识产权研究中心律师部，集合当地知名教授、资深律师等法律职业人员形成一支强大的专业队伍。中心自成立以来，不仅在推动知识产权法教学与研究方面起到了积极作用，而且作为科研单位与实务部门的交流平台，更积极地把研究成果广泛应用于法律实践，协助当地企业建立健全知识产权保护体系，为建设健康的竞争环境保驾护航。中心成立以来积极承担了国务院侨务办公室等单位下达的相关知识产权科研课题。

19. 安徽师范大学知识产权研究所

安徽师范大学知识产权研究所成立于 2006 年 5 月，现有专兼职研究人员 10 余人，所长周俊强教授。研究所下设 3 个研究室：知识产权基本理论与制度研究室、知识产权战略与策略研究室、知识产权行政与司法实务研究室。研究所专兼职研究人员在《中国法学》《法制与社会发展》《知识产权》等国家核心期刊上发表论文多篇，出版学术著作多部，主持和承担国内外各级各类科研项目多项。

20. 华东交通大学知识产权研究所

华东交通大学知识产权研究所成立于 2003 年 1 月，主要从事区域知识产权研究。其成员包括华东交通大学人文社科学院法学系和学校相关专兼职研究人员 14 人，所长为肖海副教授。研究所依托本校法学系，在法学本科专业中推进知识产权法方向的双学位双专业培养，同时承担着开设全校知识产权法公共任选课程的任务。近 3 年来，研究所针对江西省知识产权现状与问题开展科学研究，主持了国家软科学项目、教育部高校人文社科项目以及江西省知识产权研究项目等科研课题 7 项，获得省级科研和教学奖励 4 项；指导学生参加本科生科技挑战杯竞赛，获得省级奖励 2 项。研究所积极参与了江西省知识产权培训中心的工作，开展本科生知识产权教育，面向社会提供知识产权培训服务。

三、我国高校知识产权人才培养的主要教学模式

截至 2008 年，我国高校的知识产权人才培养及其教学模式经过近 20 年来

有关各高校的开拓创新和勇于实践，形成了专业教育和普及教育两方面的 10 种主要教学模式。

我国高校知识产权人才培养的专业教育之教学模式，是指学历培养知识产权专业或者专业方向的本科生、研究生等知识产权专业人才的教学模式。而我国高校知识产权人才培养的普及教育之教学模式，是指对高校内非知识产权专业的本科生、研究生开展知识产权课程、讲座或者其他知识产权教学活动，以及对社会上在职人员进行非学历教学性质的知识产权课程讲座或者其他知识产权教学活动的教学模式。

（一）本科生层面知识产权专业教学模式

1. 知识产权法第二学士学位

知识产权法第二学士学位，指的是法学专业（知识产权法方向）的第二学士学位。在本科生学习的 4 年内完成第一本科专业（较多是理工科第一本科专业）学习并且获得第一本科专业学士学位的基础上，进一步参加法学（知识产权法方向）第二专业的 2 年学习，在继续完成知识产权法第二专业的学习任务后获得法学本科专业的第二个学士学位。20 世纪 90 年代教育部批准北京大学、中国人民大学和华中科技大学 3 所高校设立知识产权法第二学士学位，20 年来这 3 所大学培养了数以千计的知识产权法第二学士学位的毕业生。但从 2005 年开始，北京大学知识产权学院停止了知识产权法第二学士学位的招生。同时，近年来，华南理工大学、华东理工大学等高等院校也相继取得了教育部批准的知识产权法第二学士学位授予资质。截至 2008 年，现有中国人民大学、华中科技大学、华南理工大学、华东理工大学等仍然在进行知识产权法第二学士学位的招生和培养。表 3 是我国有关高校知识产权第二学士学位教学情况。

表3　我国有关高校知识产权第二学士学位教学情况

高等院校及知识产权教学机构	开始时间
中国人民大学知识产权研究中心	1986 年
华中科技大学管理学知识产权系	1987 年
北京大学法学院知识产权学院	1994 年（2005 年停止）
华南理工大学法学院知识产权研究中心	1999 年
华东理工大学法学院知识产权研究中心	2004 年

2. 法学本科专业（知识产权法方向）

法学专业（知识产权法方向）本科生的教学计划在公共课程、法学专业主干课程的基础上，进一步强化了知识产权法板块的课程密度及其整合，并且较大比例地增加了知识产权管理课程群以及理工科课程群，增强本科生的知识产权法律、管理以及理工知识，提升其综合素质。上海大学知识产权学院自1994 年开始招收法学专业（知识产权法方向）本科生，为强化其知识产权法板块课程而全面讲授知识产权法、专利法、商标法、著作权法、商业秘密法、技术贸易法、计算机知识产权法、网络知识产权法等知识产权法各单行课程，并且适当增加其无形资产评估、知识产权实务等知识产权管理课程，先后已经毕业 10 多届学生，均授予法学学士学位。1994 ~ 2005 年，上海大学知识产权学院采用法学专业（知识产权法方向）这种教学模式长达 12 年之久，但是近年来上海大学因校内原因已经淡化这一教学模式，2005 年起上海大学法学本科专业招生不再冠以知识产权方向。然而，同期经教育部批准，先后有华东政法学院（2007 年更名为"华东政法大学"）知识产权学院、华南理工大学知识产权学院、暨南大学知识产权学院、中国计量学院法学院知识产权系、杭州师范大学法学院知识产权系、重庆（理工大学）知识产权学院、浙江工业大学开始试点招收与培养知识产权法专业本科生。例如华东政法学院知识产权学院 2004 年就招生了第一届知识产权法专业本科生 40 多人，至 2008 年已毕业并且基本全部就业。上述高校知识产权法专业本科生的课程安排，大都增加了较大比例的知识产权管理课程，还配置了很多理工科课程。关于法学专业本科阶段是否适宜设置知识产权专业或者知识产权专业方向，在已经开展知识产权教学的高校圈内，迄今存在着不同的看法。表 4 是目前我国经教育部批准进行法学本科阶段知识产权法专业招生和培养的若干高等院校的相关情况。

表 4　我国进行法学本科阶段知识产权法专业招生和培养的若干高等院校的相关情况

序号	高等院校及知识产权教学机构	本科专业	2008 年招生人数	2008 年毕业人数	2008 年在校学生数
1	华东政法大学知识产权学院	知识产权法	99	52	400
2	华南理工大学知识产权学院	知识产权法	88	—	220
3	暨南大学知识产权学院	知识产权法	8	—	—
4	中国计量学院法学院知识产权系	知识产权法	118	—	300
5	杭州师范大学法学院知识产权系	知识产权法	—	—	—
6	重庆（理工大学）知识产权学院	知识产权法	34	—	148
7	浙江工业大学	知识产权法	—	—	—

3. 辅修法学（知识产权法方向）双学位或者双学历

辅修知识产权双学位或者知识产权双学历是指非法学专业的其他本科专业学生，在其大学本科四年学习期间的后两三年中，同步辅修法学本科专业（知识产权法方向），在完成主修本科专业和辅修本科法学专业（知识产权法方向）规定的学业后，不但能够获得主修本科专业的学士学位与学历，而且还能够同时获得辅修的法学本科专业（知识产权法方向）的学士学位，或者法学专业（知识产权法方向）的本科学历。近年来采用这种教学模式的高校相对较多，而且还在逐步增加。截至 2008 年，例如杭州师范大学法学院知识产权系等都正在推进辅修法学（知识产权法方向）双学位或者双学历的教学模式。

（二）研究生层面知识产权专业人才培养的教学模式

1. 知识产权法研究方向的硕士/博士研究生

鉴于知识产权学科在我国高等教育系统仍然处于三级学科的地位，迄今我国还没有单独的知识产权法硕士点和博士点。虽然 2004 年教育部颁行的教技〔2004〕4 号文第 13 条明确规定："增设知识产权专业研究生学位授予点。鼓励有相应条件的高等学校整合教学资源，设立知识产权法学或知识产权管理学相关硕士点、博士点，提升知识产权的学科地位。加强知识产权师资和科研人才的培养。"但是，这一规定至今仍然有名无实，其具体落实还有待时日。近年来我国各高等院校培养知识产权硕士/博士研究生，一般多在民商法、宪法与行政法、经济法等现有二级学科硕士或者博士学位授予点下面增加知识产权法研究方向。即使未设置知识产权法研究方向的法学专业硕士研究生，其学位论文也多有知识产权法方面的选题。据不完全统计，2008 年的全国优秀硕士学位论文中，有 236 篇属于知识产权类，其中 56% 的论文及其硕士研究生作者属于法学专业，除法律硕士的学位论文占 19% 外，另有 43% 属于民商法、经济法、国际法这 3 个二级法学学科。具有一级法学学科学位授予点的高校，可以在该一级学科之下自设知识产权法类二级学科及其学位授予点。截至 2008 年，经国务院学位委员会备案，已经先后由西南政法大学、中南财经政法大学、华东政法大学、中国人民大学、中国社会科学院研究生院、中国政法大学、厦门大学在法学一级学科之下自设了知识产权法或者知识产权类二级学科及其学位授予点，上述学校已经单独招收"知识产权法"硕士研究生和博士研究生。表 5 是我国高校在法学一级学科范围内自主设置知识产权类学科专业名单（国务院学位委员会备案）。

表5　我国高校在法学一级学科范围内自主设置
知识产权学科专业名单（国务院学位委员会备案）

序号	高等院校及知识产权教学机构	一级学科（博士学位授予点）名称	自主设置知识产权类学科专业名称	备案时间	授予博士学位单位
1	西南政法大学法学院知识产权研究中心	法学	知识产权法	2005 年	西南政法大学
2	中国人民大学知识产权教学与研究中心	法学	知识产权法	2005 年	中国人民大学
3	中南财经政法大学知识产权学院	法学	知识产权	2006 年	中南财经政法大学
4	华东政法大学知识产权学院	法学	知识产权	2006 年	华东政法大学
5	中国社会科学院研究生院	法学	知识产权法学	2006 年	中国社会科学院研究生院
6	中国政法大学民商法学院	法学	知识产权法学	2007 年	中国政法大学
7	厦门大学知识产权研究院	法学	知识产权法	2008 年	厦门大学

2. 知识产权管理研究方向硕士/博士研究生

知识产权管理研究方向的硕士研究生和博士研究生的培养一直是我国高校知识产权人才培养的重要方面。华中科技大学管理学院知识产权系多年来一直在管理学学科之下培养知识产权方向的硕士研究生和博士研究生。同济大学知识产权学院自 2003 年开始，在管理科学与工程一级学科之下招收和培养知识与知识产权管理博士研究生，累计招生 20 多人，已经毕业多人。20 世纪 90年代中，上海大学知识产权学院也曾在管理科学与工程一级学科之下设置知识产权管理工程研究方向，培养知识产权管理硕士研究生。具有管理学领域各一级学科学位授予点的高校，可以在该一级学科之下自设知识产权管理类二级学科及其学位授予点。截至 2008 年，经国务院学位委员会备案，已经先后由同济大学、上海大学、厦门大学、华中科技大学分别在管理学领域的管理科学与工程、公共管理、工商管理相关一级管理学科之下，分别自设了知识产权与知识管理、知识产权管理、知识产权与出版管理类二级学科及其博士学位授予点；上述学校也已经开始单独招收知识产权法硕士研究生和博士研究生。表6

是我国高校在管理学领域一级学科范围内自主设置知识产权类学科专业名单。

表6　我国高校在管理学领域一级学科范围内自主设置知识产权

类学科专业名单（国务院学位委员会备案）

序号	高等院校及知识产权教学机构	一级学科（博士学位授予点）名称	自主设置知识产权类学科专业名称	备案时间	授予博士学位单位
1	同济大学知识产权学院	管理工程与科学	知识产权与知识管理	2006 年	同济大学
2	上海大学知识产权学院	管理工程与科学	知识产权管理	2006 年	上海大学
3	厦门大学公共管理学院	公共管理	知识产权与出版管理	2006 年	厦门大学
4	华中科技大学管理学院	工商管理	知识产权管理	2007 年	华中科技大学

3. 知识产权法律硕士研究生

非法学本科背景或者特定条件下法学本科背景出身的法律硕士研究生，可以成为当前最迫切需要的复合型、融合型、实务型知识产权中高端人才培养的主要路径之一。法律硕士的非法学本科背景中不乏理工科本科专业背景。在法律硕士平台上培养专业交叉、知识复合、实务强势的中高端知识产权专业人才，既能发挥知识产权人才前专业背景尤其是理工科背景的作用，又能补充法学专门院校缺乏理工科专业与师资力量的不足；知识产权法律硕士研究生和知识产权 MBA 以及 EMBA 硕士研究生一样，应当是我国高等院校培养知识产权人才的主干道。教育部和司法部等单位于 2006 年联合推出了知识产权法律硕士，即法律硕士（知识产权方向）学位授予项目，迄今为止，先后批准了北京大学、中国人民大学、中国社会科学院、华中科技大学、中南财经政法大学、中国政法大学等单位具有特定的知识产权法律硕士学位授予资格。截至 2008 年，上述高等院校每年都大力招收和培养知识产权法律硕士研究生。例如北京大学知识产权学院近年来停止了知识产权法第二学士学位的招生，而在法律硕士平台上设立了知识产权专业方向，培养有前专业背景的法律硕士。许多具有招收法律硕士资格的大学，正在和将会进一步聚焦在知识产权法律硕士研究生的培养上。

4. 知识产权 MBA 硕士研究生

知识产权 MBA 硕士和 EMBA 硕士研究生也是培养当前最迫切需要的复合型、融合型、实务型知识产权中高端人才的优化路径之一。在 MBA 硕士研究生平台上培养专业交叉、知识复合、实务强势的知识产权经营管理专业人才，应当是我国高等院校培养知识产权人才的另一条主干道。暨南大学知识产权学院在知识产权 EMBA 硕士研究生培养方面进行了尝试和探索。截至 2008 年，知识产权 MBA 硕士和 EMBA 硕士研究生在我国高校内还仍然处于讨论和摸索状态，尚未进入具体运作阶段，还缺乏成功的教学模式和成熟的办学经验。

5. "理工本科/法学双学科/知识产权法硕士" 本硕连读

在上海市政府和学校的支持下，上海大学知识产权学院 2004 年推出"理工本科/法学双学科/知识产权法硕士"的"2＋2＋3"的本硕连读知识产权人才培养模式。"2＋2＋3"指的是 3 个阶段，第一阶段的"2"是理工本科的一、二年级，学生按其理工本科专业高考入学和就读；第二阶段的"2"是理工本科的三、四年级，从已完成理工科专业前两年学业且自愿报名的学生中优选进入后两年的"理工本科/法学双学科"学习，其毕业时取得的本科学位仍一般为第一专业的理工科学士学位，学校同时为完成这一阶段学习任务者出具已完成"法学（知识产权法）"课程的证明。完成了后两年"理工本科/法学双学科"学业的学生，可以自愿报名参加"理工本科/法学双学科/知识产权法硕士"本硕连读的免试直升选拔，也可参加研究生考试进入第三阶段即 3 年知识产权硕士研究生学习。上海大学知识产权学院每年招收 20 名左右知识产权本硕连读硕士研究生。迄今上海大学知识产权学院已经累计培养近百名具有理工本科背景的知识产权本硕连读硕士研究生；并且前几届知识产权本硕连读硕士研究生已经学成毕业，就业情况良好。

（三）我国高校知识产权普及教学模式

1. 知识产权公共课程

知识产权愈来愈应当是高等院校毕业生的基础知识和基本素养。应当对高等院校内理、工、医、农、文、史、经、哲、社等所有专业的本科生和研究生开设知识产权公共课程。现在许多高等院校，尤其是理工科高校和综合性大学都已经积极面向全校各个专业的学生开设知识产权方面的选修课程，例如知识产权概论、知识产权法、知识产权案例、知识产权实务等。从社会需求和教学形势发展来看，知识产权公共课程应当从本科生的公共选修课程"提升"为所有专业的全部本科生、研究生的必修课程或者限选课程。截至 2008 年，据不完全统计，已有 100 多所高等院校面向本科生、研究生已经开设了多门知识产权公共课程。

2. 知识产权专题培训或者系列讲座

针对当前知识产权焦点、难点等重大或者特定问题，组织本校教师或者邀请社会上知名专家，或者将组织本校教师和邀请社会上知名专家相结合，有的放矢地开展系列知识产权讲座或专题培训班。知识产权专题培训或者系列讲

座，或者面向本校，或者面向社会，或者校内外相结合。据不完全统计，2008
年全国至少有近百所高等院校的知识产权师资力量面向社会积极开展了数以千
计的知识产权讲座或者知识产权专题培训班。尤其是国家人事部门已经将知识
产权普及纳入了科技人员等的"公需课程"内容范围，而高校教师又是进行
知识产权"公需课程"普及教育的主要师资力量。例如上海大学知识产权学
院的一位副教授2008年就承担了上海市的40多次知识产权"公需课程"普及
教育讲座。

附：中国高校知识产权研究会

（一）中国高校知识产权研究会第七届常务理事会

中国高校知识产权研究会自1985年在华中科技大学成立并产生其第一届
理事会以来，已经先后召开了14次年会，也循序换届至第七届理事会。

2008年12月15日至16日，中国高校知识产权研究会第十四届年会在北
京大学召开。会议期间召开了中国高校知识产权研究会第六届理事长会议和常
务理事会会议，在此基础上举行了中国高校知识产权研究会第七届理事会和常
务理事会换届选举。会上吴志攀理事长作中国高校知识产权研究会第六届常务
理事会工作报告，报告回顾了自2003年换届选举之后至今，研究会开展的8
项主要工作，并就研究会面临的国内外新环境、新任务和新机遇进行了展望。
中国高校知识产权研究会第六届常务理事会学术委员会主任朱启超教授和人才
培养委员会主任陶鑫良教授分别作了工作汇报。会议一致通过了《中国高校
知识产权研究会章程》修改决议，选举产生了中国高校知识产权研究会第七
届常务理事、副理事长和理事长。中国高校知识产权研究会第七届常务理事会
决定了中国高校知识产权研究会第七届常务理事会秘书长和副秘书长以及学术
委员会、人才培养委员会的正副主任名单。

同期举行的中国高校知识产权研究会第十四届年会进行了4个方面的学
术研讨，会上还宣布了获得本届年会优秀论文的获奖名单：刘华、孟奇勋的
《知识产权公共政策的运作模式与体系衔接》、胡开忠的《论公有领域的法
律保护问题》、曹耀艳的《高校专利实施的影响因素分析》、刘晓春的《标
准化过程中的专利不当行使及其规制》、张玉敏的《三维标志多重保护的体
系化解读》、邓宏光的《我们凭什么取得商标权》、徐棣枫的《美国实用性
标准变迁——专利法如何应对新技术挑战》、杨文彬的《宋代笔记与版权研
究》。本届年会优秀论文的获奖奖金由"郑成思知识产权基金"提供。"郑成
思知识产权基金"今后将持续提供中国高校知识产权研究会每届年会的优秀

论文奖励与相关奖励以及相关的其他知识产权学术项目。"郑成思知识产权基金"管理小组由6位知识产权教授组成，由张平教授担任主任，郑成思教授的夫人杜丽瑛女士担任名誉主任。

（二）中国高校知识产权研究会第七届理事长、副理事长

名誉理事长： 沈士团　原北京航空航天大学校长

理　事　长： 吴志攀　北京大学党委常务副书记

常务副理事长： 郑胜利　北京大学知识产权学院秘书长

副理事长：（按姓名首字母拼音顺序排列）

卢天健　西安交通大学副校长

康克军　清华大学副校长

单晓光　同济大学知识产权学院副院长

舒歌群　天津大学副校长

陶鑫良　上海大学知识产权学院院长

王　兵　清华大学知识产权研究中心主任

王吉法　烟台大学副校长

　　　　兼山东省知识产权研究院副院长

王兴放　上海市教委副秘书长

吴汉东　中南财经政法大学校长

温　旭　暨南大学知识产权学院

徐蕙彬　北京航空航天大学副校长

许京军　南开大学副校长

杨　勇　华中科技大学副校长

张　荣　南京大学副校长

周　静　教育部科技发展中心副主任

朱恪孝　西北大学副校长

（三）中国高校知识产权研究会秘书处与各委员会负责人

1. 秘书处

秘书长： 张　平　北京大学知识产权学院

副秘书长： 杨建安　教育部科管中心成果专利处

　　　　　　傅文园　上海大学知识产权学院

　　　　　　孙国瑞　北京航空航天大学法学院

　　　　　　杨　明　北京大学知识产权学院

2. 学术委员会

主　任：朱雪忠　华中科技大学知识产权系
副主任：张乃根　复旦大学知识产权研究中心
　　　　刘丹冰　西北大学知识产权学院
　　　　张　今　中国政法大学知识产权研究所
　　　　高富平　华东政法大学知识产权学院

3. 人才培养委员会

主　任：陶鑫良　上海大学知识产权学院
副主任：曹新明　中南财经政法大学知识产权研究中心
　　　　田文英　西安交通大学法学院
　　　　关永红　华南理工大学知识产权学院
　　　　黄武双　华东政法大学知识产权学院

对中国高校知识产权教育和人才培养的研究

陈美章*

中国知识产权教育和人才培养，是伴随着中国知识产权制度的建立和完善，伴随着中国经济和社会的不断发展而发展起来的。本文仅就中国知识产权教育和人才培养取得的进展和问题进行分析、研究，在此基础上对如何进一步开展中国的知识产权教育和人才培养提出探讨性的建议。

一、中国高校知识产权教育和人才培养的进展

20 世纪 80 年代初期，在中国《专利法》公布之前，原中国专利局和原国家教委先后举办了 9 期培训班，为高校培养了 300 余名中国首批专利代理人和专利管理人员，并选送 30 多人到国外进修学习，他们已经成为中国高校第一批知识产权教学、科研、实务的骨干和学科带头人。1985 年，经原国家教委和原中国专利局的批准，在 30 余所高校中成立了专利事务所，培养了一批新中国第一代的专利代理人，服务于全国高校的专利工作，成为中国高校知识产权工作的最早基地。❶

20 世纪 80 年代中期，随着中国《商标法》《专利法》的颁布，北京大学、中国人民大学、华中科技大学等经原国家教委批准先后成立了知识产权教学研究中心，为中国知识产权教育和人才培养作思想、理论和组织上的准备，部分高校开设了知识产权选修课、公共课，开办了双学位、硕士试点班等，在中国高等院校中开展了知识产权教育和知识产权研究制度等的研究工作。

20 世纪 80 年代末与 90 年代初期，中国高校知识产权教育和人才培养有了新的进展。中国人民大学于 1986 年建立知识产权教学中心，并在当年就已正式招收知识产权双学士学位班；相继又培养包括博士生、硕士生、二学位学生在内的各种层次的知识产权专门人才。

北京大学在 1985 年底成立知识产权教学研究中心，承担起全校的知识产

---

* 北京大学教授、中国知识产权研究会副理事长、美国亚太法学研究院资深研究员。

❶ 参见：《中国教育报》2004 年 11 月 23 日第 3 版。

权选修课及国内外的学术交流工作；1986 年主办了世界知识产权组织（WI-PO）的项目——"亚太地区知识产权教学研究"国际学术会议；在 1989 年招收知识产权硕士生试点班之后，于 1993 年 9 月成立了知识产权学院，并正式招收了知识产权双学士学位班学生、硕士生和博士生。其宗旨是培养具有一定科技知识基础，掌握法学及知识产权基本理论知识，能够在立法、司法、执法部门及企事业单位与科研部门从事与知识产权有关的法律实务与研究工作的专门人才。

上海大学于 1994 年秋成立知识产权学院，坚持理论与实践相结合，坚持专业特色，坚持案例教学，培养从事知识产权法律、管理工作和其他法务工作的专门人才。

华中科技大学于 1995 年成立知识产权系，培养知识产权双学士学位学生及硕士和博士生。进入 21 世纪以来，复旦大学、同济大学、暨南大学、华东政法学院❶、华南理工大学、武汉大学、中南财经政法大学等院校相继成立了知识产权学院或知识产权系、中心、基地等。目前据统计已有十多所院校设立知识产权专业，知识产权教育在中国迅速发展起来。

（一）知识产权本科生的培养

上海大学知识产权学院、华中科技大学、华东政法学院等已经招收知识产权本科生，学制 4 年，学生主要学习法学的基础理论和基础知识，接受法律思维和实务工作的训练，能够运用法理学的知识和思维方法去分析和解决法律实务问题。主要课程有：法理学、中国法制史、宪法、民法、商法、知识产权法、经济法、刑法、民事诉讼法、刑事诉讼法、国际法、国际私法、国际经济法、计算机法、专利法、商标法、著作权法、商业秘密法、合同法、企业法和公司法、国际贸易法、国际投资法、国际金融法、国际税法等。毕业生能够掌握法学学科的基本理论和基本知识，了解法学的理论前沿和发展趋势，熟悉中国的法律和相关的政策，掌握文献检索和资料查询的方法，具有基本的科学研究和实际工作能力。近 10 年来，中国高校共培养知识产权专业本科生 1000 余人。学生毕业后，能够在立法机关、审判机关、检察机关、仲裁机构、知识产权管理机构、企事业单位及其他与知识产权有关的部门从事法律实务工作。

（二）知识产权双学士学位学生的培养

中国人民大学和北京大学是中国最早培养知识产权双学位学生的学校。中

---

❶ 2007 年，经教育部批准，华东政法学院更名为华东政法大学。

国人民大学早在 1986 年成立了知识产权教学中心并开始招收双学士学位学生。北京大学于 1993 年 9 月正式招收第一批知识产权专业第二学位班学生，考虑到知识产权复合型人才的要求，第二学士学位考生第一专业限于理、工、农、医、经济和外语，学制 2 年。课程设置为两类❶：第一类为必修课，包括法学基础理论、宪法学、民法学、民事诉讼法、刑法学、刑事诉讼法、行政法学、经济法学、国际法、国际私法、著作权法、专利法、商标法、技术合同法、反不正当竞争法、计算机技术的法律保护、科技法、专业英语等基础性法律学课程；第二类是选修课，包括企业法与公司法、财政法与税收法、金融法与银行法、国际投资法、国际贸易法等。学生按规定修完相关课程后，可授予法学第二学士学位。近 10 年来，中国高校共培养知识产权双学士学位学生 1000 余人。学生毕业后，主要从事知识产权各领域的立法、司法、行政、管理、中介服务以及其他与知识产权有关的实务工作，受到知识产权领域各界的好评，说明适应了社会需求、人尽其用。

（三）知识产权硕士研究生的培养

北京大学、中国人民大学、上海大学、清华大学、华中科技大学等都招收知识产权硕士研究生。为了提高硕士研究生的培养质量，使他们更好地适应专业的需要，根据法律硕士的培养目标和定位，结合法律硕士学生的特点和知识产权法的特点，各校都出台了一些新的举措。如北京大学，在法律硕士中，设置了知识产权方向，以学生自愿申请为基础，综合考虑其专业背景、外语水平及工作背景进行择优录取。课程设置分为必修课和选修课，必修课共 19 学分❷，包括知识产权导论及专利法（4 学分）、商标法（3 学分）、著作权法（3 学分）、反不正当竞争法（3 学分）、计算机与网络法（3 学分）、知识产权法律实务（3 学分）；选修课共 9 学分，包括专业外语（3 学分）、知识产权比较法（3 学分）、高新技术知识产权研究（3 学分）。近 10 年来，中国高校培养知识产权方向硕士生数百人。毕业后的知识产权法律硕士可担任企业或公司知识产权法律顾问、诉讼律师、法官、政府部门管理人员、各类培训机构和协会的工作人员以及记者和编辑等。

（四）知识产权博士生的培养

博士生是中国知识产权教育的最高层次，他们应具有较高的知识产权法学理论基础、较强的科学研究能力，主要从事知识产权法学研究、国家和社会发

---

❶ 参见：http：//www.cnlawservice.com/Chinese/train/gaodeng/200011031.htm。

❷ 参见：http：//www.gzii.gov.cn/middle2/jwfile/20030522/2003522w11.doc。

展中重大理论问题的研究并提出立法建议，还可以从事知识产权法学教育工作。目前，北京大学、中国人民大学、中国社会科学院法学研究所等都在培养知识产权法学博士。在知识产权博士生培养阶段，除学习法学、知识产权法基本理论外，主要培养学生科学研究的能力，即运用所学习的知识产权基本理论解决实际问题的能力，包括如何从实际出发选择既有理论意义又有实际意义的研究课题、如何查阅文献资料、如何撰写论文等，通过论文的撰写和答辩，提高学生的科学研究能力和分析问题解决问题的能力。据统计，近 10 年来，中国共培养知识产权方向博士生数十人。

近 10 年来，中国高校为国家培养了数以千计各种层次的知识产权专门人才，为中国知识产权制度的完善和发展打下了良好基础；同时，总结和积累了知识产权教育和人才培养的经验，为中国知识产权教育和人才培养的进一步发展创造了良好的条件。

二、中国高校知识产权教育和人才培养存在的问题

（一）中国知识产权专业人才培养数量严重不足

由于中国知识产权制度建立较晚，知识产权教育和人才培养从 20 世纪 90 年代初才开始起步，北京大学、上海大学、同济大学、华南理工大学、华东政法学院、暨南大学等相继建立了知识产权学院，还在中国人民大学、复旦大学、清华大学、武汉大学、中南财经政法大学等成立了知识产权教学研究中心、基地、专业等，在全国 2400 多所高等院校中仅有 6% 左右的大学培养知识产权专业人才。据北京大学、上海大学两校统计，10 年来两校培养的各类知识产权专业人才有 1000 多人，每校每年培养 50 多人。由此粗略推算，1993 ~ 2005 年，中国知识产权专业人才培养总数有 3000 多人，每年平均培养知识产权专业人才只有数百人。

中国是个发展中国家，近 10 年来经济高速发展，国家机关、法律机构、企事业单位需要大批的知识产权专业人才。仅就企业而言，中国有 10 万个大中企业，每个企业需要 1 个知识产权专业人才，全国就需要 10 万人，而中国大部分企业没有知识产权专业人才，这与外国大型企业拥有知识产权部和数十名以至上百名的知识产权专业人才相比存在何等大的差距。

（二）中国知识产权专业人才培养层次结构不够合理

教育的目的是满足社会和经济发展对人才的需要。目前，中国已建立了从知识产权本科生、双学士学位，到硕士学位、博士学位、博士后研究等的人才培养层次结构体系。这个体系，按一般规律应是金字塔形的，即本科生、双学

士学位生较多，硕士生次之，博士生和博士后较少，而社会需求也是这样的，由于中国建立了知识产权法律制度后，需要大量的知识产权法律人才、管理人才、中介人才、教育人才，近10年来，中国培养的数量有限的知识产权本科生和双学士单位学生都大受社会欢迎，他们在知识产权立法、司法、执法部门，知识产权管理部门，知识产权中介机构，企事业单位工作，至今仍供不应求，缺口很大。但培养知识产权本科生和双学士学位学生的大学却寥寥无几，有的还因种种原因停招知识产权双学士学位学生，改招法律硕士生。相反，招收知识产权硕士生和博士生的学校却远多于招收知识产权本科生和双学士学位学生的学校，这与社会的需求相悖。造成这种状况的原因既有学科建设中的问题，也有经济利益的驱动。因为招收一个法律硕士的收益远高于招收一个双学士学生的收益。这种知识产权人才培养层次结构倒置的状况应当尽快改变，以适应中国知识产权制度发展的需要。

（三）中国对大学生的知识产权教育仍比较薄弱

中国建立知识产权制度20年来，虽在部分高等院校开设了相关的知识产权选修课，开展了一些诸如知识产权竞赛、模拟法庭及知识产权论坛等的活动，但总体来讲，大学的知识产权教育仍比较薄弱，具体表现在：一是受教育人数较少，据相关资料调查，中国高等院校中接受过知识产权教育的学生不足5%；二是没有把大学生在大学阶段接受知识产权教育纳入教学计划，对大学生没有约束，大学也没有具体措施保证；三是教育主管部门和大学领导对知识产权教育的重要性缺乏足够的认识。知识产权教育不仅是一门知识，一门专业课，而且是一门道德品质教育课，对学生一生的成长极为重要。应该像公共政治课一样，把知识产权教育课落实在教育计划之内，使之成为一门必修课。

（四）中国高校知识产权教育的师资严重缺乏

中国知识产权制度建立20年来，陆续有10余所大学和科研院所开始培养知识产权专门人才，它们是北京大学知识产权学院、中国人民大学知识产权教学研究中心、中国社会科学院知识产权中心、上海大学知识产权学院、华中科技大学知识产权系、华东政法学院知识产权专业、清华大学法学院、复旦大学知识产权中心、上海交通大学知识产权教学研究中心、中南财经政法大学知识产权研究中心、中国政法大学、武汉大学知识产权高级研究中心、同济大学知识产权学院、华南理工大学知识产权学院、暨南大学知识产权学院等，并取得了一定的成绩，有了一个良好的开端。但与发达国家相比，中国的知识产权人才培养还有很大的差距，主要表现在：一是知识产权师资严重不足，在上述的知识产权教学机构中，专职从事知识产权教学的人员多者十几人，少者几个人，很难担负起知识产权人才培养的重任；二是缺乏知识产权人才培养的经验，知识产权人才培养是个跨学科人才培养的复杂过程，对于如何有效地利用全校的教育资源科学地、有效地培养知识产权人才，我们需要积累经验，探索新路；三是缺乏一个长远的中国高校知识产权人才培养的规划，知识产权教育要为社会和经济发展服务，为完善知识产权制度服务，为此，要把中国知识产权教育纳入中国知识产权战略之中，根据中国社会、经济和科学技术发展的需要，提出对中国知识产权人才的需求，依此来落实知识产权人才培养规划，再按年度、按学校落实知识产权人才培养计划。其中，解决中国知识产权师资严重缺乏的问题是当务之急。

三、境外知识产权教育和人才培养的启示

中国知识产权制度建立较晚，对知识产权战略的研究和运用还处在起步阶段。在知识产权教育和人才培养方面虽然取得了一些成绩，但与中国经济的飞速发展以及世界经济发展全球化对知识产权人才的要求相比，还有很大的差距。为此，研究和学习外国知识产权教育和人才培养的成功经验以为我所用，是十分必要的。

（一）日本的举国知识产权体制和完整的知识产权教育体系

日本是世界上实施知识产权战略最为成功的国家，也是世界上比较重视知识产权教育的国家。早在 20 世纪 80 年代，日本就已经把知识产权教育列入高等教育的内容，在各主要大学的法学院都有专门的知识产权法课程。日本知识产权教育和人才培养最值得我们学习和借鉴的有三点。

一是举国的知识产权体制。进入 21 世纪，日本根据本国的发展需要，于 2002 年提出了"知识产权立国"的战略目标，制定了日本《知识产权战略大纲》，把知识产权教育和人才培养与知识产权创造、保护、运用并列，作为日本面向 21 世纪知识产权战略的四大支柱之一，列入知识产权战略大纲，并增设了由首相小泉纯一郎为部长的日本知识产权战略本部，实行举国知识产权体制，把知识产权教育与人才培养提高到与国家命运密切相关的战略高度。

二是建立起完整的知识产权教育体系。这个体系包括针对中小学的知识产权启蒙教育，由日本特许厅（JPO）为不同年龄层次的中小学生免费提供适合的知识产权教育课本和材料，仅 2002 年，日本特许厅就分别向 2500 所小学、

1500 所初中和 450 所高中提供了知识产权教材。❶ 此外，日本特许厅还与地方政府教育部门合作，通过研讨会的方式，对教师进行培训。这个体系也包括针对大学生和研究生的知识产权普及教育和专门人才的培养。从 2002 年开始，日本特许厅为大学生提供知识产权教科书，并培训教师，在大学开设面向一般学生的知识产权课程。从 2004 年起，日本开始招收知识产权法专业本科生和研究生，培养知识产权专门人才。这个体系还包括针对一般国民的知识产权普及教育。日本特许厅主要通过举办针对不同目的和对象的研讨会，满足不同人群对知识产权的不同需要，例如为商业界人士举办的研讨会，主要解释专利、实用新型、外观设计和商标的指南和实践等。

三是大力培养知识产权专业人才。日本《知识产权战略大纲》中提出，要促进与知识产权有关的人力资源的开发和知识产权教育研究与培训。为此，将从"培养专家"着手，采取多种措施增加精通知识产权并有国际竞争力的律师的数量和质量，将知识产权法作为国家律师资格考试的选择科目迅速培养专利审查专家，使用博士后作为知识产权专家等措施大力培养知识产权专业人才。由于举国知识产权体制和完整的知识产权体系，日本成为从知识产权战略中崛起最为成功的国家，日本知识产权教育和人才培养的成功经验，值得我们学习和借鉴。

（二）美国的知识产权人才培养模式和课程设置

美国是世界上最发达的国家，这和它一贯重视教育和人力资源的开发是分不开的，特别是 20 世纪 80 年代后的几任总统都宣称要成为"教育总统"，不断增加教育投资。到 2000 年，美国教育投资超过 6000 亿美元，约占美国 GDP 的 7%。随着全民终身教育的深入发展，美国正迈向群众性知识社会。美国有 3600 所高等学校（在校生超过 1400 万人），大学升学率达到 80%。与此同时，美国采取各种手段，从各国和地区争夺人才。到 2000 年，在美国的外国留学生近 50 万人，约占全球留学生总数的 1/3。❷

美国也十分重视知识产权教育和人才培养，有一套成熟的做法。以各大学内设立的法学院为主，全美由美国律师协会认可的 183 所法学院都可提供正式的知识产权教育。美国知识产权专业人才的培养不是放在本科层次上进行，而是放在大学本科后进行，即在研究生层次上进行。在美国，学生只有首先获得了一个非法律专业的本科以上的学位，再经过严格的法学院入学考试才可以进

---

❶ 日本：知识产权之国［N］. 中国教育报，2004 – 11 – 23.

❷ 参见：http：//www.ips.org.cn/ips/ipsshijiao/1 – 8.htm。

入法学院，学习知识产权法，学制 3 年，毕业后可获得法律本科学位（即 LLB），后来美国人把这种学位叫作"法学博士"，即 Juris Doctor（J. D.）。❶ 这种人才培养模式的好处有以下几个方面：一是培养目的非常明确，就是要培养法律专业人才，不仅学校明确，而且学生明确，有的人已经拿到了非法律专业的博士学位后，再来读法学本科，其目的就是要转行从事法律职业。这样把法学教育作为一种职业教育，而非素质教育，有利于提高人才培养的质量。二是从非法学专业本科以上学位的人中招生，生源广阔、素质较高、知识面较广。有理工背景的学生一般对专利法感兴趣，而专修商标法或著作权法的学生则不要求理工背景，这样有利于招收较优秀的学生。三是知识产权专业人才应具有跨学科的背景，除具有法学知识外，还应具备自然科学和管理等方面的知识。因此，从非法学专业本科生中招生，有利于培养复合型人才。2001 年，布什总统在就职演说中更是强调，21 世纪美国繁荣的程度将依赖于复合型人才的力量，并表示将培养优秀人才作为本届政府的重要职责。❷

与此同时，美国知识产权专业人才培养中的课程设置和教学方法也有许多值得我们研究和借鉴之处：一是美国必修课较少，一般只有 5～6 门，如宪法、民法、知识产权法、刑法、合同法、诉讼法等，而这些课程是法学教育中最基础的核心课程；二是选修课多，除以上几门核心课程外，其他课程均为选修课，这已成为法学院的主流课程，如哈佛大学法学院选修课有 100 多门，有利于专业人才的培养；三是美国法学院十分重视开设外国法律课程和非法律课程，以开阔学生的视野，培养国际型人才；四是美国知识产权专业人才的培养，采取了比较灵活多样、生动活泼的教学方法，例如，案例教学理论联系实际、演讲课和讨论课相结合、多媒体教学、模拟法庭等，有利于提高教学质量；五是美国授课教师以兼职为主，绝大多数知识产权法课程，尤其是专利法课程，是由兼任教师讲授的，他们专业经验丰富，讲课深受学生的欢迎。

（三）印度灵活有效的知识产权教育模式

印度是世界上第二大发展中国家，经济基础薄弱，人口众多，与中国有许多相似之处。但从独立以来，印度一直重视对科技人员，特别是各种创新人员的培养，成为世界上最大的科技人才库之一，被联合国秘书长安南誉为发展中国家发展高科技的榜样。同样，印度政府也十分重视知识产权教育和人才培养

---

❶ 据教育部留学服务中心 2019 年 6 月 25 日公告，Juris Doctor（J. D.）的中文名称统一调整为"职业法律文凭"。

❷ 李兴业. 美英法日高校跨学科教育与人才培养研究 [J]. 现代大学教育，2004，(5)：71.

工作。1996 年 4 月，政府选择了一些大学❶，如班加罗尔的印度大学国家法律学院（NLSIU）、印度德里工学院（IIT）等，要求它们在学校设立多学科的知识产权学习班，以多种形式有效地培养知识产权专业人才。

印度大学国家法律学院除招收 5 年制的知识产权本科生和 2 年制的硕士生外，还根据需要推出了一些革新项目❷：一是推出 1 学分的课程，即聘请知名的客座教授在 15 教学小时中讲授一门特别的 1 学分课程，如计算机软件知识产权保护等，受到学生的高度评价；二是推出就知识产权某些领域的全程选修的讲座，如生物技术的知识产权保护等，受到学生好评；三是开通知识产权法律资源网站，免费向公众开放；四是推出介绍知识产权法基本内容的课程。这些革新项目受到学生的欢迎。

印度德里工学院是印度 6 所优秀的教学、研究和开发中心之一❸，在印度宣布新工业政策不久，针对社会的需求，于 1992 年率先设立了专利课堂，1993 年设立了专利与版权课堂，1994 年开设了知识产权管理与实施课堂，1995 年为 IT 的学生开设了知识产权课堂，包括为本科生开设 2 学分的知识产权专门课程，为本科生和研究生开设一门 3 学分的知识产权管理课程。印度灵活有效的知识产权课程设置值得我们借鉴。

（四）德国理论和实际相结合的知识产权人才培养模式

欧盟成立之后，决定用 10 年时间，在新经济领域赶超美国，使欧盟成为世界上"最活跃、最有竞争力、最繁荣的建立在知识经济之上的新经济"。为实现这一战略目标，欧盟把加强教育与科技、实现教育和科技一体化摆在重要位置。

德国是欧盟的重要成员，注重理论和实践相结合的法学人才培养模式，在欧盟具有一定的代表性。在德国，法学院学制最少 3 年半，一般要 4 年甚至 5~6 年才能完成。完成学业后，学生要参加州政府举行的第一次国家司法考试，考试合格才可以获得州司法部颁发的文凭（这相当于大学的本科文凭，也是初级公务员证书），从而取得法律实习生的身份，可以开始法律实习服务。法律实习生的实习服务时间平均在 2 年至 2 年半。在这段时间里，实习生要分别在法院、检察院、行政机关和律师事务所工作，其中主要在法院工作，并参加一定的学习，理论联系实际。实习期满后，法律实习生还要参加州政府举行的第二次司法考试，通过第二次考试才可以取得州政府颁发的 Assessor（in）证书，相当于其他国家的法学（法律）硕士，成为完全法律人，有资格从事法律人

---

❶❷❸　美国王氏基金会北京代表处提供相关资料。

的传统职业，如法官、检察官、行政司法官、律师、公证人、大学教师，或在国会、地方政府、大学行政部门工作。德国的法学人才（包括知识产权人才）的培养，把法律实践活动作为人才培养的必经阶段，纳入人才培养计划，使他们在学习阶段就能边工作、边学习，理论联系实际，学以致用，学用结合。在理论与实践的结合中培养知识产权法学人才，这是值得我们学习和借鉴的。

（五）美、英、法、日高校开展跨学科教育和培养复合型人才的做法

面对全球经济一体化、科学技术飞速发展和日益激烈的国际竞争，美、英、法、日等国为顺应时代发展，通过制定法律法规，改革教育，大力加强跨学科教育，设置综合化课程，培养复合型人才，提高核心竞争力来保持国家领先地位。美、英、法、日四国开展跨学科教育和培养复合型人才的做法有以下几点是值得我们学习和借鉴的。

一是国家加强政策导向和引导作用。如美国总统将国家的发展和繁荣与人才的教育培养紧密联系在一起，并保证全力支持实施这一任务；英国将国家意志注入教育领域，促进高等教育改革，提高国家科技竞争力；日本从"科学技术立国"转向"科技创新立国"，培养具有独立精神的创新型人才；法国将教育发展同国家的前途命运联系在一起，将教育放在最优先发展的地位。

二是设置跨学科教学研究机构，从组织和人员配备上保证跨学科教学和复合型人才的培养。如美国的大学，特别是研究型大学拆除学科壁垒，发挥多学科优势，建立跨学科教学研究机构，培养复合型的创新人才；英国的大学在原单科学院的基础上组建跨学科群教学研究机构，开设大量综合课程，使学生受到更全面的教育，有利于复合型人才的培养；日本的大学实行的以学科群为单位的教学研究机构，有利于整合教育资源，发挥综合优势，促使跨学科创新人才的培养。

三是设置综合化课程。如美国的大学普遍设置了跨人文与自然科学、人文与社会科学、人文与技术科学等新学科和综合课程，使学生学习知识、培养能力、掌握方法、注重创新；英国的大学设立双学科和多学科学位，开设与之相应的综合课程教学和跨学科课程教学；日本的大学综合课程，不仅学科综合，而且任课教师也从整体考虑进行合理配备，使综合课程充分体现教学内容和教师知识结构的科学而合理的综合。

四是开展综合化教学。如美国的综合化教学包含道德理论、跨文化、交叉学科等多种学科领域；英国的综合化教学利用最新技术与有坚实基础作支撑的教学结合，为学生开设多学科的学位课程；法国的综合化教学使学生具有很强的适应能力和应变能力；日本的综合化教学从不同角度和视野观察事物，学会

揭示事物的本质，有利于提高人才培养质量。

尽管各国的具体做法有所不同，但事实表明，设置跨学科教学研究机构，设置综合化课程，开展综合化教学，对于培养复合型人才、拓宽学生的知识面、培养学生的创新能力是完全必要的。

四、对中国高校知识产权教育和人才培养的探讨性建议

为了实现中国由知识产权大国向知识产权强国的转变，充分发挥知识产权制度在中国经济和社会发展中的作用，我们必须大力加强知识产权教育，加强知识产权人才的培养。为此，我们提出以下探讨性的建议。

（一）制定和实施中国知识产权教育和人才培养发展战略

战略是一种谋划，是重大的、带有全局性或决定全局的一种谋划。❶ 知识产权教育和人才培养发展战略是对全国知识产权教育和人才培养的一种全局性的谋划，内容应包括战略思想、战略目标、战略途径、战略措施等。为此，建议应由教育部和国家知识产权局牵头，组织有关专家制定中国知识产权教育和人才培养的发展战略（规划），明确战略思想，确定知识产权人才培养的目标，落实战略措施，争取在10年内（到2015年底）实现培养知识产权专业人才"百千万工程"。即到2015年，中国培养知识产权博士100人，培养知识产权硕士1000人，培养知识产权学士（包括双学士学位学生）10000人。建立起包括中小学在内的完整的知识产权教育和人才培养体系，为中国知识产权制度的发展打下坚实的基础。

（二）建立中国完整的知识产权教育和人才培养体系

为了从根本上改变中国知识产权落后的局面，我们必须从抓教育入手，从娃娃抓起，建立起有中国特色的、完整的知识产权教育和人才培养体系，这个体系包括以下5个部分。

1. 小学的知识产权启蒙教育

小学是人生的启蒙阶段，知识产权教育从娃娃抓起，会起到事半功倍的作用，会对其一生发生深刻影响。早在21世纪初，广东的南海、湖南的天门等地就开始了在小学中进行知识产权教育的试点，他们编写了教材、配备了老师、安排了课时、组织了活动，取得了良好的效果。应在总结试点经验的基础上，在全国逐步推广，争取用10年时间，普遍在全国小学开展知识产权教育，而相关内容可放在综合实践课中进行。

---

❶ 夏征农. 辞海［M］. 5版. 上海：上海辞书出版社，1999：1351.

2. 中学的知识产权基础教育

中学是人生成才的重要阶段。中学阶段不仅要学知识，还要学做人。中学教育中要强化道德意识，而知识产权教育对于中学生打好道德基础具有重要作用。北京市早在 2003 年就在北京市第二十二中学等 8 所中学开始了知识产权教育的试点，有理论有实践，取得了良好的效果。应在总结经验的基础上，大力在全国推广，争取用 10 年时间，在全国中学普遍开展知识产权基础教育，努力做到有计划、有教师、有课本、有课时。中学的知识产权基础教育可放在社会实践课或公民教育课之中进行，使中学生初识知识产权。

3. 大学的知识产权普及教育

大学是专业人才培养的主要场所。大学生在学校主要是学习知识，毕业后运用知识，是知识产权的生产者、使用者和管理者。因此，对大学生进行知识产权教育具有特别重要的意义。为此，要在大学中对每一个大学生进行知识产权的普及教育，争取用 10 年时间，对在校的各专业的大学生普遍进行知识产权基本理论的教育，做到有教师、有计划、有教材、有学时。可以把知识产权基本理论作为大学公共课的一部分，以必修课的方式列入教学计划；对于一时有困难的院校，可以先作为选修课或限选课而逐步推广。有条件的大学还可以开设一些更深入的知识产权法律专题讲座或系列讲座，以提高大学生的知识产权意识。

4. 大学知识产权专业人才的培养

大学知识产权专业人才的培养包括以下几个层次。

一是知识产权专业本科生的培养，即直接从应届高中毕业生中招收知识产权法学专业学生，按照其本身所具有的复合性特点，充分利用学校多学科的教学资源，做好课程设计。除大学本科公共课程外，知识产权法学专业课程设置分为三类：一类是自然科学基础，如数学、化学、物理、生物、计算机等；一类是法学基础，如民法、刑法、经济法、国际法等；另一类是知识产权专业课，如专利法、商标法、著作权法、反不正当竞争法等。知识产权法学专业的任务是做好教学计划，组织好跨学科教学，承担知识产权专业课程。

二是知识产权双学士学位生的培养，即从已经取得一个非法学专业（特别是理、工、农、医、林专业）本科学位的大学毕业生中招收知识产权双学士，再经过 2 年专业培养，系统学习法学和知识产权知识，系统掌握知识产权法基础理论、基本知识和基本技能，使其成为能独立从事知识产权法律实务工作的专业人才。

三是知识产权硕士生的培养，即从法学专业本科毕业生中招收知识产权法学硕士，再经过2~3年的系统培养，系统掌握法学学科的基本理论、基本知识和知识产权专业知识，成为能够在国家机关、高等院校、企事业单位、科研院所以及中介服务机构从事教学、科研和法律实务的德才兼备的高级人才。

四是知识产权博士生的培养。知识产权博士是大学培养知识产权专业人才的最高层次，他们除具有自然科学基础、法学基础和知识产权专业知识外，还要学知识产权哲学、知识产权前沿等研究型课程，撰写综合性与专业性相结合的博士论文，培养其科学研究的能力。博士毕业后，主要从事知识产权教学和研究工作，也有的从事知识产权管理工作，他们是知识产权高级专门人才。

5. 在职人员的知识产权培训

在职人员的知识产权培训，是指对全国知识产权领域的在职工作人员进行的知识产权培训，包括政府部门知识产权管理机关工作人员，企事业单位从事知识产权工作的人员，知识产权中介服务机构的工作人员，分管知识产权工作的相关领导以及法官、律师等。中国知识产权培训中心是政府创办的负责在职人员知识产权培训的专门机构，其任务是对中国知识产权领域的在职人员进行经常化、制度化、规范化的专业培训，使他们适应知识产权制度发展的需要。高等学校由于具有学科和人才的优势，也应在知识产权在职培训中发挥积极的作用。

（三）根据市场需要，增设知识产权法学二级学科和硕士、博士学位授予点

大学重要的使命就是培养人才，法学院应该成为培养法律工作者的唯一场所。知识产权教育的最终目的，就是培养能够从事知识产权法律事务的专门人才。21世纪，人类进入了知识经济新时代，知识已经成为生产诸要素中最重要的要素。知识产权制度已经成为政治、经济发展和国际交往的通行规则，知识产权无处不在。而中国由于知识产权制度建立较晚，知识产权教育刚刚起步，知识产权人才极为缺乏。中国有1500所高等院校，法学院有360所之多，而能培养知识产权专门人才的学校仅有10余所，而且没有独立的知识产权二级学科，而是挂靠在民法或经济法二级学科，每年培养的知识产权专门人才仅有数百人，远不能满足中国经济和社会发展对知识产权专门人才的需求。

考虑到知识产权法律制度已经成为当今世界最重要的法律制度之一以及中国在知识产权专门人才方面欠账太多，再加上中国加入世界贸易组织（WTO）后，有关知识产权法律争端急增的现实情况，国家急需大量的知识产权专门人才从事知识产权法律实务工作。为此，应在法学一级学科中增设知识产权二级学科，并相应地增加知识产权硕士和博士学位授予点，改变目前中国没有知识产权二级学科的被动局面，提升知识产权法在法学中的地位，加速培养各种层

次的知识产权专门人才。

在增设知识产权法二级学科的基础上，具备条件（主要是学科、教师和硬件设施）的学校应积极筹建知识产权系或学院，以合理地利用全校的教学资源，大力培养知识产权专门人才。

（四）顺应国际知识产权的发展趋势培养国际型人才

在大力发展知识产权双学位教育的 21 世纪，随着全球经济、社会和科学技术的迅速发展，国际知识产权发展趋势明显呈现出国际化、专业化和复合化。所谓国际化，即经济全球化和法律服务全球化所导致的知识产权人才培养的国际化，要求所培养的人才具有国际视野，了解知识产权国际规则，能够参与解决知识产权国际纠纷等；所谓专业化，即所培养的人才不仅要掌握法学的一般理论和知识，而且要通晓某一领域或部门的法律专门知识，能够解决某个领域具体的法律问题，成为某一领域的专门人才，这是一种专门的职业教育；所谓复合化，就是指所培养的人才既要懂得知识产权法律知识，又要懂得相关的法律知识，还要懂得某一领域的自然科学知识，因为现实的法律问题总是和某一领域的自然科学问题密切联系在一起的。

为了适应国际知识产权法学教育的发展潮流，大力发展知识产权双学士学位的教育是个正确的选择，其原因有三：一是人才市场的需要，由于中国知识产权制度的建立和发展以及中国加入 WTO，需要大量的既懂法律，又懂技术，还会管理的复合型人才，知识产权双学士学位学生能够满足这个要求；二是有广阔而又良好的生源，双学士学位从非法学专业招生，学生具有多种多样的其他学科背景，如理、工、农、医、经济、外语等，具有很大的选择余地，有利于培养国际化和复合型人才；三是符合法学人才培养的规律，有利于培养高级专门人才。严格地讲，法学教育不是一种素质教育，而是一种职业教育，其目的就是要培养法律专门人才。知识产权双学士学位教育，由于从非法学专业的毕业生中招生，使学生具有较好的专业素质、较高的起点和较广博的知识，能够适应法学人才培养的规律，成为国际化、专业化和复合化的人才。

在现阶段，中国具备条件的大学，特别是学科齐全和师资雄厚的综合大学，要大力发展知识产权双学士学位的人才培养工作，这既能为国家培养大批急需的知识产权专门人才，又能为法学教育的改革探索一条新路，是值得大胆尝试的。

（五）组建中国高校知识产权师资培训中心，制订和实施知识产权师资培训计划

为了实施中国知识产权教育和人才培养发展战略，组建知识产权教育和人

才培养体系，当务之急是尽快解决师资问题。为此，建议采取以下几项措施：一是各高等学校加快知识产权专业人才的培养，为各地输送部分知识产权师资，以解燃眉之急；二是由国家和地方政府投资，在北京、上海、广州、武汉、西安、长春、重庆等地组建中国知识产权师资培训中心，为周边省、区、市培训各种层次的知识产权师资；三是开设知识产权教师资格考试制度，广泛吸纳社会上的有识之士，鼓励自学成才，考试合格者持证上岗；四是教育部主管部门应制定和实施知识产权师资培训计划，有计划、有步骤地培训知识产权师资；五是引进优秀人才，使海归人员为中国的知识产权教育事业服务。总之，争取用 10 年时间解决知识产权师资短缺的问题，为全面实施中国知识产权教育和人才培养发展战略打下良好的基础。

高校在知识产权人才培养中的定位

张玉敏*

随着知识产权战略的制定和实施，知识产权人才瓶颈问题日益凸显。如何又快又好地培养大批知识产权人才以适应经济发展和国际竞争的需要，成为政府、企业和学界共同关心的问题。许多高校进行了各种办学方式的尝试，积累了有益的经验。各种社会培训班也如雨后春笋，在知识产权人才培养方面发挥了重要的作用。在各种形式的知识产权教育迅速发展而教育资源十分紧缺的情况下，高校学历教育和社会职业培训如何合理分工、正确定位，就成为一个亟待研究解决的问题。

目前，我国高校的知识产权人才培养已经达到相当的规模，而且在培养层次、培养目标和培养模式方面呈现出多样化局面。就培养层次而言，有知识产权专业本科生、知识产权法专业硕士研究生和博士研究生、管理学专业博士研究生、法律硕士知识产权法方向研究生等。不同层次的人才在培养目标和模式方面都有所不同。以下，仅就法学专业知识产权人才培养谈谈个人的一些思考。

一、普通法学本科生是知识产权人才的一支重要力量

知识产权法被国家列为法学专业本科生的 14 门主干课之一。目前我国的法学专业本科毕业生至少学过一门"知识产权法"课（有的学校还开设了选修课），掌握（起码是了解）知识产权法的基本知识，可以从事企业知识产权初级管理工作，如果工作需要，经过在职培训或者继续深造，也可以成为高级管理人才。尽管他们中的多数人不会从事知识产权管理工作，但是不可否认，他们当中会有一部分人进入企业，从事法律事务、知识产权管理的工作。从过去的事实来看，他们中的有些人还干得很出色。人们在讨论知识产权人才培养时，往往忽略了这一重要事实的存在。本科法学教育经过多年经验积累，在课程设置、培养方式、师资水平等各方面都达到了比较高的水平，特别是在教育

* 西南政法大学知识产权研究中心主任。

部"厚基础、宽口径"办学思想的指导下，课程设置不断优化，教学方法不断改进，毕业生的整体素质逐步提高，就业的适应能力也不断提高。他们毕业后多数从事各种法律事务工作，但也有不少人从事一般的行政管理、教学等工作。但是，不管从事何种工作，基础教育和良好的法学专业教育所给予他们的合理的知识结构和能力，是他们能够很快适应工作需要并创造良好业绩的基础。

人们喜欢强调知识产权的特殊性、复杂性，认为非经过高层次的专业训练，不能胜任知识产权管理或者法律事务工作，因此把法学本科毕业生排除在可以从事知识产权工作的人才之外。在这里，人们忽视了两个基本的事实：

第一，企业对知识产权人才的需求是分层次的。像海尔、联想、中兴、华为这样的需要高水平的知识产权管理人才的企业，无论在中国、在外国都是少数，大量的中小企业（高科技企业除外）需要的仅是一般的法律事务和知识产权管理人才，法学本科毕业生完全可以胜任。

第二，人才是具有继续学习能力的。在知识爆炸的今天，继续学习的能力比知识本身更为重要。实际上，学生毕业后无论从事何种工作，都有一个学习和适应的过程，就是从事对于法学毕业生来说最普通的民事审判和刑事审判工作，也有一个见习的过程，要成为一个优秀的审判员，也需要经过相当时间的实践锻炼和艰苦努力。今天在我国从事知识产权教育和实务的教授、博导、律师、代理人中，有几个是知识产权法专业或者知识产权管理专业培养出来的？有几个当初是获得了博士、硕士学位的？许多人在读书时恐怕连"知识产权"这个词都没听说过。但是，这并没有影响他们从事知识产权工作，其中有些人还干得很出色，如我们的刘春田教授、陶鑫良教授等。今天，我们有什么理由不重视法学本科毕业生呢？毕竟他们至少学了一门必修课——知识产权法，掌握（起码是了解）了知识产权法的基本知识。何况，今天的继续学习条件与20世纪80年代甚至20世纪90年代中期已经不可同日而语。

所以，我认为，我们在讨论知识产权人才培养问题时，必须将法学本科的知识产权教育考虑在内，努力改进教学内容和教学方法，提高教学质量。在这方面，最主要的是编写出好的教材和培养合格的师资。

二、本科阶段不应设置知识产权专业

至于本科知识产权专业（或者知识产权法专业），我个人持否定态度。大学专业设置是人类在知识领域分工合作的体现，但是这种分工必须以知识的研究对象为基础，以不破坏知识的内在关系为准则。大学在专业调整和设置问题上必须慎重，必须持科学的态度，必须尊重知识自身的体系性和内在关系，必须尊重人才的成长规律，正确处理市场需求与人才培养的关系。人才培养不同于商品生产，不能简单地跟随社会职业的变化而变化。大学不可能完全按照社会的需求一一对应设置专业，也就是说"专业不等于职业"，这也是大学专业教育和社会职业培训的区别所在。20世纪80年代中期到20世纪90年代中期法学分专业办学的做法，破坏了法学知识的内在联系，将作为整体的法学知识肢解为相互独立的不同专业，导致本科教学质量的下滑。前车之鉴并不遥远，我们不该如此健忘。

大学专业的设置历来有通才说和专才说。专才说认为大学教育本身就是分科教育，是培养专门人才的教育，大学的专业设置必须与社会的职业相联系，即大学的学习就是要与社会上某种工作或者职业对口。通才说认为，大学还不能太专，即使要专，也得在较宽的基础上专。人不是机器，人也不是一辈子做一种工作，而且社会上的工种不计其数，特别是在知识经济时代，大学的专业与社会职业对口只能是理想而不是现实。大学教育已无法适应不断涌现的社会新兴行业，学生也无力学习所有的专业知识。因此，培养学生继续学习的能力成为人们共同的教育理念，宽口径、厚基础成为大学本科教育的指导原则。

从目前几个设置知识产权本科专业的学校的人才培养实际情况来看，其课程设置既违反知识自身的内在联系，也违反人才成长的规律。学生经过4年的大学本科教育，既不能获得系统的法学基础知识，也无法掌握某一专业的自然科学知识，管理学的知识也只能是皮毛的。这种残缺不全的知识结构将严重影响学生继续学习的能力，影响其就业的竞争力和发展潜力。这种教育与社会上的职业培训没有根本的区别，其效果可能还不如职业培训，因为参加职业培训的人一般都有较好的专业背景和一定的实践经验，而我们的本科培养对象没有任何实践经验，也没有其他专业背景。

所以，无论从国家人才培养的大局来讲，还是从学生自身利益考虑，办知识产权本科专业都应当慎之又慎。

三、知识产权法学硕士的培养目标和培养方式

为适应知识产权人才培养的需要，自2005年起，教育部陆续批准一些符合条件的高校在硕士和博士研究生阶段设置知识产权法（管理）学专业，2006年又开始进行在法律硕士中设置知识产权方向的试点。知识产权法学由一个研究方向上升为法学二级学科，给研究生知识产权法学教育创造了难得的发展机遇，也提出了严峻的挑战。作为一个专业所必须解决的诸如培养目标定位、培养模式、课程设置等问题，都没有先例可循，而这些问题都是影响人才培养质量的基本问题，从而成为亟待研究解决的问题。这里从我们法学院校的

实际情况出发，谈谈一些想法。

（一）培养目标

一方面，国家批准我校办的是法学一级学科之下的知识产权法学专业，我们的优势和特色也在法学，这是我们考虑问题的主观条件和基础。另一方面，培养目标的确定必须考虑社会的需求，考虑学生将来的就业问题。综合这两方面的因素，我们将培养目标确定为：培养具有良好的法学基础知识和全面系统的知识产权法学知识，熟悉我国知识产权法律法规和司法解释，了解相关国际公约的规定和主要国家（地区）的知识产权法律，了解知识产权管理的基本知识的知识产权法专门人才，就业去向主要为司法机关、立法机关、知识产权行政管理机关、政府经济和贸易主管部门、律师事务所等中介机构和企业法律事务（包括专门的知识产权管理）部门，个别人将进一步深造，攻读博士学位，将来从事知识产权教学和研究工作。

这里需要讨论的，是知识产权法学和管理的关系问题。我们认为，知识产权管理和知识产权法是两个既有各自独立的知识体系又紧密联系的问题。知识产权问题本质上是一个法律问题。虽然我们说知识产权是一种政策工具，但是，作为一种工具，它必须以正当的法律形式来发挥其作为工具的作用，来实现国家的政策目标，否则就会被质疑，就会在国际上遭到抨击，就无法实现其政策目标。这个问题贯穿于知识产权的立法、司法、行政执法和管理的全过程，或者说贯穿于知识产权的创造、运用、管理和保护的全过程。这是对知识产权法律工作者法学水平的更高要求，而不是相反的情况。因此，我们认为，知识产权管理是建立在知识产权法律制度基础上的管理，知识产权管理人才应该是以具备良好的法学基础知识，熟练掌握知识产权游戏规则为基础的复合型人才。对知识产权法没有深入的了解，不熟悉知识产权领域的游戏规则，就谈不上有效的知识产权管理。所以，我们的培养方案以法学为主；知识产权管理、知识产权贸易课程的内容也建立在知识产权法律知识的基础之上。

（二）课程设置

根据培养目标的要求，我们对知识产权法专业硕士研究生的课程设置坚持理论与实务并重的原则。具体来说，除学校统一安排的外语、政治、法理课之外，专业课设置如下：必修课5门，包括知识产权法总论、知识产权法分论、知识产权贸易、知识产权管理、民法专题研究。选修课分为专业选修课和公共选修课。专业选修课共10门，包括反不正当竞争法、植物品种权研究、计算机软件知识产权保护研究、知识产权前沿问题研究、版权与宪政研究、外国知识产权法专题研究、知识产权国际公约、知识产权诉讼、知识产权代理、专利信息采集与分析。除专业选修课外，还设有公共选修课。每个学生至少要选修5门选修课。此外，本科阶段为非法学专业的研究生，必须补修国际私法、刑法、行政法，补修的方式是参加本科班听课并考试合格。

法律硕士知识产权方向的课程设置可参照法学硕士的课程设置处理。不过，由于仅是一个方向，其必修课必须按照一般法律硕士的教学计划安排，所以其专业特色只能通过选修课体现。因此，知识产权法学硕士的必修课知识产权管理和知识产权贸易，在这里要作为选修课开设。

(三) 培养方式

鉴于知识产权涉及内容的广泛性、社会对人才需求的多样性以及学生知识背景和就业取向的差异性，硕士阶段知识产权人才的培养方式应贯彻以下原则：

（1）教学计划要实行统分结合，即必修课统一、选修课自由。必修课的设置应当少而精，选修课应适当多开，给学生提供充分的选择余地。

（2）知识产权法的教学应当采取以专职教师为主导，专兼职教师相结合，以课堂教学（包括客体讨论）为主，课堂教学和社会实践相结合的培养方式。所谓以课堂教学为主，是说必须通过课堂教学，系统地向学生传授本专业的基础理论、基本知识，实习应当是有目的的，要在课堂教学中讲授相关知识，提出实习的目的要求，实习之后要对照理论知识进行总结。如学习知识产权管理知识之后，要求学生为企业写一份知识产权管理的规章制度，或者分析一个企业知识产权管理存在的问题和改进建议等。

（3）课堂讲授和学生自学相结合，以学生自学为主。以学生自学为主不等于放任自流，也不意味着减轻老师的责任，相反，老师必须因材施教，正确引导、规定任务、督促检查。这是研究生培养和本科生培养方式的重要区别。

知识产权专门人才培养的思考与经验

单晓光[*]　李　伟[**]

一、加强知识产权专门人才培养的现实意义

(一) 创新型国家建设需要知识产权专门人才

建设创新型国家，离不开知识产权制度。知识产权在当代国际经济竞争中的地位日益重要，各国纷纷将知识产权作为衡量竞争力的一个重要指标。越来越多的国家在制定知识产权战略，对内激励科技研发以及品牌的树立，对外则加大知识产权诉讼力度，努力为本国企业寻求高效的知识产权保护。

胡锦涛同志指出，要切实加强我国知识产权制度建设，大力提高知识产权创造、管理、保护、运用能力。事实上，知识产权制度包括创造、管理、保护和运用等 4 个方面的内容，它们是一个有机整体，缺一不可，不可偏废。创造是知识产权的来源，管理贯穿于知识产权制度的各个环节，保护是知识产权的护身符，运用是建立知识产权制度的根本目的。改革开放以来，我国的知识产权制度建设的各个方面，尽管取得喜人成绩，但形势依然严峻。知识产权创造能力不强，99% 的企业没有申请专利，60% 的企业没有自己的商标；知识产权的管理水平有待进一步提高；知识产权保护成效十分明显，但还存在很大问题；知识产权的实施率不高，运用能力不强。

知识产权制度的建立和完善需要大量的知识产权专门人才，没有知识产权专门人才的全面支撑，建设知识产权制度就只会是纸上谈兵，空中楼阁。我们认为，知识产权专门人才是指具有知识产权知识，能够从事知识产权创造、管理、保护、运用的各类人才。

随着国际知识产权制度的建立和发展，各国日益重视对知识产权专门人才的培养。高校作为社会发展的思想库和人才库，在其中发挥的作用更加重要。近几年，德国各大学为了与现代化、国际化的客观发展相适应，纷纷加强知识

* 同济大学知识产权学院副院长，教授，博士生导师。
** 同济大学知识产权学院博士研究生，浙江大学宁波理工学院讲师。

产权教育，知识产权的教学内容和时间得到极大丰富和加强。不仅如此，德国大学还特别注重对知识产权高层次复合型人才的培养。杜塞尔多夫大学知识产权研究中心在传统德国学位体系外，直接设立了知识产权硕士学位。慕尼黑大学的创新和技术管理研究所每年都开设面向法律、经济和理工科专业学生的知识产权课程，由具有丰富知识产权实践经验的教师讲授知识产权保护方面的相关法律和经济管理知识。日本也已明确将知识产权教育和人才培养作为本国实施知识产权战略的重要内容。

（二）社会发展需要大量的知识产权专门人才

一个国家对知识产权专门人才的需求程度与该国社会经济发展水平成正比，即经济越发达，对知识产权专门人才的需求越大，反之则需求越小。随着我国经济的快速发展，社会对知识产权专门人才的需求量也日益在增加。

这里，我们可以比较以下几组数字，以形成对知识产权专门人才缺口的感性认识，据《中国知识产权报》报道，"目前广东在知识产权方面的人才奇缺，需要大量懂管理、懂专业，能够胜任知识产权诉讼、管理的复合型人才，当前广东知识产权高级人才的缺口大约为 7000～10000 人。此外每年的需求增量在 1000 人以上。"[1] 上海市知识产权局许章林副局长在 2006 年 1 月 10 日召开的"知识产权专门人才培养研讨会"上明确指出：上海市目前有近 6 万家企业，此外还有行政机构、知识产权社会中介机构等部门均需要知识产权专门人才，而目前上海各高校培养出的知识产权专门人才在质量和数量上均远远不能满足这些部门的知识产权专门人才需求。也有人对上海的专利代理人的数量做过统计："仅就专利代理人而言，目前上海仅有 400 多名专利代理人，除去兼职，专门从事这一工作的不过 200 余人。而现有的这些代理人年龄又普遍偏大，知识结构老化，尤其对信息技术、生物医药、新材料等高新技术领域缺乏了解，无法满足社会对高素质知识产权专门人才的需求，专业人才的'断层'现象严重。"[2]

我们曾对宁波的知识产权专门人才情况进行过实地调研。2005 年宁波专利申请量居全国第四位，根据宁波市知识产权局的一项统计，其中绝大多数专利申请均是通过专利代理人进行的，这表明宁波需要大量的专利代理人员。但宁波作为计划单列和副省级城市，截至 2005 年底仅有 3 家专利代理机构，专利代理人 20 多人，并且专利代理人年龄大多老化，35 岁以下的专利代理人极

---

[1] 魏小毛. 社会需要什么样的知识产权专门人才 [N]. 中国知识产权报，2005 - 07 - 04.

[2] 知识产权专门人才成职场新宠 [EB/OL]. [2005 - 12 - 01]. http：//sh. 163. com.

其缺乏。宁波民营经济发达，企业数量众多，为了分析企业知识产权专门人才情况，我们在 2006 年 4 月对浙江省宁波市鄞州区高新技术企业知识产权专门人才情况进行了问卷调查。宁波市鄞州区是全国科技进步示范区，人均 GDP 列全省第三，全国百强县名列前十。但在我们所调查的 83 家高新技术企业中，仅有 36 家企业设有专利管理机构，45 家企业有专利管理人员，而这些企业中的专利管理人员大多为兼职且平均学历为大专，很难适应企业发展和知识产权战略的需要。

上述数据表明，社会发展急需大量的知识产权专门人才。尽管近几年知识产权行政和司法纠纷日益增多，但因为编制的原因，各级法院和知识产权行政管理部门的人才需求不可能有较大增加，而企业和知识产权代理、知识产权司法鉴定、知识产权评估等知识产权中介机构则急需大量的知识产权专门人才。这些单位往往更需要懂技术、懂管理、懂法律的复合型和实务型知识产权专门人才。

二、知识产权专门人才培养现状探讨

国家和社会对知识产权专门人才的需求，对我们的知识产权专门人才培养体系也提出了更高的要求。事实上，自 1986 年中国人民大学开设知识产权双学士学位班以来，我国的知识产权专门人才培养已有 20 年的时间。1993 年北京大学成立知识产权学院以来，已经先后有上海大学、同济大学、中南财经政法大学、中山大学、华东政法学院等十几所高校成立知识产权学院，这些知识产权机构为我国培养了大量的知识产权专门人才。

分析 20 年中国高校知识产权专门人才培养的发展过程，我们可以将其大概分为以下几个阶段：

第一个阶段，知识产权专门人才培养主要以法学教育为主，有关知识产权教育科研机构主要依托法学师资，教学内容和重点主要集中在法学领域，主要授予法学学士、硕士和博士学位等。这一阶段的知识产权教育与我国知识产权制度的发展相适应，《专利法》《商标法》《著作权法》等知识产权相关法律刚刚颁布实行，社会知识产权意识正逐步形成，面对出现的各类新型知识产权问题和纠纷，各级司法机关、知识产权行政管理机关和立法机关需要大量法学功底深厚的知识产权专门人才。但随着我国知识产权制度的逐渐建立和完善，社会日益需要懂法律、懂管理、具备理工科背景的实践型人才，而这种单一依托法学学科的人才培养模式已经不能满足社会的需求，在一定程度上导致出现知识产权专门人才培养与社会需求之间的错位，高校培养出的知识产权专门人才毕业时只有一小部分选择了专业对口的知识产权职位，大部分都在其他行业中就职。例如，《专利代理条例》第 15 条❶明确规定，高等院校理工科专业毕业（或者具有同等学历）的中国公民才可以申请专利代理人资格，但获得法学学位的知识产权专门人才并不能从事相关工作，知识产权评估等中介方面也存在类似的问题。

第二个阶段，为了满足社会对高层次知识产权专门人才的需求，一些高校开始注重招收具有多学科背景，特别是理工科背景的人才进行知识产权法律与知识产权管理知识的学习。在培养途径上，主要有 3 种模式，一是依托管理学科进行培养，二是依托法律硕士进行培养，三是设立单独的知识产权本科专业。

同济大学自从 2004 年开始，依托经济与管理学院的管理科学与工程专业一级学科博士点，招收了知识产权与知识产权管理方向的博士研究生；有外语、法学基础知识且具有一定的实务经验构成了目前在校研究生的主要特征；除此之外，招生中还强调优先录取具有理工科背景的研究生❷。同济大学知识产权教育依托同济大学较强的理工科背景，主要招收知识产权硕士和博士，培养能够解决涉外知识产权纠纷的高层次人才；在课程设置方面，跨越了法学、经济学和管理学，人才培养充分体现知识产权交叉学科的特点。但依托管理科学与工程专业招收知识产权方向研究生也存在一些困难和问题，由于不是独立的知识产权专业，因此，在课程设置、学位论文的撰写等方面都受到了一定的限制。

一些高校还尝试依托法律硕士，设置知识产权方向，来培养知识产权专门人才。法律硕士的培养目标就是强调应用性，这与社会对知识产权专门人才的培养目标相一致。另外，我国一些法律硕士具有非法学本科背景，尤其其中具有理工科、管理学背景的学生将能较好地理解知识产权相关知识。这是培养知识产权专门人才较为理想的模式。

华东政法大学则开设了国内第一个知识产权法学本科专业，学生毕业授予法学学士学位，但为了强化学生理工科知识，专业课除法律基础课程和知识产权课程外，还特别增设了大量的科技基础课程，主要开设科学学与科技管理、工业设计、生物工程、化工基础、电工和电子技术等课程。由于这种模式学制和专业的限制，学生尽管能具备一定的理工科背景，但却很难达到理工科专业毕业生的水准；而且由于取得的是法学学位，如果从事专利代理等知识产权中

---

❶ 2018 年国务院对《专利代理条例》进行了修订，此条改为第 10 条。

❷ 目前在校的硕士和博士研究生中，已有一小部分具有理工科背景，以后该方向会更加突出强调优先录取具有理工科背景的学生。

介工作，无疑会存在一定的法律限制。

三、加强知识产权专门人才培养的几点建议

知识产权专门人才培养中出现的问题不是单凭高校自身的力量就能彻底解决的，它可能是一个系统工程，需要包括政府、企业、高校和社会其他力量在内的各种主体积极投入才有可能加以解决。在总结现行经验与教训的基础上，我们认为可以从以下几个方面采取一些对策。

（一）尽快在有条件的高校设立知识产权硕士点和博士点

2004 年 11 月教育部和国家知识产权局联合发布的《关于进一步加强高等学校知识产权工作的若干意见》规定：有条件的学校可以"设立知识产权法学或知识产权管理学相关硕士点、博士点，提升知识产权的学科地位"。因此，具备条件的高校应抓紧落实。并且，教育部也可以在总结现有经验与教训的基础上，尽快地对知识产权硕士和博士的课程设置的最低要求作出统一规定。

我们认为，知识产权课程设计应包括法学、管理学、经济学以及知识产权专业知识，此外还应开设一定学时的实践课程，使学生的知识储备能够满足社会的综合性要求。同时，为解决高校知识产权师资队伍匮乏及缺乏实践感性体验的难题，应加紧高校知识产权师资的培养，聘请企业及社会中有实践经验的从事知识产权管理及保护工作的高级人才，为高校师资授课；教育主管部门在选定知识产权教学实习基地的基础上，应尽快制订详尽的教师实习及进修计划，以保证师资知识储备及时更新，以期高校更好地发挥在当地知识产权专门人才培养及人才培训方面的作用。

（二）突出知识产权专门人才的实践性

知识产权是一门实践性很强的科学。社会对知识产权专门人才的需求，也大都强调学生对知识产权实践的可操作性。我们认为，要强化知识产权专门人才的实践性，可以从以下几个方面入手：①改革现有课程形式。我国传统教育往往采用以课堂讲义为主线的系统讲授法。在这种方法下，学生以听课为主，在课堂上往往缺少提问，变得墨守成规，缺乏个性、开拓性、独创性和灵活性等创新人才所必需的基本素质，从而难以适应社会的需要。学生对知识的理解也大都停留在理论层面上。因此，我们应大量引入国外教育体系中的共同学习（Arbeitsgemeinschaft）、练习（Uebung）和研讨（Seminar）等课程形式，充分发挥学生的主动性。②应和企业、知识产权中介机构等实际部门建立稳定联系，共同培养我国的知识产权专门人才。建立由政府牵头的校企合作模式，其

合作方式可以多样化：一方面，学校可以向企业派遣专利特派员或类似人员，帮助企业进行知识产权管理及保护工作，还可以为企业完成指定内容的知识产权维权课题；另一方面，企业可以为学校提供知识产权教学实践及调研基地。校企之间还可以采用"定做专向人才模式"，共同培养知识产权专门人才。此外，学校也可以尝试聘请企业及社会中介机构中有大量实务经验的高层次人才为学校开设相关课程。

（三）充分发挥政府的推动和宏观指导作用

按照市场经济的要求，政府可能并不会具体参与一些细节性的事务处理，但在如何协调高校知识产权专门人才培养和社会需求之间的错位、如何规划解决知识产权专门人才整体的供需矛盾、如何整合高校及社会的各种教育资源、如何确定知识产权学科的定位等问题上，政府应从长远的角度，用一种战略的眼光来加以宏观指导，充分发挥其积极推动的作用以求得问题解决。并且，在条件成熟时，相关部门要及时地作出决策和规定，使得知识产权的学科地位之类的问题得以明确化和规范化。此外，各级政府均设立了专利工作专项资金，我们认为可从中拿出一部分作为知识产权专门人才的培养资金。

知识产权管理专业与人才的胜任力

袁晓东[*]   朱雪忠[**]

《国家知识产权战略纲要》明确提出，大规模培养各级各类知识产权专业人才，重点培养企业急需的知识产权管理和中介服务人才。因此，培养满足社会需求的知识产权人才，是我国实施"知识产权战略"的重要环节和步骤。自 2004 年 11 月 8 日教育部和国家知识产权局联合发布《关于进一步加强高等学校知识产权工作的若干意见》，明确提出"设立知识产权管理学相关硕士点、博士点"以来，一些高校开始自主设立知识产权管理或类似专业硕士点或博士点。在知识产权管理人才培养过程中存在一些共性问题或基础问题，需要进一步研究与探讨，例如社会需要什么样的知识产权管理人才、知识产权管理学历教育应从什么时候开始、知识产权管理人才与法学人才培养模式有何差异、课程体系如何设计等。大学不仅是创造知识的场所，更应是培养人才的地方。只有那些符合社会需求的人才培养模式才具有旺盛的生命力。本文拟从社会需求的角度，运用人力资源管理中的胜任力理论，对上述问题进行探讨，以求教各位同仁。

一、知识产权管理人才的胜任力

知识产权管理在我国是一个全新的学科，许多基础理论问题尚待进一步研究，其中包括什么是知识产权管理、什么是知识产权管理人才以及知识产权管理人才需要什么样的胜任力。笔者尝试运用企业管理理论对上述 3 个重要概念进行界定，不当之处尚请批评指正。

管理的经典定义是指对资源进行计划、组织、领导和控制以快速地达到组织目标的过程。[❶] 欲对知识产权进行管理，必须具备以下 3 个基本要素：

第一，知识产权已经成为国家、企业或其他组织的一种重要资源。实际

---

　*　华中科技大学管理学院知识产权系副系主任，副教授。

　**　华中科技大学知识产权战略研究院院长，教授，博士生导师。

　❶　琼斯，等. 当代管理学 [M]. 李建伟，等，译. 2 版. 北京：人民邮电出版社，2003：5.

上，对于什么是知识产权，人们可以从不同的角度予以理解。从法律角度可以理解为一种制度，从经济学角度可以理解为一种公共政策，从管理学角度还可以理解为一种资源或资产。当我们谈论知识产权管理时，更多的是从组织的角度将知识产权理解为一种资源或资产。组织具有不同的有形和无形资源，这些资源可转成独特的能力。资源是可交换的；而能力是不可交换的，在组织间是不可流动的且难以复制。这些独特的资源与能力是组织的持久竞争优势的源泉。当一个组织具有价值独特、不易复制、难以替代的资源时，它就能比其他组织更具有竞争优势。管理的核心是通过积累与配置无法仿制的资源来获得竞争优势。因此，知识产权只有成为一个组织重要的资源，而且具有管理必要时，才能产生知识产权管理。

第二，具有明确的管理目标。目标是一个组织力图达到的一个未来的结果。识别和选择适当的目标是知识产权管理的前提。

第三，具有为实现管理目标而掌管知识产权资源使用的人或部门。因此，知识产权管理是对知识产权资源进行计划、组织、领导和控制以快速地达到目标的过程。知识产权管理人才就是为了实现管理目标而运用知识产权资源的人。那么，这些知识产权管理者需要具备哪些技能才能实现一个组织的管理目标呢？这就需要考查管理者的胜任力。

"胜任力"是1973年由哈佛大学的戴维·麦克利兰教授提出来的一个概念。成功者相比普通者往往具有一些特殊的个体特征。所谓知识产权管理人才的胜任力，是指在特定工作岗位、组织环境和文化氛围中，知识产权管理人才所具备的可以客观衡量的个体特征及由此产生的可预测的、指向绩效的行为特征，通常包括个体特征、行为特征和工作的情景条件。个体特征就是人可以或可能做什么，即胜任力中的"力"，它分为知识、技能、自我概念、特质和动机。知识和技能是可见的、相对表面的人的外显特征；动机和特质是隐藏的、位于人格结构的更深层；而自我概念位于前两者之间。这些要素组成一个完整的胜任力结构，而且这些要素完全可以通过教育和培训培养起来。知识和技能是可见的、显性的，比较容易通过教育来培养。包括态度、价值观和自信在内的自我概念则需要长期的教育熏陶。动机和特质处于个体特征的深处，更是需要长期的潜移默化来培养。行为特征就是在一定的环境下人会做什么，是人们对知识、技能、态度和动机等的具体运用。一个优秀的人才在相同的环境下，可能表现出更好的成绩。情景条件是体现人才胜任力的平台和前提。任何人的胜任力只有在特定的工作环境中才能体现出来。研究表明：在不同的职位、行业、文化环境中的胜任力模型是不同的。因此，我们对培养知识产权人才胜任力的讨论必须具备一定的前提条件：有需要管理知识产权的组织、能提供管理知识产权工作的岗位以及具有希望培养知识产权管理胜任力的学生。基于这一前提，笔者跟踪了 2007～2009 年知识产权管理人才招聘的市场信息，❶ 尝试性地从需求组织和岗位需求的角度描述知识产权管理人才的胜任力。表 1、表 2、表 3 分别为 2007 年、2008 年、2009 年具有代表性的企业招聘的与知识产权管理相关的岗位。

表 1　2007 年具有代表性的企业招聘的与知识产权管理相关的岗位

公司名称	岗位设置	主要职责	胜任力要求
上海硅知识产权交易中心（SSIPEX）	专利工程师（若干名）	专利撰写； 参与知识产权咨询项目； 参与知识产权研究课题	主修微电子及相关学科，辅修法律； 具有专利代理人资格； 具有 2 年以上工作经验； 英语运用流利
华为公司	知识产权工程师	研发中的专利规划与布局； 专利申请的流程管理及对外关系的协调与管理	具有专利代理人资格或律师资格优先； 通信、电子、计算机、自动化、应用物理、应用数学或相关专业背景； 熟悉知识产权法律和业务流程； 英语运用流利
深圳朗科科技公司	知识产权工程师	知识产权管理与法律事务	理工科本科以上学历，熟悉电子技术及计算机原理； 2 年以上专利申请、专利文件撰写、专利维护等相关工作经验； 有专利代理人资格优先； 英语运用流利
北大方正集团	知识产权工程师	公司专利、著作权的申请材料准备及申请； 公司知识产权相关管理工作； 公司知识产权战略分析与研究	能够独立完成专利相关的材料编写； 具有 3 年以上工作经验； 能够独立完成专利的申请提交事务
群创光电股份有限公司（15～20 人）	知识产权工程师	协助开发新技术、新产品； 处理专利申请流程相关事务； 智慧财产权管理与保护； 智慧财产权策略之拟定及实施； 专利诉讼及谈判	电子、机电、物理、光电及相关理工专业； 具基础法律知识； 同时具备英语、日语、韩语中两种语言能力者优先考虑

---

❶　这些信息主要来源于中华英才网及其相关网站。

表2　2008年具有代表性的企业招聘的与知识产权管理相关的岗位

公司名称	岗位设置	主要职责	胜任力要求
亿维讯集团	专利工程师	知识产权培训； 进行专利文案的撰写和申请； 内部技术研究成果的专利转化； 专利检索与分析工作	理工科或情报管理； 精通知识产权法； 英语能力
中集集团	知识产权主管	知识产权体系建设； 帮助企业/技术中心工程师进行专利挖掘和专利申请； 专利侵权防范及专利维权调查工作； 联络知识产权中介机构，审查专利文书	精通知识产权法； 熟悉知识产权管理； 英语能力强； 情报分析能力强
方正集团	知识产权工程师	专利信息分析； 专利申请（含文件撰写、文件审核、审查意见答复、复审等）； 技术标准以及知识产权许可事宜	理工科背景； 强法学背景； 财务投资知识； 英文能力
宇龙通信	知识产权运营工程师	知识产权经营模式及策略研究； 知识产权相关战略制定并实施； 知识产权领域前沿课题研究； 知识产权相关合同的起草和审核； 知识产权诉讼和纠纷处理，专利无效、异议； 知识产权相关谈判	理工科和法学背景； 专利日常管理知识； 企业的知识产权管理知识
华为公司	知识产权工程师	知识产权战略规划，知识产权纠纷的处理和对外谈判活动； 研发中的专利规划与布局； 知识产权相关合同的撰写、评审及谈判，知识产权纠纷处理，版权及商标管理； 专利申请的流程管理及对外关系的协调与管理	相关理工背景； 精通知识产权法； 英语能力

表3 2009 年具有代表性的企业招聘的与知识产权管理相关的岗位

公司名称	岗位设置	主要职责	胜任力要求
三一重工股份有限公司	专利工程师	组织指导各产品线专利布局规划及实施； 各研发项目的专利申请审查、审查意见答复及专利分析； 各研发项目专利工作的指导、监督检查	机械、液压或控制相关专业； 熟悉知识产权相关法律和业务流程，有专利代理人资格者优先
湖南晟通科技集团有限公司	知识产权工程师	为项目组提供专利情报检索与分析； 负责专利挖掘、申请、维护及转让； 开展知识产权管理研发，形成知识产权管理体系	理工科或法律类专业本科以上学历，3 年以上知识产权管理经历； 熟悉知识产权法律法规知识，具备中英文专利分析、专利说明书撰写、专利申请、维护等专业能力
上海凌犀电子科技有限公司	知识产权工程师	专利信息分析，专利技术调查，并出具调查和分析报告； 专利申请； 协助进行技术标准以及知识产权许可事宜； 公司内部专利知识培训	理工科本科以上学历，电子、微电子等相关专业毕业； 2 年以上专利申请经验，具有专利事务所工作经验者优先； 英文流利
优视动景（UCWEB）	知识产权工程师	公司专利、软件著作权、科技项目申报书等文档的撰写； 与研发体系沟通，研究单位软课题，挖掘并申报相关知识产权； 编写行业分析报告； 知识产权相关培训	法律或知识产权相关专业； 熟悉企业知识产权管理； 有知识产权工程师相关证书优先
北京握奇数据系统有限公司	知识产权工程师	完成公司技术向专利的转化保护； 完成公司商标保护； 内部知识产权培训； 支持重大技术创新活动的专利检索分析，提供技术规避/专利申请/后期风险预防策略； 处理知识产权风险； 支持标准化工作	理工科专业背景，具有技术和知识产权复合背景更佳； 熟悉计算机、互联网及信息安全，智能卡行业技术更佳； 熟悉专利、商标相关工作； 英文流利

　　近年来，社会对知识产权管理人才的需求呈逐步增加的趋势。尽管能够提供知识产权管理岗位的组织还包括中介机构、行政机关和事业单位，但知识产权的最终目的仍然是运用于产品或服务，因此本文重点考察企业对知识产权管

理人才的胜任力要求。从表1～表3的具体描述中，我们发现企业已经将从事知识产权管理的岗位确定为"知识产权工程师"，其管理职责非常广泛，包括专利申请与保护、专利情报检索分析、知识产权战略规划与管理、知识产权风险预警与应对、知识产权转化与许可以及内部培训等。要想胜任这些工作，管理者必须具备与之相匹配的知识和技能。这些知识包括特定理工科专业的背景知识、知识产权相关法律制度和管理知识以及较好的外语；技能包括从事专利文献撰写的经验和技巧、知识产权管理的实践经验等。知识产权管理人才的胜任力如表4所示。

表4　知识产权管理人才的胜任力

个体特征	知识	特定理工专业知识＋知识产权法＋知识产权管理＋外语	
	技能	文献撰写＋沟通能力＋管理经验	
	自我概念	选择知识产权管理专业	
	特质	知识交叉与混合	
	动机	以知识产权管理为业	
行为特征	具有特定理工科专业知识，熟悉知识产权法律和管理知识，具有相应的管理技能，并有以此为业的信心		
情景条件	组织	岗位	职责
	企业 中介组织 行政机关 事业单位	知识产权工程师 专利、商标代理人 公务员	专利申请与保护 专利情报检索分析 知识产权战略与管理 知识产权风险预警应对 知识产权转化 知识产权许可 内部培训

二、知识产权管理专业发展中的争议问题

社会对知识产权人才具有一定需求的前提，是这些人才具有与工作岗位相匹配的胜任力。作为培养人才基地的大学，是否能够经过几年教育使学生具备这种胜任力呢？从整个教育流程来看，这就需要确定合理的培养模式、选择合适的生源、设计适当的课程并进行必要的实习。目前，在知识产权管理人才培养过程中存在一些颇有争议的问题，需要在探索中逐步解决。

（一）知识产权管理人才模式选择

选择什么样的人才培养模式，是争论已久但非常重要的一个问题。首要问题是究竟是否需要在本科阶段开始设立知识产权管理专业。尽管许多学者明确

指出本科阶段不宜独立培养知识产权专业的学生，但仍有一些高校尝试性地设置知识产权法本科和知识产权管理本科。从本科专业设置趋势来看，本科专业越来越呈现"厚基础、宽口径"的培养模式，专业不是越分越细而是越来越宽。从市场需求来看，知识产权管理人才主要是从事与专利和软件管理相关的工作。从胜任力结构来看，知识结构中需要特定领域的理工科背景知识。而传统的法学本科或管理学本科教育无法使学生获得这些必备知识。因此，在本科阶段不宜开设知识产权管理专业。正是基于这种认识，我国许多高校选择了在硕士或博士阶段培养知识产权法学或管理人才。目前，我国知识产权人才培养模式主要包括两种类型：一种是具有文科优势的大学，依靠法学院在法学一级学科下设立知识产权法学专业，以北京大学、中国人民大学、中南财经政法大学为代表；另一种是具有理工背景的综合性大学，依靠管理学院在管理学一级学科下设立知识产权管理专业，以华中科技大学、同济大学、上海大学和厦门大学为代表。截至2008年，在教育部备案的一级学科范围内自主设置知识产权法或管理或类似专业的高校有10所，如表5所示。

表5　教育部备案的一级学科范围内自主设置知识产权法或管理专业的高校

学位授予单位	一级学科	自主设置学科/专业	备案时间
中国人民大学	法学	知识产权法	2005 年
西南政法大学	法学	知识产权法	2005 年
同济大学	管理科学与工程	知识产权与知识管理	2006 年
华东政法学院	法学	知识产权法	2006 年
上海大学	管理科学与工程	知识产权管理	2006 年
厦门大学	公共管理	知识产权与出版管理	2006 年
	法学	知识产权法	2008 年
	工商管理	知识产权管理	2008 年
中南财经政法大学	法学	知识产权法	2006 年
中国社会科学院研究生院	法学	知识产权法	2006 年
中国政法大学	法学	知识产权法学	2007 年
华中科技大学	工商管理	知识产权管理	2007 年

注：资料来源为教育部网站学位管理与研究生教育司，http：//www.moe.edu.cn。

（二）知识产权管理与知识产权法学专业的边界

知识产权人才培养包括法学人才培养和管理人才培养。截至2008年，我国有6所大学外加中国社科院培养知识产权法学硕士或博士人才，有4所大学侧重培养知识产权管理硕士或博士人才。目前开始出现知识产权管理与法学相互融合的趋势，即：知识产权法学专业开始重视管理问题，开设一些管理学的课程；而知识产权管理专业比较注重知识产权法学课程，强调对相关法律制度的学习。那么，知识产权管理与知识产权法学专业之间是否存在合理边界？两种不同的培养模式如何既相互区别又相互补充？这些问题值得研究。

从胜任力的角度来看，知识产权管理与法学人才的胜任力结构存在比较大的差异。企业往往要求知识产权工程师具有获得和管理知识产权的知识与技能，特别侧重专利文献撰写、专利检索与分析、知识产权战略的制定与实施、知识产权预警与防范等企业内部事务管理。在管理科学与工程或工商管理一级学科下，研究这些问题并开设相关课程可能更具优势。知识产权法学人才在解决知识产权侵权诉讼、知识产权许可以及知识产权法律培训方面比较具有优势。知识产权仍是一个全新的学科，许多理论问题还需要进一步研究。在这种情况下，不应简单地将知识产权人才进行同质化培养，而是应依据各个高校的特色与基础进行差异化探索，逐步形成具有特色的专业。

（三）课程设计是否能有效地培养胜任力

设立知识产权专业之后，面临的首要问题是能否有效地培养学生的胜任力，以满足社会的需要并迎接工作岗位的挑战。从知识产权管理人才胜任力的个体特征来看，知识产权工程师需要特殊的知识产权管理知识和丰富的实践技能。而这两部分恰恰是我国目前知识产权管理教育中的薄弱环节。在无先例可循的情况下，我们应着眼于培养知识产权管理人才的胜任力，传授社会急需的知识产权管理知识，并着重培养实践操作技能。

就知识产权管理而言，与快速增长的人才需求相比，无论是基础理论研究还是教材建设都显得非常滞后。甚至，知识产权管理的核心课程都无法确定，各个大学根据自己的优势分别设计自己的课程。这样固然可以突出各高校的特色，但难以形成一个成熟的二级学科。从胜任力所需的特殊知识产权管理知识来看，笔者认为至少应开设以下几门核心课程：专利申请文件撰写、专利文献检索与分析、知识产权战略与管理、知识产权转移。这些课程的教材和师资严重匮乏，以至于影响到知识产权管理人才培养的质量，难以满足市场的需求。

就知识产权管理的实践技能而言，几乎是空白。学生在校学习的一些基础理论完全是纸上谈兵，即使非常幸运地通过了专利代理人资格考试，也因缺乏相应的实践技能而仍需在工作中重新学习。笔者认为实践技能应包括两个方面：一是基本能够撰写专利和商标申请文件，了解专利和商标确权的基本程序，基本具备完成专利和商标申请的一般技能；二是能够进行专利文献检索和分析，确定适合一个特定组织的知识产权战略，基本上能够建立适应组织发展的知识产权管理体系。这就需要重视案例研究与教学，并且能够为学生提供实习所需的基地或场所。

三、促进知识产权管理专业发展的建议

知识产权管理是一个全新的专业。目前，我国有 4 所高校在管理科学与工程、工商管理和公共管理这 3 个一级学科下自主设置了知识产权管理专业。如何形成具有中国特色的知识产权管理二级学科，如何培养符合社会需要的知识产权管理人才的胜任力，是当前促进知识产权管理学科发展的首要问题。基于上述分析，笔者提出以下建议。

（一）有条件的高校尽可能对在一级学科范围内自主设置知识产权法或管理专业在教育部进行备案

有一些高校已经为自主设置的知识产权法学或管理专业开始招生，甚至开始培养学生，但一直没有在教育部进行备案。这样不仅不利于教育部了解知识产权学科的发展现状，而且也不利于同行相互交流与学习。目前，知识产权学科遇到了千载难逢的可能实现跨越式发展的时机，但同时也在经历凤凰涅槃的阵痛。要想实现知识产权从三级学科到二级学科的跨越，除了进行必要的舆论宣传，更需要有一定基础的高校真正地发展和完善知识产权专业。

（二）加强知识产权管理基础理论和案例研究

目前，我国知识产权研究的主力军仍在法学领域，而知识产权管理的一些基础理论比较薄弱，案例研究更是非常滞后。唯有加强理论和案例研究，才能为培养学生提供丰富的理论知识和实践指导。如果有可能，可以定期进行学术交流与访问。

（三）尽快确定知识产权管理专业的核心课程

从实践对人才胜任力的要求来看，目前我国许多高校的课程设计难以满足胜任力所需的知识和技能。如果能确定一定数量的核心课程，那么就可为以后编写统一的教材或出版相应的专著打下较好的基础。

（四）鼓励甚至组织专家尽快出版一些知识产权管理领域的专著和教材

虽然我国已有一些与知识产权管理相关的专著或教材，但仍无法适应培养知识产权管理人才胜任力的需求。知识产权管理专业的学生在学习期间，居然找不到相应的专著或教材。唯有学术繁荣，才能促进学科发展。也只有涌现出一大批优秀的知识产权管理专著和教材，知识产权管理学科才能趋于成熟，"升级"为二级学科可谓水到渠成。

上海知识产权人才培养的若干举措及其体会

季振坤*

    培养和造就一支高素质的知识产权人才队伍，是建设创新型国家的客观要求。胡锦涛同志多次强调指出："建设创新型国家，关键在人才，尤其在创新型科技人才。"他还强调指出，"要加强知识产权专门人才的培养，特别是要加大知识产权高层次人才培养的力度。"上海市政府对知识产权人才培养工作十分重视，在其 2003 年 7 月发布的《关于进一步加强本市知识产权工作的若干意见》和 2004 年 9 月发布的《上海知识产权战略纲要（2004—2010 年）》中，都把知识产权人才的培养作为加强知识产权工作和实施上海知识产权战略的重要措施，提出了一系列明确的要求。近几年来，根据党和国家以及上海市委、市政府的有关人才培养的要求，牢固树立"科学技术是第一生产力，人才是第一资源"的思想，把知识产权人才培养作为事关知识产权事业长远发展的基础性、全局性、战略性的工作，常抓不懈，取得了一些成效。概括起来说，主要是做了七个方面的工作。

一、摸清情况，明确知识产权人才培养的目标和任务

    进入 21 世纪以来，随着我国越来越深入地融入经济全球化进程，上海作为我国改革开放的前沿之一，直接面对国际竞争的压力，其知识产权工作面临着日益严峻的挑战。同时，上海新一轮的经济发展，也对知识产权人才的数量、质量和能力提出了更高的要求。尽快培养一支能够满足知识产权事业长远发展要求和适应上海经济社会发展需要的知识产权人才队伍，已成为一个迫切需要解决的重要任务。为此，2002 年上海市知识产权局和市人事局、市工商局、市版权局以及部分高校等部门的有关人员和专家组成专题小组，对上海市知识产权人才队伍建设以及今后发展进行了调查研究，着重就如何建立一支与上海国际化大都市相匹配的知识产权人才队伍问题，先后与上海市部分机关、法制机构、中介服务机构、企业、科技园区、出版社、高校等四十多家单位进

---

    * 上海市知识产权局。

行了广泛的座谈讨论，分析研究了上海知识产权人才队伍的现状、存在的问题，讨论提出了相应的对策、措施等建议。

调查情况表明，上海知识产权人才无论是在数量上还是在层次、结构等方面，都不能满足上海未来发展的需求，而这一问题比较突出地表现在 3 个方面：

一是企事业单位的知识产权人才严重缺乏。一般跨国公司的知识产权方面的专业人才约占公司研究开发技术人员的 1% ~ 4%，比如日本的松下公司，它们的技术研发人员有 2 万人，而在知识产权部门工作的就有 900 余人，差不多平均每 20 人中就有一个知识产权人员，而当时上海大多数企事业单位几乎没有取得专业资格的专利管理人才。

二是知识产权执法行政管理部门经过系统知识产权专业培训的人才比较缺乏。比如，涉及知识产权管理职能的市知识产权联席会议办公室成员中，经过专门、系统的知识产权相关培训的成员不足 1/3。

三是上海发展急需的高层次人才比较缺乏。在上海的知识产权司法队伍中，具有硕士、博士学位的不少，但具有自然科学专业背景、熟悉知识产权新领域知识的复合型人才并不多；上海每年知识产权案件的数量上升很快，但能够从事知识产权诉讼，特别是从事专利诉讼的律师比较少；上海虽然已经有几所高校从事知识产权教育，有的开始培养硕士甚至博士，但在全国有较大影响力的知识产权学科带头人和权威的专家还不多。

这些情况都要求我们必须高度重视知识产权人才的培养问题，加大人才工作力度，把对人才的重视和渴求切实转化为做好人才工作的实际措施和行动，尽快在人才培养方面取得成效。

二、抓住关键，扎实抓好各级领导干部的知识产权培训

各级领导干部肩负着领导和管理知识产权工作和知识产权专业人才的重任。要加强知识产权工作，加快知识产权人才培养工作，就必须首先注重对各级领导干部的知识产权培训。这几年，我们始终高度重视抓好各级干部特别是领导干部的知识产权培训工作。

一是举办厅局级领导干部知识产权研修班。从 2001 年至今，上海市知识产权局和中共上海市委组织部、市委党校共同举办了 5 期厅局级领导干部知识产权战略专题研修班，每期 3 ~ 4 天时间，围绕一个主题进行研修。比如，2001 年的主题是"加入 WTO 知识产权应对策略"，2002 年是"'入世'与知识产权应对策略"，2004 年是"知识产权战略"，2005 年是"知识产权战略与科教兴市"，2006 年是"知识产权与自主创新"。研修班采取请领导作报告、

专家授课、案例分析、分组讨论、实地考察等多种形式进行研修，先后有来自上海市政府部门和上海区（县）、企业、高等院校、科研院所的 321 名厅局级领导干部参加了研修。通过研修，加深了领导干部对知识产权工作重要性的认识，明确了加强知识产权工作的目标和任务，增强了在本职岗位上推动知识产权工作发展的责任感和使命感，进一步提高了各级干部领导和管理知识产权工作的能力和水平。

二是不定期地组织知识产权专题报告会。比如，2006 年 1 月 7 日，中共上海市委举行新年第一次常委学习会，专题学习知识产权问题，就请国家知识产权局副局长张勤作了"实施知识产权战略，提高自主创新能力——关于制定和实施国家知识产权战略的初步思考"的专题辅导报告。上海市人大常委会、市政府、市政协党组成员，市高级人民法院、市人民检察院党组书记，各部委办局、区县党政负责同志都参加了这次学习会。几年来，参加各种知识产权专题报告会的厅局级以上干部达 2000 余人次。

三是重视抓好处级领导干部的培训。对处级领导干部的培训除了知识产权的普及教育，还侧重提高他们落实《上海知识产权战略纲要（2004—2010）》的能力。2004 年以来，共举办处级领导干部知识产权战略培训班 5 期，培训学员近 400 人，重点讲授知识产权战略的内涵、制定和实施知识产权战略的原则、方法等，提高他们制定和实施部门、行业知识产权战略的能力。同时，还通过区（县）党校加强对处级领导干部的知识产权培训，比如以知识产权课程、处级干部知识产权理论学习讲座、专题报告会等形式，在区（县）处级干部中普及知识产权知识。"十五"时期以来，培训处级领导干部 3000 余人次。

三、创新机制，建立专利管理工程师制度

企业是创新的主体，提高企业运用与管理知识产权的能力与水平，对增强城市核心竞争力具有重要意义。但长期以来，在企业从事知识产权工作的人员不仅数量少，而且大都缺乏专业培训，素质和能力远远不能适应现实的需要；同时，由于政策制度方面的原因，很难吸引优秀人才从事这项工作。如何解决好这个问题，使企业专利管理人才队伍专业化、规范化，发挥应有的作用，这是多年来一直未能很好解决的问题。经过反复酝酿论证，我们感到，还是要从政策制度的高度来解决这个问题。2003 年 7 月，上海市政府发布了《关于进一步加强本市知识产权工作的若干意见》明确指出："市人事部门要将知识产权专业人才作为紧缺人才列入年度人才开发目录"，"建立知识产权相关的职业资格体系"。经过几年的准备，2006 年初经市政府批准，上海市知识产权局

与上海市人事局联合下发了《上海市专利管理专业工程技术人员任职资格暂行办法》（沪人〔2006〕20号），2007年初又下发了《关于〈上海市专利管理专业工程技术人员任职资格暂行办法〉的实施意见》，明确把专利管理专业纳入工程技术人员职称系列，分为助理专利管理工程师、专利管理工程师和高级专利管理工程师，建立起了专利管理工程师制度。这一制度提供了专利管理从业人员的评价标准，提高了专利工作者的职业地位和职业吸引力。

开展专利管理工程师培训，是一项开拓性的工作。一年多来，经过积极探索，认真实践，初步形成了一套较为稳定的制度框架和培养模式。主要包括以下5个方面。

一是明确了报考专利管理工程师的对象和条件，就是理工科及相关专业（管理学、经济学和法学相关专业）毕业，从事专业技术或专利管理工作满一定年限：大学专科毕业从事专业技术或专利管理工作满6年或聘任助理工程师4年；大学本科毕业从事专业技术或专利管理工作满5年或聘任助理工程师满4年；硕士研究生毕业从事专业技术或专利管理工作满2年；理工科及相关专业博士研究生毕业并且从事专业技术或专利管理工作的人员，可直接报考。

二是建立了专利管理工程师的培训制度，就是要取得专利管理工程师的资格就必须参加上海专利工程师培训基地的专利管理工程师培训课程的学习。为此，我们专门组织编写了培训教材和建立了培训基地。专利管理工程师培训教材分中级、高级两种。中级专利管理工程师培训教材一套四本，分别是：《知识产权基础知识》《专利信息分析与利用》《专利申请与审查》和《专利纠纷与处理》。中级教材编写工作得到了知识产权出版社的大力支持和国家知识产权局领导的热情关心，田力普局长亲自为教材作序。现在，中级教材已于2006年出版并投入使用，高级教材的编写工作也已启动。同时，还通过公开申报、专家评估、结果公示等程序，确定建立了上海市知识产权服务中心、上海政法学院、上海大学为上海市专利管理工程师培训基地。

三是考试制度，就是要获得专利工程师的职称就必须经过上海市职业能力考试院组织的统一考试。为了保证考试的质量，对专利管理专业工程技术人员任职资格考试实行统一考试标准、统一试题、统一组织考试。上海市知识产权局和上海市职业能力考试院一起，多次组织专家进行考试大纲的设计、论证，制订了考试标准、建立了考试试题题库。考试合格的，颁发上海市人事局统一印制的《专业技术职务资格证书》。

四是激励制度。为了吸引更多的人才从事专利管理工程师的工作，加快专利管理工程师培养，对从事专利管理工程师工作的人员，从多方面给予政策引导和激励。比如：对选派员工参加专利管理工程师培训的单位给以适当经济补贴；对参加所需的培训费给予适度优惠；在政府资助的培训、考察、出国学习等项目中，优先考虑有专利管理技术职称的人员等。

五是纳入企事业单位的考核评估内容。比如明确规定：要把专利管理（高级）工程师的培养和使用情况作为评价企业、科研院所、试点园区等的专利工作的指标之一；从2008年起，凡申报"知识产权示范企业""专利示范企业""专利试点企业"的单位，应有相应数量的专利管理工程师。申报"专利示范（试点）企业"的单位，应有1名以上专利管理工程师。凡申报"上海知识产权信息平台工作站"和"上海知识产权信息平台应用点"的单位，应有1~2名专利管理工程师。同时，对申报"专利示范（试点）企业""上海知识产权信息平台工作站"的单位，都要求配备相应数量的专利管理工程师，等等。

2007年4月，上海举行了第一次专利管理工程师任职资格考试，有270人报名，实际226人参加考试，结果164人考试合格并取得专利管理工程师资格证书，合格率为72.57%。加上上一年底通过转任考试取得专利管理工程师资格的106人，上海已经形成了数百人的专利工程师队伍。目前，专利管理高级工程师的培训工作也将尽快启动。

实行专利管理工程师制度，将企业专利工作专业化、规范化，成为企业生产经营的重要部分，有利于提高专利管理专业技术人员的素质和业务水平，有利于将知识产权作为一种竞争性资源融入企业技术开发、生产经营、市场营销等整体战略，提高企业生存、发展能力。

四、拓宽渠道，"送出去"培养知识产权高端人才

知识产权制度是一个高度全球化的制度。上海作为正在建设中的现代国际大都市，迫切需要培养一批具有知识产权国际战略眼光、精通国内外法律法规、熟悉知识产权国际规则、熟练掌握知识产权实务技能的复合型的知识产权高级人才。在这方面，我们感到除了要利用好国内的教育资源加强培养，还可以借助发达国家的教育资源，帮助上海加快培养一批紧缺的熟悉国际知识产权规则的拔尖专业人才。因此，2002年在全市范围内选拔了26名知识产权管理人员赴美国进行为期3个月的培训，2003年又派20名到欧洲进行培训，到2004年又启动了与美国教育基金会的合作培训项目。经过几年的努力，逐步建立了与境外培训机构长期稳定的合作关系，走出了一条"送出去"培养知识产权人才的路子。这里，着重介绍一下与美国教育基金会合作的"650"项目的实施情况。

2004年，上海市知识产权局与美国教育基金会签署了《知识产权人才培

养合作意向书》和《知识产权人才培养合作协议书》，议定 2005～2010 年，上海市知识产权局将在美国教育基金会的支持下，每年选拔一批学员赴美培训，通过理论学习和实践锻炼，6 年中总计培养 50 名左右具有突出的研究和实战能力的知识产权高级专业人才。6 年时间培养 50 名，因此这项计划被简称为"650 项目"。具体做法是：

一是高起点选拔培训人员。"650 项目"的培训对象主要从上海市知识产权相关政府部门管理人员、法官、检察官、高校教师和国有大中型企业知识产权专职管理人员中选拔产生。学员的选拔需通过选派单位推荐、上海市知识产权局面试和外语考试 3 道关口。具体标准是：要求具有良好的思想和业务素质，在工作和学习中表现突出，大学本科以上学历，具有至少 2 年以上从事知识产权管理、教学或研究工作的经历，能较熟练地运用英语进行相关专业领域交流。

二是精心设计培养模式。在培养方式上，允许学员针对自身实际情况，选修校方提供的与知识产权相关的法律、行政管理和工商管理方向的正规研究生课程。选修课程包括以下 3 类专业：LLM 法律硕士课程（包括知识产权诉讼、知识产权审判辩护、谈判等课目）、IPR 知识产权课程（包括产权法、专利法、商标法、版权法等课目）、MPA 公共行政管理课程（包括公共领域创新管理、政府部门规划、组织行为学等课目）。同时，学员也可以根据本单位实际工作需要，在美方导师指导下，对美国的知识产权法律、法规、政策及国际知识产权发展动态进行选题研究。培训中还安排学员到美国知识产权相关部门、机构和企业观摩实习，参与法学或知识产权研讨会、座谈会等交流活动。

三是建立全程跟踪管理机制。学员出国前，为他们提供专门的外语强化培训课程，并进行行前系列教育，提出明确要求；在学员出国期间，一直同学员保持联系，要求学员定期汇报近期的思想和学习情况，并为其顺利完成学习继续提供支持；学员在归国之后，都必须提交书面的学习总结和课题调研报告，并召开专门会议进行总结汇报，由上海市知识产权局和美国教育基金会对学习成绩和培训效果进行考核评估。同时，还对学员学习和调研的成果进行编辑整理，汇编成册，发放给相关政府部门、法院、高校和企业参考，并向有关派出单位通报学员培训的情况，对其使用培养情况进行跟踪。

到目前为止，上海市知识产权局已经组织了 3 批共 33 名学员去美国培训。2005 年，首批 7 名学员作为访问学者赴美，在美国芝加哥伊利诺伊理工学院肯特法学院完成了为期 4 个月的学习研究活动；2006 年，组织专利试点企业等的 18 名管理人员赴美系统学习美国知识产权体系和规则，实地考察美国企业知识产权管理和技术转移运营模式，与美国企业进行深入交流；2007 年 8

月，又派出 7 名学员前往美国华盛顿美利坚大学华盛顿法学院和芝加哥伊利诺伊理工学院肯特法学院学习。从 3 批学成回国学员的情况来看，这种培训对拓宽学员的知识产权问题国际视野、迅速提升知识产权法律专业素质、促进知识产权领域的双向交流，都产生了积极的作用，这些学员回国后都成为知识产权工作的骨干。

五、面向社会，积极抓好各类服务性知识产权人才的培训

主要是以上海知识产权服务中心为平台，根据社会不同层次的人才需求，采取多种形式，开展内容丰富的培训。

一是根据学员工作岗位需要和企事业专利工作中面临的实际问题，开设各类专业培训和讲座。如开设专利工作者培训班、专利情报分析员培训班、信息工程平台用户培训班，举办企业知识产权战略、企业知识产权保护体系构建、从专利无效案件看专利质量等专题性的讲座培训，总计 150 余期，参加人数近万人，其中仅专利工作者培训班从 2001 年起至今就办了 56 期，培训学员 3200 多人。这些讲座紧密联系企事业专利工作的实际需求，选取最新的典型案例指导企事业单位分析处理问题，有效地提高了学员分析处理问题的能力。

二是从 2002 年起，举办专利代理人考前培训班，为上海知识产权中介服务机构培训具有执业资格的专业人才。到目前为止，已经办了 12 期，共培训 1000 余人，考核通过率达 24%，高于全国 10% 的平均水平。现在上海大约有 35% 的专利代理人是经上海知识产权服务中心考前培训后取得国家执业资格的。

三是为服务长三角地区和西部大开发开设基础培训课程。开设各种知识产权基础培训班 30 余期，培训学员 2500 余人；上海知识产权服务中心已与长三角地区 20 多个城市以及西安杨陵、甘肃兰州等地建立了合作关系。组织知识产权宣讲团为常熟、无锡、昆山、南通等地输送师资，培训长三角地区企业技术人员、乡镇干部。为及时传递最新的知识产权培训课程，缓解师资矛盾，上海知识产权服务中心还采用信息传媒手段同时异地开设第二课堂，与外地实现视频对接，已经尝试培训了近百名学员。

六、形成合力，推进知识产权教学研究机构建设

高等院校是人才培养的基地和摇篮。为加快知识产权专业人才培养，上海市知识产权局积极支持推进上海高校知识产权学院、知识产权研究中心建设。

一是积极支持上海 3 个知识产权学院和 7 个知识产权研究中心的建设。在上海中医药大学、华东理工大学等高校知识产权研究中心的成立过程中，上海

市知识产权局与高校方面一起开展调查研究，一起讨论人才培养目标、办学方式、办学特色等问题，还在学科申报、机构申报方面给予大力支持，还与上海中医药大学共同研究起草了上海中医药知识产权研究中心章程，积极支持上海大学、华东理工大学等高校开展知识产权与理工科专业的本硕连读培养模式和双学位制培养模式，加快复合型知识产权人才培养。上海已有上海大学、同济大学、华东政法大学 3 所高校成立了知识产权学院，有复旦大学、上海交通大学、华东政法大学、华东理工大学、上海中医药大学、上海政法学院、上海财经大学等 7 所高校成立了知识产权研究中心，形成了各具特色的办学模式。2007 年，应教育部领导要求，我们还与上海市教委、上海大学知识产权学院一起，就高校的知识产权学科建设问题进行了专题调研，向教育部提出了相关对策和建议。

二是帮助高校加强师资队伍建设。上海市知识产权局把高校知识产权师资队伍建设作为上海知识产权人才培养工作的重要组成部分，纳入人才培养计划，统筹考虑。在实施"650"项目的过程中，上海市知识产权局先后送出 15 位学员赴美参加为期 4 个月的学习培训，其中高校教师就有 7 名。在国家知识产权局开展的"百千万"人才培养工程中，上海共推荐 6 人，其中高校教师就有 3 名。我们还注重为青年教师提供实践锻炼机会，发挥他们的积极作用。如在组织高校知识产权巡讲、上海市专业技术人员知识产权知识公需科目培训等活动中，我们都注重吸收青年教师积极参与。在每年举办的知识产权国际论坛中，也都邀请高校的从事知识产权教学和研究的教师来参加，使他们有更多的机会接触和了解世界知识产权发展的新情况、新趋势。

三是帮助加强高校的知识产权学科建设。主要是通过课题集聚高校人才，高起点地开展知识产权战略和公共政策研究，从而带动和促进高校的教学和科研工作。上海市知识产权局从 2001 年开始，每年下达 5~8 个课题，提供研究经费，由高校承担研究。这些研究课题贴近上海经济社会的实际，具有较强的针对性、现实性和操作性。这种政府部门与大学、知识产权研究与学科建设的良性互动，一方面，有效地促进了大学的学科建设，使大学的教学与科研更加适应社会经济发展的需要；另一方面，也培养了一批知识产权的研究人才。现在，已经有多位上海高校的教授、学者被上海市知识产权局聘请为知识产权专家咨询委员会的专家和客座研究员，为上海市政府部门提供知识产权法律、公共政策决策方面的咨询。

七、打牢基础，认真抓好中小学知识产权的教育培训工作

知识产权人才队伍的发展壮大，需要广泛的社会基础。我们感到，知识产

权人才的培养，也要注意从娃娃抓起。只有这样，知识产权人才的培养工作才有可持续发展的坚实基础。近年来，我们积极开展知识产权进校园活动，在中小学和高校中普及知识产权知识。

一是在中小学广泛开展知识产权示范、试点工作。我们同上海市教委、上海市科普教育委员会一起，联合成立了上海市学校知识产权管理办公室，以市青少年科技教育中心为知识产权培训基地，开展对学校科技辅导员的培训，举办面向广大学生的知识产权系列讲座，并组织学生专利作品的定期交流和推广以及组织青少年专利奖评奖，从各个层面推进中小学生创造发明活动的开展。各区县教育局、知识产权局也依托区县青少年科技指导站和青少年活动中心，积极开展本地区的知识产权教育和宣传工作。各示范、试点学校在创建活动中，逐步建立了知识产权管理制度和机构，自觉把知识产权教育渗透到课程和科技竞赛活动中，注重科技活动中的专利申报引导和把关工作，形成了学校知识产权管理工作的长效机制。目前，上海有3所学校被命名为"上海市知识产权示范学校"，16所学校被命名为"上海市知识产权试点学校"。

二是开展"飞利浦"青少年专利奖活动。为活跃中小学创新氛围，增强学生创新意识，从去年开始，上海市知识产权局和荷兰飞利浦（中国）有限公司合作，在中小学范围内开展了评选上海飞利浦杯青少年专利奖活动。在去年的活动中，经学生申报、所在学校推荐、专家评审、公示等程序，评选出上海飞利浦杯青少年专利奖103项，其中发明专利申请奖20项、实用新型专利申请奖76项、外观设计专利申请奖4项、异想天开奖3项。随着知识产权教育逐步走入中小学的课堂，中小学生的知识产权意识极大增强，发明创造热情空前高涨。据不完全统计，2006年上海市中小学申请专利1035项，其中发明专利申请192项。学生的专利中不乏一批质量较高、应用前景较好的作品。如闵行第二中学的学生郭运泽发明的会找妈妈的婴儿车，就引起了外地企业的兴趣；杨浦控江二村小学的学生发明的"交通信号灯"，得到了本市一家盲人援助机构的关注；浦东莱阳小学的一些作品在社区和科技馆中得到应用。为了进一步搞好中小学的知识产权教育，2007年9月19日，在上海召开了"长三角青少年知识产权教育校长论坛"，有100余名长三角地区的中小学校长和代表参加了论坛的活动，交流了经验和做法，探讨了深入进行中小学知识产权教育的有关问题，还发出了《长三角中小学校积极开展青少年知识产权教育倡议书》，评出了"长三角青少年知识产权教育十佳校长"，产生了良好的影响。

三是在高校开展知识产权巡讲活动。从2004年起，上海市知识产权局和上海市教委一起组织专家学者成立了讲师团，对高校学生和部分管理干部开展了"科技创新与知识产权"等十几个专题的知识产权巡讲活动，3年来听讲人数近 15000 人次。通过巡讲，提供了最新的知识产权动态信息，增强了高校师生的知识产权意识，提高了广大师生对知识产权的认知程度。

十年树木，百年树人。知识产权人才的培养也是一个长期的过程。这几年，我们虽然在国家知识产权局的指导下，在知识产权人才培养方面做了一些工作，取得了一些成效，如上海的知识产权人才培养工作正在逐步引起社会的普遍重视，知识产权人才紧缺的状况有所缓解，高层次人才群体正在逐步形成等。但总体来看，知识产权人才培养工作相对滞后、知识产权人才数量不足、高层次复合型知识产权人才比较匮乏的状况还没有根本改变，知识产权人才培养的一些基础性工作还比较薄弱，有些工作还处在摸索起步阶段，知识产权人才成长的环境也还有待于进一步改善。

当前上海的发展正处在一个新的历史起点上，正在加快"四个率先"和实现"四个中心"，加速建设社会主义现代化国际大都市。上海发展的新形势对知识产权人才的培养工作提出了新的、更高的要求。这些都要求我们必须进一步增强忧患意识，更加努力地工作。上海有信心和决心，在国家知识产权局的指导下，在兄弟省市的支持下，进一步解放思想，开拓进取，把上海的知识产权人才培养工作继续推向前进。

关于我国知识产权人才培养的几点思考

林衍华[*]

我国建设创新型国家的重要内容之一是重视知识产权，国家知识产权战略即将出台并全面实施。凡事人为先，我国知识产权事业需要知识产权人才去推进和实施，知识产权人才如何培养值得我们深思。

一、关于科班教育和职业培训

教育不能是产业，人才培养不同于商品生产，专业不等于职业。在科学技术日新月异、经济社会迅猛发展的 21 世纪，希望大学的专业教育与社会的从事职业完全对口是机械决定论的思维，也是不切实际的幻想。以前是三百六十行，当今社会需求的行当不计其数，高等院校不可能及时完全按照多样的社会需求去一一对应设置专业。这是大学专业教育和社会职业培训的区别所在，也是各自生存的客观依据。

高等院校就是以培养高等专业人才为己任。高等院校的专业设置素有通才与专才之辩。专才论认为，大学教育应该追求高深的专业知识和能力，学科分支越来越细，并要与社会上某种工作或者职业对口。知识产权人才培养要有自己的经典的专业课程，也要注意避免过于追求专业技能，使得毕业生就业面太窄，难以适应社会需求。苏联就是典型，其模式已被通才论扬弃。通才论认为，大学教育应当分专业，但要在坚实宽厚的基础上形成专业。经过多年的经验教训，我国教育部对大学本科教育制定了厚基础、宽口径的指导原则。

对于知识产权人才应系统掌握的基础理论，无论是本科教育、第二学士学位教育还是硕士学位教育，首先应该是理工科基础课程和机械、电学、化学三者选一的专业基础课。毕竟文法入门易，理工难学成。诸如民法、行政法、程序法等的法学，诸如公共管理、工商管理等的管理学当然是基础理论之一。随着我国加入世界贸易组织（WTO），成为制造大国，国际贸易快速增长，有关国际贸易等的经济学内容建议列入基础理论部分。在知识产权教学中应该将法

---

[*] 上海知识产权发展中心副主任。

律、管理、经济、理工等内容有效综合、有机融合。当然，知识产权人才应该具备良好的外国语的语言能力。

我国知识产权人才通常包括知识产权立法司法审判人才、知识产权公共管理行政机关业务人才、高校研究机构知识产权教学研究人才、社会中介服务领域知识产权专业人才、企事业单位（包括科研院所）知识产权业务人才等5类。由于知识产权权利范围以列举方式表述包括专利、商标、版权、商业秘密、地理标志、植物新品种、计算机软件、集成电路布图设计等，知识产权可以分为创造、管理、保护、运用方面，工作链长，涉及面广，交叉学科多，具有典型的横向复合的特征，知识产权专业知识实在难以面面俱到，样样精通，因此建议采取抓住重点的策略。对于知识产权人才应系统掌握的专业知识，建议采取通用专业知识课程加特别专业知识课程的模式，并形成知识产权法律、知识产权管理、知识产权贸易、知识产权代理等专业方向。从基础理论、专业知识和语言能力等方面来分析，大学专业教育决不能混同于职业技能培训。

还有，对于知识产权专业人才培养，我们不能迎合用人单位的"来人就好用"的要求，迁就用人单位的"工作难上手"的指责，我们更不能用职业技能培训的标准来要求大学专业教育，否则只能使大学专业教育误入歧途，降低专业教育质量，削弱学生自学能力和适应能力。大学工科教育已经超过百年历史，至今保留着大学认识实习、生产实习、专业实验、课程设计等加强学生动手能力的实践环节的培养制度。按有关规定，在工科学生毕业后，大学生见习期一年，硕士研究生见习期3～6个月；见习合格，才能转正。这表明，工科学生毕业后，不是单位马上可以使用的。单位有义务帮助毕业生"本地化"，融入单位工作之中，方能互洽。同样的例子是已经超过百年历史的大学医学教育，至今也保留着见习医生、实习医生制度。临床诊断学包括了内科、外科、神经内科、五官科及妇儿科等检查的内容。内科医生指导见习医生主要是让其负责问诊、全身体格检查（主要包括心、肺、腹、神经系统的体查等），而眼科、耳鼻喉科、口腔科、妇科、儿科的教学由相关专业医生讲解并带教见习医生。住院医师培训制度是毕业后医学教育阶段的重要组成部分，是培养合格医师的有效途径和必经过程。这是因为工科、医学都是实践性很强的学科。同样，知识产权学科也是实践性很强的学科，要求范围的密切结合实际的教学形式和多方位职业能力的培养，才可培养出合格的知识产权人才。

更为重要的是知识产权专业毕业生，无论是硕士学位的、双学士学位的还是第一学士学位的，应该具有较强的自学能力，能够不断充实知识和增强技能，以适应科学技术的不断进步、经济社会的持续发展和创新型国家建设的需要。

　　针对目前情况，职业技能培训大有其发展空间。职业技能培训是针对社会对某种职业的需要，有针对性地进行的专门知识和操作技能的培训，如专利代理人、文化经纪人、资产评估师等培训。应把技能性、操作性的培训由职业技能培训来承担，并建议大力发展知识产权职业技能培训。

　　目前我国知识产权人才不仅在数量上严重缺乏，而且在质量上差距很大。这既需要政府的强势推动、突击培训，解决目前知识产权人才急需之困，又需要按照人才培养的客观科学规律，由高等院校规模化培养科班出身的知识产权人才。

二、关于人才培养相关模式

　　知识产权人才必须懂科技、有文化、懂法律、会管理、懂外语、能经营，属于复合型、综合型的人才。我国知识产权人才培养平台如何建设和健全，就显得非常重要了。二十多年来，不少教授学者作了富有创新的开拓和非常有益的探索，积累了很好很多的经验教训。由于知识产权的基础理论涵盖了理工、法律、管理、经济等一级学科的核心知识，知识产权的专业知识又要保证专业深度，还有语言要求、见习实习等实践要求。对于大学本科来说，四年时间实在太紧了。这很容易出现"万金油"，陷入基础理论学不透、专业知识学不深的窘境。既然难以毕其功于一役，那就不妨分成两步走。理工基础和语言能力放在本科阶段完成。具备理工背景的本科毕业生，若有志于知识产权事业，则可通过招生考试，在知识产权人才培养平台上精心培养、修成正果。大学第一本科后的继续培养平台可以有硕士研究生培养模式，也可以有双学位培养模式。双学位培养模式让学生可以有较多时间学习更多知识产权专业课程，也不必花费一年时间去做以理论性为主的硕士论文，而是去做以实践性为主的实习。但是现实状况是双学位学历的待遇比硕士研究生低，本科生的投入产出严重失衡，本科生报考的积极性受到压制，因而教育部承认的一些高校的知识产权第二学位专业，招生规模小，难以发展壮大。而改变双学位学历待遇低的情况，绝非一日之功，也非自主可为，只有从长计议，多加呼吁。那么我们不妨多关注硕士研究生培养模式。可喜的是，已经有高校进行知识产权方向的法律硕士培养，取得了不少经验。在努力争取知识产权二级学科的同时，建议参照法律硕士培养模式，大胆创新，开拓进取，构建知识产权硕士培养模式，即在其他一级学科和二级学科之中综合集成，发展成知识产权学科。这是否可行呢？建议适当精简浓缩法律方面的基础理论，增加管理、贸易等方面的基础理论和专业知识。还有从教学计划、教材编写等方面要重在应用，重在实务，强化注重实务的案例教学和实践环节。不仅要破万卷书，还要行万里路！在知识产权学科硕士研究生培养模式之中，进一步发展出知识产权法律、知识产权管理、知识产权贸易、知识产权代理等专业方向，以丰富知识产权学科内涵、壮大知识产权学科阵容，而不是被其他一级学科和二级学科瓜分，成为其中的一个组成部分。当然，如果在大学本科四年内，能够培养出知识产权人才，则甚喜！

国家知识产权局在"知识产权人才'十一五'规划"中指出，加强对企事业单位知识产权专业人才的培养，为全面提升企业、科研机构掌握和运用知识产权制度的能力和水平，形成拥有自主知识产权和知名品牌、国际竞争力较强的优势企业提供知识产权人才支持。加强企业知识产权专业人才的培养，有计划、分层次、分行业地组织培训数万名企事业单位知识产权专业人才，培养一批熟悉知识产权法律法规和基础知识、具有较高知识产权管理能力和实务技能、熟悉国际贸易规则的骨干专业人才。围绕实施国家知识产权战略，以企业、科研机构为主要对象，特别是针对经济社会发展中的重点、关键技术领域和产业，对企事业单位经营管理者和科技研发人员广泛深入地开展知识产权法律法规和实务技能的普及培训和专项继续教育。毋庸置疑，我国高校知识产权人才培养要顺应历史前进的潮流、倾听时代发展的呼唤，大力培养实务型企事业单位（包括科研院所）知识产权业务人才。

在夯实知识产权硕士培养模式的同时，要兼顾研究型知识产权人才培养，要为高校研究机构知识产权教学研究培养人才。在追求宽度的同时，不能抛弃高度！有基础、有实力的高校要努力争取设立知识产权博士学位授予点、知识产权硕士学位授予点，培养高端的、研究型的知识产权理论人才。

另外建议结合中高等职业技术教育，培养知识产权事务工作人员，使其成为知识产权人才的有力助手，以解决我国知识产权人才缺乏的困境。

总之，我国高校知识产权人才培养模式宜以中高端培养为主，以培养知识产权实务型人才为主，也应该多种模式错位发展。

三、关于知识产权学科地位

目前我国一级学科有 12 个门类，分别是哲学、经济学、法学、教育学、文学、历史学、理学、工学、农学、医学、军事学、管理学。知识产权专业在我国学历学位教育系列中尚未被列为二级学科，处于名不正、言不顺的尴尬境地，仅在北京大学、中国人民大学、中南财经政法大学设有知识产权专业的硕士点、博士点。不少高校只能在法学（民商法）、管理学（工商管理或公共管理）、经济学（国际贸易）等学科之下探索开展知识产权方向的学历学位教育。

从我国知识产权学科起步之初的风雨历程看，20 多年的知识产权高等教育发展，为我国知识产权立法、司法、行政部门以及教学、研究与实务部门培养了一批专业人才，其中很多人已成为各自领域的中坚力量，以人才培养的辉煌业绩奠定了知识产权向法学二级学科冲锋的基础。在法学一级学科之下，争取二级学科，占据比较有利的条件，也比较易于得到学术界的认同和教育界的认可。知识产权界尤其是从事知识产权高等教育的先驱们和先生们目前正在这条路上筚路蓝缕、艰辛开拓、积极进取。令人鼓舞的是，随着我国国民经济的迅速发展，环保意识得到大力宣传，环保工作得到高度重视，环境与资源保护法学已经跻身于法学的二级学科。随着我国国民经济的又好又快发展，调整经济结构、转变经济发展方式正在成为我国经济发展的内在要求。知识产权意识已经得到大力宣传、知识产权工作得到高度重视，国家知识产权战略即将推出并全面实施，我们知识产权工作者有理由相信，知识产权法学在可以预期的将来将出头冒尖，成为法学的二级学科。

同时我们可以发现，管理学是最后成为一级学科的，与法学相比，发展历史较短、二级学科较少、"武林高手"不多、"火箭明星"不强。知识产权学科横跨工商管理和公共管理的领域，兼有这两者的优势，又自成独立的学科，已有较好的积累，只可惜将知识产权专业设在管理学之下的高校实在太少，未成气候。会计学、企业管理和行政管理是管理学中的骄子，知识产权学科与技术经济及管理学科有着密切联系，与社会医学与卫生事业管理、土地资源管理及社会保障等学科相类似，均为公共领域的管理，但类别更多、内涵更丰富。

经过二十多年的知识产权高等教育人才培养，立法、司法、行政部门以及教学、研究等部门得到了充实和增强，司法系统、政府部门等的知识产权人才需求已显平缓趋势。而加入 WTO 后，我国专利侵权、商标侵权、反倾销、反补贴等知识产权纠纷轮番上演，我国企业走出去就更易遭遇知识产权壁垒。目前国内大多数企业的知识产权工作多由兼职人员承担，只有少数单位由专人管理知识产权或者建立专门的知识产权管理机构。与此对比鲜明的是，美国 IBM 公司仅专利工程师就高达 500 余人。企业在前有陷阱后有追兵的困境中，想在夹缝中求生存、谋发展，必须要有专业的知识产权管理人才来管理企业所拥有的核心知识产权，才能使之利益最优化。知识产权实务人才，特别是企业中管理经营知识产权和社会上为企业进行知识产权服务的实务人才，正在被企业的现实需求所激发，潜在的社会需求将被持续激发。因此，高校逐步在管理学中增设知识产权专业，培养更多面向企业的知识产权人才，并注重培养运用知识产权的能力和知识产权实务能力。经过量的积累，达到质的突破，知识产权管理成为管理学的二级学科指日可待，并且知识产权管理将成为管理学门类中冉冉升起的明星。

知识产权学科一旦分别在法学、管理学中得到突破，先后成为二级学科，那么胜利会师之日，就是知识产权学科成为显学之时。

大学乃大师之学、学之大师。知识产权人才的必然要求是高素质、复合型、能够灵活掌握和运用知识产权规则。培养知识产权人才，需要多学科既交叉又综合，不得不打破我国传统的学科界限。希望在目前古板的学科管理模式中留出一线生机，也希望知识产权高等教育避免重理论、轻实务，重法律知识教育、轻科技素质培养，重代理操作、轻管理经营的误区，以伟大的实践和优异的成绩，迎接 21 世纪的显学——知识产权学科的到来。

我国高校知识产权人才
培养若干重要问题之探讨
——以中国政法大学知识产权人才培养为考察对象

冯晓青[*]

我国知识产权人才需求缺口很大，特别是加入世界贸易组织后，我国对知识产权人才的需求大量增加。仅以企业为例，我国经济的迅猛发展对企业知识产权管理提出了很高要求，如以中国10万个大中型企业每个企业配备1名知识产权管理人员为标准，全国需要10万名知识产权专门管理人才。但现在，绝大多数企业并没有配备知识产权管理人才。现实情况是，我国知识产权专门人才培养的数量极少。据统计，每年才数百人，这远远不能满足社会的需要。我国高校作为培养人才的主体和重要基地，在知识产权人才培养方面负有重要使命，因此这一主题很有探讨的必要。本文将从知识产权人才培养基本定位出发，对我国高校知识产权人才培养的若干重要问题进行初步探讨，并结合知识产权人才培养现状、存在的问题，提出改革与完善的对策。

一、知识产权人才培养的基本定位

知识产权法人才，基本上可以分为非技术型法律人才、技术型法律人才、管理型人才和教学研究型人才。非技术型法律人才适用于知识产权立法、司法、执法，知识产权中介服务机构的律师等。技术型法律人才适用于专利代理人、知识产权评估师等行业，这类人才除要求精通知识产权法律基本理论与实务外，还应具备理工科知识背景以及相应的职业资格。管理型人才立足于为企事业单位知识产权管理服务，直接为企业生产经营管理服务或为事业单位知识产权管理服务。教学研究型人才则面向高校和科研院所，一般要求具备较高的学历背景和雄厚的专业基础。如果从社会需求角度看，管理型人才需求量最大，法律型人才次之。

---

[*] 中国政法大学民商经济法学院知识产权研究所教授、博士生导师、法学博士，中国政法大学知识产权研究中心副主任。

　　笔者认为，高校知识产权人才培养的基本目的是：培养掌握法学和知识产权理论与实务、知识产权管理等方面的基本知识，能够在企事业单位、教学科研部门、立法、执法、司法、中介部门等从事与知识产权有关的管理、法律实务、教学科研等工作的高级专门人才。

　　值得注意的是，很长一段时间，人们对人才培养谈论得比较多的是复合型人才培养。复合型人才无疑是一种高素质的人才，这种人才在社会中具有适应面广、适应能力强等优点。由于知识产权是一个跨越多个学科的专业，涉及法律、科技、经济、管理、文化等多学科内容，对知识产权人才的培养方面更强调这种复合型模式。然而，由于接受知识产权教育的学生知识背景的局限性，他们很难在有限的几年时间内既掌握法学和知识产权方面的知识，又精通理工、经济学、管理学等方面的知识，而往往只能在掌握法学和知识产权基本原理的基础上对其中的一些方面有所突破。也就是说，尽管知识产权是一个涉及面很广的学科领域，知识产权人才培养却不是全能人才的培养，有必要根据各高校的特色而将其定位于某一方面或某些方面。如根据有的学者介绍，上海大学着力培养高水平的专利代理人；同济大学招收知识产权硕士生和博士生，培养能够解决涉外知识产权纠纷的高层次人才；复旦大学则侧重于培养知识产权理论人才。据悉，有的学校为了使学习知识产权的研究生成为真正意义上的"复合型人才"，在有限的 3 年中将学习课程一分为三：法学类、管理类、理工类，这样的定位很可能使学生难以获得"专长"。

　　以下不妨以中国政法大学为例，探讨知识产权人才培养的基本定位：

　　中国政法大学在民商法学专业下开设了知识产权法方向的硕士和博士生培养点，并且在法律硕士班中开设了知识产权法研究方向。笔者认为，法学硕士和博士培养方向与法律硕士培养方向在知识产权法人才培养上应具有不同的定位。

　　就知识产权法研究方向的硕士生培养来说，中国政法大学人才培养的基本定位应偏重于非技术型法律人才。这是基于该校雄厚的法律资源和师资力量而考虑的。在我国，随着经济和科技的发展，需要一批精通知识产权法的法官、律师以及相关领域的专业人员，如知识产权行政管理人员等。同时，随着经济发展，企事业单位特别是企业对知识产权管理人才的需求也越来越大，为适应这种趋势，培养知识产权管理人才也是未来的一种定位模式。中国政法大学可以整合相关的教学科研资源，使知识产权法研究方向的硕士生在学习阶段具备必要的经济学、管理学知识，并通过参加必要的社会实践活动，培养既懂知识产权又懂管理的复合型人才。

　　就知识产权法研究方向的博士生培养来说，中国政法大学的使命显然是培养高层次的知识产权理论人才，因此基本定位可以为教学科研型。

就知识产权法研究方向的法律硕士培养而言，从该专业学位基本要求和培养特点出发，中国政法大学培养的基本定位则可以为管理型人才、技术型法律人才。

当然，以上只是人才培养的基本定位，并非绝对。例如，培养的知识产权法方向法学博士也可能从事司法实务工作，法律硕士毕业生也可以是非技术型法律人才。

二、知识产权人才培养的设置模式

（一）知识产权学院模式

1. 设立知识产权学院模式

从教学的角度看，学院是高校中按专业划分的教学科研单位。2003 年 10 月 14 日在上海大学召开的中国高校知识产权研究会年会上，一批大学主要负责人和教授等联合发起《关于中国知识产权人才培养的倡议书》（下称《倡议书》）倡议：加强知识产权教学和研究机构的建设，在有条件的高校中创办知识产权的专门院系，培养知识产权法律与经营管理人才。设立知识产权学院可以说已成为高校知识产权人才培养的一种机构设置模式。迄今为止，国内普通高校中设立知识产权学院的学校至少有 11 所。它们分别是：北京大学知识产权学院、上海大学知识产权学院、同济大学知识产权学院、华东政法学院知识产权学院、暨南大学知识产权学院、中山大学知识产权学院、华南理工大学知识产权学院、南京理工大学知识产权学院、西北大学知识产权学院、中南财经政法大学知识产权学院、山东师范大学知识产权学院。另外，华中科技大学、中国计量学院以及杭州师范学院成立了知识产权系。

在以上知识产权学院中，北京大学知识产权学院、上海大学知识产权学院、山东师范大学知识产权学院、暨南大学知识产权学院等是挂靠在法学院门下学校二级学院以下的三级学院。不过，这些学院仍然在知识产权人才培养方面拥有相当多的独立自主权，如上海大学知识产权学院尽管隶属于法学院，但却是以"计划单列、建设独立、统筹协调、资源整合"为原则建立的特区型三级学院；如山东师范大学知识产权学院是挂靠山东师范大学政法学院来开展课程设计、制定教学和培训计划。

这些学院在知识产权人才培养方面的实践证明，在具备条件的学校设立知识产权院系以实施知识产权专业教育是一种行之有效的模式。有学者对这一模式的优点作了总结：一是便于组织法学、管理学、工学等多学科的教师参与到教学中，为学生提供多学科的知识；二是便于摆脱法学、管理学等学科专业设置的束缚，根据知识产权学科自身的特点设置适合社会需要的课程；三是旗帜鲜明地肯定了知识产权专业的独立性，便于吸引广大人才参与到知识产权人才培养之中。❷

2. 中国政法大学设立知识产权学院的可行性

设立知识产权学院的基本任务是以独立或相对独立的形式组织知识产权方面的教学科研活动，培养知识产权方面的高级专门人才。"组建知识产权学院有利于合理地配置教学资源，降低教育成本，提高办学效率。"❶中国政法大学尚没有成立知识产权学院，这与该校法学学科在国内的重要地位是不相称的，与形势发展对该校知识产权法学科建设和人才培养的要求也是不相称的。笔者认为，比起其他一些已经设立知识产权学院的院校来说，该校更有条件设立知识产权学院。其有利条件主要体现于：

（1）依托中国政法大学这一国内法学知名"品牌"，其众多法学学科在国内处于领先地位或处于学科前列，而知识产权法学与其他法学学科之间可以互相渗透。同时，中国政法大学还拥有管理学、经济学等专业院系，为一个综合性的知识产权学科的建设提供了良好的教学与学术环境。

（2）拥有国内规模最大的一支知识产权法专业师资队伍。民商经济法学院知识产权法研究所现有专任教师16名，其中教授4名、副教授9名、讲师3名，其中具有法学博士学位者12名、博士生导师1名、硕士生导师12名。另外，在学校其他教学科研部门，如中美法学院、继续教育学院等还有几名知识产权法教授，该校还拥有在国内知识产权法学术界具有重要影响的知名教授。这些也是该校知识产权学科建设与人才培养最大的一个优势。

（3）在知识产权的一些重要研究领域取得了突破性成果，处于国内领先地位或前列。如知识产权法基础理论研究、企业知识产权战略研究、网络知识产权研究、生物技术法律问题、版权交易制度研究等。如《企业知识产权战略》被遴选为"十一五"国家级规划教材；在《中国社会科学》《中国法学》以及国外 SSCI 刊物上发表了众多知识产权科研成果，论文被《新华文摘》《人大复印报刊资料》等转载（摘）数十篇，产生了很大的学术影响。

（4）紧邻国家知识产权局等相关单位（学校对面就是国家知识产权局办公场所），对外信息沟通方便，更不用说处于首都这一地域内的优势了。笔者认为，中国政法大学成立知识产权学院确实在很大程度上有利于知识产权法学

---

❶ 陈美章. 中国高校知识产权教育和人才培养的思考 [J]. 知识产权，16（91）：223.

科建设及人才培养。近年来该校设置的新学院不少，就是没有知识产权学院。该校现在的状况使知识产权法教育被淹没在其他法学学科之下，对培养知识产权高级专门人才不利。而且，由于没有独立或相对独立的教学科研平台，无从确立在国内知识产权法学科建设和人才培养方面的地位和优势。没有这一平台，也是该校知识产权法整体教学实力和影响在国内没有得到广泛承认的重要原因。成立知识产权学院，既是该校适应形势发展和加强新型法学学科建设的需要，也是迅速提升该校知识产权法学科在国内乃至国外"品牌"地位的需要。

笔者认为，中国政法大学可以非独立实体的形式（挂靠在民商经济法学院门下）成立知识产权学院，同时在知识产权法的课程设置方面和人才选用方面保持一定的专业特色和自主性。如果能够争取到国家知识产权局支持，并在人才培养和学术交流等方面展开长期的合作，也可以考虑以独立实体的形式成立。这样有利于整合整个学校的知识产权资源，迅速将知识产权法学学科打造成国内强势"品牌"。

（二）法学学科门下培养模式

知识产权学科研究的对象是现代法学、现代管理学和现代经济学如何在科学技术突飞猛进、文化事业日新月异的新形势下为激励个体的创造力和国家社会发展的经济能力，对新科技、新作品和其他新的智力成果作出的调整和规范。知识产权被普遍定位于部门法学，其研究的却是关系到各国经济发展原动力的资源的制度设计内容。知识产权的规范内容和研究对象决定了这门学科的综合化趋势。

但是，国内高校知识产权人才培养模式通常却是在法学学科门下。这种培养模式固然有其合理性，因为知识产权法学毕竟是一门法学学科。不管将知识产权人才培养模式做何种定位，对知识产权法学知识的学习仍然是最基本的内容。不过，这种模式暴露的问题也不少。例如，不适应知识产权实践形势的需要，培养出来的学生知识面狭窄，知识产权教育重点不突出等。原因在于在法学门下可能存在的一个问题是在教学思路和专业课程设置上难以摆脱传统法学教育的问题，侧重点限于法学理论和知识产权法律知识传授上，而对与之密切相关但非常重要的知识产权管理、知识产权实践运作等关注较少。

不过，在目前的情况下，隶属于法学学科门下的培养模式仍然是一种比较现实的选择。为了避免上述问题，一种可能的改革思路是在课程设置上适当向知识产权领域倾斜，充实知识产权方面的一些内容，如知识产权战略与管理等。

于它的权利属性而发挥作用。第二，随着市场经济的不断完善，特别是我国在加入了 WTO 以后，又很快融入了国际市场竞争的大环境中，知识产权除了作为一种权利成为市场竞争的基本元素，更多的则将作为财产、资产、资源、信息等更重要、更直接的主要元素参与其中，因此，除了法律规制，更多的则将是管理学和其他学科领域所要研究的问题，这就导致知识产权的教育必然要突破原有的法学学科的框架，进一步拓展和完善。第三，知识产权的发展存在着自身内在的基本规律，对这一基本规律的认识和研究，则是知识产权作为一门学科存在的基本要求。同时，这一基本规律的内容也就主要表现为知识产权这一学科的主要内容，正因为如此，知识产权也就具有其独特、完整的内容了。

知识产权作为一门独立的学科，其内容具有复杂的网格结构。

（一）从纵向的视角考察，由知识产权的组成结构分析

从纵向的视角考察，由知识产权的组成结构分析可以得知，知识产权的内容主要分为以下 4 个部分：

（1）技术类知识产权，是基于技术知识的发明创造以及应用而形成的知识产权，主要表现为用以构成商品的技术结构、技术方法以及技术结构与方法结合而形成的技术方案。从知识产权制度发展的现状来说，目前主要包括专利、商业秘密中的技术秘密以及由于高新技术的发展而形成的以技术方案为主题的其他内容等。其中属于技术类知识产权的专利权，具体可以分为发明和实用新型。

（2）标识类知识产权，是基于商业标识的创作以及使用而形成的知识产权，主要表现为用以说明商品和服务来源，提供给消费者识别区分同类商品所属关系的商业标识。从知识产权制度发展的现状而言，目前主要包括商业标识、服务标识以及原产地标识、地理标识等其他有关的标识。此外，在现今信息化时代的网络虚拟社会空间里，普遍使用的域名被作为使用人用以区别的商业性标识，尽管目前还未被我国的法律所认可，并不直接成为一种知识产权，但是其所具有的知识产权属性和特征使之在某种情况下也被视为知识产权体系中的组成部分。

（3）传播类知识产权，是基于文化作品的创作以及传播而形成的知识产权，主要表现为用以确认创作活动的归属关系，促进文化丰富和传播的作品。从知识产权制度发展的现状考虑，目前主要包括著作权和与此相关的邻接权等。

（4）其他知识产权，是基于其他类型智力活动及其成果的创造创作及其应用而形成的知识产权，从知识产权制度发展的现状来看，目前主要包括动植

物品种、传统知识等。其他上述三类知识产权所不能够包含的内容，都将归属于这一类中。

（二）从横向的视角考察，由知识产权的活动结构分析

从横向的视角考察，由知识产权的活动结构分析可以得知，其主要内容可以分为以下3个部分。

（1）知识产权法律。众所周知，知识产权制度是建立在知识产权法律制度基础之上的，故而，知识产权法律便是该学科的基础部分，也是核心部分。经过二十多年的不懈努力，我国知识产权法律制度得以建立、健全，并且不断完善，取得了令世人瞩目的成就。随着《专利法》《商标法》《著作权法》的颁布施行，我国知识产权法律制度的基本框架得以建立起来，之后随着《计算机软件保护条例》《集成电路布图设计保护条例》《植物新品种保护条例》等一系列知识产权法律、法规的颁布施行，我国知识产权法律制度得到了进一步的健全和完善，由此形成了独立的知识产权法学科，并且进一步奠定了独立的知识产权学科建立的基础。知识产权法律主要包括：①传统的知识产权法，即《专利法》《商标法》《著作权法》等；②新兴的知识产权法，即由于高新技术的发展而生成的新的知识产权法律，例如涉及现代信息技术、现代生物技术、现代新材料技术、新的创意创作、现代文化传播等所生成的知识产权法律。

（2）知识产权管理。除了有必要的法律制度作为基础，在现实生活中，由知识产权本身的活动规律所决定，知识产权管理同样是知识产权制度建立和完善所不可或缺的基础和必要的组成部分。由于知识产权制度发展的进程使然，在过去的20年，人们的注意力主要集中在知识产权法律制度的建设上。但是，随着知识产权法律制度的基本建成和知识产权制度建设的不断深化，而今知识产权管理制度的建设问题便摆在了我们的面前。当知识产权法律制度基本建成以后，知识产权管理也就成为今后知识产权制度建设的重点，同时也就会成为今后知识产权制度研究的热点，从而进一步将与知识产权法一起支撑起知识产权这一独立的学科。知识产权管理主要包括以下几个部分的内容：①知识产权的生成与获取，其中包括组织创新管理、知识产权申请管理、知识产权获得管理等；②知识产权的维持与保护，其中包括知识产权的"温床"管理、知识产权的放弃管理、知识产权的保护管理、知识产权侵权的救济管理等；③知识产权的应用与运作，其中包括知识产权的转让管理、知识产权的许可管理、知识产权的连锁经营管理、知识产权质押管理等；④知识产权的日常管理，其中包括知识产权工作机构管理、知识产权人才管理、知识产权信息管

理、知识产权档案管理、知识产权保密管理、知识产权资产管理、知识产权的海关管理、国家计划项目中的知识产权管理等；⑤知识产权的国际竞争管理，其中包括知识产权国际组织和规则管理、知识产权的垄断与反垄断管理、防范知识产权滥用管理等。

（3）知识产权社会服务。知识产权的发生和发展虽然起源于几百年以前，但是真正飞速发展则主要出现在人类社会历史发展的现实阶段，尤其是在社会化大生产时期，历史发展的进程与环境推动了它的进步与发展，这就决定了知识产权不可能孤立存在，其必然是社会化大生产的产物，同时也导致了知识产权的发展必然带有显著的社会性，是一种渗透于方方面面的社会活动。就知识产权自身的发展而言，其活动的开展也离不开社会化的服务所提供的支撑。因此，社会服务也就与法律和管理一起成为知识产权这一新兴学科的3个重要组成部分。其中包括知识产权中介服务、知识产权咨询服务、知识产权代理服务、知识产权评估服务、知识产权信息服务等。

（三）从深度的视角考察，由知识产权的发展结构分析

从深度的视角考察，由知识产权的发展结构分析可以得知，其主要内容可以分为以下几个部分：

（1）古代中外知识产权发展史和思想史；

（2）近代中外知识产权发展史和思想史；

（3）现代中外知识产权发展史和思想史。

知识产权的史学研究，一方面是专门关于知识产权发展历史过程的研究，另一方面又是与科学技术发展的史学研究、社会文化的史学研究以及法律制度的史学研究密切相关联的。

三、知识产权基础知识结构探析

知识产权是一门新兴的学科，其最为明显的一个特征就在于多学科机理的复合性、多领域知识的交叉性、多方面需求的渗透性，具体表现为科技、经济、法律、管理、文化、社会等的多元融合。而且如果进一步考察，也就不难发现，无论是在哪一个领域内，又都必然会涉及更深层次、更细微结构的方方面面。因此，关于知识产权的高等专业教育需要怎样的前置基础教育？需要怎样的基础知识结构呢？

综观我国高校该专业教育的现状，目前已有的知识产权教育主要集中在政法类院校或是综合性大学中的法学或管理学院系。凡是直接通过高考从高中层次教育的毕业生中选拔学生、开展本科教学的，其招收的无论是理科毕业生还

是文科毕业生，几乎都没有接受过知识产权高等专业教育所需要的前置教育，因而也就缺乏所需要的基础知识，只能期望在进入高校以后，通过公共基础课和专业基础课的教与学来完成基础教育。但是由于课时等原因的限制，这样的基础教育很难完全达到预期的要求，甚至根本就不能达到期望的目标，直接影响以后的专业课教育，最终将影响合格的知识产权高等专业人才的培养。而在研究生教育阶段，由于在入学考试时受到了必须参加法学或是管理学专业知识考试等种种限制，跨专业的考生往往受到专业课考试的影响而难以进入该专业接受相应的教育，因此绝大多数入学的研究生都是来自法学、管理学或是其他类似专业的本科毕业生，形成了本科、研究生单一学科知识结构的情况。显然，这一状况与知识产权专业教育所需要的知识结构是不相符合的。与此同时，教育行政管理部门以及有关专家在评审和审批新设置的知识产权本科专业时，充分考虑到了上述的情况，往往就会提出设置该专业的高校应当已有理工科的本科专业，并以此作为设置该专业的先决条件，致使政法类院校或是其他非综合性高校设置该专业的申请较难被批准。

（一）自然科学知识背景是知识产权学科的重要基础，但不是主要基础，更不是唯一基础

根据本文以上的论述可知，知识产权的内容组成结构主要包括技术类、标识类、传播类和其他类4类。其中技术类知识产权由其本身的性质所决定，不可避免地要涉及自然科学中有关技术领域的内容；标识类和传播类知识产权同样由其本身的性质所决定，并不必然要涉及自然科学的内容，更多将涉及社会科学领域中的有关内容；而其他类知识产权由于正处在发展过程中，其特征有时候表现得并不十分明显，但是比较可以肯定的是，所涉及的主要不是自然科学领域的内容。由此，我们可以清楚地看到，对于知识产权这一学科而言，自然科学的知识背景确实是从事该领域内教学、研究以及实务工作所需要的，尤其是在主要从事专利、技术秘密等方面的工作时，具备自然科学的知识对于做深做好工作无疑是不可或缺的，很难想象一个从事技术类知识产权工作的专业人才如果没有自然科学知识背景将如何胜任其工作。关于这一点，实践也早已予以证明，在此恕不赘述。但是，如果因此便认定自然科学的知识背景就是知识产权学科必备的前置基础知识，未免就有所偏颇了。很显然，在知识产权中，技术类的内容仅仅只占其中一小部分，标识类、传播类和其他类知识产权则占了很大的部分，而且除了技术类，其他的类别则并不直接涉及自然科学，因而不一定必须具备自然科学的知识背景，更多需要的是包括美学、文学、艺术学、社会学、法学等在内的社会科学领域的知识。

总之，知识产权是一门综合性的学科，具有明显的复合性、交叉性、多元性等特性，其中除了部分涉及自然科学领域的内容，更多的是涉及社会科学领域的内容。培养知识产权高等专业人才，需要自然学科的知识背景，但是，合理的知识背景结构，不应只有自然科学领域的内容，也不应当将自然科学知识作为该学科教育的必备的前置基础知识。对于主要从事诸如标识类、传播类等方面工作的知识产权专业人才，他们所需要的知识背景主要不是自然科学的内容。因此，应当根据所欲培养的知识产权高等专业人才的不同定位，对于前置基础知识作不同的要求。

（二）自然科学知识背景的完成应当经过某一专业领域完整的本科以上教育

知识产权专业人才培养所需要的自然科学知识背景，不是简单的部分领域自然科学课程的设置和堆砌，而应当是自然科学某一领域知识的完整教育。知识产权专业人才培养之所以要将自然科学的知识作为基础知识，主要是因为从事技术类知识产权工作，特别是在开展专利和技术秘密等内容的申请与复审、无效宣告请求、侵权诉讼等代理活动时，大量涉及的是有关专业技术领域中的技术问题。长期专利工作的实践清楚地告诉我们，在具体工作中，对知识产权专业人员知识技能的要求，除了有关的判断标准以及基本程序，并不主要是对法律条文的理解，而更多的是需要对其中所涉及的技术内容的正确认识和充分阐述，这往往也就成为能否胜任该项工作的最基本的前提条件。放眼世界上其他国家和地区，尤其是经济发达国家和地区，几乎都对从事该项工作的专业人员设置了拥有自然科学领域内某一学科的完整学历以及相应的理、工、农、医等自然学科的更高学位，甚至是最高学位的准入条件。回首我国，国家有关行政部门在设置专利代理人的执业资格时也将理工科的学历以及相应的学位作为准入的前提条件。尽管自然科学是一个包含内容非常复杂、学科分布非常广泛的大概念，不可能要求某个人同时熟悉多个领域的内容，也不可能要求某个人始终掌握某个领域内的全部内容，但是至少熟悉或是掌握某一个领域的主要内容或是基本内容，则是应当的而且是必要的。国内外都选择了几乎一致的做法，究其原因，无外乎是该项工作的性质使然。因此，为了培养合格的知识产权高级专业人才，特别是培养能够胜任技术类知识产权工作的高级专业人才，使之真正能够符合实际工作的需要，毫无疑问，应当要求接受专业教育的对象先完成自然科学领域内某一学科的完整的本科以上教育。

目前，我国一些高校设计本科教学计划时，在公共基础课或是专业基础课中设置了不同自然科学领域的个别课程，以期通过这几门课的教学来弥补高中生直接接受知识产权高等专业教育时缺少自然科学基础知识的先天缺陷。这样的做法，将会使得评议对象的知识结构在完整性、系统性和科学性等方面受到严重的挑战，不但不能达到预期的目的，而且可能使得原先就已存在的教学内容众多与可供使用的课时资源短缺之间的矛盾进一步加剧，以致培养计划和培养目标的错位，最终可能导致培养的人才难以被市场所接受。另外，还有一些高校则在尝试从已完成本科一、二年级学习的自然科学诸学科学生中选拔部分较优秀的学生转去接受知识产权的专业教育。殊不知，根据我国普通的本科教学计划，经过两年本科教育的学生主要接受的是公共基础课和大部分专业基础课的教育，有的可能只是刚刚开始接触专业课，基本上还没有接受专业知识的教育，更不要说是比较完整的专业知识教育了，此时，转而对其实施知识产权的专业教育，可能达到了不延长学制的目的，也比仅仅安排几门课的做法更接近该专业教育中关于自然科学基础知识的应然性要求，但是，实际上并没有从根本上解决需要自然科学某领域的专业知识作为其基础知识的问题，结果很可能是所培养的学生不具有任何一个专业的完整的专业知识，毋庸置疑，他们将更难以被市场所接受。其实，除非改变学生的来源，即在接受知识产权专业教育之前，学生已经完成了自然科学某一领域的专业教育，否则，根本无须生搬硬套需要自然科学知识的清规戒律。集中有限的资源，实施知识产权专业教育，培养今后主要从事非技术类知识产权工作的专业人才，同样是合理的选择与正确的定位，同样能够符合多元化市场的需求。

四、我国知识产权高等专业人才教育的探索

（一）设置知识产权二级学科

随着科技、经济、社会、文化等的飞速协调发展，知识产权问题越来越多地涌现出来，并且从某种意义上而言，知识产权已经成为衡量一个国家国际竞争力的最主要的综合指标之一，这就直接使得知识产权这门新兴学科应运而生并且很快就发展成为一个具有完整知识结构和知识内涵的学科。现在知识产权已经完全可以作为一个独立的学科而存在，同时还在不断地发展和完善。社会现实的需求也呼唤着一大批能够胜任知识产权工作的高级专业人才，但是，在我国现行的教育体制中，受到传统的专业设置的限制，知识产权只能作为一个专业方向。这不但大大制约了这门学科的成长和发展，而且也远远不能适应现实社会所提出的日益增长的需求，进一步加剧了我国缺乏大批知识产权高级专业人才的矛盾，并且直接影响到我国的国际综合竞争力的培育，也直接影响到我国的可持续发展。为此，有必要提升其学科地位，尽快将知识产权设置为二

级学科，使其成为一个独立的专业，并依此审批知识产权专业的硕士授予权以及博士授予权，从根本性的制度安排上解决知识产权教育落后、知识产权高级专业人才严重匮乏的瓶颈问题。

（二）根据实际情况，多元化地设置知识产权专业

由于知识产权这门学科具有比较丰富的内涵，在表现上，往往显现出多元性特征，在实际工作中，又往往反映在对于有关专业人员需求的多元性方面。这一现实告诉我们，如果我们培养的专业人才要始终符合现实的实际需求，要能够经受住市场的考验，真正为社会提供合格的专业人才，就应当将知识产权专业教育的内在客观规律与社会的现实需求有机地结合起来。知识产权专业人才的培养同样需要走专业化、特色化、多元化的道路。正如本文以上所分析的那样，知识产权作为一门独立的学科，由其基本的组成结构所决定，至少具有技术类、标识类和传播类等 3 个不同的种类；又由其基本的方向内容所决定，至少包括知识产权法、知识产权管理和知识产权社会服务等 3 个不同的领域，这些内容要求在现行的学制条件下全部完成，恐怕是不现实的。另外，社会对知识产权专业人才的需求也是不完全一致的，不同的单位往往需要具有不同专长的或者比较精通某一方面的专业人才。

对此，我国高校中的知识产权专业教育应当实施多元化专业教育的模式。第一，不同性质的高校可以开展不同利益或是不同专长的知识产权专业教育，例如，综合性高校具有法学、管理学以及自然科学诸学科的师资条件，可以开展包括技术类知识产权在内的知识产权专业教育；而政法类高校则可以开展不包括技术类知识产权在内其他类知识产权为主的专业教育；对于其他非综合性高校，则可以结合学校的特点，开展某一专门领域的知识产权专业教育。第二，不同条件的高校可以开展主要适应于不同社会需求的知识产权专业人才培养，比如，根据学校的师资等条件，可以培养主要胜任知识产权法律事务的专业人才，可以培养主要适应于企业知识产权管理的专业人才，也可以培养主要适应于社会中介服务活动的专业人才。第三，不同的高校完全应当根据实际情况，培养不同层次的知识产权专业人才，其中不但包括适应不同社会需求的、能够分别胜任不同领域实际工作的知识产权专业人才，而且包括满足不同社会需求的、具有不同层次知识结构和技能的知识产权专业人才，使得知识产权专业教育持续创新、各具特色、不断完善。

（三）允许硕士研究生的跨学科录取

根据我国十多年来知识产权专业方向硕士研究生的培养情况，绝大多数的考生具有法学学士学位，还有一部分具有社会科学类的学士学位，很少有具有

自然科学类学士学位的考生，这就导致了目前知识产权专业方向的硕士研究生培养过程中存在着比较严重的"偏科"现象。在学习过程中，往往偏重于标识类和传播类知识产权，而不得不放弃技术类知识产权的学习和研究。综观学生们的学位论文，也往往集中在标识类和传播类知识产权领域，很少有人愿意涉及技术类知识产权。近几年来，有关专利领域的学位论文少之又少，造成了该专业教育发展的严重失衡。究其原因，除了目前知识产权专业教育主要集中在法学院校或是法学院系，而此类院系就师资本身而言，能够胜任技术类知识产权专业教育的人才严重匮乏，直接导致培养过程以及培养结果失衡，在很大程度上是由于生源基础知识结构不合适。环顾现在学生的来源，能够考上研究生的绝大多数是法学本科毕业生，其中还有相当比例的学生在高中阶段就是文科生，又缺乏自然科学领域本科阶段的教育，使得他们对自然科学知识存在着比较明显的隔阂感，对有关技术问题的理解和认识则往往表现得力不从心。故而，在选择研究方向和研究题目时，他们就必然会表现出对自然科学知识的恐惧，对于涉及技术的知识产权问题的研究不得不退避三舍，采取规避和排斥的做法。如果更进一步分析，我们发现，并不是原先学自然科学的学生不愿意报考知识产权硕士研究生，问题就出在要求他们必须参加法学类科目的入学考试，不允许跨学科考试录取。在实际情况中，他们几乎无法与本科阶段就是学法学的学生站在同一条起跑线上去参加入学角逐。其实他们是在貌似公允的条件下接受了并不公允的遴选，当然也就难以摆脱失败和被淘汰的结局。必须指出的一点就是，在国际知识产权竞争中，首要的就是技术类知识产权，相比较其他知识产权，它是第一位的，也是最重要的，万万不可忽视或是偏废。目前，为了弥补这一缺陷，只能采取非学历的执业前教育的方式，例如，为应对国家专利代理人执业资格考试的考前培训等，但这终非长久之计。为了改变这一情况，笔者认为，对于知识产权专业方向的硕士研究生教育，应当允许原先学习自然科学的考生参加其本科阶段所学专业相关科目的初试，在复试阶段适当安排法学或是管理学等科目的考试，跨专业录取，为具有自然科学学士学位的考生打开从事知识产权专业的学习和研究之门，全面培养符合社会需要的知识产权专业人才。

我国知识产权专业人才资格认定中的法律问题及对策研究[*]

田文英　纪梦然^{**}

当今世界，科技发展突飞猛进，国际竞争日趋激烈，人才资源已成为一个国家最重要的战略资源。在科技创新和知识产权保护方面，专业人才的作用尤显突出。知识产权专业人才队伍是知识产权战略推进中的基础保障力量，因此，世界各国都非常重视相关人才战略的制定和实施，美国、日本、德国、英国、印度、韩国等国家已经较早开始在全社会普及知识产权教育并培养知识产权专门人才。为了配合"知识产权立国"方略，实现知识产权创造、保护、运用与人才培养的推进计划，日本在2004年《知识产权战略》中提出要"促进与知识产权有关的人力资源的开发和知识产权教育研究与培训。"❶

我国《国家知识产权战略纲要（草案）》中明确指出："我国合格的知识产权专业人才不足，高水平的知识产权专业人才严重缺乏"；要"加强知识产权专业人才建设"，"提高全社会的知识产权意识，建立知识产权文化，培养起一支宏大的高素质的知识产权创造、管理、利用、保护、传播、中介、研究等各个环节的工作队伍，拥有一批战略研究能力强、精通知识产权国际规则和实务技能的高级人才"，"在全国实施'百千万知识产权人才工程'：培养一支数百人的精通知识产权国际规则和实务技能的高级人才队伍；培养一支数千人的从事知识产权管理、审查和行政执法的优秀人才队伍；培养一支数万人的从事企事业单位知识产权工作及中介服务的较高素质的基层人才队伍。"❷

＊ 此论文为国家知识产权战略课题"知识产权人才队伍建设和宣传普及研究"子课题——"我国知识产权人才吸引和使用现状及战略研究"研究报告中的一部分。

＊＊ 田文英，西安交通大学知识产权研究中心主任，教授；纪梦然，经济法硕士研究生。

❶ Japanese Intellectual Property Policy Headquarters. Intellectual Property Strategic Program 2004 [R]. 2004.

❷ 国家知识产权局. 国家知识产权战略纲要（草案第1稿）[R]. 北京：国家知识产权局，2005.

一、我国知识产权专业人才职业分布及从业人员现状

目前，我国知识产权专业人才的从业素质和水平较低以及国家对知识产权专业人才的职业资格、任职资格均缺乏法律规范的现状严重制约了知识产权专业人才从业素质和水平的提升，不利于我国知识产权专业人才队伍的规范管理和稳定发展。具体体现在以下四个方面。

第一，我国在专利代理人、商标代理人和植物新品种权代理人中，均已实施了资格考试和证书制度，对上述代理人的执业资格实行准入控制，但是，尚未将其纳入我国国家职业资格证书制度的统一规划和管理。我国《专利代理条例》中规定，符合申请专利代理人资格条件的人员，经本人申请，并经资格考试合格者，准予发给《专利代理人资格证书》；同时规定："专利代理机构应当聘任有《专利代理人资格证书》的人员为专利代理人。初次从事专利代理工作的人员，实习满一年后，专利代理机构方可发给《专利代理人工作证》"。我国《商标代理管理办法》和《农业植物新品种权代理规定》❶ 中，对商标代理人和植物新品种权代理人都有类似的规定。我国人事部《职业资格证书制度暂行办法》中明确规定："执业资格是政府对某些责任较大，社会通用性强，关系公共利益的专业技术工作实行的准入控制，是专业技术人员依法独立开业或独立从事某种专业技术工作学识、技术和能力的必备标准。"其实，我国在各类知识产权代理人中实行的资格考试和证书制度，等同于律师行业的司法考试和执业资格制度。

通过与其他国家和地区对专利代理人资质条件规定的比较和与我国对商标代理人和植物新品种权代理人资质条件规定的比较，我国《专利代理条例》中对申请专利代理人资格的条件规定过低，主要体现在对申请人学历背景和实践经验方面的要求比较低，与其他国家和地区的规定存在较大差距，不符合我国专利代理行业的现实需求，不利于我国专利代理人素质的提升。

第二，我国对专利、商标审查员和企事业单位知识产权管理人才的从业资格缺乏规定。上述知识产权专业人才都在我国知识产权专业技术领域工作，属于专业技术人才，其专业知识和技能水平直接关系到我国知识产权审查业务和企事业单位知识产权管理工作的正常运行。我国专利、商标审查员是通过国家公务员考试选拔和录用的，在报考条件上有一定的专业背景、外语能力的要求，在新审查员上岗前有比较严格的培训和考核制度，但是，与其他国家和地区相比较，均缺乏明确的法律规范。而对于企事业单位知识产权管理人才的专

---

❶ 这两部部门规章已失效。——编辑注

业技术知识和能力则没有任何要求，缺乏对他们从业资格的法律规定。

第三，我国在专利审查员、专利代理人中实行了专业技术职务聘任，在原中国专利局1987年4月30日颁布的《专利技术人员靠用自然科学研究人员职务系列、实行〈自然科学研究人员职务试行条例〉的实施细则》中，设置了专利审查员、专利代理人的技术职务岗位、职责和任职条件。然而，按照专利代理人的职责范围和工作性质，靠用自然科学研究人员专业职务并不合理，有待进一步的研究和探讨。

第四，我国对商标技术人员和企事业单位知识产权管理人才缺乏任职资格的法律规定。其中，虽然上海市在全国率先开展了专利管理工程师职称评聘试点工作，出台了《专利管理工程技术人员任职资格暂行办法》，但是，仍然无法解决所有企事业单位知识产权管理人才的任职资格问题；与此同时，全国各地做法的不统一，不利于人才的合理流动。

在我国上述重要历史背景和契机下，研究和解决我国知识产权专业人才资格认定中存在的法律问题，不仅有利于加强我国知识产权专业人才队伍建设，完善知识产权专业人才队伍建设的法律环境，而且能够切实保障我国"人才强国"战略、建设创新型国家战略目标以及各个层面知识产权战略、科技"三大战略"的有效开展和实施。

依据工作性质，知识产权专业人才结构的组织结构如图1所示。

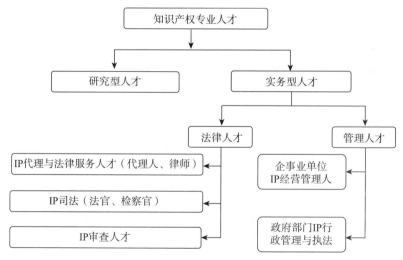

图1　我国知识产权专业人才的结构划分

（一）知识产权审查人才

知识产权审查人才主要是指国家知识产权行政管理部门的专利及商标审查

人才，包括国家知识产权局专利局及其审查协作中心的专利审查员和国家工商行政管理总局商标局和商标评审委员会的商标审查员。❶

我国知识产权局专利审查员已经从 2001 年的 533 人增加到 2004 年底的 1254 人，3 年内增加了 721 人，年平均增长率为 33%，其中发明专利审查员增加 604 人，实用新型和外观设计审查员增加 54 人，复审委员会增加 63 人。同期相应的初审与流程管理、专利文献、信息自动化等各领域人员也得到相应增加。❷

据不完全了解，我国国家工商行政管理总局商标局和商标评审委员会现有商标审查、商标评审专业人员不到 300 名。商标局现有工作人员 216 名，其中绝大多数从事商标审查等专业工作；商标评审委员会现有工作人员 60 多名，其中绝大多数也都处理商标争议等专业工作。而据悉，美国现有专利审查人员 3658 人，近 3 年内还计划增加约 3000 人；日本现有专利审查人员约 1300 人，近 3 年内还将增加约 500 人；韩国现有专利审查人员约 600 人，近 3 年内还计划增加约 500 人。❸ 可见，我国审查人才队伍与国外还存在很大差距。预计未来 5 年内，我国将需求专利审查专业人才和专利复审人员及其辅助专业人才共 2100 人左右，需要补充商标审查、评审及其辅助专业人员共 300 人左右。❹

（二）知识产权管理人才

知识产权管理人才主要是指企事业单位的知识产权管理与经营人才，如专利工程师、知识产权专员、知识产权经理等。

纵观诸多跨国公司和国外企业，现在大多在其法务部之外设置有专事知识产权法律事务的知识产权部，且一般知识产权部的人员配置之数量往往远远大于法务部。例如，欧美与日本的一些跨国公司与大企业，其知识产权部门往往配置有几十至几百名知识产权专业人员与专利律师。我国一些先进企业，尤其是高新技术型企业和管理科学化企业，例如宝钢、海尔等都学习国外经验，也已经建立起知识产权法务、管理或者经营部门。我国必须有一批专职与兼职的知识产权管理人员队伍。知识产权专业人才的集聚和知识产权管理与经营队伍的建设是我国企业发展道路上的重中之重。

据 2004 年统计，我国现有具一定规模的企业 8 万多家，科技人员 328.4 万人，其中分布在尤其需要知识产权保护与经营管理的高技术行业与大中型企业里的科技人员约 141.4 万人；另有科技机构 6841 个，其中科技人员约 6 万

---

❶ 因国务院机构改革方案，不再保留国家工商行政管理总局商标局及商标评审委员会。

❷❸❹ 陶鑫良，刘洋，等. 我国知识产权人才需求与培养初步调研［M］//陶鑫良. 中国知识产权人才培养研究. 上海：上海大学出版社，2006：114－116.

人，两者之和约为 147.4 万人。按照国际惯例和一些跨国企业的经验，企业和科研机构一般应按研究开发技术人员的 1% ~ 4% 的比例配置知识产权专业人员。上述 2004 年全国科技人员统计为 324.8 万人，那么其 1% 约为 3.3 万人，4% 约为 13 万人。如果仅仅按高技术行业、大中型企业与科研机构的 147.4 万科技人员算，其需要知识产权专业人员比例按照 2% 算，也需要知识产权专业人员 3 万人。❶

（三）知识产权中介服务人才

知识产权中介服务人才主要是指专业服务机构的知识产权代理与法律服务人才，如专利代理人、商标代理人、知识产权律师等。随着 1997 年 3 月国务院发布《植物新品种保护条例》以及 1998 年 9 月第九届全国人民代表大会常务委员会第四次会议作出我国加入《国际植物新品种保护公约（1978 年文本）》的决定，我国植物新品种权代理人也应运而生了，其主要职责是帮助有关育种工作者进行新品种保护申请等有关事宜。

知识产权律师并不是指全部业务都在知识产权方面的律师，而是指其律师业务中较多或者较突出含有知识产权内容的律师。随着知识产权经济社会的到来、知识产权重要性的日渐凸显、知识产权律师业务的逐步拓展，更多的律师开始关注和参与知识产权诉讼与非诉讼法律服务。据上海市律师协会知识产权法律研究会采样调查发现，至少有 30% 的律师事务所和 10% 的律师自称从事或者熟悉乃至精通知识产权法律事务；但是，全国真正较多接触和较熟悉知识产权业务的律师至今不到 0.5%，大约六七百人。根据我国涉外和国内知识产权诉讼与非诉讼形势的发展需要，今后 5 年内，我国可能需要再增加 3000 ~ 5000 名较熟悉或者较精通知识产权诉讼业务或者非诉讼业务的律师，包括专职律师和兼职律师。❷

2004 年全国共有专利代理机构 572 家，取得专利代理资格的人员共 7934 人，执业专利代理人共 3892 人。在我国专利发展史上，20 世纪八九十年代，全国专职与兼职的专利代理人总量曾经达到 8000 人上下。后来专利代理人实行专职化和社会化，不再允许有兼职专利代理人，因此我国执业专利代理人数下降至不到 4000 人。根据国家工商行政管理总局商标局《2004 年中国商标工作年度报告》，截至 2004 年底，我国的商标代理机构为 1586 家；2004 年，我

---

❶ 陶鑫良，刘洋，等. 我国知识产权人才需求与培养初步调研［M］//陶鑫良. 中国知识产权人才培养研究. 上海：上海大学出版社，2006：112.

❷ 陶鑫良，刘洋，等. 我国知识产权人才需求与培养初步调研［M］//陶鑫良. 中国知识产权人才培养研究. 上海：上海大学出版社，2006：118.

国商标代理机构代理的商标注册申请案为 520998 件，占 2004 年我国注册商标总申请案数量的 88.62%。估计 5 年中我国还需要增加商标代理人及其他商标代理从业辅助人员 3000 人左右。❶

（四）知识产权司法人才

知识产权司法人才主要是指在司法领域从事知识产权工作的人才，如知识产权法官、检察官、公安人员。许多法官和专家认为，我国现有的知识产权法官的数量与质量基本上已经形成相当的规模，急需的是对我国知识产权法官队伍进行优化调整、动态补充和在职提高。从全国范围来看，我国知识产权法官人均案件量不足，其问题在于我国现在的知识产权审判形势呈现出强烈的区域梯度趋势，表现出经济科技发达地区与经济科技欠发达地区之间的强烈梯度和严重偏斜。例如，北京、上海、广东、江苏、山东、浙江等发达省市法院审理的知识产权诉讼案件历年来占全国知识产权诉讼案件的近 2/3。知识产权审判面临人员与案件的突出矛盾，不能适应经济发展、社会进步对知识产权保护的新要求，导致一些案件难以在法定期限内审结，一定程度上限制了给侵权者的及时打击，影响了司法保护的实际社会效果。

（五）知识产权行政管理和执法人才，包括全国各级、各地的商标、专利、著作权以及其他相关方面的行政管理和行政执法人才

我国采取的是"行政司法，双管齐下"的知识产权保护模式，据不完全统计，目前全国各级、各地现有商标行政管理与执法人员 6000 人上下；全国各级、各地知识产权局的专利行政管理与执法人员将近 3000 人，其中省市一级知识产权局全部人员编制 712 人，其中行政执法人员规模只有 150 人左右；国家与省市两级著作权管理与执法人员约 1000 人；还有其他一批相关知识产权管理和执法人员。估计目前我国共有知识产权行政管理及行政执法人员共 1 万余人。❷

（六）知识产权研究和教学人才

知识产权研究和教学人才主要是指在高等院校、科研院所等单位专门从事知识产权研究或教学的人才。时任国务院副总理吴仪早就指出："要逐步在大学设立知识产权必修课，使大学生掌握知识产权基本知识。"2004 年 11 月教

---

❶ 陶鑫良，刘洋，等. 我国知识产权人才需求与培养初步调研［M］//陶鑫良. 中国知识产权人才培养研究. 上海：上海大学出版社，2006：115 - 119.

❷ 陶鑫良，刘洋，等. 我国知识产权人才需求与培养初步调研［M］//陶鑫良. 中国知识产权人才培养研究. 上海：上海大学出版社，2006：115 - 116.

育部与国家知识产权局联合颁发的《关于进一步加强高等学校知识产权工作的若干意见》第 11 条也明确指出："普及知识产权知识，提高广大师生的知识产权素养。高等学校要在《法律基础》等相关课程中增加知识产权方面的内容，并积极创造条件为本科生和研究生单独开设知识产权课程。"但是，当前我国知识产权师资力量单薄，知识产权师资数量和质量均有待提高。即使对于知识产权课程教学开展较早、较好、走在知识产权教学最前面、已经成立知识产权学院或者知识产权教学中心的高等院校，为普及开设知识产权课程所用的师资力量仍然存在很大的缺口。

根据"我国知识产权人才吸引和使用现状"问卷调查的数据统计结果显示❶，法律知识和管理学知识是知识产权专业人才普遍认为知识产权岗位最需要的知识因素。关于所在岗位最需要的知识因素，在填写问卷的有效数中，法律知识排第一位，占 73.8%；第二是管理学知识，占 40.6%。其他选择比例较高的因素有：工科知识，占 33.3%；高新技术知识，占 30.6%；理科知识，占 29.6%；经济学知识，占 23.7%；社会学知识，占 13.4%。

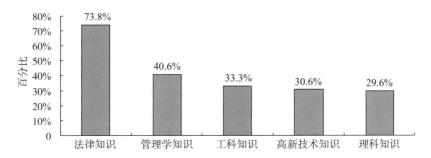

图 2　我国知识产权岗位最需要具备的知识因素需求比例

问卷调查结果还表明，政府部门的知识产权专业人才对法律知识的需求度明显高于其他部门，选择比例达到了 89.4%；知识产权行政管理人员对法律知识的需求度明显高于其他职业，选择比例达到了 85.2%；企事业单位管理人才对法律知识的需求度最低，选择比例只有 44.4%，而对管理学知识的需求度最高，选择比例达到了 62.3%；法院部门的知识产权专业人才对于法律知识的需求度最高，选择比例达到了 98.5%，而对管理学知识的需求度最低，选择比例只有 6.9%。

---

❶　问卷调查的数据来源于笔者参与的中国人事科学研究院"我国知识产权人才吸引和使用现状及战略研究"课题。

二、我国知识产权专业人才职业资格认定中存在的法律问题

（一）专利代理人资格的资质条件规定过低

我国专利代理人资格统一考试从 1988 年开始，每 2 年一次。1991 年 4 月 1 日起施行的《专利代理条例》（以下简称《条例》）第 14 条规定："本条例所称专利代理人是指获得专利代理人资格证书，持有专利代理人工作证的人员。"《条例》第 16 条规定："申请专利代理人资格的人员，经本人申请，专利代理人考核委员会考核合格的，由中国专利局发给《专利代理人资格证书》。"《专利代理人资格考试实施办法》第 15 条规定："参加专利代理人资格考试的人员达到公布的专利代理人资格考试合格分数线的，由国家知识产权局颁发《专利代理人资格证书》。"由此确立了我国在专利代理人中实行的"持双证"上岗制度：《专利代理人资格证书》是对专利代理人需要具备的知识和能力的最基本要求，《专利代理人工作证》是专利代理人上岗的必备条件。

《条例》对可以申请专利代理人资格的资质条件有相应的规定。《条例》第 15 条规定，拥护中华人民共和国宪法，并具备下列条件的中国公民，便可以申请专利代理人资格：①18 周岁以上，具有完全的民事行为能力；②高等院校理工科专业毕业（或者具有同等学历），并掌握一门外语；③熟悉《专利法》和有关的法律知识；④从事过两年以上的科学技术工作或者法律工作。

其中，"高等院校理工科专业毕业"是指取得国家承认的理工科大专以上学历，并获得毕业文凭。其中的理工科主要是指理、工、农、医等自然科学类专业，本科以上学历主要以学位证书的学位类别作为判别标准。❶

随着我国市场经济体制和知识产权制度的进一步完善，我国的知识产权保护水平达到或接近了世界先进水平，由此对我国专利代理人的知识和能力提出了更高的要求，《条例》中对申请专利代理人资格的资质条件的规定已经不能适应我国专利代理行业发展的现实需要，具体体现在以下两个方面：

首先，《条例》中规定了"高等院校理工科专业毕业（或者具有同等学历）"。理工科专业背景是专利代理人最看重的专业技术背景，是专利代理人必备的知识结构，且由于当今技术发展迅猛且分工细密，对专利代理人的理工科背景要求越来越高，但是，获得"大专以上毕业文凭"能否满足职业对专业知识的基本要求呢？专利代理人不仅要从事专利代理文件撰写、翻译等工

---

❶ 专利代理人考试今年实施"新政"［EB/OL］．［2006 - 09 - 18］．http：//www.china.com.cn/chinese/zhuanti/resource/1131130.htm．

作，申请阶段还要从事审查意见的答复、复审无效的答辩、企业专利顾问工作等。在我国现行教育体制和教育水平下，仅仅大专三年的知识和能力水平对于进一步的职业训练来说基础太薄弱，与专利代理人知识技能的训练、掌握较强的理工科专业技术和外语能力、还要熟悉《专利法》及相关法律知识的要求相差甚远。

我国对申请商标代理人、植物新品种权代理人资格的条件规定中，对学历背景的要求都比专利代理人高。我国《商标代理管理办法》第18条规定：具有法学专科以上学历或者其他专业本科以上学历及具有同等学历的人员，或者是具有法学硕士以上学历、有一定工作经验的人员；《农业植物新品种权代理规定》第13条规定："全日制普通高等学校植物育种或植物栽培类专业本科以上毕业。"此外，参照国际上其他国家的做法，对专利代理人资格的规定也都必须要具有本科及以上学历。因此，我国在这方面的要求明显较低。

其次，相关行业的科研实践能力对专利代理人来说非常必要，仅仅规定"从事过两年以上的科学技术工作或者法律工作"的经历是远远不够的。专利代理工作远不同于其他的法律工作或科学技术工作，是一项专业性很强的工作。专利代理人或专利代理人助理的工作经验不是其他相近工作可以替代的。知识是任何人都可以在短时间内通过学习获取的，但是某一项专业工作的能力和经验必须经过一段时间内的实践才能被锻炼、摸索和总结出来。特别是专利代理人，不仅肩负着规范书写专利申请书以便其被批准的重要责任，更重要的是在申请文献撰写时恰当地界定专利权的保护范围，使申请人的利益得到充分的保护，同时保证该专利权法律状态的稳定。显然，成为一个合格的专利代理人，不仅意味着业务能力的覆盖范围要大，素质要高，而且对其是否胜任的考验周期长，损害后果严重，责任重大。专利代理人为委托人所做的代理工作从申请阶段、无效阶段直至侵权诉讼纠纷阶段，均可能由其自身素质或者能力不够导致委托人的利益受到无法弥补的损害。显然，专利代理与一般法律代理的重要性和特殊性的要求大相径庭。

（二）专利、商标审查员资格要求不明确

目前，在我国专利审查员和商标审查员中存在身份管理的矛盾，我国尚未建立专利、商标审查官制度，专利、商标审查员的选拔和录用是通过国家公务员考试制度。

专利、商标审查员的来源分为大学应届毕业生和社会人员两类。近年来，随着高等学校的扩招，更侧重于从大学应届毕业生中遴选精英。在就业形势日益紧迫的情形下，和许多中央国家机关的公务员一样，专利、商标审查员是较受追捧的就业岗位，录用人才的门槛也有所提升，国家行政机关 2006 年度公务员录用计划表中国家知识产权局专利局招录公务员的条件可以很好地证明这一点。例如，机械发明审查部审查员起重机械领域，专业为起重机械设计制造及其控制，硕士及以上学历，英语六级；电学发明审查部审查员电气工程自动化领域，专业为电气工程自动化、高电压技术，本科及以上学历，英语四级及以上，应届毕业生需硕士学历、英语六级；通信发明审查部审查员无线传输领域，专业为通信工程，本科及以上学历，英语四级及以上；光电技术发明审查部审查员医疗器械领域，专业为生物医学工程与仪器、医学影像工程、医疗仪器，本科及以上学历，英语四级及以上。❶ 由此可见，我国在专利、商标审查员招录时主要是考查报考人员的专业背景、学历层次和外语能力（主要是英语能力），少数需要有工作经验。应该说，我国对专利、商标审查员的专业要求较为详尽，对其学历背景的要求比较高，事实上，我国对专利审查员的学历要求已经趋向研究生层次。截至 2004 年底，国家知识产权局专利局人员数字为 1685，约 90% 是审查员。其中博士 13 人，占 0.8%；硕士 490 人，占 29.1%；大学本科 1022 人，占 60.6%；专科以下的 160 人，占 9.5%，他们在支持部门任职。专利审查员则完全是具有学士或更高学位的，现在本科生与研究生比例为 2：1，但将来研究生比例会继续提高❷。在资格审查合格后，报考人员还需要参加中央、国家机关招考公务员 B 类考试即职业能力测验，并参加国家知识产权局组织的相关专业英语考试，考试要求翻译一篇专利文献，英译汉。

然而，这些符合报考要求并通过了层层考试和面试的新审查员，仍然不具备从事专利、商标审查工作的资格，如果要独立从事专利、商标审查工作，还必须接受专业法律知识和能力的培训以及相当一段时间的实践学习。国家知识产权局专利局的新审查员入局后，首先要进行为期 4 个月的培训。培训课程为：①公务员培训；②《专利法》及其实施细则；③专利检索知识；④发明专利性的审查判断；⑤案例练习。4 个月的入局培训结束后，他们就要回到自己应聘的审查部门实习。每一个新审查员都有一位老审查员作指导老师。这段实习时间为 8 个月。这样合计 1 年的新审查员培训结束，判断新人是否达到了培训要求还要经过上岗答辩。答辩考查对《专利法》的熟悉程度和检索、审

---

❶ 国家知识产权局 2006 年度公务员录用计划表［EB/OL］.［2001 - 04 - 21］. http：//www. sipo. gov. cn/sipo/tz/doc/2005101306. xls.

❷ 解读中国专利审查员［EB/OL］［2007 - 03 - 22］. http：//www. hurryip. com/webchin/chinaip/tebie3. html.

查业务的熟练程度。不能通过的将转到其他部门工作，甚至也有就此被辞退的。通过上岗答辩的新审查员，仍然要接受老审查员 1 年半的实习辅导之后，才能独立完成审查业务。

应该说，我国在允许知识产权审查人才独立从事审查工作之前，相比较其他行业领域而言，已经有了比较严格的程序把关，不仅有基本资格的审查，还有一套培训、考核和实习制度，但是，与其他国家和地区相比，仍然存在较大差距。例如，日本针对商标审查官制定的《基本培训方针》中，对商标审查员需要具备的知识和能力有非常明确的规定，针对商标审查员的培训制度也很规范，在日本要成为一名真正的商标审查官，要经过 7 年时间的培训和实习。随着我国专利申请量和商标注册申请量的逐年提升，对专利、商标审查员的需求不断增加，存在较大的人才需求缺口。

（三）企事业单位知识产权管理人才从业资格规定空白

加入 WTO 后，在 TRIPS 框架下，我国企业不仅需要加强自身知识产权战略制定与实施，还必须应对参与国际竞争中外国企业的知识产权诉讼与争议，如 DVD 案、思科诉华为案、海信案等。我国绝大多数企业没有知识产权管理机构，也没有配备专业人员，知识产权事务往往是由管理或者法务部门代为管理，人员也多是兼职的。这些兼职人员或者所谓的在知识产权岗位工作的专职人员，很多并不懂得知识产权法律知识。企业只有在遭遇知识产权纠纷时，才会转而寻求专业人员的帮助，而此时企业的损失往往已经发生了。

与我国企业形成鲜明对比的是，国外企业往往在开发一项新技术之前，就会有专业人员进行有关知识产权方面的前期调查，确定他人专利技术的垄断范围和领域，这样不仅大大节省了企业的科技创新成本，而且避免了侵权事件的发生。发达国家的企业，尤其是跨国公司，已经普遍意识到，知识产权所意味的并不只是一种单纯的法律权利，更是一种竞争工具和商业策略，是增强企业技术实力、竞争能力和获利能力的法律筹码。根据美国特尔菲（Delphi）研究和咨询集团报告，75%的受调查的商业公司都将知识产权管理视为新的公司战略问题。❶ 国家知识产权局知识产权发展研究中心通过对我国高校知识产权教育状况的调查研究表明："我国企业和科研单位特别需要有经验的专利工程师、专利律师、专利战略管理者。"❷

目前，我国企事业单位知识产权管理人才的从业素质和水平普遍较低，必

---

❶ 里维特，克兰. 尘封的商业宝藏——启用商战新的秘密武器：专利权［M］. 陈彬，杨时超，译. 北京：中信出版社，2002：11－12.

❷ 刘洋. 我国高校知识产权教育情况的初步调查与研究［J］. 知识产权发展研究，2003（8）：6.

备的法律知识十分匮乏，导致他们在实际工作中无法发挥应有的作用，不能在技术创新过程中运用知识产权制度保护和管理好知识产权。这往往会让所在单位陷入知识产权纠纷，不得不寻求法律途径加以解决，增加了企业的运营成本和风险。知识产权管理人才缺乏实际的从业能力，也就不能有效地维护所在单位的利益，规避在技术创新过程中可能遇到的知识产权风险。因此，企业、高校或科研院所很难认识到知识产权管理的重要性，而习惯于聘用法律顾问或律师出面解决纠纷和诉讼，使得知识产权管理陷入一种恶性循环之中。因此，我国必须对企事业单位管理人才的从业资格作出明确规定，同时，应该对新上岗的从业人员加强各种知识和能力的培训与考核。通过这样的双保险措施，才能切实保证知识产权管理人才的从业素质和水平。

日前，国家知识产权局也开始重视企事业单位知识产权管理人才的培训工作，国家知识产权局《2007—2010 年"百千万知识产权人才工程"实施方案》中指出，要充分发挥各级政府、各部门、知识产权行业协会、高等学校，以及其他社会组织的作用，利用各种培训资源，加大企事业单位知识产权工作者培训力度。2007~2010 年，要对全国主要企事业单位知识产权工作者组织实施新一轮培训。国家知识产权局要会同有关部委、行业组织举办重点企业、产业、科研等单位的知识产权工作者培训活动，每年举办一期企事业单位知识产权工作者培训班，并委托各省区市知识产权局举办一期企事业单位知识产权工作者培训班；各省区市知识产权局要结合实际制订计划，组织落实本地区企事业单位知识产权工作者轮训任务。在制度建设方面，要建立和规范企事业单位知识产权工作者（工程师）管理制度，积极探索建立企事业单位知识产权工作者职业水平评价制度，加快推进国家企事业单位知识产权工作者（工程师）管理制度建设，加强企事业单位专业人才培训，强化企事业单位知识产权专业人才激励机制。

（四）缺乏对知识产权行政执法人员从业资格的规定

知识产权行政执法队伍处于知识产权行政管理的第一线，其人员素质的高低直接影响到行政执法的效果。就我国目前知识产权行政执法队伍的整体素质而言，还不能完全适应改革开放和社会主义市场经济发展的要求。我国在知识产权行政执法人才队伍建设中，普遍存在知识产权行政执法人员法律知识匮乏、执法水平低，行政执法机关的进人、用人、考核、任免、奖惩等方面均未被完全纳入法制化轨道的现象，使得一些不适合做行政执法工作的人员进入了行政机关。❶

---

❶ 王守宽，金红磊. 我国行政执法存在的问题及对策探析 [J]. 行政与法，2002 (5)：71 – 72.

我国知识产权行政执法人员是通过国家录用公务员考试选拔录用的。对于报考人员的资格有一些基本的学历、年龄、工作经验等方面的要求，有的岗位对报考人员有专业方面的限制，但这些资格要求一般都比较宽泛，缺乏对报考人员必须具备的专业知识和能力的考核，缺乏对报考人员是否具有从事岗位要求的潜在能力的考查。特别是在知识产权行政执法中，执法人员必须十分熟悉所从事的执法领域的法律和法规。然而，我国尚未对专利、商标、版权行政执法人员的资格作明确规定，知识产权行政执法人员法律知识匮乏、执法水平低的情况比较普遍。

我国对知识产权行政执法人员没有从业资格的相关规定，对于已有从业人员的培训制度和资格规定也不完善。在知识产权行政执法人员培训方面，无论是国家知识产权行政主管部门组织的全国性的业务培训，还是地方政府和知识产权机构组织的培训班，一般都存在时间短、范围小、内容少、考核不严格等问题，而且没有形成定期培训的机制，是否参加培训以及培训考核是否合格也没有作为执法人员职级晋升的必要条件。我国一些地方对知识产权行政执法人员进行培训后，组织从业人员资格考试，对通过考试的人员颁发执法资格证书，这样的做法是必要的。但这毕竟是地方行为，各地方的做法也不统一，颁发的执法资格证书也有所差异。

我国《专利行政执法办法》❶ 第 3 条规定："执法人员应当持有国家知识产权局颁发的专利行政执法证件"，但我们注意到这并不是必要条件，而只是充分条件。国家知识产权局专利局、国家新闻出版总署、国家工商行政管理总局商标局都没有将行政执法证件作为每一个在编的行政执法人员必须持有的上岗证，造成我国行政执法队伍中存在执法水平不均衡的现象。

在我国一些省市制定的专利执法人员管理办法等行政规章中，对专利执法人员的资格有一定的规定。如《山东省专利行政执法人员管理办法》中规定："专利行政执法人员应具备一定的专业技术知识和法律知识，具有大专以上学历。必须参加公共法律知识和专业法律知识培训，并考试合格，取得省人民政府统一印制的行政执法证。"《北京市专利行政执法人员管理办法（暂行）》中规定专利行政执法人员需要具备的条件包括："具有大专以上学历。属于行政管理机关在编人员并从事专利管理工作一年以上，年度的公务员考核合格。熟悉专利行政执法所依据的各项法律、法规，规章的内容和必需的专利知识。通过市政府和市知识产权局组织的法律、法规培训和资格考试。"

我国对专利行政执法人员的学历背景要求比较低，对他们从事专业领域行

---

❶ 该办法之后进行了修订。——编辑注

政执法工作所要具备的知识和能力缺乏规定，没有在全国范围内实行知识产权行政执法人员持证上岗制度，有关部门对于执法人员的资格和证件管理不规范。

三、我国知识产权专业人才任职资格认定中存在的法律问题

（一）对专利代理人任职资格的规定不合理

在 2001 年底前，我国的专利代理机构一直是由政府部门及其下属单位、企事业单位、高等院校、社会团体兴办或允许挂靠的；专利代理人原来大都属于事业单位干部编制。在此背景下，为了更好地培养和合理使用专利技术干部，充分发挥专利技术干部的积极性，鼓励他们努力钻研业务，也为推动我国技术进步和经济发展服务，原中国专利局于 1987 年颁布了《专利技术人员靠用自然科学研究人员职务系列、实行〈自然科学研究人员职务试行条例〉的实施细则》（以下简称《实施细则》）。

在《实施细则》中，专利审查人员、专利代理人员靠用自然科学研究人员的专业职务系列的名称、档次。专利审查人员技术职务名称为：专利审查研究员、专利审查副研究员、专利审查助理研究员、专利审查研究实习员；专利代理人员的技术职务名称为：专利代理研究员、专利代理副研究员、专利代理助理研究员、专利代理研究实习员。专利技术人员是我国最先实行专业技术职务聘任的知识产权专业领域群体。

然而，随着我国市场经济体制的进一步确立和完善，2001 年国家知识产权局出台《国家知识产权局关于专利代理机构脱钩改制的实施意见》。脱钩后的专利代理机构改制为合伙制或有限责任制的专利代理机构。脱钩改制后的专利代理机构就和律师事务所一样依法开展业务，享有民事权利，承担民事责任。专利代理人的身份也随之发生转变，和律师一样是依法独立开业或独立从事专利代理工作。我国《专利代理条例》规定，专利代理机构的业务范围包括：提供专利事务方面的咨询；代写专利申请文件，办理专利申请；请求实质审查或者复审的有关事务；提出异议，请求宣告专利权无效的有关事务；办理专利申请权、专利权的转让以及专利许可的有关事务；接受聘请，指派专利代理人担任专利顾问。

我国《自然科学研究人员职务试行条例》中规定："为了发展科学技术，充分发挥研究人员的创造精神，促进研究人员合理流动，建立研究人员岗位责任制，特制定本条例。研究职务是根据科学研究的需要而设置的，有明确的职责、限额和任期，研究职务实行聘任和任命制度。"可见，我国自然科学研究人员职务是为科研院所从事科学研究工作的研究人员设置的，而专利代理人从

事的并不是自然科学研究工作。因此，我国原来在专利代理人中设置的靠用自然科学研究人员的技术职务的暂行措施已不能适应岗位的变化和需求。

（二）对企事业单位知识产权管理人才任职资格的规定不规范

2006 年 4 月 12 日，上海市人事局、上海市知识产权局颁布了《专利管理工程技术人员任职资格暂行办法》，在全国率先推出了"专利管理工程师"职称制度。上海将专利管理列入工程技术人员的职称系列，计划通过 3 ~ 5 年的时间培养 1 万名专利管理工程师，构筑从助理工程师、管理工程师和高级管理工程师的一个系列。中级通过考试取得资格，高级通过考试和评聘两方面取得资格。

据介绍，专利管理工程师的工作职责主要有：负责企业内专利、商标的申请、维护、日常管理；建立商业秘密的保护制度并监督执行；科研开发立项前的资料检索，以及收集科研的日志、记录，建立档案；发生知识产权纠纷时，与律师进行沟通，准备相关材料；在企业涉外贸易或合作时，在涉及知识产权的问题上保护企业的权益。❶

武汉继上海之后成为第二个启动专利管理工程师职称评聘的城市，将评聘的专利管理专业技术职务分为初、中、高 3 个级别。申报晋升专利管理专业高、中级专业技术职务的人员须参加全国、全省组织的职称外语和计算机考试。在任职资格评审中，将着重考查专利管理人员的实际工作能力与业绩。❷ 江苏也闻风而动，甚至提出要把专利工程师改名为知识产权工程师。

上海、武汉、江苏等省市建立的"专利管理工程师""专利工程师"或"知识产权工程师"职称制度，虽然也是将相关人才列入工程技术人员技术职务系列，但在制度设计上存在一定的缺陷。首先，该职称制度的名称不够规范。企业的知识产权管理不仅仅包括专利管理，还应该包括对商标和商业秘密的管理和使用，显然，"专利管理工程师"或"专利工程师"的称法不能涵盖企业知识产权管理的全部内容，而"知识产权工程师"的名称又过大，因为知识产权的范围太大，知识产权工作的种类繁多，"知识产权工程师"没能体现出工作的范围和职责特点。其次，我国《工程技术人员职务试行条例》设置的工程技术职务名称为：技术员、助理工程师、工程师、高级工程师 4 个级别，而上海、武汉的现实做法都是设置了 3 个级别，而且级别的名称还不统一。今后，如

---

❶ 上海市将专利管理工程师纳入技术职称系列［EB/OL］.［2006 - 10 - 14］. http：// www. chinamet. com. cn/cn/bwdt/details. jsp？id = 3609.

❷ 武汉市将"专利管理工程师"纳入专业技术职称系列［EB/OL］.［2006 - 10 - 14］. http：// www. gov. cn/gzdt/2006 - 07/28/content_348963. htm.

果其他省市也参照此做法制定地方政策的话，必然造成全国对企事业单位知识产权管理人才的任职资格评价不统一的混乱情况，也不利于人才的合理流动。

国家知识产权局在《2007—2010年"百千万知识产权人才工程"实施方案》中明确指出：要建立和规范企事业单位知识产权工作者（工程师）管理制度。积极探索建立企事业单位知识产权工作者职业水平评价制度，加快推进国家企事业单位知识产权工作者（工程师）管理制度建设，加强企事业单位专业人才培训，强化企事业单位知识产权专业人才激励机制。

（三）缺乏对商标审查员任职资格的规定

我国对专利审查员实行了靠用自然科学研究人员的专业职务系列的暂行措施，设置了专利审查研究员、专利审查副研究员、专利审查助理研究员、专利审查研究实习员技术职务，规定了相应的任职资格。然而，我国对商标审查员却没有参照专利审查员实行专业技术职务聘任制度，缺乏对商标审查员任职资格的规定。

目前，由于我国对商标审查员身份管理的矛盾，商标审查员在录用时要参加国家公务员考试，但是录用后却不具有公务员身份，属于事业单位编制，参照公务员管理。按照《新录用国家公务员任职定级暂行规定》，我国新录用的商标审查员在试用期满经考核合格后，予以任命职务，确定级别。在任职期间，商标审查员职务和级别的晋升完全是按照公务员系列执行。商标审查员的任职定级和晋升并不需要考核他们的专业知识和技能，没有与商标审查员的专业知识和能力水平相挂钩，无法体现其工作的专业技术性和特殊性，不能很好地激发商标审查员的工作积极性，不利于商标审查员专业知识和能力水平的提升。而其他国家和地区在商标审查官制度中，不仅对商标审查员有严格的资格规定，而且要求在上岗前都要经过严格的培训与考核；在商标审查员每一级别的晋升中，都要经过进一步的严格训练与考核，对其是否具备能够升任高一级别的职务的知识和能力进行评价与考核，促使每一名商标审查官不断学习，提高自身的知识和技能水平。在美国、日本等国，商标审查官的任职级别与公务员级别是互相对应的，这一点十分值得我国在制定相关法律制度时加以借鉴。

其实，在我国专利审查员中同样存在着身份管理的矛盾，但是，随着我国市场经济体制和知识产权制度的建立与完善，我国充分注意到了专利审查员工作的专业技术性特点，在专利审查员中实行了专业技术职务聘任制度，有效地激发了专利审查员的工作积极性，提高了我国专利审查工作的质量和效率。我国商标审查员和专利审查员肩负着同样重要的职责，而我国知识产权事业的蓬勃发展也对商标审查员的任职水平提出了更高的要求。因此，我国必须根据商标审查工作的需要，对我国商标审查员的任职资格作出明确规定。

（四）缺乏对商标代理人任职资格的规定

为了提高商标代理人的素质和代理质量，加强对商标代理的管理，我国《商标代理管理办法》第 18 条规定："具有法学专科以上学历或者其他专业本科以上学历及具有同等学历的人员，参加商标代理人资格考试合格的，由商标局授予商标代理人资格，颁发《商标代理人资格证书》。具有法学硕士以上学历、有一定商标法律工作经验，或者长期从事商标法律教学研究及商标行政管理工作的人员，申请从事商标代理工作的，经商标局考核批准，授予商标代理人资格，颁发《商标代理人资格证书》。"第 19 条规定：具有商标代理人资格的人员，在商标代理机构实习满一年，并继续从事商标代理工作的，可以申请取得《商标代理人执业证书》。同时，第 22 条还规定："未取得《商标代理人执业证书》的人员，不得代理或变相代理商标事宜。"我国对商标代理人的职业资格有明确的法律规定，但这只能作为对商标代理行业的准入控制。

与很多国家一样，我国的商标代理人和律师有很多相似之处，他们都属于专业技术人才，都要依法开展业务或从事专业技术工作，都实行了执业资格制度。不同的是，国家为促进律师队伍建设，加强对律师人员的培养、考核与合理使用，鼓励律师努力学习提高素质，推动律师事业的发展，在律师系统中实行了专业技术职务制度。按照《律师职务试行条例》的规定，律师专业技术职务设五个级别：一级律师、二级律师、三级律师、四级律师、律师助理，其中，一级律师、二级律师为高级职务；三级律师为中级职务；四级律师、律师助理为初级职务，不同的职务有不同的任职条件和不同的岗位职责。此外，对于同样是在代理机构中任职的专利代理人，国家通过出台行政规章，在专利代理人中设置了专业职务系列。

然而，我国对商标代理人既没有实行专业技术职务制度，也没有其他形式的对其任职资格的规定。缺乏对商标代理人任职资格的规定，不利于激发商标代理人的工作积极性，不利于进一步提高他们的业务素质和水平。

四、一些国家和地区相关法律规定的借鉴

（一）欧洲各国对申请专利代理人资格的资质条件规定普遍较高

1. 欧洲专利代理人资格条件

欧盟大约有 8000 人具有欧洲专利代理人资格，其中执业的专利代理人约5000 人。取得欧洲专利代理人资格，应当符合以下 3 个条件：①通过欧洲专利局组织的专利代理人资格考试；②是《欧洲专利公约》成员国的国民；

③在《欧洲专利公约》成员国中工作或者有营业场所。❶

专利代理人资格考试的报考条件为：具有理工科大学本科背景；具有从事专利代理工作的经历，硕士要求 3 年，本科要求 6 年，本科以下学历要求 10 年。❷

2. 德国的相关规定

在德国，申请参加专利代理人资格考试，除必须具有理工科大学学历外，还需要有以下 3 个阶段的专利代理工作实践经历：

第一阶段，担任为期至少 26 个月的专利代理人助理。在此期间，申请人要向德国专利商标局提交一份关于其培训情况的报告。实习导师必须具有 5 年以上的代理执业经历。

第二阶段，参加法律知识培训。申请人有 1 年以上工作经历后，还需要经过至少 22 个月的法律知识培训，在大学教授的指导下学习有关的法律知识。

第三阶段，到德国专利商标局和联邦专利法院实习。申请人要到德国专利商标局进行 6 个月的实习，并了解联邦专利法院专利案件的审理过程。❸

3. 奥地利的相关规定

奥地利在 1967 年制定了《专利代理人法》，2000 年对其进行了修改。奥地利专利代理人资格考试由奥地利专利局和奥地利专利代理人协会共同组织，报考的条件是：①大学毕业（自然科学领域）；②有 5 年以上从事专利代理人助理工作的经历或者有在专利局从事 10 年以上审查工作的经历。考试通过者将直接录入专利代理人名册。❹

4. 瑞典的相关规定

瑞典实行职业自由的就业制度，只有极少数行业的准入需要经政府授权。在瑞典，专利代理同其他自由职业一样，没有准入限制，任何人都可以从事专利代理。但是，瑞典也成立有自由执业专利代理人协会以及工业界专利代理人协会，作为行业自律组织，负责专利代理人的指导、培训、监督、惩戒。瑞典自由执业专利代理人协会成立于 1884 年，所有自由执业的专利代理人都是其会员。目前，该协会有 220 名登记注册的专利代理人，有 125 名正在接受培训但尚未通过考试的"被考察人员"。瑞典工业界专利代理人协会中有 240 名注册的专利代理人，有 160 人在企业从事专利工作，其中 100 人同时是欧洲专利代理人协会的会员。据介绍，目前瑞典正积极努力通过立法，确立需要经过政

---

❶❷❸❹　张耀明，黄文军，等. 欧洲专利代理制度考察报告［J］. 电子知识产权，2005（1）：30－31.

府授权才能执业的专利代理人制度。❶

欧洲各国对专利代理人的报考资格，在学历背景和实践经历方面，都有着相当高的要求；第一，要求具备大学理工科毕业的学历背景；第二，要求专利代理人在申报专利代理人资格考试之前，已经具有专利代理方面的实践经历，如担任代理人助理，而不是仅仅有从事其他相近工作的经历。这一点是专利代理人具有较高水平、为公众所认可的重要保障。此外，在专利代理人资格考试方面，欧洲各国都有十分严格的考试制度，而且其考试科目和考试内容十分注重考查考生的实际工作能力和全面的法律知识。欧洲专利局、德国、奥地利都不采用选择题、判断题等客观题型，而是采用文书撰写等主观题型，以便更为准确地了解考生的实际水平，使得靠临考前突击和碰运气而侥幸通过的可能性很小。欧洲国家的普遍做法在确保专利代理人质量的同时，也确保了专利代理人队伍的稳定。

（二）一些国家或地区对专利、商标审查人员资格的取得有严格规定

一些国家或地区非常重视对知识产权审查人才的培养，如欧洲、美国、韩国、澳大利亚、日本，都建立有专利、商标审查人员制度，不仅对专利、商标审查员的资格有明确规定，而且都建立了严格的专业培训和考核制度。只有通过长期规范、严格的专业培训和考核的人，才可能成为专利、商标审查人员。

1. 欧洲专利局专利审查官资格的取得

欧洲专利局对专利审查官资格的要求有以下3点：拥有欧盟成员国国籍；获得工程或自然科学学位；具有官方语言的知识和能力。有些专利审查员有行业工作经验，但这不是必要的条件，因为专利审查员有专门的培训。专利审查员可以专攻欧洲专利局特许的发明专利技术的任一领域，如计算机科学、电和半导体技术、工业化学、有机化学、电子学、钟表学、机械工程学、测量学、光学、电信学、高分子化学或土木工程。❷

欧洲专利局会对新进员工提供广泛的训练，因为他们绝大多数在加入该局之前都未接触过知识产权，此外，还有语言精进训练课程，以提升他们的外文能力。对专利审查人员的培训主要分为3个阶段：基本课程、实习训练及永续课程。前两个阶段总共约需2年，第三阶段则为不定期、持续性的进修

---

❶ 张耀明，黄文军，等. 欧洲专利代理制度考察报告 [J]. 电子知识产权，2005（1）：30–31.

❷ Patent Examiner. This Occupational Profile Forms Part of Prospects Planner [EB/OL]. [2007–04–22]. http：//www. prospects. ac. uk/links/discrimination.

课程。❶

2. 美国审查官资格的取得

美国专利商标局（United States Patent and Trademark Office，USPTO）规定，审查官必须是美国公民且至少获得物理学、生命科学、工程学或计算机科学等学科领域的学士学位。更高的学历和在相关技术领域的工作经验也是非常重要的。具体的领域包括：计算机科学（有微积分学、微分方程和统计学）、电子工程学、机械工程学、农业工程学、生物医学工程学、陶瓷工程学、纺织工程学、计算机软硬件工程学、运输和建筑工程学、冶金工程学、材料工程学、物理学、化学工程学、无机化学、生物学、药理学。❷

美国对专利审查官的培训分为两大类：一是对新聘专利审查官的基本培训（formal training）；二是审查官的在职训练（on-the-job training）。USPTO 会提供约 200 小时的第一阶段培训课程，由 USPTO 内部的训练机构（Office of Quality Management and Training，OQMT）负责。根据 USPTO 的人员培训统计数据显示，在 2000 年，平均新进（第一年）审查官的受训时数约为 124～203 小时，而资历超过 1 年的审查官亦须接受约 132～173 小时的在职训练。❸

3. 韩国审查官资格的取得

韩国最高法院《技术审查官规则》第 2 条"技术审查官的资格"规定：①技术审查官任命为法院的 4 级或 5 级公务员。②技术审查官应当具备下列资格之一：a）在韩国知识产权局作为审查官或法官 5 年以上；b）任 5 级或 5 级以上公务员 5 年以上，并且作为国家工作人员从事工业技术或科学技术工作 7 年以上；c）在科学技术分支领域获得硕士学位，并且在相关领域从事经营或研究 10 年以上；d）在科学技术分支领域获得博士学位；e）根据国家技术工作许可法，获得许可从事被认证的技术工作。❹

4. 澳大利亚审查官资格的取得

澳大利亚知识产权局对专利审查员的录用十分重视，条件要求较高：①具有理科、工科、澳大利亚第三协会或专利审查部长认为符合工作要求的类似研

---

❶ 刘江彬，刘孔中，等. 专利审查人员培训机制之制定［M］//2002 年度生物技术及智慧财产权跨领域人员培训计划. 2002.

❷ 参见：http://en.wikipedia.org/wiki/Patent_examiner。

❸ 刘江彬，许牧彦. 智慧财产政策研究［R］//财团法人"工业技术研究院"产业技术政策研究计划结案报告. 2003：45－46.

❹ 国家工商总局赴日韩考察团. 日韩商事公务员监督机制与启示［J］. 中国工商管理研究，2006（1）：59－63.

究机构认可的学位或证书，或者被国家海外技能认证办公室（National Office for Overseas skills Recognition，NOOSR）或类似机构认可的与上述资格相当的海外资历；②澳大利亚工程师协会资深会员、澳大利亚工程师协会正式会员中任何等级的成员（如荣誉研究员、研究员、会员）；③澳大利亚医学试验科学家研究院成员；④皇家化学研究院的准成员；⑤具有专利审查部长认为具备工作所要求的学位、证书或相关工作经验的人。新审查员的培训主要分为以下几个模块进行：澳大利亚专利体系、澳大利亚专利法、法律实务、审查程序、专利检索、PCT 的检索和审查，而成功通过各个模块的培训是被正式录用的必要条件。全程培训要经过 12 个月，每类培训的内容都着重培养能力，并需要通过能力考试，如对专利申请的结构、审查员要能归类并讲出理由。12 个月培训以后，还必须经过 18 个月的审查实践，合格后方可成为正式的审查员。审查员分成几个级别，达到某一级别，才可能做相应的工作。2 年半以后随着能力的提高，可以做更多的事情。正式成为审查员 3 年后便可独立审查。❶

5. 日本审查官资格的取得

日本《商标法》第 17 条和《专利法》第 47 条第 2 项，对商标、专利审查官的资格有明确规定。日本特许厅在其 2004 年修订的《基本培训方针》中，还详细规定了商标审查官应该具备的知识和能力，具体包括商标审查的基本知识和专业知识、进行商标审查的实际操作能力、进行国际交流的知识与能力、组织管理能力。❷

日本特许厅对商标审查官的选拔录用和考核比较严格，有一套完整的程序。只有通过了日本 2 类、3 类公务员录用考核合格者，才能被日本特许厅作为事务工作人员录用，之后工作 3 年以上，并接受所谓核心工作人员的培训，才能参加商标审查官考核。考核内容包括是否具备了担任商标审查官职务所需的知识、理解力、运用能力以及判断力，是否精通专利行政和与之相关的法律、政治、经济、社会等事宜，以及一般素质和常识（包括外语能力）的掌握情况。通过考试，成为候选商标审查官。候选商标审查官需要具有 2 年以上的审查工作经验，并完成了审查工作人员培训课程，才能被正式任命为商标审查官。在此之后，尤其是每次晋升职务时，审查官都要接受十分频繁的相关培训，如上级审查官培训、特别进修、语言进修、海外留学、派往大学旁听、实

---

❶ 澳大利亚知识产权局专刊 [EB/OL]. [2007 - 03 - 22] http：//www. sipo. gov. cn/sipo/gjhz/qkjs/200503/t66861. htm.

❷ 日本特许厅的商标机构设置和审查官培训制度 [EB/OL]. [2007 - 03 - 12] http：//www. cta315. com/fa_gui_vewe. asp? infor_id = 6816&class1_id = 8.

习、参与法律修改、海外专家派遣、大使馆工作等。通过这些培训，审查官的能力能够得到充分的锻炼。随着工作经验的不断积累，成绩突出者有机会获得特许厅厅长的任命，慢慢地成为一名高级审查官、首席审查官、副总审查官和总审查官。

日本特许厅历来重视对商标审查官的培训工作。早在 1997 年，日本特许厅就制定了针对商标审查官的《基本培训方针》，开始对审查官进行系统的培训。这一工作在 2002 年日本政府制定《知识产权政策纲要》，提出知识产权立国方针之后，得到了进一步加强，因为在《知识产权政策纲要》提出的保护知识产权的四大战略中，强调人才战略是关键，其他三大战略的顺利实施有赖于人才战略的成功实施。为了适应国家这一知识产权战略以及围绕知识产权所发生的巨大变革，日本特许厅于 2004 年 10 月对 1997 年制定的《基本培训方针》进行了修改，加大了对人员培训的财力、物力的投入，目的就是要培养一流的审查人员，创建一流的商标审查质量和速度，成为世界一流的商标审查机关。

根据日本的相关法律和规定，成为一名商标审查官，必须经过一系列的培训并参加考试。以下由日本特许厅提供的表格，详细介绍了成为一名商标审查官的过程。详见表 1。

表 1　日本商标审查官培训选拔过程

年	职务	需要接受的培训项目
第一年	行政官员	对新学员进行培训（学习作为国家公务员的价值观念以及作为日本特许厅工作人员所需掌握的工业产权管理的基本知识）
第二年	—	—
第三年	—	对中等水平的公务员进行培训（增加中等水平公务员所需要的实际应用知识，以及获得与工业产权相关的法律知识和国际知识产权法律知识）
第四年	—	助理审查员选拔考试： 1. 考察一名助理审查员开展业务所需要掌握的知识、理解能力、应用技巧和判断力。 2. 考试分为以下两部分，采取笔试和口试的形式：①专利商标管理以及同专利商标管理相关的法律、政策、经济和社会方面的知识；②综合文化知识［包括外语（英语）］
第五年	实习助理商标审查官	针对助理审查官的课程（学习作为商标审查官的基本任务和审查的基本知识，例如，综合的法律背景知识，与工业产权相关的法律、协定和审查业务的有关的基本专业知识）
	助理商标审查官	—

年	职务	需要接受的培训项目
第六年	—	1. 针对审查员的培训课程：掌握有关工业产权的法律、协定和审查业务的专业知识，以及该阶段审查员必须具备的解决问题的能力和实用知识。 2. 通过进行商标审查，提高审查官实际操作的熟练程度，并掌握作为一名审查官所需要的更加宽广的理解力和洞察力
第七年	商标审查官	—

由此可见，要在日本成为一名商标审查官需要经过漫长的过程。只有通过每一个阶段的学习、实践与考核，才有可能成为一名真正的商标审查官，这看似艰难的过程却为日本商标审查官奠定了扎实的知识和能力基础。

综上所述，欧洲和美国、日本、韩国、澳大利亚都对专利、商标审查官资格的取得有着明确的规定。而且，由于世界上大多数国家和地区都是通过公务员考试选拔和录用专利、商标审查人员，新录用人员大都未曾接触过知识产权，因此，这些国家和地区都制订了针对性较强的培训或训练计划，以期通过较长时间的专业训练提升专利、商标审查官的审查水平，十分值得我们思考和借鉴。

（三）一些国家对商标审查人员的任职资格有严格规定

1. 日本商标审查官的任职资格

日本在商标审查官中分为"实习助理商标审查官""助理商标审查官""商标审查官""高级审查官""首席审查官""副总审查官""总审查官"7个等级，美国的专利/商标审查官分为初级、中级和高级3个级别，级别不同，对其任职资格的要求也有所不同。

2. 德国商标审查官的任职资格

德国专利商标局对审查官的任职资质要求很严格，将审查员分为初级审查官与高级审查官两个层级，两者的职责权限不同，工资待遇差别较大。不论哪个层级的审查官，都必须完成相应的学历教育。经多种专门培训、严格的考试选拔以及长期的双向选择之后，留在德国专利商标局工作的人一般比较安心本职工作。初级审查官从事一般商标注册申请审查工作；高级审查官从事商标异议等案件的审理工作❶。

---

❶ 解析德、英、欧盟商标司法审查制度［EB/OL］.［2007 – 03 – 12］. http：//www. sinotm. cn/redirect. php？tid = 73&goto = lastpost.

可见，一些国家不仅对商标审查人员的任职资格有明确的规定，而且在商标审查人员的公务员或类似的职级或职务晋升中，都设置了进一步严格的培训和考核，这一做法十分值得我们在设置商标审查员任职资格时加以借鉴。只有对在职人员不断加强培训并以制度形式进行规范，才能激发和促进他们加强自身的理论和实务学习，提高专业知识和技能水平。

五、完善我国知识产权专业人才资格认定的法律建议

（一）完善我国知识产权专业人才职业资格认定的法律建议

一些国家或地区都建立了职业资格证书制度，对专业技术人才的知识和技能水平进行评价。从 1994 年起，为了适应我国经济社会发展和经济全球化的需要，建设一支专业化、社会化和国际化的专业技术人才队伍，我国开始实施职业资格证书制度。我国职业资格证书管理分为两类：一种是专业技术人员职业资格，由人事部负责统一管理；另一种是技能工种人员的职业资格，由劳动和社会保障部负责统一管理。

人事部 1995 年颁布的《职业资格证书制度暂行办法》第 3 条规定：专业技术人员职业资格是对从事某项专业技术性工作的学识、技术和能力的基本要求，包括从业资格和执业资格。从业资格，是政府规定从事某一类专业技术工作的学识、技术和能力的起点标准。执业资格，是指政府对某些责任较大、社会通用性强、关系公共利益的专业技术工作实行准入控制。执业资格是专业技术人员依法独立开业或从事某种特定专业的学识、技术和能力的必备标准。执业资格处于最高法律地位和专业层次，是专业技术人员依据相应法律、法规在某一专业领域执行业务的资质条件，也是个人在择业竞争中实力的标志。❶

知识产权专业人才是从事知识产权专业技术工作的专门人才，对各类知识产权专业人才的学识、技术和能力都应该有不同程度的要求。随着我国知识产权制度的建立和完善、知识产权保护水平的提升、国家知识产权战略的制定和实施，知识产权专业人才发挥着越来越重要的作用。特别是我国加入世界贸易组织（WTO）后，对外贸易日益频繁，更需要高素质的知识产权专业人才以增强我国在知识产权竞争中的优势作用和竞争力。为此，我国应该在知识产权专业人才中逐步建立和完善其职业资格制度，并将其作为我国职业资格证书制度的一部分，由人事部实行统一规划和管理。

---

❶ 中国人事科学研究院. 2005 年中国人才报告：构建和谐社会历史进程中的人才开发［M］. 北京：人民出版社，2005：74.

在知识产权专业人才职业资格证书制度中，职业资格也分为从业资格和执业资格。建议在各类知识产权代理人中实行执业资格制度，在企事业单位知识产权管理人才中实行从业资格制度，一并纳入我国职业资格证书制度的统一规划和管理中。目前，我国在律师和教师中已经推行了职业资格制度，知识产权律师和教学人才可以直接套用。

我国社会学家和人事研究工作者指出，职业资格制度的重要意义在于它选拔和培养了一大批市场经济需要的专业人才，并提高了从业人员的业务素质、职业道德水平和参与市场竞争的能力；而且，它促进了有关行业管理体制的改革，规范了市场经济秩序；此外，它还推动了中国人才管理制度与国际接轨。改革开放特别是确定建立社会主义市场经济体制以来，中国逐渐从计划经济体制的束缚中解放出来，个人有了选择职业的自由。过去中国的劳动者被称作社会大机器上的"螺丝钉"，强调的是国家利益优先，个人的职业志向被忽视。中学或大学毕业后由国家分配工作，基本上一定终身，很少有自主择业的机会。改革开放和社会主义市场经济体制的确立，使劳动者这个生产力中最活跃的因素得到重视，个人的职业志向与国家的总体利益在市场经济的运作中得到兼顾，一方面促进了全社会人力资源的合理配置，另一方面使公民的自由择业权利得到保障。职业资格制度逐渐代替以身份和地域限制公民选择职业的体制，正是表明就业领域向着更加注重个人职业能力的方面转变。职业资格制度是一个进步，因为它遵循的是所有职业向所有劳动者开放的原则，就业岗位的获得取决于个人能力，而不再与户口和身份挂钩。

1. 完善各类知识产权代理人才的执业资格制度

完善各类知识产权代理人才的执业资格制度，主要包括两个方面的工作：一方面，修改我国《专利代理条例》中对申请专利代理人资格的资质条件的有关规定；另一方面，通过出台行政规章，将我国在各类知识产权代理人中实行的资格考试和证书制度纳入国家职业资格证书制度中的统一规划和管理中，建立各类知识产权代理人的执业资格制度。

为什么要在知识产权代理人才中实行执业资格制度呢？《职业资格证书制度暂行办法》中规定了，在某些责任较大、社会通用性强、关系公共利益的专业技术工作实行准入控制，执业资格是专业技术人员依法独立开业或从事某种特定专业的学识、技术和能力的必备标准。我国各类知识产权代理机构在2001年底脱钩改制后，代理人的身份也发生了转变，他们也要和律师一样依法独立开业或从事某种特定专业技术工作，而我国在律师中实行了执业资格制度。此外，我国《商标代理管理办法》第 2 条规定："商标代理人是指取得

《商标代理人执业证书》并从事商标代理业务的人员。"对于《商标代理人执业证书》的申领，《商标代理管理办法》现行法律规定：要具有商标代理人资格；在商标代理机构实习满一年，并继续从事商标代理工作。其中，具有商标代理人资格就是要持有《商标代理人资格证书》。同样，专利代理人执业也要持有《专利代理人资格证书》和《专利代理人工作证》。可见，我国现行在知识产权代理人中实行的就是执业资格制度，因此，在国家职业资格证书制度中也应该建立知识产权代理人的执业资格制度。

随着我国经济社会的发展和与世界的接轨，有必要适当提高我国专利代理人的资质条件。我国应该借鉴欧洲各国的实际做法和经验，主要从对申请人的学历背景和实践经历要求上，提高我国《专利代理条例》中对申请专利代理人资格的条件规定。具体来说，修改《专利代理条例》第15条中的有关规定，将可以申请专利代理人资格的条件之（二）中的"高等院校理工科专业毕业（或者具有同等学力）"修改为"具有高等院校理工科专业本科及以上学历"；将条件之（三）中的"从事过两年以上的科学技术工作或者法律工作"修改为"必须从事过专利代理及其相关工作（如担任代理人助理）"。另外，还可以增加一条相关规定，对具有学士、硕士或博士学位的人，对其实践经历的要求可以有所区别，主要体现在时间年限上，学历层次越高，对其实践经历年限的要求可以适当降低。这一规定是借鉴欧洲专利代理人资格的报考条件中，对从事专利代理工作的经历要求：硕士为3年，本科为6年，本科以下学历为10年。其实，我国《商标代理人资格考核办法》对取得商标代理人资格的条件要求，也体现了这一原则：具有法学研究生以上学历，从事商标注册或者商标行政管理工作5年以上；具有大学本科以上学历，从事商标法律教学研究工作或者知识产权审判工作10年以上；具有大学专科以上学历，从事商标注册工作8年以上或者从事商标行政管理工作10年以上，或者担任商标行政管理部门处级以上领导职务5年以上。

2. 建立企事业单位知识产权管理人才的从业资格制度

一直以来，我国企事业单位知识产权管理人才始终在夹缝之中求生存，在企事业单位中的地位和作用不明显。由于企事业单位和知识产权管理人才自身对知识产权管理的重要性认识不足，从而对知识产权管理专业人才的重要地位和作用缺乏清楚的认识。国家有关部门对律师和企业法律顾问都实行了执业资格制度，而对于企事业单位知识产权管理人才的从业资格却没有任何规定。前文探讨过企事业单位知识产权管理人才的工作职责，他们在企事业单位的知识产权管理、科研、对外贸易、法律工作中，都扮演着重要角色，因此，有必要建立起从业资格制度。

我国《职业资格证书制度暂行条例》规定："从业资格通过学历认定或考试取得。具备下列条件之一者，可确认从业资格：（一）具有本专业中专毕业以上学历，见习一年期满，经单位考核合格者；（二）按国家有关规定已经担任本专业初级专业技术职务或通过专业技术资格考试取得初级资格，经单位考核合格者；（三）在本专业岗位工作，经过国家或国家授权部门组织的从业资格考试合格者。"建议企事业单位知识产权管理人才从业资格的取得最好采取资格考试的办法，在资格考试前可以组织专业培训，以此提高从业人员的素质和水平。

同时，要完善相关配套法规和措施，特别是在企事业单位知识产权管理机构设置方面，虽然现行的《企业专利工作管理办法（试行）》❶ 和《高等学校知识产权保护管理规定》都规定应该设置专门的知识产权管理机构，或者至少应该配备专职的知识产权管理专业人才，然而，现实情况却是我国绝大多数的企业、科研院所和高等学校都没有设置专门机构，也没有配备专业人才，致使企事业单位的知识产权管理形同虚设，这样的现状必然会影响到知识产权管理人才的工作积极性。因此，在我国积极建立企事业单位知识产权管理人才从业资格制度的同时，国家应该在企事业单位知识产权管理机构设置方面加大管理和监督的力度，在对企事业单位知识产权管理人才高标准、严要求的同时，也为他们营造良好的工作环境和发展环境。

3. 通过行政规章规范知识产权行政人才的职业资格

这里说的知识产权行政人才，主要包括知识产权审查人才和行政执法人才。他们进入行业的途径不同于其他性质单位的从业人员，而且他们的身份不同于普通意义上的专业技术人才，还具有国家公务人员的身份，知识产权审查人才虽然不具有真正的公务员身份，但毕竟参照公务员管理，国家对其录用、职务与级别、考核等都与公务员没有差别。因此，我国对知识产权审查人才和行政执法人才职业资格的规定，不能通过建立职业资格证书制度的方式，而只能通过由国家有关部门在行业内出台行政规章的方式予以解决。

一方面，要对他们的资格作出明确的规定，这主要指的是在报考公务员的资格审查阶段时对报考人员最基本的要求，包括专业背景、学历层次、外语能力、相关实践经历等。我国目前是在公务员招录计划表中，根据具体工作岗位的要求来对外公布报考条件。建议我国有关行政主管部门在出台行政规章时，

❶ 目前该部门规章已失效。——编辑注

借鉴欧洲、美国、日本等国家和地区的相关规定，对报考人员的资质条件作出最基本的要求，如：具有大学本科以上学历，至少掌握一门外语（以英语为主）。此外，还可以通过列举的方式，限定一些需要的相关专业领域。如果某些岗位要求更高的学历层次，可以在符合条件的报考人员中择优录取。

另一方面，要建立严格的新进人员的培训和考核制度，而且最好能够以制度、政策或文件的形式确定下来。其中，在新审查员培训方面，要借鉴其他国家和地区的经验做法，根据我国的现实情况，适当延长对我国新审查员培训的时间安排，特别是延长对其实习阶段的时间安排，为新审查员创造更长的学习和适应时间，让他们打下坚实的专业知识和能力基础。对新审查员上岗前的考核也应该更加严格，改变以往单纯通过答辩考核的方式。

（二）完善我国知识产权专业人才任职资格认定的法律建议

在国际上，许多国家都没有职称制度，主要是通过专业技术职务对专业技术人才的任职资格进行规范的。近几年，我国才开始在专业技术人员中实行专业技术职务聘任，是我国职称评定制度改革以来实行的一项新制度。建立专业技术职务聘任制度，就是根据实际需要设置专业技术工作岗位，规定明确的职责和任职条件；在定编定员的基础上，确定高、中、初级专业技术职务的合理结构比例；然后由行政领导在经过评审委员会评定的，符合相应条件的专业技术人员中聘任。在我国，对专业技术人员实行专业技术职务聘任制度，是党中央、国务院决定的对我国专业技术人员管理制度进行的一项重大改革，也是落实党的知识分子政策的重要步骤，对于我国专业技术队伍的建设和社会主义事业的发展，具有深远的意义。

目前，我国在专利审查员和专利代理人中实行了专业技术职务聘任制度，但是，随着专利代理机构脱钩改制，专利代理人的身份发生了转变，原有的专业职务也就不相适应了。有些地方在企事业单位知识产权管理人才中实行了职称制度，如上海市试行的"专利管理工程师"职称制度让专利管理工程师靠用工程技术人员的专业职务系列，但是，这是一项地方举措，是否具有可推广性还需要进一步的研究和论证，而且，如果不通过国家出台政策，完全依靠地方政策，会造成全国各地做法不统一的局面，不利于对专业技术人才的合理评价。在商标审查员和商标代理人中，缺乏任职资格方面的规定。建议国家有关部门通过出台行政规章，建立和完善各类知识产权专业人才的专业技术职务制度，以有效解决其任职资格问题。

1. 建立各类知识产权代理人的专业技术职务制度

对我国专利代理人中现行专业技术职务的不合理，前文已经论述过。因此，需要在专利代理人中重新设置其专业职务系列，但是，具体设置什么专业职务系列，还需要进一步的研究和探讨。建议可以通过建立"知识产权代理工程师"专业职务制度，靠用工程技术人员专业职务或者靠用律师专业职务，这样，可以解决各类知识产权代理人的任职资格问题。

为什么可以靠用工程技术人员专业职务呢？我国《工程技术人员职务试行条例》第2条规定："工程技术职务（简称技术职务）是为生产建设、勘察设计、科技研究、技术开发和技术管理等工作岗位上的工程技术人员设置的技术职务。"第4条规定："聘任或任命技术职务的主要依据是：担任技术职务的工程技术人员，必须具备履行相应职责的实际工作能力和相应的业务知识与技术水平。并应具备相应的理工学科的学历和从事技术工作的资历。"从工作岗位来看，知识产权代理人属于技术管理岗位；从资质条件来看，知识产权代理人同样具备相应的理工学科的学历和从事技术工作的资历。从这两个条件来看，知识产权代理人都符合工程技术人员的相应条件，可以靠用工程技术人员专业职务。

为什么还可以靠用律师专业职务呢？专利代理人又被广泛地称为"专利律师"，甚至有人还提出专利代理人并入律师行业。可见，专利代理人和律师有很多相似之处，但也不无差别。我们这里且不探讨专利代理人是否应该并入律师行业，只是借此阐明专利代理人和律师职业的相似度比较高，具有可参照性，当然，商标代理人和植物新品种权代理人也在讨论范围之内。此外，知识产权代理人和律师一样，都要依法独立开业或从事某种特定专业技术工作，又都实行了执业资格制度，在职业资格方面有类似的法律制度规定。基于上述两个原因，在知识产权代理人中也可以靠用律师专业职务，设置专业职务及任职资格，实行专业技术职务聘任。

2. 建立企事业单位知识产权管理人才的专业技术职务制度

前文论述了上海市试行的"专利管理工程师"职称制度的制度缺陷。显然，这一职称制度不能解决企事业单位知识产权管理人才的任职资格问题。我国需要重新建立企事业单位知识产权管理人才的专业技术职务制度，建议靠用工程技术人员专业职务。

按照我国的通行做法，企业的人事管理的管理范围主要是企业干部以及从事领导和技术管理等工作的工作人员。其中包括了工程技术管理人员，如企业的总工程师、副总工程师、总会计师、副总会计师、总经济师、副总经济师以及在企业中担任工程技术工作并具有工程师、助理工程师、会计师等职称的工作人员。我国《工程技术人员职务试行条例》中规定："工程技术职务（简称技术职务）是为生产建设、勘察设计、科技研究、技术开发和技术管理等工作岗位上的工程技术人员设置的技术职务。"可见，我国企事业单位知识产权管理人才靠用工程技术人员专业职务是比较合理的。

建议国家有关部门可以通过出台行政规章，明确企事业单位知识产权管理人才靠用工程技术人员专业职务，并据此设置专业职务名称、职责和任职资格；也可以参照上海市的做法，出台企事业单位知识产权管理人才任职规定，建立"企事业单位知识产权管理工程师"职称制度。具体做法还有待国家有关部门的进一步研究和制定。

3. 建立商标审查员的专业技术职务制度

建立商标审查员的专业技术职务制度，可以通过国家工商行政管理总局出台行政规章，参照专利审查员的专业职务设置，在商标审查员中靠用自然科学研究人员专业职务系列，设置商标审查员的专业职务和任职资格。

受计划经济体制长期占据我国的社会经济生活的影响，我国对人才的管理具有浓重的计划色彩，形成了中国特有的人事管理制度。而我国知识产权专业人才队伍形成于改革开放以后，我国已经开始由计划经济体制向社会主义市场经济体制转轨，要求对人才进行客观、合理的评价。在知识产权专业人才管理中，我国一直用以往的人事管理制度"生搬硬套"，故而出现了与知识产权专业人才评价不相适应的一些制度和做法，严重影响了知识产权专业人才队伍的建设和发展，而这一问题无法单纯通过立法予以解决。只有由我国市场经济体制的进一步深化带动我国人事制度的转变，才能建立一套适应市场经济体制下人才队伍形成和成长所需要的人才评价制度。根据我国目前的国情，这还需要经过相当长的一段历史时期。可喜的是，我国已经开始实行了职业资格证书制度和专业技术职务聘任制度，在专业技术人才评价方面作出了重要变革和突破。本文正是在我国这一制度框架下，提出了规范我国知识产权专业人才职业资格和任职资格的思路和做法，但对于具体的制度设计没有进行更深入的探讨，还有待国家有关部门进一步研究和制定。

论知识产权人才的培养模式[*]

黄玉烨[**]

在实施科教兴国战略和人才强国战略过程中，知识产权人才的培养已经成为我国的知识产权战略之一。知识产权人才"十一五"规划指出，要制定和落实2006～2010年"百千万知识产权人才工程"，即吸引和培养数百名精通知识产权法律法规、熟悉国际规则、具有较高知识产权专业水平和实务技能的高层次专门人才，培育数千名具有较高知识产权行政管理和执法能力的高素质行政管理人才队伍，培养数万名从事社会各类知识产权工作的专业人才队伍。而我国目前的状况是人才培养模式不合理，与市场实际需求相脱节，各高校培养的知识产权专门人才大多数是法学专业的知识产权法本科生和研究生，教学内容大多是法律课程，授予的学位也是法学学士、法学硕士和法学博士，还有一小部分是管理学的本科生和研究生。但是，仅仅掌握知识产权法律知识或管理学知识的人还不能满足知识经济时代对知识产权专门人才的需求，因为知识产权是一个集法学、经济学、管理学、科学学等学科于一体的交叉学科，理想的知识产权专门人才应当是精法律、善管理、通经济、懂英语并掌握一定科技知识的复合型人才。[●] 因此，本文将主要对知识产权专门人才的培养模式以及如何建设一支庞大的高素质知识产权人才队伍作一探讨。

一、遵循人才成长规律和特点，实施多层次分类培养

不同的人才应实施不同的培养目标与培养方案。根据当前的知识产权人才需求与教育资源状况，可以将培养模式分为短期培训与学位教育两个方面。

（一）短期培训，进行知识产权普及教育

知识产权保护在我国的历史很短，只有20多年的时间，人们的知识产权

* 本课题受中南财经政法大学教学研究项目资助。
** 中南财经政法大学知识产权研究中心副教授。
● 黄玉烨. 论高校知识产权人才的培养 ［M］//吴汉东. 改革 创新 发展——中南财经政法大学教育思想观念大讨论论文荟萃（第二辑）. 北京：北京大学出版社，2006：425－430.

意识也不强，不善于利用知识产权利器来维护自身的合法权益、增强企业的市场竞争能力。因此，非常有必要在各个领域加强知识产权的宣传与培训，提高全社会的知识产权保护意识，提高企事业单位运用知识产权制度的能力和水平，让保护知识产权成为全社会的共同行动。进行知识产权的短期培训，可以迅速地提高知识产权领域工作人员的知识产权意识，在短时间内培养知识产权急需人才。依培养对象的不同，知识产权的短期培训又可分为在职人员培训与高校在读学生教育两类。

1. 在职人员的知识产权培训

在职人员的知识产权培训可以暂时解决知识产权人才的匮乏问题。培训对象主要是政府部门与企事业单位的领导干部和知识产权管理工作人员、从事知识产权审判的法官、知识产权仲裁员、专利代理人、商标代理人、知识产权律师等。国家和地方的知识产权行政管理部门已经开展了中国知识产权培训中心的人才培训、地方知识产权局的培训工作、高等教育自学考试知识产权本科专业教育、知识产权远程教育等多种形式的知识产权在职教育和人才培养工作。如国家知识产权局中国知识产权培训中心是政府创办的负责在职人员知识产权培训的专门机构，经常对各个领域的知识产权在职人员进行专业培训；北京市知识产权局与北京工业大学合作成立了北京市知识产权教育基地，开办了各个层次的知识产权培训班，为北京市培养了一大批知识产权的急需人才；上海市知识产权局和上海市人事局共同出台了一项培养知识产权人才的措施，培养专利管理工程师。

2. 高校在读学生的知识产权普及教育

作为国家和社会未来的栋梁之材，高校在读学生需要具备一定的知识产权保护意识；作为培养人才的摇篮，高等院校有丰富的知识产权教学与人才资源。因此，高校在读学生的知识产权普及教育应当成为知识产权人才培养战略的重要组成部分。目前许多高校已经面向全校各个专业的学生开设知识产权方面的选修课程与必修课程；如上海中医药大学开设了知识产权法选修课程与专利检索必修课程；上海大学开设了知识产权案例、知识产权法导论、知识产权、知识产权概论、著作权法等选修课程，还向非法学专业的学生开设知识产权法专业的辅修课程。但这远远不够。应利用高校丰富的资源，将知识产权作为所有非法学本科生的必修课程，普及知识产权知识，提高大学生的知识产权保护意识。

（二）学位教育，培养较高层次的知识产权专门人才

短期培训，学习时间较少，在有限的时间里只能进行知识产权普及教育，仅能提高知识产权保护意识，要培养高层次的知识产权专门人才还需进行学位

教育。所以，在本科以上阶段进行知识产权学位教育有利于培养复合型的知识产权专门人才，为社会、为企业培养和输送大量的应用型人才和少量的研究型人才，其培养途径有以下三种。

（1）招收有理、工、医、农等非法学专业背景的知识产权第二学士学位学生以及法律硕士。该种模式下培养出来的毕业生主要是应用型知识产权人才，其就业范围比较广泛，他们既可以进企业、政府和司法单位等机构，也可以作律师、专利代理人和商标代理人等。

（2）招收知识产权硕士研究生。其本科专业不受限制，可以根据其本科专业背景以及自身条件的不同将其培养成研究型或应用型的专门人才。

（3）招收知识产权博士研究生。作为最高层次的知识产权专门人才，博士研究生应向研究型人才方向培养。

二、因应人才市场的需求，规模培养有理工背景的法律硕士

市场需求决定人才培养的导向，知识产权专门人才培养的目标、层次、数量要以市场的需求为依据，而有理工背景的法律硕士是市场需求量最大的知识产权专门人才。法律硕士专业学位教育是在借鉴美国、欧洲等国家和地区培养高层次应用型法律专门人才的基础上，结合我国的国情和教育实际而建立起来的，其培养模式与学制设置与美国的法律教育（J. D.）基本一致，其目标是培养高层次、复合型和应用型的法律职业人才。法律硕士的报考条件适合于培养有理、工、农、医背景的知识产权法律硕士。根据教育部的规定，每年一月份的法律硕士专业学位研究生全国联考，只招收具有国民教育序列大学本科学历或具有本科同等学力的非法律专业毕业生。而且专家认为，根据人才培养的经验和人才成长的自然规律，基于知识产权专门人才的知识结构和培养年限，先学理工后学法律有利于学生掌握知识，因为理工属自然科学，年轻一点学理工有利；而法律属社会科学，年纪稍大、社会阅历丰富则便于理解。❶❷

1. 知识产权专门人才的复合型知识结构要求其掌握一定的科学知识

从事知识产权保护、管理、服务等相关工作的知识产权人才离不开科技知识，因为对包括科技成果在内的智力成果的保护是全体知识产权工作者的共同

---

❶ 郑胜利. 新经济时代知识产权法律专业人才的教育［M］//陶鑫良. 中国知识产权人才培养研究. 上海：上海大学出版社，2006：108.

❷ 朱雪忠，周凤华. 美国、日本的知识产权教育及其对中国的启示［M］//陶鑫良. 中国知识产权人才培养研究. 上海：上海大学出版社，2006：201.

使命。具有尖端科技知识基础，是知识产权人才区别于一般法律人才的主要标志。❶ 如专利代理人、专利审查员必须能够理解专利申请中所包含的技术方案和发明构思，这就要求从事专利代理或专利审查工作的人员应具备一定的科技知识，达到某一科技领域普通科技人员的水平。当前，我国企业遭遇的知识产权国际纠纷越来越多，这些纠纷多数都与技术有关。从日本的 DVD 技术专利联盟 3C 在欧盟地区各海关扣押中国的 DVD 产品以及后来的 DVD 技术联盟 6C 要求中国 DVD 厂商缴纳 DVD 专利使用费，到思科诉华为软件和专利侵权等案件的发生，表明国内能够应对这些诉讼的知识产权复合型人才严重匮乏。

所以，在培养知识产权专门人才时，无论是属于哪个阶段的教育，都应强调其理工背景，即便不是百分之百地强调，至少也是百分之七八十。美国和日本培养的知识产权专门人才都注重学生原有的理工科背景。20 世纪 80 年代初期，中国《专利法》公布之前，原中国专利局和原国家教委先后举办了 9 期培训班并选送 30 多人到国外进修，培训对象均具有理工背景，现在他们已经成为我国高校第一批知识产权教学、科研和实务的骨干、专业带头人。中国人民大学和北京大学是我国最早培养知识产权专门人才的学校，它们分别于 1986 年和 1993 年开始招收知识产权双学位学生，按照培养复合型人才的目标，将第二学士学位学生的第一专业限于理、工、农、医、经济和外语，学制 2 年。这些毕业生以前都备受用人单位尤其是企业的欢迎，就业率高于其他的本科生，而且在各自的工作岗位上都取得了辉煌的成就。

2. 人才市场对理工背景的知识产权专门人才需求量最大

据专家预测，在今后 5 年内，我国企业与研究开发机构需要知识产权专业人员 3 万 ~3.6 万人，知识产权行政审查与管理人员 6000 ~6400 人，知识产权法官 400 人左右，知识产权社会中介与服务专业人才 10000 人左右，以高等院校为主的知识产权师资人才需求是 1000 人左右，知识产权制度设计与理论研究人才应保持在百人左右。其中，知识产权行政审查与管理人员包含了约 2100 人的专利审查专业人员、专利复审人员及其辅助专业人员，知识产权社会中介与服务专业人员中包含了约 3000 人的专利代理人需求。❷ 我们知道，按照规定，也是国际惯例，参加专利代理人资格考试的基本条件之一是有理工科学历背景，而专利审查专业人员则是从理、工、农、医毕业生中选拔。企业与研究开发机构需要的知识产权专业人员虽然没有硬性规定，但已经形成了一个

---

❶ 朱雪忠. 论知识产权人才的知识结构和培养 [J]. 高等教育研究，1994（2）.

❷ 陶鑫良，刘洋，等. 我国知识产权人才需求与培养初步调研 [M] //陶鑫良. 中国知识产权人才培养研究. 上海：上海大学出版社，2006：111 –121.

惯例，即它们需要的是具有与其研发项目、业务有关专业背景的知识产权专门人才，例如 IT 业需要懂计算机的，药业需要学过化工的。从上述数据来看，市场需要的知识产权人才主要是具有理、工、农、医背景的人才，而不是纯粹的法学或管理学方面的人才。

3. 高等院校知识产权工作的发展有利于规模培养知识产权法律硕士

长期以来，知识产权的学科地位较低，在法学一级学科下并没有知识产权这样一个二级学科，我国高校培养的知识产权人才大多是挂靠在民商法专业、经济法专业或者国际经济法专业之下，还有的高校是在管理学、经济学等学科中培养知识产权研究方向的硕士生和博士生，知识产权专门人才的数量严重不足，知识产权高级人才极其匮乏。近年来，随着知识产权在国际经济、科技和贸易活动中重要地位的凸显，知识产权人才培养问题被提到了国家战略的高度，知识产权的学科地位也得到了提升，高校知识产权工作有了很大的发展。2003 年 10 月 14 日，13 所大学的 18 名校长、院长和知名教授联名发出了《关于中国知识产权人才培养的倡议书》，建议"增设知识产权法为法学二级学科，增加硕士和博士学位授予点，注重招收具有理工农医专业背景的知识产权法律与知识产权管理研究生，倡导本硕连读与硕博连读模式"。从北京大学于1993 年 9 月成立我国第一个知识产权学院开始，上海大学、同济大学、暨南大学、华东政法大学、中南财经政法大学等十几所院校相继成立了知识产权学院（系），招收和培养知识产权方向的本科生、硕士生与博士生，独立开展或者与政府合作进行知识产权培训。教育部、国家知识产权局于 2004 年发布了《关于进一步加强高等学校知识产权工作的若干意见》，其中第 13 条规定："增设知识产权专业研究生学位授予点。鼓励有相应条件的高等学校整合教学资源，设立知识产权法学或知识产权管理学相关硕士点、博士点，提升知识产权的学科地位。" 2006 年，教育部批准北京大学、中国人民大学、中国社会科学院、中南财经政法大学和华中科技大学招收知识产权专业的法律硕士。这意味着知识产权的学科地位在硕士与博士层面上得到了实质性的提升，知识产权专业的法律硕士得到了认可，无疑有利于规模培养知识产权法律硕士。

三、根据复合型人才的特点，不宜进行本科生层面的培养

我国目前已经有多所高校进行本科生层面的知识产权专门人才的培养：上海大学知识产权学院已经培养了 11 届的知识产权专业方向的大法学本科生和3 届的知识产权专业管理方向的管理工程专业本科生；华东政法学院从 2005年开始招收知识产权专业的本科生；山东大学法学院也本着培养"最好的本

科生和有特色的本科生"这一指导方针，开设了"知识产权本科特色班"；还有另外两所大学也被教育部批准设立知识产权的本科专业。虽然一切都是在探索之中，但是，根据知识产权专门人才的复合型特点，不宜在本科生层面进行培养。作为第一个吃"螃蟹"的人，上海大学知识产权学院院长陶鑫良教授断然反对知识产权本科生的培养，华东政法学院知识产权学院院长高富平教授也不认为在本科阶段设置知识产权专业就是最好的，❶ 中国知识产权人才培养与普及宣传研究课题专家组组长、北京大学的郑胜利教授则提出知识产权本科生的培养不能误人子弟。

的确，从本科生的 4 年学制来看，其是无法培养出高层次的知识产权复合人才的。我们一再强调，知识产权是一个集法学、经济学、管理学、科学学等学科于一体的交叉学科，而通常情况下，在本科阶段，仅用 4 年的时间，可以培养出某一领域（如法律、管理、化工、计算机等）的专才，但不可能培养出精法律、善管理、通经济、懂英语并掌握一定科技知识的全才。有的高校在知识产权专业的课程设置上考虑到了知识产权的复合型特点，在法学课程之外，还为一二年级的学生开设了七八门理工科课程，包括生物工程、建筑材料、电子电工、计算机网络技术、化工原理等，也为此专门引进了集成电路、生物基因方面的师资。学院开设这些课程的目的固然非常理想，希望知识产权专业的学生有点理工基础，以便将来能够适应技术知识产权法律工作。问题是，其最终目的能否达到。试想，仅仅一个生物工程或者电子电工专业，学生都得花费 4 年的时间来学习，我们又如何能够在短短的 2 年时间里让学生学好七八个专业？将来他们从事集成电路代理时，是否看得懂线路图？从事生物工程法律事务时，能否分析基因图谱？这显然是值得怀疑的。本科阶段知识产权专业培养的结果，有可能仍然是法学专业或管理方面的人才，还有可能是"什么都懂一点，又什么都不懂"的"四不像"。

此外，从知识产权本科授予的学位来看，也不利于学生从事知识产权相关事务的工作。目前，知识产权专业的本科生基本上是由法学院培养，教学内容大多是法律课程，最终取得的是法学学士学位，而在我国，要求专利审查员具有理、工、农、医学位，参加专利代理人资格考试要求具有理工科大专以上的学历，也就是说，这些知识产权专业的学生将来都不具有参加专利代理人资格考试的资格，不能成为专利代理人或专利审查员。

---

❶ 2006 年中国高校知识产权人才培养会议记录［M］//陶鑫良. 中国知识产权人才培养研究. 上海：上海大学出版社，2006：51.

知识产权的学科地位与人才培养模式的思考

赵文经[*]

知识产权对于一个国家的经济社会发展具有重要的现实意义，对于一个国家的综合实力具有战略意义。2008 年 6 月 5 日，国务院发布了《国家知识产权战略纲要》（以下简称《纲要》）。国家知识产权战略的实施需要知识产权人才的支撑。《纲要》在序言部分明确指出，目前我国"知识产权服务支撑体系和人才队伍建设滞后"，提出"加强知识产权人才队伍建设""建设若干国家知识产权人才培养基地""设立知识产权二级学科"的要求。

高等学校是培养高级人才的教育机构，培养知识产权人才的任务责无旁贷地要落在高等学校肩上。笔者在文中就知识产权学科地位、人才培养现状及面临的问题进行思考，以期能抛砖引玉。

一、知识产权的学科地位

（一）知识产权的学科地位

"学科"一词所对应的英文是 discipline。1997 年，商务印书馆和牛津大学出版社联合出版的《牛津高级英汉词典》将"学科"定义为"知识的分支；教学科目"。

国家技术监督局 1992 年 11 月 1 日批准、1993 年 7 月 1 日实施的国家标准《学科分类与代码》中的定义为"学科是相对独立的知识体系"。

1997 年 6 月，国务院学位委员会、国家教育委员会颁布了《授予博士、硕士学位和培养研究生的学科、专业目录》（以下简称《目录》），《目录》"是国务院学位委员会学科评议组审核授予学位的学科、专业范围划分的依据"。学位授予单位按照该《目录》中各学科、专业所归属的学科门类培养研究生并授予相应的学位。《目录》将授予学位的学科划分为 12 个门类 88 个一级学科、381 种二级学科。研究生的培养主要是按照二级学科。确切地讲，通

---

* 烟台大学副教授。

常提及的学科建设中的学科实质上是指正式列入上述《目录》中的学科。

综上所述，学科本身应具有两重含义：一是指知识体系或学术分类；二是指为培养人才而设立的教学科目。构成一门独立学科的基本要素主要有三：一是研究的对象或研究的领域，即具有独特的、不可替代的研究对象；二是理论体系，即特有的概念、原理、命题、规律等所构成的严密的逻辑化的知识系统；三是方法论，即学科知识的生产方式。学科发展的目标是知识的发现和创新。问题是知识产权的诸种分支基于何种逻辑联系点集结为一个独立的学术领域呢？这是对知识产权的本体追问，决定着知识产权能否成为一个独立学科。《纲要》要求："设立知识产权二级学科"。这里面临的问题是在我国学历学位教育系列中，知识产权作为哪个一级学科的二级学科呢？知识产权学科涉及文化、教育、科学、经济、法律等领域，是自然科学、经济学、管理学、法学多学科的交叉与综合。我们可以从划定范围出发，来明确知识产权这个概念。知识产权的权利范围包括著作权、邻接权、商标权、商号权、商业秘密权、地理标记权、专利权、植物新品种权、集成电路布图设计权等各种权利。

知识产权的概念要远远大于知识产权法学的内涵与外延。

在中国，国内学者开始较系统地研究知识产权法学大约是自 1979 年开始的，至今 30 年的时间，但国际上研究它已有上百年的历史。有些在中国"还远没有解决的问题"，并不需要我们从零开始去做研究，因为有些问题在世界上已有公认的、可行的答案。在我国的《民法通则》❶ 中，知识产权是被规定在民事权利中的。但是，作为民法之典范的《法国民法典》《德国民法典》以及《日本民法典》均未将知识产权纳入。即使《法国民法典》《德国民法典》修订至今，其仍未将知识产权规定在财产权、物权或其他民事权利之中。知识产权之财产权是立法主体权衡各方利益，以提升社会整体利益为宗旨而立法创设的。法定性是知识产权的重要属性，知识产权的财产权只能在法律管辖的范围内生效、在法律规定的时间内存在，即知识产权相对于其他财产权特别是所有权具有地域性和时间性的特征，但从本质上看，知识产权客体的非物质性是知识产权所属权利的共同法律特征。笔者认为，知识产权法学可以而且能够成为法学的一个独立的学科。

《目录》中，法学作为一级学科（0301 法学）有 10 个二级学科，分别是：法学理论（030101）、法律史（030102）、宪法学与行政法学（030103）、刑法学（030104）、民商法学（030105，含：劳动法学、社会保障法学）、诉讼法学（030106）、经济法学（030107）、环境与资源保护法学（030108）、国际法

---

❶ 《民法通则》已于 2021 年 1 月 1 日废止。——编辑注

学（030109，含：国际公法、国际私法、国际经济法）、军事法学（030110）。《目录》中尚未将知识产权法学列为二级学科，知识产权法学被包括在民商法学和国际法学之中。因此，我们寄希望于国务院学位委员会学科评议组能够提升知识产权法学的学科地位，将知识产权法学设立为法学的二级学科。

（二）知识产权能否成为一个专业

学科与专业两者具有内在的统一性。学科是科学知识体系的分类，不同的学科就是不同的科学知识体系；专业是在一定学科知识体系的基础上构成的，离开了学科知识体系，专业也就丧失了其存在的合理性依据。一个学科可以包含若干专业；在不同学科之间也可以组成跨学科专业。专业的构成要素主要包括：专业培养目标、课程体系和专业人员。培养目标即专业活动的意义表达。课程体系是社会职业需要与学科知识体系相结合的产物，是专业活动的内容和结构。专业人员主要包括教育者和受教育者，没有"人"的介入，专业活动不可能完成。专业的目标是为社会培养各级各类专门人才，专业是学科承担人才培养职能的基地。学科是专业发展的基础，是高校的细胞组织。世界上不存在没有学科的高校，离开了学科，不可能有人才培养，不可能有科学研究，也不可能有社会服务。高校的专业是社会分工、学科知识和教育结构三位一体的组织形态，其中，社会分工是专业存在的基础，学科知识是专业的内核，教育结构是专业的表现形式。三者缺一不可，共同构成了高校人才培养的基本单位。

根据1998年教育部颁布的《普通高等学校本科专业目录》，普通高校本科教育学科专业包括哲学、经济学、法学、教育学、文学、历史学、理学、工学、农学、医学、管理学等11大学科门类，72个二级学科，249个专业。其中，没有知识产权法学专业。如果知识产权法学成为法学的二级学科，那么，知识产权法学成为硕士、博士招生的专业就是顺理成章的事情。

二、中国高校知识产权人才培养现状与发展瓶颈

（一）知识产权人才的范围

自20世纪80年代中期起，我国开始知识产权人才的培养，至今已有20余年的历史。目前，我国对知识产权人才还没有统一的定义。笔者认为，知识产权人才首先是具备知识产权意识的各行各业的专业人才；知识产权的创造依靠各行各业的专业人才在各自岗位上的创新和共同奋斗来实现知识产权大国、强国地位。这不是某个学科某个专业能够承担和完成的历史使命，这是国家创新的基础和主要力量。其次是知识产权服务支撑体系的专业人员。目前，知识

产权的专业人员分为研究型人才和实务型人才，在这一点上各界基本达成共识。研究型人才主要就知识产权基本理论、国际知识产权发展趋势、国家知识产权制度体系、国家知识产权战略实施等方面面临的新情况、新问题开展研究，并承担高层次知识产权人才培养任务；实务型人才主要从事知识产权管理和法律事务工作，如企业知识产权部经营管理人员、法律部专业人员、知识产权中介服务专业人员、知识产权审查人员、知识产权行政管理以及知识产权执法人员、知识产权司法人员等。

（二）知识产权人才培养现状

据统计，中国目前有 20 余所大学设立了知识产权教学研究机构。各高校、科研机构采取了知识产权学院（系）、知识产权中心、知识产权研究院、知识产权研究基地等组织机构形式。但是，其中大多数是近几年由所在学校依托法学院系成立的，采取"一班人马，两块牌子"的形式；个别学校内部依托管理学院；还有一两所学校单独设置知识产权研究院或学院，如山东省在烟台大学设立山东省知识产权研究院，重庆市在重庆工学院设立重庆知识产权学院。这些知识产权教学研究机构大多是在法学、管理学、经济学等学科下面开展知识产权方向的学历学位教育，探索知识产权人才培养的途径；教育机构一方面数量较少，另一方面由于没有独立的知识产权专业以及学位点，目前大多尚未形成人才的规模培养。据粗略统计，我国高等学校 20 余年来累计培养的知识产权的专业人才大约 3000 人，与我国社会经济发展对人才的需求存在较大的距离。

2004 年 11 月，国家知识产权局、教育部联合下发文件，鼓励有条件的大学整合教学资源，设立知识产权法学或知识产权管理学相关硕士点、博士点，提升知识产权的学科地位。这 20 余所知识产权教学研究机构主要分布在北京、上海、武汉、广州等经济发达城市。可喜的是，近几年山东、重庆等省市迅速赶上。2005 年，山东省先后建立了山东省知识产权研究院、山东省知识产权教学研究中心等教学研究机构。2007 年底，重庆市在重庆工学院设立了重庆知识产权学院。目前，在全国范围内，这种发展态势正在扩大，知识产权人才培养不断增加新的生力军。

（三）师资力量欠缺，尤其是高水平师资的缺乏，成为知识产权人才培养的发展瓶颈

缺少一流的师资，就难以培养出一流的学生，这毋庸置疑。《纲要》要求："加快建设高水平的知识产权师资队伍"。通过扩大和加强知识产权领域的对外学术交流合作，建立和完善知识产权对外信息沟通交流机制，鼓励开展

知识产权人才培养的对外合作，引导公派留学生、鼓励自费留学生选修知识产权专业，成为当务之急。

三、知识产权人才培养的途径与模式

（一）知识产权人才知识结构要求

知识产权人才是复合型人才。其中，实务型人才大约占到社会需要的知识产权人才总需求的 90%，他们大多从事与科技有关的知识产权工作，因此，大多数的知识产权实务型人才一般应具有一定的理工科背景，而且要有扎实的法学基础，并掌握一定的工商管理和经济学知识。

（二）知识产权人才培养途径与层次选择

根据中国的教育体制，中小学实行 12 年学制，大学本科学制 4～5 年（如医学本科为 5 年）；儿童一般在 6 周岁左右上学，大学毕业一般在 22～23 岁左右。目前中国的法学教育大学本科招生是通过高考直接从高中毕业生中录取，而一段时间内，这种体制不可能被动摇。实际情况是学生高中毕业后通过 4 年的法学本科教育后，大部分走上工作岗位，一部分继续法学专业硕士、博士学位的学习，但其中很少有甚至几乎没有再选择攻读理、工、农、医学科课程的学生，这是因为理、工、农、医学科属于自然科学，需要扎实的数学、物理、化学基础知识以及持续、系统的学习。根据经验，人在年轻时学习理工科比较有利；法律属于社会科学，学生社会阅历丰富一点则更便于其理解和掌握法律的基本知识和原则。学生先学理工，掌握一门学科的基本理论和知识，打下坚实的自然科学基础，奠定知识产权人才培养需要的理、工、农、医学科知识背景，再学习法律，这样的交叉综合有利于学生综合素质的培养与提高。《纲要》要求："建设若干国家知识产权人才培养基地。设立知识产权二级学科，支持有条件的高等学校设立知识产权硕士、博士学位授予点。"这为高等教育机构承担和完成知识产权人才培养带来了机遇。因此，将知识产权法学教育设计安排在学生大学本科毕业之后，采取知识产权法学第二学士学位教育和知识产权法学硕士、博士学位教育，是比较适宜的现实道路。这样的学制设计与美国法律教育（J. D.）的理念基本一致。

知识产权管理人才培养也可以采取类似的道路。

目前，第二学士学位教育这种培养方式已经几乎消失。究其原因，国家职称制度可能是一个现实的问题。双学位人员在本科毕业后又付出了两年的学习时间，但在职称评定中却基本等同于本科毕业生的做法，使得学生基于利益考虑放弃了双学位学习的选择，转而涌向硕士学位的学习。在"按照国家职称制度改革总体要求，建立和完善知识产权人才的专业技术评价体系"之前，这种现象不可能有所改变。

《纲要》要求："加强知识产权人才队伍建设。""大规模培养各级各类知识产权专业人才，重点培养企业急需的知识产权管理和中介服务人才。"据资料显示，到2010年，我国知识产权的人才需求总数预计为5.5万~6万人，其中，我国企业与研究开发机构至少需要知识产权专业人才约3万人。高等学校的培养能力与社会的迫切需要产生了矛盾。

那么，知识产权人才培养在本科层次是否可以呢？近几年，我国有几所高校开始招收知识产权专业本科学生，从课程设置到学位授予开始了探索与尝试。目前，规模不大。

笔者认为，普通高等学校开设辅修专业，在不延长学制的前提下，鼓励学生利用周末和假期时间辅修知识产权法学或知识产权管理学专业，是可能的途径；这样可以规避原来的知识产权第二学士学位教育体制带来的学生多付出两年的时间毕业后职称评定却等同于一般本科生的尴尬。"在高等学校开设知识产权相关课程，将知识产权教育纳入高校学生素质教育体系"成为引导在校大学生选修知识产权相关课程的一条可能的途径。全校甚至跨校选修课的开设，面向不同专业的学生，普及知识产权知识，有利于培养和提高学生的知识产权意识，可以起到面广、人数多的课程优势效应，以缓解高校人才培养难以满足社会需求的矛盾。

高校知识产权人才培养模式探析

——职业知识产权人的培育

何　铭* 王　浩** 周　磊***

当今社会已步入知识经济时代，知识经济使世界进入一个信息传递高速化、管理竞争全球化、科技发展高新化的崭新经济时代。在知识经济的社会形态中，知识产权日益成为国家发展的战略性资源和国际竞争力的核心要素，成为建设创新型国家的重要支撑和掌握发展主动权的关键。因此急需一批战略研究能力强、熟悉国际业务、精通和善于运用国际规则的知识产权高级人才。高校作为社会人才的培训基地和输出地，毫无疑问应该肩负起高素质知识产权人才的培养责任，走在社会的前列。然而现实却是高校知识产权人才培养并未形成体系，培养模式模糊，培养方向不明。

针对我国目前高校中知识产权人才的培养问题和知识结构不合理的现状，现从高校知识产权人才的知识结构和培养模式出发，探讨我国高校知识产权人才所应具备的知识产权知识结构，寻找出高校识产权人才的合理培养模式，希望从中发现一条我国知识产权普及化教育以及职业知识产权人才精英化教育的道路。

一、我国知识产权人才现状

经过多年发展，我国知识产权法律、法规体系逐步健全，知识产权领域的国际交往日益增多，国际影响力逐渐增强。但是，知识产权服务支撑体系和人才队伍建设滞后，致使知识产权制度对经济社会发展的促进作用尚未得到充分发挥。目前我国知识产权人才现状不容乐观。

（一）知识产权人才尤其是高素质知识产权人才严重缺乏

知识产权人才尤其是高素质知识产权人才严重缺乏已经成为制约我国知识产权体系发展和经济社会进步的重大障碍。

　＊　江苏大学法学院讲师，法学硕士，研究方向：法理学、知识产权法。
　＊＊　江苏大学，江苏省知识产权研究中心，工科硕士，研究方向：知识产权管理。
＊＊＊　江苏大学法学院本科。

2003 年，国家知识产权局招考的专利审查员名额只有 237 人；大部分企事业单位的知识产权法律和管理人才方面几乎是空白。但专利申请量却逐年增加：2008 年深圳国内专利申请量 3.6 万余件，同比增长 1.23%；PCT 国际专利申请量 2709 件，同比增长 24.84%，占全国年申请量近一半，连续 5 年蝉联全国第一。然而目前深圳仅有 1000 名左右的知识产权人才。按照国际标准，研发人员当中必须配备 1% ~4% 的知识产权人才，那么拥有 20 多万名研发人员的深圳应配备 2000 ~8000 名知识产权人才。即便按照最低标准，深圳的知识产权人才数量缺口也高达 1000 名。由此可见我国知识产权人才与日益发展的知识产权社会需求相脱节。

高校是我国高素质专业人才的培训基地和输出地，但目前我国开设有知识产权学院的高等学府寥寥无几。全国高校中设立知识产权学院的只有北京大学、华东政法大学、上海大学、同济大学、湘潭大学、重庆理工大学和南京理工大学。据统计，高校中接受过知识产权教育培训的学生不足 5%，全国 1500 多所高校中只有几所设有知识产权双学位专业。按照国际标准，研发人员当中必须配备 1% ~4% 的知识产权人才，而国内的知识产权从业人员总数却在 1 万人左右，严重供不应求。

（二）知识产权人才知识结构和素质参差不齐

知识产权人才应具备以下的 3 类素质，即必须具备丰富的国内外法律及国际条约的法律知识、外语等专业素质；还须有较强的管理素质，特别是企业中的知识产权人才须对经营有关的技术、产品、生产、营销、财务及文化具备相当的知识与经验，即具备一定的经营管理素质；以及理工科的知识背景，即科技研发能力，具备该领域的科技知识，了解目前该领域的研究进展，从而及时跟踪企业在该领域的研究开发情况，并相应地进行知识产权工作。

目前我国高校只偏重于对这 3 类能力中的 1 ~2 项的培养，尤其是法律知识的传播，不重视知识产权人才对科技、商务、外语等知识的掌握，完全忽视了经营管理等其他素质的培养，从而造成知识产权人才的知识结构单一化和综合能力的缺失。而从企业中脱颖而出的知识产权人才虽具有丰富的经验，却缺少知识产权方面的理论知识，使之成为只知实践工作不知总结升华的完全的经验主义者，不利于企业中知识产权知识的交流与传播。

二、我国高校现行知识产权人才的培养模式

知识产权是一门综合性的学科，这决定了知识产权人才应当具有多门学科知识融合交叉的知识结构，即文理交叉、科技与法律并举，并兼有国际贸易、

信息、外语等方面的知识。因此，知识产权人才的知识结构应该是复合型的，即"科研－法学－管理"。

国内各大高校针对知识产权人才的专业素质特征，结合自己高校的专业特点分别创造出自己的知识产权人才培养体系和模式。

（一）本科知识产权专业培养方案与模式

现行本科知识产权专业培养方案与模式，大都是以人才全面培养为主，即全面培养法学、科研与管理知识的培养模式。现以华东政法大学知识产权学院为例对此模式进行探讨。

华东政法大学知识产权学院对其学生采取 4 年制本科培养，结业后授法学学士学位。其培养目标是培养具有理工科基础、掌握管理和法律知识的知识产权复合型人才，具体要求是：具有一定的理工科基础知识，了解科技创新和发展规律，掌握知识产权经营、管理与保护实践技能，熟练掌握知识产权法律原理和实务知识，能够从事知识产权管理和法律工作的复合型专业人才。其开设的主要专业课程有：①科技基础课程，主要开设科学学与科技管理、工业设计、生物工程、化工基础、电工和电子技术等课程；②管理基础课程：企业经营管理、知识产权管理等；③法律基础课程，主要开设法理、民法、刑法、行政法、经济法、国际经济法、诉讼法等课程；④知识产权课程，包括版权法、专利法、专利文献检索、商标法、管理秘密法、网络知识产权法、电子商务法等课程。

由此可见，现行国内知识产权人才培养方向是以人才全面培养为主的，即全面培训法律知识、科研知识、管理知识，使其全方位多元化发展，将其逐步培养成具有复合型能力的知识产权人才。三种素质全方位发展确实可以弥补知识产权人才的知识结构不合理以及科研素质和管理素质低的问题，但其内容却过于复杂，必然会造成学生和老师在学习和教学上的困难。例如在一个理工科为主的高校中，科研知识的教学可能轻车熟路，而管理与法律知识的教学就会比较困难。知识产权人才的培养是一个长远宏大的工程，心急是吃不了热豆腐的。知识产权人才的本科教育与研究生教育是一脉相承的，何必将所有重压都放在本科教育中，这样只会急功近利，培养不出真正的知识产权人才。湘潭大学知识产权硕士学位研究生培养方案的分类是值得借鉴的。

（二）研究生知识产权专业培养方案与模式

现行研究生知识产权专业培养方案与模式大致分为两类：一类是继续全面培养，此为华东政法大学知识产权学院模式；另一类是分类培养，例如湘潭大学知识产权硕士学位研究生的分类培养方案（分为民商法专业和理工专业）。

华东政法大学知识产权学院模式是在培养具有理工科基础、掌握管理和法律知识的知识产权复合型人才，即具有一定的理工科基础知识，了解科技创新和发展规律，掌握知识产权经营、管理与保护实践技能，熟练掌握知识产权法律原理和实务知识，能够从事知识产权管理和法律工作的复合型专业人才，并在此基础上全面拓展其科研、法律、商务的能力，增强其独立从事本学科科学研究的能力。

而湘潭大学知识产权硕士学位研究生培养模式比较特殊。湘潭大学在招收研究生之前对其原有的知识结构进行了分类，将其分为民商法类和理工类，再分别针对其原有的知识结构因人而异、因地制宜地制定与其原有专业知识相契合的培养方案，通过研究生阶段的教育，使其从原先的一种素质较强而其余两种素质较弱的专才成长为全面发展、事务能力不断提高的复合型人才。

三、我国知识产权人才培养模式初探

（一）"职业知识产权人"的概念

人是实践活动的主体，同时又是行为的设计者，因而我国知识产权战略首要依赖于知识产权人才的自身建设。笔者这里引入法学专业对于职业法律人的概念，努力通过构建"职业知识产权人"的概念和培养模式，从而对我国知识产权整体人才培训模式的构建进行分析和研究。

职业知识产权人：是指受过专门系统的知识产权专业训练，具有一定知识产权从业素养及其相应的专业操作技能，以知识产权为职业及主要生存手段的人。结合我国目前知识产权战略下的人才结构分布，具体是指国家知识产权行政主管部门的工作人员，包括国家及地方的知识产权局、科技局的国家工作人员；企业中专门从事知识产权管理、转化和维护等方面的人员；专利代理机构中从事专利申请代理的从业人员；高校中从事知识产权转化、管理和知识产权教育的教师和工作人员；律师事务所中从事知识产权维权代理的专利律师以及法院审理知识产权案件的专业法官等。这些知识产权从业人员构成了知识产权职业共同体，一般来说，具有专业上的共同追求与联系，具有共同的训练背景、共同的职业话语、共同的操作技巧、共同的思维方式。

大致说来，职业知识产权人应当具备以下要素：

（1）知识产权职业道德和操守；

（2）精通国内外知识产权相关法律；

（3）具备一定的科学技术能力（理工科知识背景）；

（4）具有一定的现代管理能力（信息收集、管理学、商业知识）。

（二）我国知识产权战略下的知识产权普及化教育

在我国《国家知识产权战略纲要》中指出："知识产权制度是开发和利用知识资源的基本制度。知识产权制度通过合理确定人们对于知识及其他信息的权利，调整人们在创造、运用知识和信息过程中产生的利益关系，激励创新，推动经济发展和社会进步。当今世界，随着知识经济和经济全球化深入发展，知识产权日益成为国家发展的战略性资源和国际竞争力的核心要素，成为建设创新型国家的重要支撑和掌握发展主动权的关键。国际社会更加重视知识产权，更加重视鼓励创新。发达国家以创新为主要动力推动经济发展，充分利用知识产权制度维护其竞争优势；发展中国家积极采取适应国情的知识产权政策措施，促进自身发展。"所以一方面，我国要注重对专业知识产权人才（职业知识产权人）的打造；另一方面，就解决职业知识产权人的人才培养土壤和输送渠道问题，我们必须把知识产权教育上升到国家战略的地位，进行全社会、全方位的普及化教育。特别是高校的在校学生，其作为职业知识产权人的预备役（准职业知识产权人），向其开展知识产权教育迫在眉睫，这关系到我国知识产权战略的成败得失。

近日，笔者在工作的大学中，随机走访了 100 名在校学生和 10 名从事学生管理的老师，重点对知识产权概念、内容、作用及其保护等相关问题进行了交流与调查。调查结果显示 35.2% 的人较为清楚地了解知识产权的概念，12.6% 的人知道知识产权的作用，只有 7.5% 的人了解知识产权的内容和保护途径。由此看来，进行知识产权普及化教育已刻不容缓。

自 20 世纪 90 年代至今，我国陆续在北京大学、上海大学、同济大学、华南理工大学等高校成立了知识产权学院，这些专门的知识产权学院独立出来，在很大程度上支持着我国知识产权教育事业的飞速发展。但其数量始终有限，各自的教育培养模式又不尽相同，不能全面实现知识产权普及化教育。笔者认为，要想实现知识产权的普及化和社会化，必须建立起一个可行性高、普及性强的统一化教育培养模式。高校可以在本科阶段设计有关知识产权知识的必修课和选修课，为广大在校学生指出知识产权的发展方向和职业知识产权人的培养道路，从而推动知识产权普及化教育。鉴于广大理工科背景的学生在自主创业和日常学习研究过程中知识产权方面遇到的问题非常突出，结合此实际情况，高校可以开设一门知识产权课程作为必修课程，将知识产权的概念普及到学生中去。其内容为介绍知识产权的基本概念和内容，尤其针对理工科背景的学生开设专利保护、专利申请、专利代理委托书的撰写等有关专利知识实务方面的课程。为培养职业知识产权人，使知识产权普及教育与知识产权的精英教育结合发展，高校在开设知识产权普及教育课程的同时，还应增设知识产权人才培养的选修课。选修课以与培养职业知识产权人的硕士、博士高等精英化教育相接轨为目的，开设理工科基础知识、管理学和法律知识的基本课程，介绍和培训知识产权方向的实务案例与知识，从而使知识产权的普及化与精英化教育相结合，将知识产权思想理念社会化，融入社会的每个行业、每个角落，把知识产权教育上升到国家战略的地位。

（三）我国职业知识产权人的培育模式探讨

职业知识产权人作为受过专门系统的知识产权专业训练，具有一定知识产权从业素养及其相应的专业操作技能，以知识产权为职业及主要生存手段的人，是从事知识产权行业的精英，是实现国家知识产权发展战略的保证，是促进社会创新与进步的关键。因此，职业知识产权人的专业化、精英化培养，在知识产权普及化教育的基础上成为知识产权人才培养的重中之重。

职业知识产权人包括的人员种类繁多，职业复杂，素质专业各异。这些人从事的行业不同，所具备的知识结构也不同。如何使这些知识产权从业人员构成知识产权职业共同体，具有专业上的共同追求与联系，具有共同的训练背景、共同的职业话语、共同的操作技巧、共同的思维方式，成为职业知识产权人的培育模式亟待解决的问题。

1. 实施精英化教育模式，在理论层面上实现知识产权人的职业化与精英化

知识产权作为一门综合性的学科，这种综合性决定了知识产权人才应当具有多门学科知识融合交叉的知识结构，即文理交叉、科技与法律并举，并兼有国际贸易、情报、外语等方面的知识。因此，高校在硕士、博士教育阶段对职业知识产权人的培养，在理论层面应当注重知识产权人才的知识结构的复合型培养，完备职业知识产权人的知识结构水平。加强高校知识产权学院的建设和发展，汇聚具有不同学术脉络的成员作为其研究与教学人员。在知识产权发达的西方，高校都拥有自己独立的知识产权学院，他们的师资由三大类组成，即商业管理博士、法律博士、科技学科博士。通过这三类学科的结合和互补，保证了知识产权人才培养师资的稳定性并有效地满足了知识产权人才培养需求的复杂性。我国知识产权人才，尤其是职业知识产权人的人才培养模式的构建可以仿照西方高校模式，设立独立的知识产权学院，从事专业的知识产权理论研究，培养科技、法律、管理相结合的复合型人才。

2. 实施企业与高校教育相结合的培养模式，在实践层面上实现知识产权人能力的实务化

培养高素质的职业知识产权人是落实国家和企业知识产权战略的重要保证。德国著名大企业都把建设一支知识产权管理专业队伍作为公司人才培养的重要组成部分，把对员工的知识产权培训作为公司员工培训的重要内容，使员工经过培训，逐步形成自觉遵守法律制度和保护企业知识产权的强烈意识，从而给员工提供学科前沿的知识及增强实务的机会。但企业有关知识产权的理论知识不足，不能全方位地培养出合格的职业知识产权人，因此将企业的实务知识产权知识与高校的理论知识产权知识结合起来就很有必要。可以将知识产权的博士后流动站设在企业中，使知识产权的理论知识融入企业中，加强企业知识产权人才的培育，为即将成为职业知识产权人的准职业知识产权人，提供学科前沿的知识及增强实务的机会，并使其在实践工作中逐步成为具有专业上的共同追求与联系、共同的训练背景、共同的职业话语、共同的操作技巧、共同的思维方式的职业共同体。因此，进一步加强企业知识产权与高校合作与交流工作，建立良好的知识产权信息渠道，是全面提高我国企业员工的知识产权意识和专业素质以及培养合格的职业知识产权人的重要途径。

四、结语

综上所述，在知识产权日益成为国家发展的战略性资源和国际竞争力的核心要素的知识经济的社会形态中，知识产权人才培养是一个系统的过程，要分阶段、多模式、多途径培养，合理利用和充分开发知识产权人才的潜能，壮大知识产权人才队伍，最后形成独立的学科，使其职业化、精英化，以适应知识经济时代日益激烈的国际竞争的需要，实现国家知识产权战略的宏伟蓝图。

关于中国知识产权人才培养的现状和建议

邓社民*

一、知识产权人才培养问题的提出及其背景

在我国古代，人们就发明了造纸术、火药、指南针和活字印刷术，为人类文明进步作出了不可磨灭的贡献，但由于"我们的法律制度本质上不是一种保护人权促进社会进步的工具，而只是消极防范和惩罚的手段"❶，所以，在我国始终没有形成保护发明创造的激励制度，因而，保护发明创造者私人利益的知识产权制度无从谈起，知识产权人才的培养更无可能。

近代，虽然洪仁玕在《资政新篇》中将西方的专利制度思想介绍到了我国，但由于太平天国的失败，专利思想并没有得到传播，在中国建立知识产权制度并无思想条件。随着西方文明的侵入，古老的东方文化——"礼法文化"❷ 在冥冥之中觉醒，被迫接受西方文明的"洗礼"。"19 世纪西方列强的入侵打破了中国历史的循环。中国人忽然发现自己正置身于一个较过去远为广阔的新世界之中，而且，面对来自这个新世界的挑战，她发现自己根本上缺乏抗争的能力。此刻，数千年的积弊同时暴露出来，以往那些原本是无碍大局，甚至于文明机体健康有益的东西也显示出弊害。这已是一个文明濒临死境的征兆了。造成这种困境的主要原因在于，在世界历史所造就的新的世界里面，中国已不再是主动的评判者，在一个年轻而强有力的新文明面前，她只是被动地受人评判。鸦片战争以后，人们只能用世界历史的尺度去度量中国历史的进程，而这个可以说导源于西方的世界历史进程与循环往复延续了数千年的中国

---

* 中南财经政法大学知识产权中心博士后，武汉大学法学院副教授，法学博士。

❶ 梁治平. 寻求自然秩序中的和谐：中国传统法律文化研究 [M]. 上海：上海人民出版社，1997：287.

❷ 中国的传统文化是"礼法文化"，礼法是中国古代的"礼"与"刑"的完全融合。它的最基本原则，不但不是权利，反倒是要彻底消灭权利的"义"，此其精神上与民法相反；又因为普遍的道德化，它又把一切都"刑事"化了，此其法律效果上与民法相悖。因此，礼法文化中是不会有私法或者民法的地位的。梁治平. 寻求自然秩序中的和谐：中国传统法律文化研究 [M]. 上海：上海人民出版社，1997：249－250.

历史竟是那样的不合。我们正可以在这样的意义上去理解 19 世纪以后中国文化的危机，以及中国古代法最终完全为西方法律取而代之的悲剧性命运。"❶

虽然清朝末年第一次颁布了中国历史上的知识产权法律，即 1898 年《振兴工艺给奖章程》，1904 年又颁布了《商标注册试办章程》，1910 年颁布了《大清著作权律》，但这都是在西方列强的"枪口之下"❷ 颁布的，主要是保护外国的知识产权。知识产权事件在中西关系中的凸显，除了中国与西方世界日益扩张的贸易这一因素，尚有两个制度上的背景：其一，知识产权的国际保护日益制度化，1883 年在法国巴黎缔结了《保护工业产权巴黎公约》，1886 年在瑞士日内瓦缔结了保护版权的《保护文学艺术作品伯尔尼公约》。这一知识产权保护的制度化为外商推动中国的知识产权保护提供了一种最低标准。其二，经历了鸦片战争以后 20 年的贸易、谈判和武力压制，晚清帝国已经由朝贡体制过渡到了条约体制。❸ 这为知识产权保护在中国形成一种话语实践提供了一种制度上的保障。"1901 年 8 月 20 日，清廷以慈禧太后的名义发布的文告中也明确指明了变法自强的原因在于'国家的安危'和'中国民生的转机'。对于这个岌岌可危的政权来说，在无法以武力与西方抗衡的前提下，唯有通过变法才能逐渐使西方列强放弃治外法权，以达到保国富强的目的。他们认为，只有进行变法，建立、健全完善的法律制度，才能迈入现代化的行列。"❹

"《辛丑条约》之后，美、英、日等列强希冀中国建立一个可以从事国际商务的环境，他们希望中国制定相应的知识产权法律体系，并且承诺如果清廷做出这种妥协，他们会在治外法权问题上做出让步。在列强以武力威胁的谈判桌上，中国的谈判官员通过努力将版权保护的作品限制在'专供华人之用'的范围。最为关键的是，中国版权法的产生是与中国的近代化、主权独立、进入文明之邦的进程相关联的。这样的结果便是，中国对版权的保护将重点放在立法上，而忽略了对中国民众知识产权意识的培养。这种情况在民国建立之后的一段长时间内没有得到改变。直至国民党撤至台湾进行了民主政治与经济改革之后，并且在外力的影响下，台湾的知识产权保护才发生了重大的改变。"❺

20 世纪中叶到 20 世纪末，我国知识产权立法和知识产权意识的萌芽都是

---

❶ 梁治平. 寻求自然秩序中的和谐：中国传统法律文化研究 [M]. 上海：上海人民出版社，1997：359.

❷ 李雨峰. 思想控制与权利保护 [D]. 重庆：西南政法大学，2003：75.

❸ 费正清. 美国与中国 [M]. 张琪京，译. 北京：世界知识出版社，1999：153.

❹ 李雨峰. 思想控制与权利保护 [D]. 重庆：西南政法大学，2003：106.

❺ 李雨峰. 思想控制与权利保护 [D]. 重庆：西南政法大学，2003：22.

在对外开放与贸易的大环境下被动完成的。

新中国成立之后，面对资本主义国家的封锁与国民党的破坏活动，我国着手进行社会主义改造和建设，知识产权法律体系的建立和知识产权保护意识的培养难以过多顾及。虽然 20 世纪 50 年代初实行过短期的专利保护制度与商标制度以及对版权中的印刷复制权的有限承认，但这些在 1957 年后中止了。唯一保留下的商标制度，也仅剩下只有强制注册却无专有权的制度，并没有把商标作为一种财产权。知识产权相对比较陌生，官方文件和报告中没有出现过，只是在 1973 年，以任建新为团长的中国国际贸易促进会代表团首次出席了世界知识产权组织的领导机构会议后，在写给周总理的报告中，首次使用了"知识产权"这一术语。❶

中共十一届三中全会后，在"解放思想，实事求是"的方针指引下，通过拨乱反正，我国各项事业走上了正常发展的轨道。尤其是将改革开放作为基本的国策，使我国参与到国际社会中，促进了我国知识产权的立法。1979 年"我国与美国签订《中美高能物理协定》以及《中美贸易协定》时，美方代表执意坚持要订入'知识产权条款'。据美方代表称，按照美国总统的指示，不含知识产权条款的科技、文化及贸易的双边协定，美方代表无权签署。但'知识产权条款'对中方代表来说很陌生，不敢贸然签订一个自己没有完全弄懂其条款含义的条约。从此，我国才开始着手研究知识产权，在我国形成了第一次知识产权热。"❷

此后，随着改革开放与对外贸易步伐的扩大，中国的知识产权法律体系一直受着美国和有关世界公约的重大影响，知识产权成为我国对外开放和贸易不可逾越的鸿沟。中国要融入国际社会和参与国际竞争，就必须接受西方制定的游戏规则，否则，对外开放和贸易就是空谈。1980 年，我国参加了世界知识产权组织。1982 年我国颁布了《商标法》，1984 年颁布了《专利法》，1990 年颁布了《著作权法》。1985 年我国加入了《保护工业产权巴黎公约》，1989 年加入了《商标注册马德里协定》。

1991～1992 年中美关于知识产权进行谈判，达成了谅解备忘录，美方要求中国制定反不正当竞争法，中国承诺在 1992 年底将《反不正当竞争法》提交人大常委会审议。1993 年中国颁布了《反不正当竞争法》，并加入了一大批国际知识产权条约。1992 年加入了《保护文学艺术作品伯尔尼公约》《世界版权公约》，1993 年加入了《保护录音制品制作者防止未经许可复制其录像制品

---

❶ 郑成思. 世界贸易组织与贸易有关的知识产权［M］. 北京：中国人民大学出版社，1996：6.
❷ 郑成思. 世界贸易组织与贸易有关的知识产权［M］. 北京：中国人民大学出版社，1996：7.

公约》《专利合作条约》，1994 年加入了《商标注册用商品和服务国际分类尼斯协定》，并修改知识产权法。1992 年，中国按照国际条约和美方的要求第一次修改了《专利法》，扩大了专利的保护范围并延长了保护期限。1993 年中国第一次修改《商标法》，将商标保护的范围扩大到了服务商标。

1995～1997 年，中国盗版和假冒行为猖獗使得美国在中国的利益受到很大影响。美国以经济制裁为要挟，要求中国打击盗版、防止假冒、加大知识产权保护执法力度。同时，自 1986 年 7 月中国正式提出恢复《关贸总协定》缔约国地位的要求后，虽然一直未复关，但参加了乌拉圭回合全部议题的谈判，尤其是全程参加了 1986 年 9 月 15 日在乌拉圭的埃斯特角城发起并于 1993 年 12 月 15 日在日内瓦结束的《关贸总协定》第八轮谈判。1991 年《关贸总协定》总干事邓克尔提出乌拉圭回合的最后文本草案（邓克尔文本），其中的《与贸易（包括假冒商品贸易在内）有关的知识产权协议》获得通过。1994 年 4 月的《马拉喀什宣言》宣布成立一个世界贸易组织代替《关贸总协定》。1995 年 1 月 1 日世界贸易组织决定成立。此时，我国面临着复关的谈判和对外贸易的双重压力，尤其是在知识产权立法方面，必须达到知识产权协议的最低要求。2000 年和 2001 年我国两次修改了《专利法》《商标法》和《著作权法》等。至此，我国知识产权法律制度进一步完善，形成了完整的法律体系，已接近发达国家的水平。"事实上，中美两国都把知识产权法和人权一样当成了外交政策的一个砝码。正是在美国的压力和加入世界贸易组织的动力下，中国的知识产权法律体系才逐渐完善起来。同时，国内的政治和经济改革也取得了重大成就，个体权利的意识逐渐增强，对知识产权的尊重也出现了前所未有的新景象。"❶

进入 21 世纪，随着经济全球化，我国经济、文化、科技实力不断增强，中国在世界舞台上的影响力逐渐上升，中国的技术、商品和文化产品出口的规模进一步扩大。虽然中国在国际贸易中成为经济大国，而且已成为世界经济增长的引擎，但中国拥有知识产权的绝对数量还是很少，在国际贸易中经常受制于人，如：在技术引进中受制于发达国家的"专利池"保护，严重阻碍了中国技术的进步与发展；在商标领域，虽然商品出口占有绝对优势，但自己拥有世界名牌的数量少而又少，基本上是为别人做嫁衣。如我国在引进技术和资金的同时，放弃了自己已经有名的商标和老字号，在发达国家的威逼利诱下在自己生产的商品上贴上了他人的商标，使我国被冠上了"世界工厂"的称号，只有"中国制造"的荣誉，而没有"中国创造"的知识产权，这种"贴牌生

---

❶ 李雨峰. 思想控制与权利保［D］. 重庆：西南政法大学，2003：22.

产"使我国在国际贸易和国际经济竞争中始终处于被动状态，其根源在于我国缺乏知识产权人才。为了在国际竞争中争取主动，适应我国作为世界上最大的发展中国家在国际上不断上升的地位和我国国内知识产权保护的需要以及我国民众知识产权保护意识的日益增强，我国必须在西方发达国家制定的游戏规则中寻求自己的话语权，吸取在引进国外技术和资金过程中的只是一味地迎合造成知识产权创造、运用、管理和保护薄弱的教训，改变只重视知识产权的立法而不重视知识产权意识的培养和知识产权人才队伍的建设以及知识产权整体战略的研究和实施的做法。因此，在当前和今后一个时期，我国应在知识产权方面变被动为主动，实施国家知识产权战略，有针对性地培养知识产权人才，大力提升知识产权创造、运用、保护和管理能力，增强我国自主创新能力，建设创新型国家。

二、知识产权人才培养的历史沿革和现状

（一）我国知识产权人才培养的历史沿革

我国对知识产权人才的培养从 20 世纪 80 年代就已经开始了。1982 年原国家教委就开始在高等学校培养专利人才，先后举办了 9 期培训班，为原国家教委直属高校培养了专利管理人员和专利代理人共 300 余人，同时，还选送了 30 人到国外进修专利代理和专利管理业务。1985 年，原国家教委批准其直属的 30 所高校建立专利事务所。在各高校专利管理机构和专利事务所工作的人员经过短期《专利法》培训后，从事专利管理和专利代理工作，由此产生了我国第一支专利管理和代理队伍。同年，各高校专利工作者发起建立了"中国高校知识产权研究会"。1986 年 11 月，联合国世界知识产权组织和原国家教委在北京大学联合举办了"亚太地区知识产权教学与研究专题讨论会"，在此次会议的启迪和推动下，我国高校从事专利管理和代理工作的人员开始开设知识产权类选修课，主要是专利法或工业产权法。1987 年世界知识产权组织建议在北京成立一个独立的知识产权学院，但由于多种原因没有成立。同年，在原国家教委等多个部门的努力下，在中国人民大学设立了中国第一个知识产权人才培养教育机构——中国人民大学知识产权教育与研究中心。1998 年，教育部法学指导委员会设置了法学本科专业 14 门核心主干课程，知识产权法是其中的必修课，作为开办法学院的最低规格的要求。1999 年，教育部颁布了《高等学校知识产权保护管理规定》，指出：高等学校应建立知识产权办公会议制度，逐步建立、健全知识产权工作机构。有条件的高等学校，可实行知识产权登记管理制度；设立知识产权保护与管理工作机构，归口管理

本单位知识产权保护工作。各高等学校在知识产权保护工作中应当组织知识产权法律、法规的教育和培训，开展知识产权课程教学和研究工作。2002 年，日本启动了知识产权国家战略；同年 9 月，郑成思先生访问了日本特许厅、国际贸易委员会，对日本的国家知识产权战略进行了详细了解。2002 年底，郑成思先生组织召开了关于日本制定知识产权战略问题的研讨会。会后，社会科学院向国务院呈报了一份关于制定我国国家知识产权战略的报告。2003 年 10 月 14 日，北京大学、清华大学、中南财经政法大学、上海大学等 11 所大学的 18 位教授在上海联合发布了《关于中国知识产权人才培养的倡议书》，倡议：①建议有条件的高校将知识产权法列为本科生的必修课、选修课；②建议增设知识产权法为法学二级学科，增加硕士和博士学位授予点，注重招收具有理工农医专业背景的知识产权法律与知识产权管理研究生，倡导本硕连读与硕博连读模式；③在有条件的高等院校中积极培养知识产权研究方向的法律硕士等应用型专业硕士，以适应我国日趋紧迫的知识产权中对高级应用人才的需求；④加强知识产权教学和研究机构的建设，在有条件的高校中创办知识产权专门院系，培养知识产权法律与经营管理专业人才；⑤加强高等院校间知识产权教学合作，组建中国高等院校知识产权师资培训中心，制定和实施中国高等院校知识产权师资培训行动计划。在中国高校知识产权研究会等组织协调下，逐步在北京、上海、广州、武汉、西安等地相关高等院校内建立"知识产权人才培养基地"；⑥推动国际合作，促进内外交流，增强与境外高等院校及相关机构的合作，以多种形式合作培养多层次的知识产权专业人才，开展多元化的企业知识产权战略研究及其实务培训。❶ 2004 年 11 月 8 日，教育部、国家知识产权局联合发布了《关于进一步加强高等学校知识产权工作的若干意见》（以下简称《意见》），关于知识产权专业人才的培养，《意见》指出：①普及知识产权知识，提高广大师生的知识产权素养。高等学校要在《法律基础》等相关课程中增加知识产权方面的内容，并积极创造条件为本科生和研究生单独开设知识产权课程。②加强知识产权人才培养和专业人才培训，为国家提供急需的涉外知识产权人才。有条件的高等学校要开展知识产权人才培养和专业人才的培训，积极为企业和中介机构培养一大批基层知识产权专业工作者。通过多渠道、多途径，包括开展中外合作办学，努力建设一支精通国内外知识产权规则的高级专业人才队伍，将知识产权作为优先考虑的公派留学专业领域，尽快为国家输送一批涉外知识产权人才。③增设知识产权专业研究生学位授予点。鼓励有相应条件的高等学校整合教学资源，设立知识产权法学或知识产权管理学

---

❶ 陶鑫良. 中国知识产权人才培养研究［M］. 上海：上海大学出版社，2006：5.

相关硕士点、博士点，提升知识产权的学科地位。加强知识产权师资和科研人才的培养。④培养学生的创造能力与创新意识。高等学校应鼓励、支持学生，特别是研究生积极从事创新、发明活动并申请专利。在校学生获得发明专利者，学校可给予相应的奖励，或作为奖学金评定的指标，并在毕业或学位成绩中得到体现。❶ 2005 年 1 月，国家成立了以时任副总理吴仪为组长的国家知识产权战略制定工作领导小组。经过 3 年的调研，2008 年 6 月 5 日，国务院发布了《国家知识产权战略纲要》，这标志着我国知识产权保护由被动转为主动。如何保护我国知识产权，激励人们创新，拥有更多自主知识产权，成为我国的自觉意识。要建设创新型国家，知识产权的拥有量是关键，知识产权的创造、运用、管理和保护要靠知识产权人才。因此，在中国成为当今世界经济增长的引擎之时，知识产权人才的培养显得尤为迫切。《国家知识产权战略纲要》指出：必须把知识产权战略作为国家重要战略，切实加强知识产权工作。在高等学校开设知识产权相关课程，将知识产权教育纳入高校学生素质教育体系。制定并实施全国中小学知识产权普及教育计划，将知识产权内容纳入中小学教育课程体系。加强知识产权人才队伍建设。建立部门协调机制，统筹规划知识产权人才队伍建设。加快建设国家和省级知识产权人才库和专业人才信息网络平台。建设若干国家知识产权人才培养基地。加快建设高水平的知识产权师资队伍。设立知识产权二级学科，支持有条件的高等学校设立知识产权硕士、博士学位授予点。大规模培养各级各类知识产权专业人才，重点培养企业急需的知识产权管理和中介服务人才。制定培训规划，广泛开展对党政领导干部、公务员、企事业单位管理人员、专业技术人员、文学艺术创作人员、教师等的知识产权培训。

由此可见，我国从战略的高度重视知识产权人才的培养，不仅是我国社会、经济现实发展的需要，更是我国努力在全社会培养知识产权意识和加强知识产权文化建设的标志。"清末的法律改革是一场文化冲突的结果，是中国历史上一场前所未有的文化危机的一部分，也是中国人试图克服这场危机所作的一种努力。正因为如此，法律改革的命运在根本上取决于文化建设的成败。法律问题最终变成为文化问题。于是，我们不再专注于某一具体的改革方案及其成败，而是更关心作为整体的文化格局，文化秩序。""历史上的一切都在生与死之间流转。作为旧秩序的古代文明已然死去，要紧的是，我们还可能去建

---

❶ 陶鑫良. 中国知识产权人才培养研究［M］. 上海：上海大学出版社，2006：195.

设一个新的文明，这便是希望所在。"❶

（二）知识产权人才的需求与培养现状

随着我国经济飞速发展，越来越多的中国企业走向国际舞台，对知识产权人才的需求十分迫切。根据北京大学知识产权学院郑胜利教授介绍，到2010年，我国知识产权人才的需求总数预计为5.5万～6万人，其中知识产权高层次专业人才超过1000人；至2020年，我国知识产权专业人才预计将再增加2.5万～3万人，包括知识产权中介服务专业人才、知识产权律师、专利代理人、商标代理人、版权经纪人和技术经纪人等，其中高层次专业人才增加至3000人。全国高等学校现有知识产权专业师资约500人，未来5年至少需新增师资2000人；至2020年，知识产权师资须再增加2000人。此外，知识产权行政管理与执法、司法、制度设计及理论研究等领域，也存在较大的人才缺口。

中国政法大学知识产权中心冯晓青教授也认为，我国知识产权人才缺口很大，如以中国10万个大中型企业每个配备1名知识产权管理人员为标准，全国需要10万名知识产权专门管理人才，但现在绝大多数企业没有配备。

同济大学知识产权学院院长单晓光教授则以几个省市为例认为，2005年宁波专利申请量居全国第四位，需要大量的专利代理人员，但宁波作为计划单列和副省级城市，截至2005年底，仅有3家专利代理机构，专利代理人20多人，并且大多年龄老化。当前广东知识产权高级人才缺口约7000～10000人，此外每年的需求增量在1000人以上。有着近6万企业的上海市，人才缺口也很大。北京大学知识产权学院张平教授说，我国加入世界贸易组织后，有在大量的知识产权国际保护、公共政策建设、产业发展战略、诉讼实务应对等方面的事务，严重缺少知识产权方面的高级专业人才。而我国十几年来高校培养的知识产权人才仅向社会输送了3000人，其中，本科生1000多人，第二学士学位学生约1000人，硕士数百人，博士数十人。❷

而按中国的经济情况计算，每年大学应该向社会输送1000名知识产权专业人才，但我国现有的知识产权教学机构每年最多培养不到1000名。著名知识产权法学家郑胜利教授推算，国内专利方面的律师供不应求，按照发展需求10年内需要1万人，而国内每年的产出量只有200人。中国知识产权法律人

---

❶ 梁治平. 寻求自然秩序中的和谐：中国传统法律文化研究［M］. 上海：上海人民出版社，1997：362.

❷ 吴娟. 中国知识产权教育20年盘点［EB/OL］.［访问日期不详］. http：//www.jcrb.com/fxy/luntan/200806/t20080613_22205. html.

才每年供需比仅为1∶50。提高国际竞争力，加紧知识产权专业人才的培养迫在眉睫。❶ 因此，知识产权专业人才的良好发展前景与我国目前的人才现状形成鲜明的反差。为此，2006年4月，国家知识产权局发布了《知识产权人才"十一五"规划》，其中指出：我国知识产权人才在数量、结构、素质和能力上还不能满足经济社会发展的需要，知识产权事业急需的高层次复合型人才严重匮乏。因此，"十一五"时期知识产权人才工作的主要目标是：与实施知识产权战略、发展知识产权事业、提高自主创新能力、建设创新型国家的战略任务相适应，继续发展壮大知识产权人才队伍，加强知识产权专业人才队伍建设，加强人才资源能力建设，实施知识产权人才培养工程，使知识产权人才队伍的总量有较大增长，结构进一步优化，素质明显提高，努力建设一支数量充足、结构合理、门类齐全、素质较高的人才队伍，基本满足国家经济社会发展和知识产权事业发展的需要；继续深入广泛地开展知识产权教育培训，大力提高企事业单位掌握和运用知识产权制度的能力和水平，提高全社会保护知识产权的意识，进一步树立尊重劳动、尊重知识、尊重人才、尊重创新的观念，为增强自主创新能力、促进国民经济持续快速健康发展和社会全面进步创造良好的法制环境和市场秩序。实施2007～2010年"百千万知识产权人才工程"，包括3个层次：第一个层次，培养造就数百名精通国内外知识产权法律法规、熟悉知识产权国际规则、具有较高专业水平及实务技能的高层次人才；第二个层次，培养数千名在知识产权管理、行政执法、法律和政策及战略研究、专利审查、知识产权文献、信息化建设、中介服务等领域具有专业先进水平和学术优势的高素质专门人才；第三个层次，培育数万名从事企事业知识产权工作、中介服务等工作的知识产权专业人才。但国家知识产权局的人才培养计划只是应急之举，不能从根本上解决我国知识产权人才的需求问题。

（三）我国知识产权人才培养机构现状

1981年开始，中国人民大学郭寿康教授即在国内首开招收知识产权方向研究生之先河。中国人民大学在民法与国际经济法两个专业中招收知识产权方向的研究生。1985年，刘春田教授开设知识产权法课程，中国人民大学法律系的本科教学方案中就有了知识产权法这门课程，这是中国第一次将知识产权法作为独立的课程开设。同年，世界知识产权组织致函原中国国家教委，力倡中国建立知识产权高等教育，为中国的知识产权事业和未来的经济发展培养人才。经过反复论证，1986年，原国家教委决定由中国人民大学创办知识产权

---

❶ 董茂斌. 加快知识产权人才培养步伐［N］. 经济日报，2006－08－07.

法专业，建立了我国第一个知识产权教学与研究机构——中国人民大学知识产权教学研究中心。当年，知识产权法作为法学学科第二学士学位，正式列入我国高等学校法学专业目录中。原国家教委决定由中国人民大学率先招生。1987年，中国人民大学招收了我国首届知识产权专业的学生，我国有了首届知识产权专业学生，从此拉开了中国知识产权高等教育的序幕。

经过 20 年的发展，我国目前有 400 多所院校开展了知识产权法的教学。截至 2008 年，我国高校已成立了 14 家知识产权学院、4 个知识产权系、25 个知识产权研究中心（所、院）和一个知识产权国家重点研究基地。自 1993 年北京大学法学院成立了全国第一家知识产权学院开始至今，全国已有 14 家知识产权学院，它们分别在北京大学（1993 年）、上海大学（1994 年）、同济大学（2003 年）、华东政法大学（2003 年）、华南理工大学（2004 年）、湘潭大学、中山大学、暨南大学（2004 年）、南京理工大学、青岛大学、西北大学（2005 年）、山东师范大学、重庆工学院（2007 年）、中南财经政法大学（2005 年）。成立了知识产权系的高校是中国计量学院、浙江工商学院、重庆工学院、华中科技大学。成立了知识产权（法）研究中心（所或院）的高校和科研院所有：北京大学、清华大学、中国人民大学、中国社会科学院法学所、华东理工大学、华侨大学、厦门大学、华中师范大学、中南财经政法大学、中国政法大学、西南政法大学、西北政法大学、武汉大学、西安交通大学、北京工业大学、复旦大学、上海交通大学、山东大学、浙江大学、华中科技大学、中南大学、上海中医药大学、郑州大学、华东交通大学、黑龙江大学。2004 年 11 月，中南财经政法大学知识产权研究中心被批准为教育部人文社会科学重点研究基地。在这些知识产权人才培养机构中，北京大学、中南财经政法大学、华东政法大学既设立了知识产权学院又成立了知识产权研究中心，华中科技大学既有知识产权系又设立了知识产权战略研究院。武汉大学既有知识产权高级研究中心，又在法学院成立了知识产权法研究所。多数知识产权教学与研究机构成立于 2000 年以后，而且大多数是设在法学院或管理学院之下的二级学院或中心。

此外，我国部分高校对大学生开展了知识产权教育，国家和地方的知识产权行政管理部门也纷纷设立各种培训机构开展知识产权人才培训，高等教育自学考试开设知识产权本科专业、知识产权远程教育等多种形式的知识产权在职教育和人才培养工作。

同时，随着《国家知识产权战略纲要》的实施，知识产权将作为二级学科，有条件的高校可以设立知识产权硕士点和博士点，各高校可因此增加硕士点和博士点的"诱惑"，知识产权人才培养教育和研究机构将会大量成立，知识产权人才培养将会出现"八仙过海，各显神通"的格局。

（四）我国知识产权人才培养的模式现状

目前我国知识产权人才培养的模式已经逐步形成包括第二学士学位、本科、法学硕士、法律硕士、博士生和博士后研究为基本结构的培养知识产权领域专门人才的教育体制。

知识产权人才培养最先是从第二学士学位开始的。1987 年 9 月，中国人民大学招收全国第一届知识产权第二学士学位学生。到 2007 年，有 741 人从中国人民大学获得第二学士学位。1987 年全国高等学校法学专业目录中正式设立知识产权第二学士学位专业。此后，北京大学、清华大学、北京理工大学、中国政法大学、华中科技大学、中南财经政法大学、华东理工大学等高校也开始招收知识产权第二学士学位学生。

虽然教育部发布的本科专业目录中没有知识产权专业，但实践中已有多所高校自主设置了知识产权法学或知识产权管理学专业本科，其主要有：上海大学（1992 年）、中国计量学院、重庆工学院（2005 年）、华东政法大学、华南理工大学、暨南大学、杭州师范大学。其中上海大学的知识产权本科教育在 1992 年就已招生，包括法学本科（知识产权方向）和管理学本科专业（知识产权方向）。此外，自主设置知识产权法学或管理学专业并已在教育部备案的高校有北京大学（2003 年）、中国人民大学（2005 年）、西南政法大学（2005 年）、中南财经政法大学（2006 年）、厦门大学（法学和管理学，2006 年）、华东政法大学（2006 年）、上海大学（2006 年）、中国政法大学（2007 年）、华中科技大学（管理学，2007 年）、中国社会科学院研究生院（2008 年）。❶

关于知识产权法律硕士，从 2006 年起，根据全国法律硕士专业学位教育指导委员会《关于试办在职攻读法律硕士专业学位知识产权方向班的函》，北京大学、中国人民大学、中国社会科学院研究生院法学所、中山大学、华东政法大学、上海大学、华中科技大学、中南财经政法大学等高校开始招收在职法律硕士专业学位知识产权方向班硕士生。2007 年，华南理工大学也被批准招生。

关于知识产权方向硕士和博士的培养可谓百家争鸣。凡有法学和管理学一级学科的高校都培养知识产权方向的法学和管理学硕士和博士。尤其是北京大学、中国人民大学、中国政法大学、华中科技大学、华东政法大学、西南政法

---

❶ 参见：教育部学位管理与研究生教育司网站 http：//www. moe. edu. cn/edoas/website18/siju＿xuewei. jsp。

大学、上海大学、中南财经政法大学等是培养的主力军。其中，中国人民大学至 2007 年已有 5 人完成了博士后研究，32 人获得法学博士学位，247 人获得法学硕士学位，124 人获得法律硕士学位。有的高校，在社会学、情报学、经济学等学科下招收知识产权方向的硕士生和博士生。如上海大学从 1995 年起曾分别在管理学、工业外贸、宪法与行政法、民商法等硕士学位授予点下招收知识产权研究方向的研究生；2003 年起在社会学博士学位授予点下招收知识产权方向的博士研究生。2006 年，教育部批准上海大学在管理学一级博士学位授予点下设立了知识产权管理博士学位授予点。❶

三、知识产权人才培养的认识误区

我国目前关于知识产权人才的培养可谓"摸着石头过河"，无论是在专业设置、人才的学科背景、学科的定位，还是培养方式上都存在不足，甚至存在一些错误的认识。

（一）误区之一——盲目设置本科专业

随着社会对知识产权人才需求的日益迫切，而知识产权人才的培养数量还远不适应这种需求，为此，有的高校设置了知识产权本科专业。对此，学术界既有反对的声音，也有赞成的声音。笔者认为无论从理论上还是实践中看，设置知识产权本科专业都是不科学的。

首先，本科是高等教育的基础，应当是厚基础、宽口径的通识教育，专业不宜细分。许多国家本科只设置文学和理学，法学通常属于研究生教育。美国、英国、德国、法国、加拿大、澳大利亚、日本、韩国、新加坡等国家都没有设置知识产权本科专业。即使在一些偏重于知识产权专门研究教学的机构也不例外。比如德国慕尼黑大学，它的知识产权教授主要就是马克斯·普朗克知识产权研究所的研究员，但其也只是招收知识产权法学博士生。比如美国富兰克林·皮尔斯学院是知识产权的专门学院，但其专业设置上也就是知识产权专业硕士。❷ 我国将法学、管理学设为本科专业划分已经很细了，如果再将知识产权设为本科专业，有违本科专业设置的规律。并且，目前鉴于法学和管理学本科毕业生就业形势严峻，已经有停办法学和管理学本科专业的呼声。

其次，知识产权涉及综合性的基础知识，对知识产权法的学习，离不开相关法学学科知识的支撑。如果设立知识产权法本科专业则可能会削弱知识产权

---

❶❷ 参见：刘春田在中国知识产权评论网上的论述"关于我国知识产权高等教育发展的意见与建议"。

与其他法学学科的结合，使专业范围过于狭窄。专业设置是人类在知识领域分工合作的体现，但这种分工必须以知识的研究对象为基础，以不破坏知识的内在关系为准则。同时，一个一级学科或本科专业的建立，必须具备与其他本科专业完全不同的、独有的、体系化的二级学科群。这一学科群通常就是所谓的专业核心课程，其中任何一门二级学科的课程均不应与其他本科专业的二级学科课程有重复或交叉。而知识产权如果作为一级学科，不可能构建相应规模的二级学科群。实践中，目前已设置的知识产权本科专业的课程，要么是法学的，要么是理工的，要么是管理的，根本没有知识产权本科专业独有的二级学科课程。❶ 我国在 20 世纪 80 年代曾先后设置国际法、经济法、国际经济法、国际私法、涉外经济法、劳动改造法等作为本科专业，破坏了法学知识的内在联系，将作为整体的法学知识肢解为相互独立的不同专业，导致本科教学质量的下降。直到 1997 年原国家教委才最终决定在法学教育领域取消法学以外的其他所有本科专业。陶鑫良教授分析了上海大学知识产权学院在法学本科、管理学本科曾经进行的知识产权专业方向的探索，认为知识产权学生宜有理工或者其他专业背景，在本科阶段可以加强知识产权课程，但不必设置知识产权专业或者方向。台湾政治大学智慧财产研究所的刘江彬教授也认为，大学本科要开设知识产权专业很困难，而且效果没有研究生教育好，因为这样无法开展知识产权跨领域的合作等，知识产权教育和研究必须站在比较高的研究生平台才能顺利开展。❷

最后，课程设置不合理。有的课程设置包括公共课、法学基础课和知识产权法各分支，如 2006 年前上海大学设置的知识产权课程含公共课（99 学分）、法学基础课（14 门，105 学分）、知识产权法（30 学分，包括专利法、商标法、著作权法、商业秘密、计算机与网络、知识产权法总论、知识产权经营管理、知识产权评估、知识产权国际条约、知识产权案例），总学分达到 244，这会加大学生的负担，不利于本科生通识教育目的的实现。有的课程设置，"三分之一是自然科学、三分之一是基础法学、三分之一是知识产权法学，这违反知识自身的内在联系，也违反人才成长的规律。按照这样的设计，学生经过四年的大学本科教育，既不能获得系统的法学基础知识和知识产权法的知识，也无法掌握某一专业的自然科学知识，管理学的知识也只能是皮毛的。这

---

❶ 参见：刘春田在中国知识产权评论网的论述"关于我国知识产权高等教育发展的意见与建议"。

❷ 参见：第一届中国高校知识产权人才培养研讨会（2005 年 2 月 26～28 日），由上海大学知识产权学院所做的记录与报道。

种残缺不全的知识结构将严重影响学生继续学习的能力，影响其就业的竞争力和发展潜力。这种教育与社会上的职业培训没有根本的区别，其效果可能还不如职业培训，因为参加职业培训的人一般都有较好的专业背景和一定的实践经验，而我们的本科培养对象没有任何实践经验，也没有其他专业背景。"❶

（二）人才学科背景要求的误区——要求理工科背景

关于知识产权人才的学科背景，大多数人认为知识产权人才应是复合型的，应具有跨学科的知识结构，因为"知识产权归属于法学，但与管理学、经济学、技术科学等有着交叉和融合，因此知识产权人才除了掌握法学的基础知识，还应当能够理解文、理、工、医、管等学科的基本原理和前沿、动态，成为懂法律、懂科技、懂经济、懂管理的复合型人才。"❷ 因此，知识产权人才的培养应综合经济学、管理学、自然科学、医学、法学等学科。这种观点有一定的道理，但有三点需要商榷：第一，技术创造人才和法律人才是不同的。知识产权人才培养的目标是要培养知识产权法律人才，而不是技术人才。知识产权的运用、管理、保护与知识产权的创造是两个不同的问题，前者是法律问题，后者只有一部分（专利、软件）是技术问题。而我们所说的知识产权人才，指的不是知识产权的创造人才，而是法律人才。法律人才，不仅需要自然科学知识背景，更需要相关社会科学的知识背景。第二，知识产权人才培养中的理工科背景要求涉及知识产权人才的培养模式问题。如果培养的是本科生，确实需要理工科背景，但前文已说明，知识产权不应设置本科专业。如果知识产权人才采取法律硕士的培养模式，要求理工科背景显然是多余的。因为，知识产权方向的法律硕士不仅理工科毕业的本科生可以报考，社会科学，包括法学专业毕业的本科生都可以报考，这样就可以满足社会各领域对知识产权人才的需求。第三，知识产权与知识产权的保护对象不同。法律对专利的授权与保护不同于发明本身，前者需要知识产权人才，后者需要发明家、工程师。要求知识产权人才必须有理工科背景，这违反了现代高等教育的基本规律和现代大学所形成的学科分类体系。任何法律人才都需要具备宽泛的知识结构，但这些知识结构的形成绝不是说因此要在法学院或者知识产权学院设立理、工、农、医专业。在实践中，无论中外，即使在专利案件中担任法官或者律师者，大部

---

❶ 张玉敏. 高校学历教育中知识产权人才培养的几个问题［EB/OL］.［2009 - 01 - 10］. ht-tp：//www. iprchn. com.

❷ 参见：第一届中国高校知识产权人才培养研讨会［EB/OL］.（2006 - 07 - 01）［2009 - 01 - 12］. http：//law. shu. edu. cn.

分并不具有理工科专业背景，法律在这些职业的准入资格上亦不作这样的要求。❶

（三）学科定位的误区——管理学抑或法学

任何一个学科或专业的设置取决于它的上位学科的位阶。知识产权本质上是财产权，属于民事权利，即私权。因此，民商法学是知识产权学科的上位学科，知识产权理所当然属于法学学科。除法学之外，理、工、农、医、文、商、管理、教育、军事等门类的学科都不可能容纳知识产权学科。❷ 同时，知识产权管理和知识产权法是两个既有各自独立的知识体系又紧密联系的问题。知识产权问题本质上是一个法律问题。虽然我们说知识产权是一种政策工具，但是，作为一种工具，它必须以正当的法律形式来发挥其作为工具的作用，来实现国家的政策目标，否则就会被质疑，就会在国际上遭到抨击，就无法实现其政策目标。这个问题贯穿于知识产权的立法、司法、行政执法和管理的全过程，或者说贯穿于知识产权的创造、运用、管理和保护的全过程。这是对知识产权法律工作者法学水平的更高要求，而不是相反。因此我们认为，知识产权管理是建立在知识产权法律制度基础上的管理，知识产权管理人才应当是以具备良好的法学基础知识并熟练掌握知识产权游戏规则为基础的复合型人才。对知识产权法没有深入的了解，不熟悉知识产权领域的游戏规则，就谈不上有效的知识产权管理。所以，我们的培养方案应以法学为主，知识产权管理建立在知识产权法律知识的基础之上。❸美国大学并不刻意去讨论知识产权的学科定位问题，也不太关注知识产权专业与法学专业或其他专业的相互关系，但关注和研究法学院的知识产权课程开设情况和理工学院知识产权教学的位置。美国法学院一般是根据社会、经济、科技发展的需要以及基于研究项目的推动去决定培养知识产权人才时应当开设的课程，一般认为知识产权课程数量的多少反映了各法学院知识产权教育的地位和知识产权人才培养的状况；各法学院开设的知识产权课程数量、各法学院每学年开设的知识产权课程都有一定的差别。❹

（四）职业培训与专业教育的误区

大学教育的目的是通过通识教育和专业训练让学生获取一种先进的思想，

❶❸ 张玉敏. 高校学历教育中知识产权人才培养的几个问题［EB/OL］.［2009 - 01 - 10］. http://www.iprchn.com.

❷ 参见：刘春田在中国知识产权评论网上的论述"关于我国知识产权高等教育发展的意见与建议"。

❹ 关永红. 美中高校知识产权人才培养情况比较分析［EB/OL］.（2008 - 10 - 02）［2009 - 02 - 16］. http://www.sinoth.com.

建立一种人生价值体系和获取一种适应社会的继续学习能力或方法，即培养仰望星空者，而不是作职业培训。因此，大学本科教育的原则是厚基础、宽口径。"大学本科教育应当分专业，但专业不能分得太细，人才培养不同于商品生产，不能简单地跟随社会职业的变化而变化。大学不可能完全按照多样的社会需求一一对应设置专业，这就是专业不等于职业，也是大学专业教育和社会职业培训的区别所在。社会上的工种不计其数，特别是在知识经济时代，新技术、新产业不断涌现，要求大学的专业教育与社会职业完全对口是不切实际的幻想。换言之，大学专业教育的目标和任务是培养系统掌握本专业基础理论和专业知识，并具备良好的外国语知识和相关基础知识的专门人才，这样的人才具有较强的继续学习的能力，能够不断'充电'以适应社会发展的需要。而职业培训则是针对社会对某种职业的需要，有针对性地进行的专门知识和技能的培训，是'充电'的一种形式，如专利代理人、商标代理人培训。职业培训在我们的社会中很重要，但是，不能用职业培训的标准要求大学的专业教育，把大学专业教育降低为职业技能培训。这样的要求只能使大学的专业教育走入歧途，降低专业教育的质量，削弱学生继续学习的能力和适应能力。"❶

所以，目前关于知识产权人才培养的讨论中，有的人将知识产权人才等同于专利代理人，等同于懂科技、懂文化、懂法律、懂管理、懂经营、懂外语、懂网络的复合型、经营型的杂家。这是对知识产权学科的属性了解不深，将知识产权人才的培养等同于职业培训的表现。如果按这样的思路设计知识产权人才培养的专业、课程和模式，势必降低知识产权人才的门槛，将会贻误我国《国家知识产权战略纲要》目标的实现。因为，我国《国家知识产权战略纲要》已明确提出，将知识产权作为二级学科，有条件的高校可以设立知识产权硕士点和博士点。

四、知识产权人才培养的建议

（一）严格限制或禁止设置本科专业

教育部应吸取 20 世纪 80 年代本科专业设置过细的经验和教训，慎重对待部分高校设置知识产权本科专业，防止因知识产权本科专业的设置扰乱本科阶段"宽口径、厚基础"的通识教育目标的实施，应加强本科专业知识产权法课程的教学。目前，高校本科通识教育适应社会对复合型人才的需求，采取文

---

❶ 张玉敏. 高校学历教育中知识产权人才培养的几个问题 [EB/OL]. [2009 - 01 - 10]. http：//www. iprchn. com.

理渗透、学科交叉的教育模式，目的是让本科毕业生适应社会对人才的多种需求，即增强本科毕业生的社会适应性。本科毕业生就业一定要专业对口，是人们对本科教育的认识误区所造成的，更是我国特定历史阶段对专业人才的需求所决定的。"我国从20世纪90年代开始，职业教育退化，本科教育扮演了不该承担的职业培训角色，使本科教育沦为高层次的职业教育，导致本科教育质量严重下滑，本科毕业生就业发生困难。"❶ 现阶段社会分工越来越细，本科教育不可能适应社会职业的需要培养各种专业人才，专业人才是由职业院校培养的。本科教育是通才教育，主要通过通识教育，培养具有独特思想和独立价值观的复合型人才。因此，千万不能将本科教育等同于职业教育，更不能应社会的需求，设置不具有学科群的本科专业。目前，虽然社会急需知识产权人才，但解决社会对人才的迫切需要和人才的培养之间的矛盾，决不能通过设置本科专业的思路来化解，而应通过调整课程设置的思路予以解决。因此，笔者认为，目前在高校各本科专业中开设知识产权法课程或者有条件的高校开办知识产权法第二学士学位，是解决知识产权人才匮乏的最可行的途径和方法。美国高校没有知识产权本科专业，美国知识产权人才主要由大学法学院培养。美国大学一般也没有独立、专门的知识产权的学历和学位，一般是通过在各层次学位课程中开设更多的知识产权课程来体现人才的特色。

（二）知识产权人才的培养应以知识产权研究生为主，包括法律硕士、法学硕士和法学博士

《国家知识产权战略纲要》第60条指出："支持有条件的高等学校设立知识产权硕士、博士学位授予点。"2006年国务院学位办已批准部分高校招收知识产权方向法律硕士，这是我国适应社会需求培养知识产权人才的最佳途径和模式。知识产权的专业性要求比较强，应该以本科为基础，这样学生既有学科背景，也有了一定的社会生活经验，学习知识产权的理解力和判断力会更强。知识产权法律硕士学位人才的培养既解决了设置知识产权本科专业遇到的理工科背景的难题，又会使具有文、法、理、工、农、医、商、管理、教育等背景的本科毕业生获得知识产权专业的训练，更能适应社会各领域对知识产权人才的需求。并且知识产权法律硕士是国际通行的做法。美国大学培养的知识产权法学历学位人才包括：法学博士（J. D.）❷、法学硕士、法律科学博士。其学

---

❶ 张玉敏. 高校学历教育中知识产权人才培养的几个问题［EB/OL］.［2009－01－10］. http://www.iprchn.com.

❷ 据教育部留学服务中心2019年6月25日公告，Juris Doctor（JD）的中文名称统一调整为"职业法律文凭"。

生一般在获得了其他学科（包括理工科）的本科学位后，才进入法学院学习。这样，一方面在学习知识产权课程时，很多已经具备理工和社会科学知识基础，为其进一步进行专利、商业秘密、版权、商标、网络知识产权等课程的深入学习和工作奠定了良好基础；另一方面，学生年龄较大，有些还有一定的工作经验，学习知识产权课程的理解力、判断力更强。同时，美国大学的知识产权课程主要由法律类、实务应用类、新科技类、网络类、管理经营类课程构成，但主要还是法律类课程和实务应用类课程。❶ 因此，我国目前应重点研究知识产权硕士研究生的课程设计问题。各高校根据自己的实际情况开设有特色的知识产权课程外，最重要的是培养法律硕士的实践能力，使其成为真正的复合型应用人才。

（三）应从国家发展的战略出发培养多种类型的知识产权人才

知识产权已成为各国经济发展不可逾越的鸿沟。为了维护国家经济利益和个人利益，必须大力培养适应社会需求的各种类型的知识产权人才。笔者认为，知识产权人才主要包括知识产权策划人才、知识产权教学研究人才和知识产权实务人才等。

知识产权策划人才是指能够发现知识财产、构筑知识产权投资组合、创造新型商业模式、担负技术转移等事业化所必需的综合协调工作的人才。❷ 我国社会知识产权意识淡薄，对于知识财产的重要性认识不足，致使我国科研院所科技成果的转化呈现出成果多，但转化为实际生产力的少的特点，技术转移遇到了人才缺乏的困境。我国科研领域的这种特有现象除了科研评价体系只重视成果数量和专利申请量外，重要的原因不是缺乏投资资金，而是缺乏知识产权策划人才。我国人民有创造发明的传统和热情，民间大量的发明创造不能转化为生产力，一方面是苦于资金的匮乏，更重要的是苦于没有慧眼能够识英雄。在我国实践中，科技成果转化中出现了"常有千里马，而少有伯乐"的现象。因此，加大知识产权策划人才培养是当务之急。我国将创新成果向企业转移，推动企业知识产权的应用和产业化作为国家知识产权战略措施之一，如《国家知识产权战略纲要》第41条指出："引导支持创新要素向企业集聚，促进高等学校、科研院所的创新成果向企业转移，推动企业知识产权的应用和产业化，缩短产业化周期。深入开展各类知识产权试点、示范工作，全面提升知识

---

❶ 关永红. 美中高校知识产权人才培养情况比较分析 [EB/OL]. (2008 – 10 – 02) [2009 – 02 – 16]. http://www.sinoth.com.

❷ 张海志，孙芳华. 贯彻实施纲要，人才战略先行 [EB/OL]. (2008 – 07 – 30) [2009 – 02 – 26]. http://www.iprchn.com.

产权运用能力和应对知识产权竞争的能力。"但《国家知识产权战略纲要》对知识产权人才培养的战略措施只要求加快建设国家和省级知识产权人才库和专业人才信息网络平台、建立若干个国家知识产权人才培养基地、制定知识产权培训规划等，并没有将知识产权策划人才的培养作为战略措施。而日本在2008年公布的《知识产权推进计划2008》中将知识产权策划人才的培养写入重要措施。日本贸易振兴机构北京代表处知识产权部部长谷山稔男认为，仅仅靠知识产权交易体系和知识产权人才库等系统的构筑是不够的，培养能够有效利用相关系统进行事业化、商业化扶持工作的人才尤为重要。知识产权事业化的推进不仅需要了解知识产权制度，同时还需要具备经营战略及资金调配等知识和经验的高级人才。❶

知识产权教学研究人才是指为知识产权立法、执法和司法提供法学理论依据和基础，培养知识产权人才的人员。知识产权人才培养质量的高低取决于师资队伍的素质和水平，高质量的师资队伍是培养知识产权教学研究人才的重要基础和保证。因此，知识产权教学研究人才的培养应以博士研究生的培养为主，招收对象应以法、文、理、工、农、医、经济、管理等学科大类的学生为对象，使知识产权教学研究人才具有宽广的知识背景。但在知识产权博士点审批中应严格把关，千万不可一哄而上，应做到宁缺毋滥。

知识产权实务人才主要包括谈判、诉讼、代理、经营管理等知识产权的专门服务人才。随着我国对外开放的进一步深化和综合实力的不断提高，知识产权利益冲突和纠纷愈加突出，一方面，要应对来自国外的利用知识产权损害我国国家利益、经济安全和文化发展的行为；另一方面还要考虑我国在全球范围知识产权利益的维护和应对策略。这些目标的实现都离不开知识产权实务人才。为此，《国家知识产权战略纲要》指出：鼓励市场主体依法应对涉及知识产权的侵权行为和法律诉讼，提高应对知识产权纠纷的能力；大规模培养各级各类知识产权专业人才，重点培养企业急需的知识产权管理和中介服务人才；建立知识产权中介服务执业培训制度，加强中介服务职业培训，规范执业资质管理；明确知识产权代理人等中介服务人员执业范围，研究建立相关律师代理制度。因此，知识产权人才培养机构应根据各自的特点和优势培养维护国家利益和企业利益的实务人才。

---

❶ 张海志，孙芳华. 贯彻实施纲要，人才战略先行［EB/OL］.（2008 - 07 - 30）［2009 - 02 - 26］. http：//www.iprchn.com.

论国家知识产权战略与高校知识产权教育

安玉萍*　于金葵**

2008 年 6 月 5 日，国务院发布了《国家知识产权战略纲要》，这标志着国家实施知识产权战略正式起步。我国知识产权战略的主要战略目标是：把我国建设成为知识产权创造、运用、保护和管理水平较高的国家。在其战略措施部分明确地提出建设若干国家知识产权人才培养基地；加快建设高水平的知识产权师资队伍；设立知识产权二级学科，支持有条件的高等学府建立知识产权硕士、博士学位授予点；大规模培养各级各类知识产权专业人才，重点培养企业急需的知识产权管理和中介服务人才。这些目标和措施都将为知识产权人才培养奠定坚实的基础。知识产权法是一个交叉性、融合性较强的学科，既涉及法学、管理学，又涉及经济学、技术科学等知识。高等学校是培养高等专业人才的教育机构，因此，培养社会需要的知识产权人才的重任就责无旁贷地落在高等学校身上。

一、国家知识产权战略目标下知识产权人才的界定

在国家知识产权战略下的知识产权人才主要是在知识产权创造、运用、保护和管理等方面所需要的各类人才。按北京大学郑胜利教授提出的观点，知识产权人才主要是指以下 6 类人才：①企业与研究机构的知识产权经营管理人才；②知识产权司法审判人才；③知识产权行政管理与执法人才；④知识产权中介服务专业人才；⑤知识产权人才培养与培训的师资队伍；⑥知识产权制度设计与理论研究人才。而吴汉东教授将知识产权人才归结为 3 类人才：知识产权人才应当是复合型人才、高端型及应用型人才、国际型人才。刘春田教授则概括为：一类是应用型人才；一类是研究型人才。总之，由于知识产权跨越多个学科的专业，涉及法律、科技、经济、管理、文化等多学科内容，因此知识产权人才应当是具备多种学科的知识背景，能够理解文、理、工、医、管等学科的基本

---

*　山东大学威海分校，副教授，主要从事知识产权法教学与研究。

**　山东工商学院，副教授，主要从事知识产权法教学与研究。

原理和前沿、动态，具有适应面广、适应性强等优点的复合型、高端型人才。而这种高端、复合型人才的培养是一项极为艰巨又任重而道远的事业和系统工程。

二、我国高校知识产权人才培养存在的问题

知识产权教育大致分为专业教育和普及教育两大类：专业教育主要指知识产权专门人才的培养，主要包括一些高校的法学院、管理学院的知识产权本科教育、硕士研究生教育、双学位教育和博士研究生教育。普及教育主要是针对非法学专业的大学生进行的知识产权基础知识的素质教育。我国高校对知识产权人才的培养起端于 20 世纪 80 年代末，到 21 世纪初的这几年，已经有了一定的基础，但与我国实施知识产权战略所需求的创造、应用、管理与保护的还有很大差距。概括起来，我国知识产权人才培养还存在以下几方面的差距。

（一）在知识产权专业人才教育方面存在的问题

1. 知识产权学历学位教育未成体系，知识产权人才培养模式单一

知识产权专业人才分研究型人才和应用型人才，两种人才的培养目标和培养方案有所不同。无论哪一种人才，都是需要具备多种素质的人才。而目前我国高校作为培养知识产权人才的主阵地，承担知识产权相关的本科和研究生培养，但都未设立独立的专业，挂靠在法学专业和其他研究生学位硕士点下面，知识产权专业在我国学历学位教育中尚未形成二级学科。与此相关，知识产权人才培养模式单一，知识产权教育重理论、轻实务，重法律知识教育、轻管理和自然科学知识培养的局面，在知识产权人才培养方面没有形成自己的独特模式。这种状况不利于知识产权人才培养范围的扩大和水平的提高，也不利于我国知识产权战略目标的实现。

2. 知识产权人才培养的师资队伍整体素质有待提高，数量有待壮大

肩负着知识产权人才培养的我国高校教师应能承担实行跨学科的人才培养的重任，然而，从总体上看，我国受过系统知识产权教育的教师数量较少，现有的高校知识产权教师大多都是从法学专业毕业的，很少有其他学科如管理学、经济学、理工科的知识积累，也缺少相当的实践经验，因此，知识产权专业教师队伍中，理论研究能力相对较强、熟练掌握处理知识产权事务的实践能力的教师较少，理论与实践脱节。❶ 因此，这种状况很难满足我国大规模开展

---

❶ TOYODA S. Future of the global economy and IP culture: proceeding of international symposium in commemoration of the 100th anniversary of the establishment of the Japan Institute of Invention and Innovation [C]. 2004: 20.

知识产权人才培养的需要。

（二）在知识产权人才普及教育方面存在的问题

1. 知识产权普及教育范围有待拓宽

知识产权的创造需要以创新为前提和基础。目前，需要在经济和科技领域及重要学科上，培养和造就大批的创新队伍，掌握属于自己的核心技术和拥有知识产权人才。非法律专业类尤其是理工科大学生是我国未来科技创新的主要力量，将来直接从事科学研究、发明创造、经济贸易等各方面的工作。如果没有知识产权保护意识，其智力成果很难得到较好的保护，技术成果也难以转化为现实的生产力，难以在激烈的竞争中生存和发展。❶ 因此，知识产权素质应当成为其综合素质的一个重要方面。理工类学校和综合类高校应该把开展知识产权素质教育作为培养创新人才的重要内容来抓。然而，目前，我国高校除了法学类和法律类专业必须上知识产权法课程，在大多数理工类和综合类高校里极少开设知识产权法课程，大部分高校没有把学生在大学接受知识产权教育纳入教学计划，高校学生接受知识产权教育的人数极少。根据有关专家对北京大学等 11 所在我国有影响力的理工科和综合类高校的调研统计显示，上过知识产权法课程的学生不到学生总数的 5%。有些学校甚至根本没有开设任何知识产权法课程。

2. 知识产权普及教育内容缺乏针对性

对非法律专业尤其是对理工科大学生的知识产权普及教育除了对基础理论知识的掌握，更应包括对知识产权的管理、利用、保护等方面的教育，特别是加大专利、技术秘密、计算机软件、集成电路布图设计等贴近工科类专业实际方面的内容，多选择机械、石油等知识产权典型案例，以体现工科特色并结合工科专业的特点，注重知识产权实际运用能力。❷ 而目前知识产权普及教育以法律知识传授为主要教学内容，不注重实际应用。这种教育方式与社会对非法律专业类尤其是对理工科高校学生素质能力的要求不相适应。

三、知识产权战略目标下完善我国高校知识产权人才培养的对策建议

（一）结合知识产权学科特点，选择合适的知识产权人才培养模式

知识产权涉及法学、管理学、技术科学等多门学科，是一门综合性的学

---

❶❷ TOYODA S. Future of the global economy and IP culture：proceeding of international symposium in commemoration of the 100th anniversary of the establishment of the Japan Institute of Invention and Innovation ［C］. 2004：20.

科，这种综合性决定了知识产权人才的专业素质是应当具有多门学科知识融合交叉的知识结构，是一种复合型人才。因此知识产权学科应作为交叉学科来建设。知识产权人才的培养模式应是多元模式。《国家知识产权战略纲要》明确指出了我国高校知识产权专业人才教育的方向："建设若干国家知识产权人才培养基地。加快建设高水平的知识产权师资队伍。设立知识产权二级学科，支持有条件的高等学府设立知识产权硕士、博士学位授予点。大规模培养各级各类知识产权专业人才，重点培养企业急需的知识产权管理和中介服务人才。"今后高等院校的任务就是要尽快落实这一战略措施。在知识产权的专业教育中，教学机构的建立、教学计划的安排、课程结构的设置以及教学方法等都要考虑这些特殊情况，结合知识产权的学科特点，选择合适的知识产权人才培养模式，体现出其知识产权专业所独有的"课程群"。

知识产权人才主要是两类人才：一类是应用型人才，一类是研究型人才。目前我国对知识产权人才的培养主要有4种模式：一是第二学位；二是法律硕士；三是在民商法、经济法专业下设置知识产权方向；四是设置知识产权本科专业。❶ 从这已有的几种培养模式的人才教育经验看，一个共同的认识就是设置知识产权本科专业应当慎之又慎。从目前几个设置知识产权本科专业的学校的人才培养实际情况看，其课程设置既有自然科学，又有基础法学，还有知识产权法学。学生经过4年的大学本科教育，不能获得知识结构全面的教育，这将严重影响学生养成全面的知识产权专业综合素质的要求，培养出来的学生较难成为多种学科融合的知识产权复合型人才。因此，从国家知识产权人才培养的大局看，不应当设立知识产权本科专业。

目前，培养应用型知识产权专业人才较为成熟的方法是第二学位教育，是非法学专业的学士获得者，尤其是理工专业科背景的毕业生，再经过系统的法学教育，接受两个领域的专业训练，成为具有多学科知识与能力构成的复合型人才。这种人才可以胜任与技术有关的实用型工作。

而研究型人才的培养，应主要从经过本科法学系统训练的人员中和一部分知识产权应用型人才中选择，经过规范的高端学位教育和博士后研究，才有可能使其胜任。❷

（二）在知识产权专业人才培养内容上，要突出其交叉性、实践性特点

知识产权领域涉及面广，涵盖面也宽，表现出了知识产权学科的综合性特

❶❷ TOYODA S. Future of the global economy and IP culture: proceeding of international symposium in commemoration of the 100th anniversary of the establishment of the Japan Institute of Invention and Innovation [C]. 2004: 20.

点和知识产权人才的复合型特点。因此，高校在知识产权专业教学中需要进行有关学科、有关部门及校外资源的整合和利用，在进行知识产权人才培养的内容上要体现其交叉性、实践性的特点。❶知识产权课程应包括法学、管理学、经济学及知识产权专业知识等内容。此外，为了强化知识产权人才的实践性，改变过去重法学理论、轻业务实践的做法，应开设一定学时的实践课程，注重事务与案例，聘请法官、律师、企业界精英人物参与教学，并与企业、知识产权中介机构等中介部门建立稳定的联系，为学生提供第二课堂，提供实践及调研基地，培养懂管理、懂专业、能够胜任知识产权诉讼和知识产权管理的复合型人才。

（三）尽快制订和实施知识产权师资培训计划

今后我国高校应重视现有师资培养，通过在职培训、定期考核、出国深造或攻读学位等方式，促使师资队伍更新知识结构，提高其业务素质。在此基础上，应有计划地积极引进一批具有跨学科背景的高素质教学人才，将精通经济学、法学、科技等知识的复合型人才整合到知识产权队伍中来。❷此外，可以借鉴国外知识产权教育方面的成功经验，聘请兼职教师，为全面实施国家知识产权人才培养战略打下良好的基础。

（四）开展知识产权普及教育，知识产权教育与创新素质教育相结合

在大学本科教育阶段开设知识产权法公共课程，将其作为必修课内容纳入高校学生的教学内容，使大学生尤其是理工科类学生接受知识产权知识的教育，成为未来优秀的知识产权创造者、管理者。在教学基本原则和指导思想上，要体现以进行大学生素质教育为出发点，以提高创新能力为落脚点，以培养未来科技创新人才应具备的知识产权创造、利用、管理等基本素质为目标。在具体的教学内容上，除了进行知识产权基本概念、原理等基础内容的讲授，要针对综合类尤其是理工科类学生的知识结构，侧重选取与学习和工作密切相关的专利法、集成电路布图设计保护、著作权法、商业秘密保护等内容，加强对学生的专利申请撰写训练以及专利资料的检索、利用训练等❸，并与企业、知识产权中介机构等部门建立稳定的联系，为学生提供第二课堂，提供实践及调研基地。另外，还可开设丰富多彩的校园文化活动，聘请知名的知识产权学者、法官、律师等为大学生开设各种内容的知识产权专题讲座。

---

❶❷❸ TOYODA S. Future of the global economy and IP culture：proceeding of international symposium in commemoration of the 100th anniversary of the establishment of the Japan Institute of Invention and Innovation ［C］. 2004：20.

知识产权文化建设与高等教育改革

梁子卿[*]　姜黎皓[**]

一、我国知识产权文化建设现状及存在的问题

进入21世纪以来，随着世界经济全球化进程的加快和科学技术的迅猛发展，作为鼓励和保护创新、促进人类社会进步和经济发展的基本法律制度，知识产权制度在经济和社会活动中的地位得到历史性提升，知识产权保护受到国际社会的广泛关注。虽然我国知识产权制度建立较晚，但是20多年来，我国政府高度重视知识产权工作，在"十五"时期把提高自主创新能力作为调整经济结构、转变经济增长方式、提高国家竞争力的中心环节，把建设创新型国家作为面向未来的重大战略选择。在这一时期，我国的知识产权数量和质量明显提高，知识产权宏观管理力度进一步加大，知识产权法律体系已基本建立，知识产权保护成效显著。可以说这20年也是知识产权文化建设的20年。清华大学早在1997年就注重对学生的知识产权观念教育，当年通过了《清华大学保护知识产权的规定》，并将规定印入了研究生、本科生手册，导师、管理人员、新生人手一册。❶ 全国越来越多的高等学校认识到在学校课程中增设知识产权课程的重要性。目前我国建立知识产权学院的大学有北京大学、上海大学、同济大学等10余所，还有一些大学的法学院设立了知识产权系和研究中心，全国高校培养出来的知识产权专业人才近3000人。❷ 2004年底，泛珠三角区域内的9省区在首届泛珠三角区域知识产权合作联席会议上联合签署了《泛珠三角区域知识产权合作协议》。根据该协议，泛珠三角区域将形成统一、有效、规范的知识产权保护秩序，整体提高区域知识产权保护水平。特别值得赞赏的是，广东省已经把知识产权教育推广到了中小学校。广东省自2002年起在广州、深圳、佛山、云浮等市试点开展中小学知识产权教育，在全国产生

---

* 云南师范大学科研处处长、知识产权研究中心主任，教授。

** 云南师范大学知识产权研究中心副主任、哲学与政法学院副教授。

❶ 赵莼善，周立．清华大学在科技创新、成果产业化进程中的知识产权保护和管理［M］//王兵．高新技术知识产权保护新论．北京：中国法制出版社，2002：37．

❷ 高荣林．中国知识产权教育浅议［J］．前沿，2006（4）：114－16．

重要影响，并受到世界知识产权组织的高度评价。2006 年，广东省在全省范围内确定 30 所学校为首批全省中小学知识产权教育试点学校，标志着面向青少年的知识产权教育试点工作已逐步在广东省各市铺开。❶ 从 2004 年开始，国家将每年 4 月 20~26 日确定为"保护知识产权宣传周"，利用报刊、电视、广播、互联网等各种媒体，通过举办研讨会、知识竞赛以及制作公益广告等多种形式，在全社会开展知识产权保护宣传教育活动，目的是在社会上倡导一种尊重劳动、尊重知识、尊重人才、尊重创造的良好社会氛围。教育部和国家知识产权局《关于进一步加强高等学校知识产权工作的若干意见》（教技〔2004〕4 号）指出要"将知识产权战略作为高等学校的一个重要发展战略"。在 2006 年中国高校知识产权研究会第 11 届年会上，来自全国一百多所高校的代表联合向社会发出倡议，在高等院校中加强对知识产权人才的培养。

以上情况表明，全国各地特别是高校，已经认识到了加强知识产权基本知识教育的重要性，开始了知识产权文化建设的第一步。但是，"整个社会知识产权知识的认知程度上升并没有必然导致公众尊重知识产权的行为准则的提升"❷，我们已注意到，我国知识产权保护工作还存在着与国家经济、科技和社会的发展要求不相适应以及与面临的国际新形势的发展要求不相适应的问题。

由国家知识产权局主持，在人民网开展的一项网上调查表明："群体性侵权现象仍然严重，购买过盗版制品和假冒产品的分别占被调查人数的 88% 和 58%，这与 2002 年调查时的 81% 和 53% 相比有增无减。"❸ 该项调查同时也涉及"我国学生群体知识产权意识"，其中高校学生"购买过盗版书籍、音像制品或电脑软件的高达 93.48%，回答没有购买的仅占 6.52%"。❹ 2007 年 4 月，云南高校开展的"高校学生的知识产权认知度"的专项调查表明：高校学生对盗版问题的态度同样堪忧，对于现实生活中的盗版、冒牌的态度，仅有 10.05% 的学生"非常同意"作为一名消费者在明知侵犯别人知识产权的情况下仍然购买盗版或冒牌商品是"不道德"的行为，37.60% 的学生持有"同意"上述看法的态度，而有 36.41% 的学生则"不同意"上述看法，5.81% 的学生完全不同意上述看法，10.23% 的学生持有不清楚的态度；调查的数据同时反映出绝大多数同学都有购买盗版或冒牌商品的经历，完全没有购买过的同

❶ 李伟. 2006 年广东省知识产权保护状况 [EB/OL]. [2007 - 05 - 08]. http：//www. pprd. org. cn.
❷ 吴汉东. 中国知识产权蓝皮书 [M]. 北京：北京大学出版社，2007：419.
❸ 吴汉东. 中国知识产权蓝皮书 [M]. 北京：北京大学出版社，2007：417.
❹ 吴汉东. 中国知识产权蓝皮书 [M]. 北京：北京大学出版社，2007：432.

学很少；近一半同学在设计和完成论文时没有考虑过或者注意到对他人知识产权的保护问题。❶

由此可见，我国现行的知识产权制度虽然经过 20 余年的发展已经达到较高水平，但缺乏形成知识产权文化的时间积累和思想沉淀，这使得移植自西方的知识产权制度与"美文共赏"的中国传统文化观念不相契合，最直接体现为存在一个广泛消费侵权产品的群体。这些调查反映出一个值得注意的群体——高校学生。一个受教育程度较高的群体尚且如此，说明我们整个社会还远未形成一种鼓励创新、尊重他人知识的知识产权文化。

知识产权制度是鼓励与保护创新的制度。知识产权文化的缺失与社会创新意识培育是否具有某种内在关联呢？答案是肯定的。前述调查还对社会公众和高校学生的创新意识进行了解，从中反映了一些内在的关联，至少表明知识产权文化欠缺，整个社会的创新动力也不会强。前述的国家知识产权局的调查也表明"公众的创新兴趣和能力需要培养"，有创新而又"缺乏对知识产权不同法律保护措施的熟练运用能力"，高校学生较之中、小学生的"创新积极性进一步减弱"。❷ 云南高校的调查也表明没有涉及过创造知识产权的学生占到了 57.79%❸。高校学生尊重知识产权的群体意识的养成无疑是知识产权文化建设的基础性环节。一个民族如果缺少创造性成果，就难以形成保护自己知识产权的意识，更难顾及保护他人的知识产权了。创新能力缺失，保护知识产权意识自然淡薄，而保护意识淡薄又进一步削弱创新积极性。这必然陷入一个不良循环。高校学生较之中、小学生的创新积极性进一步减弱的现象提醒我们对高等教育必须进行深刻的检讨。目前高等教育在创新意识培养上存在的主要问题表现为 3 个方面：一是教学方法呆板，过于重视考试和成绩，缺乏启发式、研究式的学习氛围；二是重理论、轻实践，实践教学环节薄弱，不利于培养学生发现问题和解决问题的能力；三是知识产权专业设置与创新需要在一定程度上脱节。这一问题表现为知识产权专业大都设在法学院，少数设在管理学院，而工程学院学生几乎不学知识产权的有关课程。❹ 这样的专业设置，即使学生有一定的创新，也不知道如何保护。

这些因素直接影响着高校学生创新能力的培养。在建设创新型国家、大幅度提升我国自主创新能力和国家核心竞争力这一目标的指引下，我们有必要对高校现行的教育体制和教育模式进行反思，研究如何激发学生的创新积极性。

❶❸　云南高校学生知识产权认知度调查 ［R］. 昆明：云南师范大学知识产权研究中心，2007.

❷　吴汉东. 中国知识产权蓝皮书 ［M］. 北京：北京大学出版社，2007：415 – 434.

❹　高荣林. 中国知识产权教育浅议 ［J］. 前沿，2006（4）：114 – 116.

必须在教育体制和教育模式中考虑如何培养学生的创新意识、创新能力及对创新的保护意识。

二、从知识产权文化建设角度推进高等教育改革

文化建设的道路从来都是漫长的。法律制度的移植自然是快捷的，但要将其转化为社会公众内心自律意识，就不那么容易了。尽管我们已看到整个社会在为知识产权文化建设积极地努力，但要在中国传统文化的影响下建设知识产权文化还需要各方面艰苦的努力。徒法不足以自行，只有在保护知识产权的文化观念上进行彻底的更新，知识产权法律制度的推行才有公众基础。要减少群体性侵犯知识产权的现象，仅仅强调法律制度完善或推行是远远不够的，更重要的是持之以恒地推进整个社会的知识产权文化建设。高等教育是人生中获取知识、培养能力最重要、最基础的阶段。加强高校学生的创新意识培养，提高其创新能力是关乎整个社会的知识产权文化建设的基础工程。高等院校在知识产权文化建设中承担着义不容辞的责任。限于篇幅，本文不可能全面研究高等教育改革，仅是强调在高等教育改革中加强一些知识产权文化建设的措施。

第一，我们应明确的一点是，对于知识产权文化建设的成败，人的因素是首要的。时任国家知识产权局局长田力普指出"有制造无创新，有创新无产权，有产权无应用，有应用无保护"现象在中国企业界十分普遍。这是我国缺乏知识产权创新人才和管理人才的真实写照。知识产权制度是保护创新的制度，没有创新，知识产权制度就成了无源之水。创新的关键就在于提高人的创造素质。高等教育要坚持素质教育的理念，并在教育方式上以激发学生的创新精神为目标，提出切实可行的措施：一方面，学校和教师在教育中要坚持能力培养原则，在课程设置上强调实践教育，加强对学生的科研训练，设立专项科研经费，鼓励学生从事创作，搞科技小发明，并相应地改革考核方式；另一方面从政府的角度，也应当为学校提供专门用于学生科研训练的资金，加大对学生开展科研项目、进行科技发明的支持力度。我们希望通过这些努力，不断激发出学生的创新欲望，为知识产权文化建设奠定富有创新精神的人才基础。

第二，我们在高等学校的课程设置上要有制度性、前瞻性安排，应在高等院校的所有专业内设置知识产权必修课，进行知识产权基本知识的普及。文科学院诸如历史、文学、艺术、外语等专业的学生需要接受版权知识的教育；理工科学院的学生是未来科技研究的生力军，他们需要接受专利知识教育；而经济管理、企业管理学院的同学需要有商标保护意识。当然，短期之内很多高等院校还没有条件在所有专业设置知识产权必修课。但是，既然教育部已将知识产权战略作为高等学校的一个重要发展战略，一个基础性的工作就是设置知识

产权教育的课程。教育部应当有一个制度上的强制要求，制订中长期计划，并提供资金、政策方面的支持，逐步在全国高校实现这一设想。短期之内，高等院校要采取各种形式加强知识产权知识教育和培训。目前，在多数学校还不具备在所有专业开设知识产权必修课的条件的情况下，应考虑采取多种形式进行知识产权知识的宣传教育，可以先从开设知识产权的选修课入手，或者在法律基础等相关课程中加重知识产权方面的内容，并经常开展各种讲座、竞赛等活动宣传知识产权。

第三，高等院校中知识产权专业的设置要吸取法学教育发展的教训，主要应以硕士阶段以上的高层次学历教育为主。近年来法学教育发展过热，文科、理工科、专科院校都蜂拥而至，导致人才培养质量的基本规格下降，高层次法律人才严重不足，低层次教育过量发展和盲目发展，低水平重复建设的问题突出。知识产权专业发展一定要避免重走法学教育的老路，尽可能以高层次学历教育为主。这也是知识产权专业本身特点的内在要求。知识产权专业与法律和技术都密切相关。美国的经验是值得借鉴的。美国的知识产权硕士学位是综合了自然科学技术、经济、管理以及法律等学科的硕士学位，对学生的综合素质提出了较高的要求。如果在本科阶段设置知识产权专业，那么难免又走低层次培养的老路。而且整个社会急需的知识产权人才是高层次的经营管理和法律服务人才，需要能应对国际贸易知识产权挑战的专门人才。

第四，高等教育要加强诚信教育。高等院校开设知识产权教育课程是知识产权文化建设的一项重要工作，但知识产权文化建设不能停留在知识产权知识的灌输上，这是治标不治本的。高等院校在对学生加强知识产权基本知识的教育的同时，要把诚信教育贯穿始终，从尊重他人权利意识的培养入手，要让学生认识到知识产权保护与共享人类文明成果的关系、保护知识产权与维护公共利益和公共健康的关系等，使知识产权文化建设与社会整体文明素质的提高协调起来。

知识产权专业人才的学校教育探究

詹宏海[*]

进入 21 世纪以后，中国经济有了长足的进步，知识产权问题越来越受到各方重视，社会对知识产权人才的需求量也在日益增长。知识产权是一门跨多个学科门类、实践性很强的综合性学科，知识产权专业人才培养的难度更大，要求更高。高校责无旁贷地承担着为社会培养知识产权专业人才的主要任务。如何做好这项工作，培养出更多更好的适应社会需要的知识产权专业人才，就是摆在高校教育工作者面前的一项重要任务。

一、社会对知识产权专业人才的需求

社会需要什么样的知识产权专业人才，决定了高校的教育培养工作如何开展。业内常常能听到这样的提法：社会需要"拥有多学科（特别是理工科）专业背景的、有良好知识产权法律基础的、具备实践能力的、高层次复合型的知识产权专业人才"。这样的概括比较全面，但还不够具体。上海大学陶鑫良教授等人在《我国知识产权人才需求与培养初步调研》一文中作出过详细的分析和预测，将社会对知识产权专业人才的需求大致分为以下 6 类：

一是企业与研究机构知识产权经营管理人才，主要是企业与研究机构的知识产权部的工作人员，从事知识产权管理工作；

二是知识产权行政审查与管理人才，主要有专利审查员、商标审查员等；

三是国家各级公检法机关的知识产权专门人才，主要有审理知识产权案件的法官等；

四是知识产权社会中介与服务专业人才，包括知识产权律师、专利代理人、商标代理人、版权经纪人、技术经纪人等；

五是知识产权师资人才，主要是在高校当中从事知识产权教学、科研工作的教师；

六是知识产权制度设计与理论研究人才，主要是从事知识产权理论研究的

---

[*] 上海大学知识产权学院。

高级专家。❶

综上所述，我们可以看到，社会对知识产权人才的需求是多样化的，不但专业领域要求多样化，而且人才类型也要求多样化。在多样化的社会需求面前，高校应当如何开展人才培养工作，学校教育能够在知识产权专业人才培养过程中起到什么样的作用，这都是值得高校教育工作者去深入研究的问题。

二、基本功培养是学校教育的重点

社会对知识产权专业人才的需求是多样化的，不同行业需要不同特点的知识产权专业人才。虽然社会需要的人才类型千差万别，但万变不离其宗，都有一个共同的要求：人才的基本功必须扎实。

所谓基本功，就是指基础理论知识和基本技能两方面的结合。高校的教育必须重视人才基本功的培养，这也正是高校的优势所在。高校向社会输送的知识产权专业人才，就应当是系统掌握知识产权专业的基础理论和专业知识，具有扎实的理论基础、良好的知识结构、严密的思维习惯、良好的外语能力和相关基本技能，善于不断学习，社会适应能力较强的人才。这样的人才具有较强的继续学习的能力，能够通过不断"充电"来适应工作岗位的需要和社会发展的需要，能够通过自己的努力主动将自己锻造成社会需要的人才。

有一些学者认为，知识产权专业人才的培养，应该重在职业技能的培养，不宜过多强调理论学习，因为知识产权问题大多是实践问题。诚然，职业培训在我们的社会中很重要，它是针对某种职业的社会需要，有针对性地进行的专门知识和技能的培训，也是"充电"的一种形式，如专利代理人、商标代理人培训。通过职业培训，学生可以拿到某个行业的执业资格，对今后就业有很大帮助。但是，如果用职业培训的标准要求高校的专业教育，把高校的专业教育降低为职业技能培训，这样只能使高校的专业教育走入歧途，降低专业教育的质量，削弱学生继续学习的能力和适应能力。

我们应当看到，人才培养不同于商品生产，不能简单地跟随社会职业的变化而变化。学校教育不是职业技能培训，不可能完全按照多样的社会需求一一对应设置专业。社会上的职业不计其数，特别是在知识经济时代，新技术、新产业不断涌现，新的工作岗位、新的职业也不断涌现，不同行业对人才的能力要求不同，学校的课程设置不可能面面俱到，要求大学的专业教育与社会职业完全对口是不切实际的幻想。

---

❶ 陶鑫良，等. 我国知识产权人才需求与培养初步调研［M］//陶鑫良，王勉青. 中国知识产权人才培养研究. 上海：上海大学出版社，2006：111 - 161.

就目前的情况看，高校的基础理论教学不是太多了，而是远远不够。高校扩招以后，由于师资的相对缺乏以及所面临的越来越严峻的就业压力，高校的基础理论教学不同程度地被忽视了，其直接后果就是人才培养急功近利，教育质量严重下滑。这样培养出来的人才，虽然有了一个文凭，但社会适应能力差，发展后劲不足。这样的状况值得警惕。

在加强基础理论教学的同时，不能忽视基本技能的培养。高校培养出来的知识产权专业人才走上工作岗位之后，还需要经历社会实践的磨炼，还需要在工作单位接受进一步的职业培训，学习更多的专业技能。但是，一些知识产权专业所需要的基本技能，比如知识产权检索与分析，应当作为学生的必修课，要求学生在校期间必须掌握。另外，随着对外交往越来越频繁，无论将来从事研究工作还是从事实务工作，都需要高水平的外语能力。高校应当加强外语教学，特别是知识产权专业外语的教学，让学生能够熟练地运用至少一门外语进行专业领域的对外交流。拥有扎实的基本功，走上工作岗位后，就能比较快地适应工作环境，比较好地完成工作任务。

三、复合型人才的知识结构

知识产权领域需要复合型人才，已经成为社会共识。为适应培养复合型知识产权人才的需要，国家及全国各高校都做了大量的工作，在专业设置、培养模式、课程设置方面作了很多有益的探索，对复合型人才也提出了许多具体的衡量标准。对高校教育工作来说，知识产权复合型人才需要什么样的知识结构，直接关系到学校课程的设置和教学计划的安排，必须慎重考虑。笔者认为，对于这个问题，可以从以下两个方面来考虑。

（一）法学知识是基础

我们要在国际和双边谈判中维护国家利益，需要高水平的法律和外语复合型的人才；我们要参与国际竞争，发展对外贸易，需要高水平的法律、贸易和外语复合型人才；我们要提高企业知识产权管理水平，促进企业知识产权的创造和运用，需要法学和管理学复合型人才以及技术知识和法学的复合型人才；我们要从事知识产权理论研究，为国家的知识产权政策提供理论指导和支持，需要法学和哲学、管理学、经济学的复合型人才……从需要方面观察，当然是知识面越宽越好。但是，人的精力有限、能力有限，不可能通晓社会需要的各种知识。因此，我们必须有所选择，有所舍弃。

知识产权问题本质上是一个法律问题。虽然我们说知识产权是一种政策工具，但是，作为一种工具，它必须以正当的法律形式来发挥其作为工具的作用，来实现国家的政策目标，否则就会被质疑，就会在国际上遭到抨击，就无法实现其政策目标。这个问题贯穿于知识产权的立法、司法、行政执法和管理的全过程，或者说贯穿于知识产权的创造、运用、管理和保护的全过程。这是对知识产权法律工作者法学水平的更高要求。

因此，知识产权专业人才应当具备良好的法学基础知识，熟练掌握知识产权领域内的游戏规则。对知识产权法没有深入的了解，不熟悉知识产权游戏规则，就谈不上有效的知识产权保护和经营管理。因此，知识产权专业人才首先应当加强法学基础的教育。

（二）复合类型多样化

有一种意见认为，知识产权与技术关系密切，因此，从事知识产权实务和研究工作的人应当具有理工科知识背景。笔者认为，这种意见具有较大的片面性。知识产权问题确实有一部分属于技术领域，对于工作对象的熟悉和理解有助于对知识产权法的理解和掌握。但是，知识产权的运用、管理和保护与知识产权的创造是两个不同的问题，前者是经营管理问题和法律问题，后者也只有一部分（专利、软件）是技术问题。而我们所说的知识产权专业人才，指的不是知识产权的创造人才，而是管理人才和法律人才。对于管理人才和法律人才来说，更需要相关社会科学的知识背景。

知识产权问题涉及经济发展的方方面面，研究领域还在不断拓展，比如新兴的知识产权质押、知识产权证券化等领域，对理工科的知识要求就不高，更需要金融方面的知识。强调培养复合型人才是正确的，但复合型人才的类型应当是多元化的。高校在招生的时候，对生源的知识背景要求，也应当多元化。除了理科，还应该招收具有文学、经济、金融、外语、管理等多种专业背景的学生。这样，有利于培养多元化的复合型人才，以适应社会对知识产权专业人才的多样化需求。

四、合作培养是有效途径

知识产权专业人才的培养，不能仅仅看作高校的任务。高校在人才培养上理应承担重任，但由于其在人才培养，特别是实践能力的培养方面还存在不足，单单依靠高校，不能完全满足社会对知识产权人才的实际需求，还需要社会各方面特别是用人单位的共同努力，在知识产权专业人才培养上进行合作。

合作的方式主要有两种，一是高校在用人单位建立实践基地，派遣学生去实习，让学生在实际工作中得到锻炼，这样可以迅速有效地提高学生的实践能力。二是从用人单位选拔在职人员，攻读各类知识产权专业学位，合作培养知识产权专业人才。从用人单位选拔的在职人员，基本都有比较丰富的实际工作经验，再经过系统的专业知识学习，能够迅速有效地提高他们的实际工作水平。而且这些人对单位的情况比较熟悉，对单位的忠诚度更高，工作的主动性、积极性更高，更能在工作岗位上出色地发挥作用。

高校与用人单位合作开展知识产权专业人才培养，是一条有效的人才培养途径，能够整合社会资源，发挥各自的优势，提高人才培养的效率，培养更多更好适应实际需要的知识产权专业人才。

知识产权专业人才培养是一个复杂的系统工程，需要全社会的关注。在人才培养过程中会不断出现各种各样的问题，需要教育工作者深入细致地进行研究。

高校知识产权教学模式中的问题研究

王勉青*　　傅文园*

随着改革开放的深入和国际知识产权贸易的迅速发展，社会对知识产权人才的需求日益增长，高校传统教育模式在知识产权人才培养方面面临着适应挑战和改革的需要。知识产权教育作为我国高等教育的一部分，承载着培养与知识产权创造、管理、运用和保护需求相适应的人才队伍的艰巨任务。如何建构培养拥有强有力的战略研究能力、精通知识产权国际国内规则和能够熟练处理涉外知识产权事务的人才的教育模式是本文探讨的重点之所在。在现有高校教学模式下，使知识产权专业人才在数量、结构和质量等方面基本满足实施国家知识产权战略和建设创新型国家的需要，须在很多方面作出相应的修正和完善。本文仅就知识产权在课程设计、教学手段和教学内容方面的一些问题进行探讨。

一、知识产权课程结构设定的适应性调整

知识产权人才从现有格局来说属于法学人才，但又有异于传统法学人才，因此在目前高校知识产权的学科定位的现实环境制约下，对知识产权教学模式的改革和建构，必须要在现有的高校教学模式基础上进行探讨才有针对性和有效性。而在探讨知识产权教学模式前，首先要厘清知识产权人才的目标范围，进而才是如何构建和完善培养符合相关目标的教学模式的问题。根据现在社会对知识产权人才的需求分析，知识产权人才应是指包括知识产权专业人才和受过知识产权知识培训的特定人群在内的两大类组群。对这两类组群，高校在知识产权的人才培养的教育模式上是完全不同的：一种是对专业人才的专业教育，需要配套完整的专业类课程设计；另一种则是通过知识产权的通识性教育使得更多的相关人群掌握知识产权知识，而这是通过普及性的公共课程设定和与特定领域的专业结合的课程设定来完成的。目前，我国高校的知识产权教育主要就由两个方面组成。

---

* 上海大学知识产权学院。

一是知识产权专业层面的教学课程设定。知识产权法作为 14 门专业必修课之一，本身是法学专业类学生必修的课程。与知识产权的通识性教学不同，知识产权在专业层面上的教学是以知识产权素质教育和全面培养学生与知识产权有关的能力为目标的。而根据社会经济和科技发展的需求，建立有效的知识产权专业课程建设、体现知识产权专业的特色、提高知识产权的教学质量是知识产权专业性教学所要考虑的主要问题。我国高校的知识产权教学设立在法学一级学科之下，主要分为本科、研究生、在职进修提高等不同的教学阶段。由于知识产权学科研究对象的特殊性及对不同学科知识背景的要求，根据国际上知识产权教学的实践经验，主流意见倾向于在本科阶段仅进行知识产权的通识性或普及性教育，在研究生教育或在职教育中开设有针对性的知识产权专业性教学。从现有的知识产权专业培养模式来看，有的专业教学课程设置受制于法学院课程体系安排，全盘覆以专利法、商标法、著作权法、商业秘密法、反不正当竞争法的知识产权法律内容，却忽略了与知识产权专业密切相关的技术和管理学科内容在现代知识产权教学中应占据的地位，单纯强调知识产权的法学理论学习，并不能反映其与民商法相关学科的特殊存在的专业合理性；当然也有学校突破学科专业设置的禁锢，开设与知识产权相关的法律、科技、管理、经济等教学课程内容，但这种全方位却又蜻蜓点水式的课程设置，培养表面式的学科适应能力，基础理论薄弱，缺少高等教育的理论支撑，对将来学生的可持续发展影响难以预测。

目前，知识产权学科定位尚有很大争议，绝大部分高校将其归属法学学科，也有部分高校归将其并于管理学科之下。无论其学科定位如何，都应考虑到知识产权专业教学的课程体系是一个担负特定功能、具有特定结构、开放性的知识产权教学的组合系统，包含专业基础课、专业理论课、专业技能课等内容，其所体现的专业规格应该能反映知识产权制度在现今的发展趋势，从而适应知识社会发展的需要。专业课程设置应在学科定位的严密性基础上统筹规划，调整专业课程的结构，注意拓宽专业知识领域；专业教学课程体系应当整合课程结构，突出主干课程的建设和学科能力的培养。以知识产权的法学课程体系为例，在掌握法学专业 14 门专业课的基础上，应特别根据知识产权学科的特点，设计有针对性的专业必选课和任意选修课。专业必选课包括知识产权相关法律课程系列，而任意选修课则是围绕知识产权的管理、经济等专业规格的课程设计，能够体现知识产权专业发展的特别需要。任意选修课作为专业必选课的补充，既要符合知识产权专业技能培训的要求，又要兼顾学生的知识背景和学习兴趣，从而形成兼顾共性和个性基础上的知识产权专业课程体系建设。

二是知识产权普及层面的教学课程设定。这个层面的教学事实上是将知识产权法作为公共选修课，对高校中有兴趣的学生进行通识性教学。而在高校中开展知识产权的通识性教育，也是符合当前高校教学模式的。通识性的知识产权教学模式定位于满足现在知识产权人才的蓬勃需求，在学生专业的基础上结合相关知识产权知识教育，在掌握知识产权知识的基础上，树立起保护知识产权的法律意识，是为构筑知识经济时代公民素质的基础教育手段之一。就这个层面的教学模式而言，由于各高校重视程度不同，效果也有所不同。如航空航天类高校由于有部委政策的明文要求，该类高校的学生必须修习知识产权公共课程。通过这种学习培养学生知识产权的保护意识，使之了解和掌握知识产权的基本知识，从而必然会对其将来工作中的知识产权保护产生良好的影响。但是这类得到国家政策惠及的高校只是少数，我国绝大部分高校的知识产权公共课程的通识性教育则处于放羊的状态，并未就是否开设以及开设后是否选读等作出相应的制度性规定，这既与高校知识产权教学还未受到足够的重视有关，也与高校知识产权师资的缺乏有关。吴仪副总理早就指出："要逐步在大学设立知识产权必修课，使大学生掌握知识产权基本知识"；2004 年 11 月，教育部与国家知识产权局联合颁发的《关于进一步加强高等学校知识产权工作的若干意见》的第 11 条也明确指出："普及知识产权知识，提高广大师生的知识产权素养。高等学校要在《法律基础》等相关课程中增加知识产权方面的内容，并积极创造条件为本科生和研究生单独开设知识产权课程。"党的十七大报告又再次强调了知识产权在我国的重要性，因此，随着我国在知识产权人才方面的需求越来越旺盛，通过在高校中开设通识性的知识产权必修课程，将是高校在特定人群中培养知识产权人才的主要模式。

除了在全校范围内不分专业地开设知识产权公共课程，在一些技术、管理、经济、文化等学科为教学中贯穿知识产权知识内容的教学模式也是高校就知识产权展开通识性教学的有效方式，即在法学教育之外的上述专业的领域内，教师在传授相关专业技能知识的同时，有意识地向学生传授知识产权方面的法律常识和通行的保护做法。但这种教学模式是基于相关学科教师普遍掌握知识产权基础知识的理想教育模式。由于受我国知识产权保护制度建立时间的局限，高校知识产权的专业性教育体系尚未完全建立，知识产权教育人才极度匮乏，其他专业学科的专业教师普遍缺乏知识产权方面的意识和素质，因此，如果照搬国外这种教育模式，由于上述原因，这种教育会流于形式。现在国内高校也有尝试通过走出去请进来的方式，针对特定专业的特殊性开设有针对性的知识产权课程，例如在计算机学院开设计算机知识产权，在美术学院开设艺术知识产权等，但这种模式的课程的教学效果还有待进一步确定。

二、知识产权教学手段上的创新性体现

这些年来包括多媒体技术、计算机网络、网上通信、远程通信等在内的各类现代信息技术，被广泛地运用到现代教学模式中来，对传统的课堂教学格局形成了一定的冲击。在现代教学体系下，高校也鼓励或要求教师在教学环节中采用先进的教学方法和教学手段。以保护现代科学技术成果和文化传播推广为目的的知识产权，在其教学模式中更是应该广泛地运用这些现代信息技术手段作为教育技术❶来构建有效的教学模式。由于知识产权学科文理并重，采用影像、电子等教学手段，可以使学生在相关内容的接受上更加具有直接性和自主性，例如计算机能将文字、图形、动画有机地编排在一起，形象地阐述发生的问题，从而激发学生的兴趣；而计算机的交互功能也为学生提供了更多动手的机会，为实现教学的"个别化"创设了可能性。而在实际教学中，科学地利用网上学习资源，利用信息技术迅速更新教学内容，可以使得学习者适时地保持与掌握最新的科研成果发展同步。由于信息技术极大地改变了人类的思考方式和知识获取的途径，国际上普遍重新调整了人才的培养的教学模式，以培养学生掌握收集、组织和处理信息的能力和以整体、系统观念处理复杂问题的能力为目标，调整高校教学的方式方法。

知识产权教学作为法律教学的一部分，其培养目标包含作为法律实用性人才所需要的素质要求，例如扎实的法律专业知识，相应的社会学、伦理学、逻辑学等方面的知识储备，从而使学生将来可以从容地应对法院、检察院、企业、律师事务所等处理司法实务工作的需要，也因此，高校的知识产权教学在手段上的创新将在传统的法学案例教学、模拟法庭这样的教学实践模式中提供更为积极的效果途径。换言之，知识产权作为一门集技术、管理、经济、法律特征于一身的综合性学科，其学科教学方法也有明显区别于其他法律学科的特殊要求，即在技术基础上掌握认识、分析、运用相关事物的方法，培养以创新能力（提出新思想、新意境、新形象、新概念）、思维能力（发散思维的能力、求异思维的能力、逆向思维的能力）、研究能力（对以往的素材、经验、思路进行分析和研究，抓住特点找到差异，还包括学习的能力）和表达能力（将学习到的内容有效地表达出来）为主的实用能力。现代教学技术在知识产

❶ 美国是教育技术产生最早、发展较快的国家。教育技术作为一个专业和领域的出现，最早可以追溯到20世纪20年代美国的"视听教育运动"。从1963年到1994年，美国教育技术界对教育技术进行了多次定义。有所谓的媒体工具论、手段方法论和理论实践论等。而在20世纪20年代，受美国视听教育运动的影响，我国教育界也尝试利用电影、幻灯等媒体作为教学工具。后来，还成立了一些专门的机构。

权教学模式中的应用应该是立体的、多面的，互动的，而不应该是静态的。通过对这些手段的创新型运用，可实现知识产权理论教学、实践教学和学生学习知识产权知识之间的互相促进。例如在知识产权教学中，现代的教学技术手段在引导学生开展科学研究工作中就具有相当的价值和意义。在正常的调研采样、数据分析、模具构架、报告撰写中，充分有效地使用专利等数据库；对相关的技术知识，运用掌握的分析工具，检索分析专利文献，撰写争取最大保护范围的专利申请书等都可以通过在知识产权教学中掌握的现代教学技术内容而熟悉，从而达到事半功倍的效果。

在强调现代信息技术作为一种新的教学手段、教学工具的同时，并不应该忽视其工具的本质属性，因为在现在的知识产权教学中已经出现"技术至上主义"的倾向，这反而会使得知识产权内容教学的真正意义受到冷落，例如现在在一些教学环节中对辅助教学手段的 PPT 制作的过分强调，反而掩盖了PPT 用来更清楚地揭示和阐述问题的这一本质功能。因此，不必过分追求软件的美观或技术含量和信息含量及涵盖知识点的数量。课件只要能够成为学生的认知工具，在教学中发挥出实用、管用、好用的作用即可。事实证明，老师在课堂教学中深入浅出的话语力量的影响力是多媒体所无法比拟的。应提倡以提高教学质量和效益为目的，以转变学生学习方式和促进学生发展为宗旨的教学技术应用观。同时，要本着从实际出发、因地制宜的原则，挖掘和发挥各种技术手段在教学中的积极作用。

三、知识产权学科内容的复合性构成

现代科学技术的突飞猛进使知识学科呈现出高度综合化的态势，原来的专业划分标准已不适应信息时代大规模横断科学发展的需要，而这种学科体系的设置也不利于解决需要各门学科协同合作的问题，而这种协同合作在当今尤显重要。这种学科协作体系要求人文学科的学生增进对自然科学知识的了解，以适应科技高速发展的新时代；同时理工科学生也需要认识到中立的科学技术对社会发展的重要性和需要承担的社会责任，从而有积极意识地服务于社会，以改变过去一般按人文科学和自然科学等标准分类设置课程的传统做法，"以一种跨学科的方式组织各门学科而不是按照一个等级结构来组织各门学科"，这样有利于科学教育和人文教育有机结合，充分体现诸学科内部的相关性及完整性，减少由于知识结构被人为划分所造成的知识割裂与世界整体性之间的矛盾。这种文理学科间的相互渗透和融合已逐渐成为各国高等教育教学内容和课程体系改革的一个趋势，知识产权学科内容的整合构成正是这种趋势的典型性反映。就知识产权教学所要培养的专业人才而言，主要是指经过知识产权专业

的系统教育或培训而形成的复合型人才，涵盖知识产权教学科研、知识产权行政管理、专利审查、商标审查、版权审查、知识产权立法和人员、知识产权中介服务、企业和科研机构知识产权管理营运等领域。而现代经济社会对知识产权人才的要求并不仅仅是对一般社会能力和学科专业能力❶方面的要求，更对发展能力和创新能力❷提出了相应的前提条件。知识产权人才的这些能力需要以具备法学、管理学、理学、工学、农学、医学等一门以上专业知识背景作为依托，在日常的知识产权教学的学习、讨论、实践中培养而成。

在知识产权教学中，注重法律、管理、技术等相关学科内容的复合性走向，恰恰反映了知识产权制度发展的趋势性：

法律保护知识。知识产权作为一种无形财产权，根据法律的规定，对智力科技成果进行依法的保护。在知识产权的学理基础上，法律是其合法性保护的主要依据。在知识产权的传统教育中，知识产权首先是被当作一门法学类基础学科看待的，即使今天，知识产权法仍然是教育部规定的14门法学基础类学科之一，所以知识产权教学首先是对知识产权法律知识的教学。其次，知识产权法的内容随着保护对象的日益复杂化，相应的制度规定也愈发系统和具体，涉及越来越多的单行法和法规，同时知识产权法律作为法律体系中的部门法，与其他法律也有着千丝万缕的关系，所以在教学中还需要按照法学专业课程的内容设定来完成诸如合同法、劳动法、刑法、行政法、诉讼法、国际经济法等其他方面专业法律知识的课程任务。

科技信息知识。知识产权保护的特定对象就是相关的技术和信息，在这基础上的各类制度设计都无法脱离对象本身来研究，也因此使得拥有专业技术背景的同时又能运用法律或管理手段来进行操作的知识产权人才显得较为珍贵。虽然在实际的工作领域中不乏理工科背景出身的知识产权从业人员，但在我国高校现有的师资结构中严重缺乏拥有这方面知识背景的人员，也因此使得知识产权教学沦为严格意义上的法学教学。只是市场在对知识产权需求的反应上是要求该领域的从业人员必须具备相关领域的科技知识，了解目前该领域的研究进展，从而能够及时跟踪对手的研究开发情况，进而开展自有的知识产权工

---

❶ 一般社会能力是指学生在认识过程中表现出来的各种认识能力的综合，是任何活动中都不可缺少的基本能力，主要包括有观察力、注意力、记忆力、想象力、思维力等。而学科专业能力则主要指专业技能和职业技能。专业技能主要包括书法、普通话、阅读、演讲、写作和科研等方面的技能。职业技能主要包括师范专业毕业生的教育、教学能力，新闻、文秘专业毕业生的社会交往、采写报道或处理机关事务的能力。

❷ 所谓发展能力，是指包括自学能力、科研能力、获取信息能力和更新知识的能力等。而创新能力则是主要指依托现有知识，构建新思想、新方法，产生新成果的能力。

作。与此同时，与专利等技术密切相关的是对技术科研等科技信息内容的检索知识和能力。基于社会对具备扎实的科学知识与创新能力的知识产权人才的需求，现在的高校知识产权教学已开始在专业层面开设独立的理工学科的课程内容，增加了专业的专利检索课程，或者在知识产权类的学生招收条件下设置理工科背景的前置要求。高校企图通过这样的杂烩式教学来满足市场上对知识产权人才的不同要求，至少从现有的效果，特别是本科知识产权的专业教学来看效果一般，而且过分强调高校教育阶段学生的学习知识背景并不能必然产生将来需要的工作知识背景。因此，针对高校知识产权教学中的科技信息知识内容，在本科阶段似应结合对象专业来教授知识产权内容，而在研究生阶段则应偏重知识产权专业本来来研究。

商业管理知识。知识产权保护日益受到重视，与其在国际贸易和国际经济中的地位的日益提高有着密切的关系。知识产权作为一种资源，不仅仅是法律保护的对象，更成为企业在市场中立足和竞争的工具。因此，知识产权被市场主体视为一种经营性的资产，需要在经济活动中实现保值增值，这是与传统上对知识产权的法律属性判定存在偏差的，所以，对基于商业角度看待的知识产权，需要通过管理学的知识体系这个新的视角来加以认识和掌握。现在的高校教学体系中有不少管理学院开设了知识产权的研究生和博士学位教学课程。在这些课程内容中，知识产权作为一种无形资产资源，由学生学习对其科学合理地开发、利用和运营，开展知识资源的产权化、商品化、资产化、资本化，增加企业新增资产中的知识产权贡献率，这将使知识结构背景的课程教学内容随着市场对知识产权利益需求的递增而显得日益重要。法科和商科的内容结合在国外高校教学中一直就有，因此已有相应的成熟经验可供借鉴。

论高校本科生知识产权法课程的设计

侯仰坤*

近年来，随着知识产权法教育的普及，普通高等学校知识产权课程的设计问题日渐突出。从完善教育和提高学生的知识产权知识水平的角度都应该对此进行科学的规划和论证。下面笔者从自己的实际教学工作出发，提出一些建议和观点供大家参考。

一、本科教育所要达到的基本目标

这个问题似乎不是一个突出的问题，因为知识产权法作为大学教育中的一门课程，应该按照教育部规定的教学大纲完成基本的教学任务。实际上，对于知识产权法这门课程来说，它有自身的特点，应该具体明确基本的目标要求才是更加科学的。

知识产权法课程与一般的法学课程相比，最大的特点应该体现在两个方面：一个是内容比较抽象，不容易把握和理解；另一个就是它的实务内容比较多，除了知识产权纠纷案件涉及的实务内容，还存在大量的申请权利所应该掌握的实务内容，这样就使得实务内容在知识产权法课程中所占的比例相对较大。而综观当前在我国影响比较大的几种知识产权法教材，基本上都是围绕着知识产权法的理论进行讲述，这样就使得教材的内容与知识产权法本身的主要内容发生了一定的错位，其结果是毕业的学生在一定的时期内，光凭在课堂上学的知识，既难以处理知识产权纠纷的案件，也难以办理知识产权的权利申请案件，在实践中处于圈外的状态。出现这种状况的主要原因还是当前对于本科知识产权教育的具体目标规定得不够准确和科学，这种目标上的不到位直接影响着学校对知识产权法课程的设置，具体体现在课时数和教材的内容上。

实际上，在这里蕴含着一个更深层次的问题，那就是我国的本科教育中，从知识产权法教学的角度出发，本科学生掌握程度的最低标准应是什么？这个问题实际上可以通过一定的量化指标来规范，至少可以在理论知识和实务技能

---

* 北京理工大学人文学院法律系。

操作的范围上进行量化。否则，不同的学校之间，在知识产权法所教的范围上就有比较明显的差别，这样显然是不够合理的。

笔者认为，关于本科教育，在知识产权法的教学范围上应该包括基本理论和基本实务两部分。基本理论除了知识产权法导论，应该包括著作权、专利权、商标权、植物新品种权、商业秘密、地理标志、集成电路布图设计、反不正当竞争、国际公约基本知识、主要国际公约（《巴黎公约》、《伯尔尼公约》、TRIPS 等）；基本实务应该包括知识产权纠纷案件的基本处理流程和思路解析、申请知识产权权利的基本操作步骤和流程等内容。应该注意改变只注重理论而忽视或轻视实际操作技能的学习和训练，最终使受过本科教育的，特别是法学专业本科的毕业生不仅基本掌握知识产权法的基本理论，而且同时能够完成作为一个法律专业人员应该能够完成的知识产权非诉讼方面的基本实务工作。这样，对于学生和社会来说，才真正是完成了大学本科应该完成的教学任务。

二、知识产权法教学的基本类型

本科教育阶段，知识产权法的教学可以有不同的类型：一是可以设置不同的学制，二是可以安排不同的课程。下面就以北京理工大学为例进行说明。

（一）对不同学制学生的教学

目前，在北京理工大学，涉及知识产权法课程的学生教学主要包括以下几种类型。

1. 法学专业学生的教学

作为法学专业的核心课程，这一部分的知识产权法的教学是最基本的教学形式，学生的法学基础理论比较扎实，因为是本专业的必修课，学生的学习积极性也比较高。应该在理论和实务两方面都尽量扩大教学内容的知识面。对这类学生的教育应该在理论上比较系统深入地讲解，在实践上让他们实际参与法庭的旁听以及专利申请或商标申请等具体实务操作。

2. 法学双学位学生的教学

经教育部批准，北京理工大学可以在自己本校的学生中择优录取一定数量的非法学专业的学生进行法学学习，时间 2 年。完成全部学业并经考试合格的学生在获得自己本专业的学位的同时，可以再获得一个法学学位，称为法学双学位。

这一部分学生与法学专业的学生相比，法学基本理论功底相对较弱，但是，由于是跨学科学习，而且多是主动积极学习的同学，他们的逻辑思维比较开阔，特别是理工科背景的学生，思维比较严谨，逻辑推理比较强，对于专利、集成电路布图设计等涉及理工科背景知识的法律内容往往容易理解。

目前，北京理工大学对于这部分学生的教学基本上也是按照法学专业的教学标准进行教学的。

3. 法学二学位学生的教学

经教育部批准，北京理工大学可以通过考试择优录取一定数量的已经获得本科毕业证书的学生进行法学学习。经过2年学习，考试合格的可以获得北京理工大学的学士学位，称二学位学生。这部分学生都是大学毕业后的学生，当然所毕业的院校也不同，因此基础条件不同。目前，北京理工大学对于这部分学生的教学基本上也是按照法学专业的教学标准进行教学的，但是，这部分学生由于直接面临着找工作的压力，学习态度不如在校的学生，基础也相对低一些。他们的长处是因为已经大学毕业了，思维比较开阔，逻辑能力也比较强，就是法学理论功底比较弱。

4. 新生公共课的普及教学

从2006年新生入校开始，按照国防科工委的部署，北京理工大学对新生统一进行知识产权法的普及教育，16个学时，2学分，必修课，全校3000多名学生统一学习。为此，北京理工大学人文学院法律系专门组织部分老师编写了针对这些新生的教材《知识产权法简明教程》。由于是针对新生的教育，而且不分专业，这一教材的内容在范围上基本保持了本科法学专业教材的范围，并且增加了国防知识产权的相关内容，在理论的深度上有所降低，力争使学生能够接受和理解。通过一个学期的教学实践，效果比较突出，学生的积极性也比较高。

在以上4类学生的知识产权教学中，除了新生教学，其他3类学生都可以采用统一的标准进行教学和考核，而且从考试成绩和最后的毕业论文水平来说，并没有太大的差距和区别。

除了上述4种情况，如果教育部批准能够把知识产权法列为单独的一门专业，则整个教学体制就会发生较大的变化，无疑将会推动知识产权法教学的飞跃。

(二) 对教学方式的探讨

目前，囿于学时所限，例如在北京理工大学，法学专业的知识产权法课程学时为64个，计4学分。在这些有限的时间内要想完成知识产权法的基本理论（包括我国基本的知识产权法律法规）和基本的实务教学是困难的，因此，应该适当地增加教学的课时数。下面主要探讨教学的方式问题。

1. 必修课的课堂教学

首先需要说明的是，在这里强调"必修课"由于对学生来说是一个强制性的概念，因此，这也是完成基本教学内容的主要阵地。

从学时上来说，有限的学时只能满足课堂上对基本理论和基本法律、法规的讲解与分析以及对典型案例的课堂分析，而很难再抽出时间来开展其他实务活动。因此，必修课的课堂是难以完成整个知识产权法教学任务的，当然，如果必修课安排的课时数比较长，则是可以的。另外，这里所说的知识产权法的教学任务是基于上述的观点来说的，即是站在知识产权法自身的理论体系和基本实务内容来说的，而不是单纯地以完成学校规定的教学课时数来说的。

2. 选修课的教学

为了弥补必修课的不足，在现有的教学体制下，可以通过增加选修课的方式增加课时数，借此来增加课程的内容。

在这里，可以把重点安排在实务操作上，比如可以多组织学生到法院和仲裁委员会旁听知识产权案例；组织学生开展模拟法庭；还可以组织学生到专利局、商标局、版权局等单位实际操作申请表格的填写、基本信息的查询以及熟悉基本流程等内容。有条件的学校，比如有自己的法学实习基地、法律诊所的学校，可以组织学生参加真实案例的讨论，培养他们的基本思维。

3. 学术讲座教学

学术讲座的特点是针对某一些重点的问题进行深入的探讨，这对于深化学生的知识是很有好处的，也能够使学生比较全面地了解和掌握某些方面的信息。

如果有条件，能够聘请校外的一些知识产权法专家学者、法院的法官、业务能力比较强的律师和法律工作者来开展讲座，则更能开阔学生的眼界，对学生能产生很大的启发作用。

当然，这里面对的都是本科学生，他们的学识水平和心理状态决定了他们难以接受比较深的理论，这就是需要把握的一个度。

三、本科阶段知识产权课程的设想

对于本科阶段的知识产权课程的教学，实际上存在一个分水岭。如果教育部批准在本科专业中设立知识产权法专业，那么，对于这个专业来说，除了公共课，存在一个围绕知识产权法的课程类别的设计问题。在当前的情况下，知识产权法只是作为法学的一门课程，对于知识产权法课程的设计所能应用的空间比较小，没有多少回旋的余地。在前面的介绍中已经基本介绍和阐述了教学的现状，以及在这一现状下能够弥补的一些措施，但这些措施也只是弥补性的，不带有根本的改变性。

因此，在这里主要探讨一下把知识产权法作为一门专业时的课程设计问题。

根据笔者从事知识产权法的教学以及接触一些知识产权案件纠纷和法律实务的感受来说，围绕知识产权法应该开设以下相关课程。

1. 艺术学

这一部分主要包括音乐、舞蹈、雕塑、戏剧、电影电视、建筑、绘画等内容，理由是这些都是与作品对应的，只有对这些相关知识有所了解才能更好地掌握和理解相关的作品的含义。

2. 语言文字学

大多数作品中都涉及对语言的理解和应用的问题，语言和文字本身也是两种不同的作品类型。对这些基本知识的学习是有益的。

3. 法律哲学

知识产权法中的许多概念都是比较抽象的，如作品、表现形式、技术方案等，这些内容都要求学生具有一定的抽象能力和思辨能力，而且应该具有对相应的法学理论特点的理解，因此应该要求学生学习法律哲学。

4. 物理学概论

专利技术中存在大量的物理学的基本原理。应该让学生学习基本的物理学知识，使得他们能够理解专利中所涉及的基本物理原理或者在此基础上再进一步钻研具体问题。

5. 化学概论

同样，为了能够理解涉及化学问题的专利问题，应该掌握基本的化学知识和基本原理。

6. 生物学概论

为了能够理解涉及生物学问题的专利问题，应该掌握基本的生物学知识和基本原理。

7. 经济学概论

经济学是一门理论与应用结合比较紧密的学科，因此，应该了解和掌握经济的一般规律、经济管理的知识以及经济的发展趋势等。

8. 知识产权法导论

知识产权法是一门科学，而不是简单的操作规程，因此，它有自身的内在规律性。对这些内容的了解和掌握是非常重要的。这些内容独立于任何具体的知识产权法的权利类型，因此，应该作为一门课来讲。

9. 著作权法

著作权法是内容越来越庞大的专门性的法律，内容丰富，也是比较重要的知识产权法的内容，因此应该单独作为一门课程。

10. 专利法

同样，专利法也是内容丰富和重要的知识产权专门性的法律，应该单独作为一门课来讲。

11. 商标法

商标法也是内容丰富和重要的知识产权专门性的法律，也应该单独作为一门课来讲。

12. 植物新品种权保护法

植物新品种保护在我国虽然起步较晚，但是，所涉及的内容比较多，当然也比较专业化，应该作为一门课来讲。

13. 商业秘密保护

商业秘密的保护问题也是比较突出的问题，应该作为一门单独的课程来讲。

14. 知识产权国际公约

这一部分内容比较丰富，应该单独地作为一门课程来讲。

15. 其他知识产权

这里包括集成电路布图设计、反不正当竞争、数据库保护等内容，统一安排成一门课来讲。

16. 知识产权实务

这一部分又可以划分为知识产权诉讼实务和非诉讼实务两大块内容，还可以再具体划分为国内实务和国际实务两部分。这些内容比较丰富而且与实际密切相连，是比较重要的。

以上是笔者提出的一些建议，一定会存在不科学之处，目的是共同完善知识产权法的教学，切实提高学生们的理论水平和实际操作能力。

知识产权本科实践性教学的思考

杨雄文

知识产权与科技、经济以及社会文化的发展密切相关。由于全球经济科技贸易一体化进程的加快，特别是全球经济科技的迅速发展，现代知识产权处在不断地修订、更迭、变化之中。知识产权教育与知识产权人才培养受到了全世界的普遍重视。

在我国，知识产权是一个新兴的专业。大学知识产权教育自 20 世纪 80 年代中后期才在我国逐步发展起来，尚未形成完善的知识产权教育体系，对知识产权的教学模式以及教学方法研究仍然不够。同时，经过几十年的发展，虽然高校法学教学仍保持以教为主的教学模式，但各院校的法学专业已或多或少地开始注重对学生实践能力的培养。知识产权本科主要以培养高技能型人才为目标，因此，在知识产权本科层面人才的培养过程中应注重对专业实践的教学训练。在目前实践性教学训练多采用校内实训与校外实训的模式进行专业人才的培养。由于校内客观条件与社会条件的限制，在实践性教学中的教学效果并不尽如人意。因此，探索知识产权本科实践性教学模式，对知识产权专业人才培养有很强的现实指导意义。

一、知识产权本科实践性教学模式现状分析

"纸上得来终觉浅，绝知此事要躬行。"目前，知识产权本科专业实践性教学模式主要有两种类型：一种是校内实训，一种是校外实训。

校内实训多采用模拟训练的方式进行。模拟训练一般采用法律诊所教育和模拟法庭这两种模式。法律诊所教育是 20 世纪 60 年代在美国法学院兴起的一种新的法学教育方法。学生在教师的指导下通过代理真实或虚拟案件、亲自参加诉讼活动的方式认识和学习法律，同时为委托人提供法律咨询和法律服务。诊所式法律教育的目的在于让学生通过法律实践学习律师的执业技能。与传统法学教育相比，诊所式法律教育在教学方法上有如下特点：学生是课堂的主

---

* 华南理工大学法学院副教授，法学博士。

人，使用真实的案件材料，教学方式灵活多样，培养学生多维的思维方式，具有独特的评估方法。❶ 这种实践模式的引入在一定程度上弥补了中国法学教育的不足，学生有机会较早参与实际办案并运用所学理论知识解决实际问题，使学生的职业技能得到训练，为未来就业及职业生涯打下一定基础。但法律诊所教育在培养知识产权本科学生的实践能力方面存在不少局限性与缺陷，其主要有以下两方面：其一，人才培养目标单一。诊所式法律教育偏重于通过法律实践来学习律师的执业技能。其目的的单一无疑会导致诊所式法律教育的功能缺陷。中外法律教育的目标与功能并不仅仅限于培养合格的律师，而应当包括社会需要的各种各样的法律人才，如法官、检察官、警察、其他行政执法官和法学理论研究人才等。其二，师资队伍力量不够。知识产权不仅仅涉及法学理论，其大部分与科技、管理、经济有着十分密切的联系。在这些跨学科的方面，一般的法学教师是力不能及的。

而模拟法庭教学法是在多年的法学教学改革中应运而生的一种培养法科学生实践能力的模式，因其显著的实效性受到了各法学院校的青睐。较之诊所式教学，模拟法庭教学在法学院中运用较为普遍，几乎所有的法学院都有课内或课外模拟法庭的开展。很多高校法学院还专门建成模拟法庭活动室。但目前其在知识产权本科实践技能培养方面，也凸显了一些问题：第一，模拟法庭教学内容有局限性。模拟法庭的实践环节主要定位于庭审过程，较少涉及立案、侦查及执行等其他司法环节，对案件往往也缺乏完整的认识和感受。从知识产权法律职业角色训练的角度，学生只是简单了解律师、法官、检察官出庭的程序，并未深入感知这些角色在司法过程中的作用，如收集证据的过程，法官在立案、审判、合议及执行过程中的作用。因此，模拟法庭与实际的司法过程相比，还存在较大缺失。第二，知识产权案件较之普通案件，更具有不确定性，对于证据的要求更高，可是，模拟法庭为了控制时间，往往省略了证据这一关键环节，因而损害了知识产权模拟法庭的效果。

与其他法学专业一样，在知识产权专业实践性教学中引入了校外实训环节。校外实训主要是学生的毕业实习。毕业实习几乎是所有法学院列入教学计划中的教学实践环节，有明确的学时、学分，而且在多年的运行中也形成了一些成熟的做法。但是其局限性也是非常明显的：首先，毕业实习一般安排在大四进行，这种教学安排保证学生有了初步系统掌握的法学专业知识，可将法学知识在实习过程中综合运用起来。但此时学生面临就业、司法考试和公务员考

---

❶ 甄贞. 一种新的教学方式：诊所式法律教育 [J]. 中国高等教育，2002（8）：33 – 34.

试的准备，而且4年的法学教育仅仅靠这一环节是远远不够的。特别是对于知识产权案件来说，较之一般案件，他们花费的时间更长，要求他们投入的精力也更多，因此，效果更不能保证。

总之，应探索知识产权本科专业实践性教学模式，充分利用各种客观存在的或可能的实践性教学条件来培养知识产权职业人才，提高知识产权职业人才专业能力，增强知识产权职业人才的社会适应力，使得知识产权专业人才满足市场的需求，达到培养职业人才的教学目的。

二、知识产权本科实践性教学的要求

与现有的培养法科学生实践能力的教学模式相比较，知识产权本科实践性教学的独特之处表现为：

第一，教学目标要实现多类型人才的培养。知识产权人才培养是个跨学科人才培养的复杂过程，社会对于知识产权领域不同的就业岗位亦有不同的素质要求。知识产权实践教育的目标，除了在于培养各种各样的社会需要的法律人才，如法官、检察官、警察、其他行政执法官等，还应教授知识产权涉及的法学、经济学、管理学与工学等学科的知识，其实践教学还应能训练学生作为知识产权管理者、知识产权评估人员等不同角色的职业技能。目前，我国培养的知识产权专业人才大多集中在立法、执法、司法和教学科研等部门。随着这些部门知识产权人才的逐步饱和，今后知识产权人才的需求将主要集中在企业。企业对于知识产权毕业生的需求是不但要有自然科学的知识背景，熟悉相关法律、法规，而且精通知识产权管理和运营。

第二，知识产权是一项理论性与实践性很强的法律，比如专利法相关的实际工作中更强调操作性。为了使学生能够深入掌握专利法的有关知识，应带领学生一起分析专利文献，包括说明书摘要、权利要求书、说明书、附图等，使学生对专利文献、专利技术有更真切的了解。这种教学方法不仅使法学专业的学生对工科专业知识有了初步的认识，而且打破了法学专业原有的思维定式。对工科学生来说，将专业优势与知识产权知识相结合，有利于激发创造性思维，培养创新能力。❶

---

❶ 郭秋梅．"知识产权法"课程调查分析与教学改革实践［J］．西安建筑科技大学学报（社会科学版），2008：85．

三、知识产权专业多元化实践性教学模式的思考

（一）加强校内实训过程管理

1. 加强校内实训教材建设

中国知识产权学研究从 20 世纪 80 年代初开始，至今已有 30 年的时间。许多学者参与知识产权学研究，形成了不少研究成果。但知识产权本科专业教育的教材方面几乎是一片空白，一些已出版的知识产权职业能力培养的实训教材也不同程度地存在局限性。同时，社会需求是多样的，知识产权本科教育与知识产权硕士、博士的教育目的是有差别的，这些都决定了学生培养侧重点和质量标准的多样化。要真正树立把社会对知识产权人才的需求作为确定人才培养目标和培养方案依据的观念，树立适应时代要求的教育教学思想，并以此推动知识产权本科课程体系、教学内容、教学方法等方面的改革，加强知识产权学科建设，而制订和落实好知识产权跨学科培养教学计划是加强实训指导的一个关键环节。

为满足教学需要，应重视编写富有时代特色、形式多样的理论教材和案例教材。在实训教材的建设上，应紧紧围绕知识产权本科毕业生的培养目标和知识产权职业市场对职业能力的要求，以知识产权工作为背景设计内容，根据工作实际需求，设计出如专利代理人资格、知识产权诉讼实务等训练项目。在写作中应有规范的结构体例，一般包括实训内容、实训目的、实训方式。在实训方式中应提供实训的具体模式，提高实训的背景材料质量，明确实训的操作步骤以及对应能力训练。

通过对实训教材的建设，对模拟实训中的实训内容加以明确，让不同课程的教师在指导课程实训时明确实训的任务，加强相互间的协作，使实训目的的实现成为可能。

2. 强化校内实训指导老师的自身能力

在实训指导教学过程中对指导教师自身有特殊的要求。首先，在项目的设计上要符合知识产权工作实际。要求指导老师对不同单位、机构的知识产权工作的开展较为熟悉。其次，在实训过程中，指导老师应具备较强的组织协调与指导能力，这对指导老师的职业能力提出了较高的要求。加强"双师型"教师队伍的培养与聘任，是实现实训目的基础性要求。

在"双师型"教师队伍的建设中，各院校有自己不同的方式，由于受到社会环境与政策环境的客观条件影响，一般多是采用院校自我培养的方式进行，如专业课教师到公司、企业去学习半年或一年的时间，或要求教师参加全

国专利代理人资格考试。从企业、公司聘任知识产权从业者来指导知识产权实训的并不多见。所以，对于"双师型"教师的专业能力与综合素养的"认同"是目前实训指导中的一个不容忽视的问题。

3. 控制校内模拟的实践性教学质量

目前，对于法律诊所、模拟法庭和毕业实习这3种模式的实践性教学质量控制，应针对不同的实训模式采用不同的方法。校内模拟实训是现在许多院校法学专业采用的主要实训模式。因此，提高校内实践性教学质量的关键是把握实践性教学中的关键环节，构建一套实践性教学质量保障体系，实现实践性教学的目标。但校内实训只是作为理论教学的补充，是提供验证课本理论、解决认知问题的一个平台。在目前的社会条件下，校外实训基地的建设要大力扩展，"请进来"和"走出去"，利用一切可能的条件为知识产权专业学生的能力培养创造"情境"。

（二）多元化实践性教学模式

1. 拓展知识产权实践的视野

细节源于实践，细节推动成功。教师是把课程思想、内容和方法作用于学生的核心力量，应该利用实践优势抓住实践中的细节，发挥细节蕴藏的巨大能量，让教学更加富有成效。不要认为对于法学学生而言，只有与司法相结合的实践才有作用，其实"法律无杂书"，任何一个生活细节也会相关于知识产权人的品牌建设，比如坐姿、谈吐等，也必须是知识产权实践教学的一个重要方面。

2. 强化细节培养

充分利用各种情景，让学生时刻提醒自己处在一个真实、自然的工作"情境"，潜移默化养成良好的习惯。在参与起草法律文件、参与庭审筹备、做法庭记录等知识产权实务活动中提高自身专业能力的同时，也应学会人际关系的处理方法，增强环境的适应能力，提高自身的综合素质。学习和做人有着内在的必然联系。学生不仅要学，还要思，更要时刻反思自己的学习和处事待人的言行，这样才有助于自身的成长，综合素质才能不断地得以提升，最后达到身心合一的境界。

3. 将知识产权专业人士"兼职"纳入实践性教学计划

大多数学校依赖本校法学院教师讲授知识产权，而法学院专职从事知识产权教学的人员多则十几人，少则只有几个人，很难担负起知识产权人才培养的重任。此外，专业教师虽精通法理，但往往缺乏实践经验，在授课过程中大多偏重于法理教育而缺少实务技能教育。因此，高校迫切需要引入具有丰富实践经验的知识产权实务专家来提升知识产权教育水平，从教师构成上保证知识产权教学理论和实践的有机结合。● 为了满足知识产权专业的实训需求，可以请社会不同部门、机构和单位的知识产权专业工作人士到"学校兼职"实施知识产权专业的实践性教学计划。华南理工大学法学院法律实践性教学实验班的经验表明，社会人士利用业余时间参与这种"学校兼职"的积极性很高。这样既可以引导学生的社会兼职的有序化，又可以解决一部分实践性教学问题。可以在教学计划的第六学期中，把"学校兼职"纳入知识产权专业的实践性教学计划。这样，学生可以不必离开校园，在安全管理上有很大优势。

当然，在"学校兼职"的实践性教学活动开展中，要建立一套严格的考核制度，通过严格制度来约束"学校兼职"的无序化、盲目性。依据实践性教学计划的培养目标，设计"学校兼职"技能考核目标，考核兼职人士的专业技能、通用能力和岗位实绩。

四、结语

综上所述，学校应重视对知识产权本科学生的实践操作能力的培养与训练。这符合国家教育由应试教育向素质教育转变的改革方向，使学生掌握知识产权工作的具体方法和过程，从而达到理论学习结束，实践技能就到位的目标。为达到这一目标，当前我们应该更多从教师队伍建设和教材建设两方面进行综合考虑。

● 王娟，苏春辉，秦彩萍. 对高校知识产权教育和人才培养的思考 [J]. 吉林工程技术师范学院学报，2007（7）：4.

知识产权法教材建设创新研究

徐棣枫

徐棣枫*

一、问题的提出和价值

伴随着中国知识产权法律制度的从无到有以及发展完善，中国高校的知识产权法学教育事业也走过了一段迅速成长的历史，并取得了可喜的成就。为与国家知识产权战略对知识产权人才需求提出的新要求相适应，目前再一次掀起了知识产权人才培养的热潮。各界对知识产权人才培养颇为关注，并提出了多种方案，包括将知识产权法升格为法学二级学科，设立知识产权法硕士、博士学位点，支持有条件的学校创办知识产权学院等。然而，轰轰烈烈甚至颇为繁荣的知识产权学科发展的背后，却是作为知识产权法学科发展基础的本科课程建设的冷寂与缺失。研究者多较为关注高层次人才的培养以及实践型人才和复合型人才问题的研究，而少有关心本科知识产权教学建设，更少见对本科知识产权法教材建设的研究。事实上，本科课程建设是后续学习的基础，应当给予足够重视，否则知识产权高级人才的培养甚至整个知识产权学科的发展都将失去基础，知识产权学科将难以满足实施国家知识产权战略、构建创新型国家的需要。本文将就法学 14 门核心课程之一的知识产权法的教材建设所存在的问题以及改进对策展开讨论，以期引起学界对该问题的重视，并抛砖引玉、求得真经。

二、中国知识产权法教材的简短历史回顾

（一）早期知识产权法教材的匮乏和首部知识产权法教材以及统编教材的问世

中国知识产权学科建设始于改革开放初期，与我国知识产权立法几乎同步而行。随着我国知识产权部门法的制定和颁布，普通高校法学院系逐渐开展了知识产权法的课程教学活动并开始编写知识产权法学本科教材。1982 年出版

---

* 南京大学法学院。

的佟柔教授、赵中孚教授主编的《民法原理》中编入的由郭寿康撰写的"智力成果篇"即"知识产权篇"，是国内首部含有知识产权法专论的高校法学教材。❶ 其后，1986 年，法律出版社出版了郑成思先生著的《知识产权通论》，系统论述了国内外的知识产权制度，成为此后国内知识产权法教材的模板。❷

中国的法学院系正式将知识产权法作为一门独立课程，始于 1985 年。有文献称：1985 年，中国人民大学法律系的本科教学方案中开设知识产权法课程，这是中国第一次将知识产权法作为独立的课程。刘春田教授与中国社会科学院郑成思教授、北京大学陈美章教授等一起，合作编写了我国第一部高等学校统编教材《知识产权法》，该教材的内容与结构奠定了我国知识产权法系统研究与教育的基础。❸ 1993 年 8 月，专利文献出版社出版了陈美章教授主编的《知识产权教程》；1994 年 7 月，北京大学出版社出版了张平著的《知识产权法详论》。

早期的知识产权教材非常注意理论与实践相结合，并兼顾大专院校文、理、工各科学习知识产权法律的需要，也考虑法律工作者、科技人员、企业经营管理人员学习及运用知识产权法的需要。总体而言，起步阶段的知识产权法教材种类有限，编写体例较为单一，内容基本上还是介绍和阐述知识产权部门法。

（二）知识产权法课程列入核心课程，教材建设渐趋活跃与繁荣

1997 年，教育部第一次将知识产权法列为法学专业核心课程；教育部高等学校法学学科教学指导委员会委员刘春田教授主持《知识产权法教学指导纲要》的制定工作并担任全国高等学校法学专业核心课程知识产权法教材主编。随着知识产权法成为全国高等学校法学专业 14 门核心课程之一，知识产权法教材也在不断修订并渐成体系。刘春田教授主编的《知识产权法》自2000 年出版以来，截至 2007 年已经修订至第三版。这一时期，不同版本的教材也纷纷问世，如吴汉东教授、张玉敏教授、韩松教授主编的教材，都有相当的影响。这对繁荣知识产权教材和深化知识产权法的教学具有积极的意义❹。特别是吴汉东教授和刘春田教授分别编写的《知识产权法》教材被列入高等教育"十五"规划教材，标志着我国知识产权法本科教材走向成熟，迈入了一个新的阶段。

---

❶ 刘春田. 中国知识产权二十年 [M]. 北京：专利文献出版社，1998：203.
❷ 齐爱民. 知识产权法教学的路不能越走越窄 [EB/OL]. http：//www.legaldaily.com.cn/zmbm/2009 - 04/09/content_1067395.htm.
❸❹ 金海军. 20 年回眸中国知识产权高等教育 [J]. 中国发明与专利，2007，4 (11)：20 - 21.

此外，针对不同对象和目的编写的知识产权法教材也大量涌现，如2003年7月出版的曹新民主编的21世纪法学创新系列教材《知识产权法》，考虑了司法考试对教学、教材的导向影响，在体例上，每一章均由本章重点难点提示、导言、关键词、正文、疑难案件（或典型事例）分析、争议问题、理论前沿问题探讨、关键词、思考题等构成。而韩赤风任主编、王莲峰任副主编，2005年4月由清华大学出版社出版的21世纪普通高等学校法学系列教材《知识产权法》，则是以高等院校法学专业本科生和非法学专业选修知识产权法课程的本科生为对象而编写的一部基础教材。其特点是在体例上借鉴了目前国外法学教材较为流行的体例，以较为丰富的背景资料（书中楷体字）补充正文论述，并配有一定的案例供学生讨论使用。背景资料可以扩展学生的相关知识，而案例讨论则可以训练学生应用法律处理案件的能力。张玉敏教授主编、由西南政法大学教材编审委员会审定的《知识产权法学》，既可作为普通高等院校专业必修和选修课程使用，也可作为成人教育本科学习用书。郭庆存编著的21世纪高等院校法学教材《知识产权法》，既关注了本科生教学要求，也兼顾了研究生教学参考和其他读者的需要。刘春茂主编的《知识产权原理》，力求知识产权体例结构的科学、严谨，全面而系统，富于操作性、实务性，写作过程贯穿了理论与实践相结合的原则，对知识产权的一些理论问题进行归纳和探究，注重文字的简明扼要和叙述的说理性、逻辑性。其重要特点之一是将学术性与教材性合为一体，使之既是一部学术著作，又是一部具有一定深度的高等学校知识产权教材。此外还有冯晓青、杨利华主编的《知识产权法学》等大批教材不断问世。

这一时期，还出现了专门面向社会在职人员进行知识产权专业培训、为高等教育自学考试本科知识产权管理专业打造的专用教材，如李顺德著的《知识产权概论》。上海市教委还组织编写了供非法学专业本/专科生选修知识产权法课程的专用教材《知识经济与知识产权法》以及吴汉东教授主编的高等教育非法学专业公共课教材《知识产权法通识教材》。另外还有为各级干部和行政、管理人员编写的《知识产权学习读本》《上海知识产权干部读本》等。

（三）教材建设创新的尝试与成绩

知识产权法教材建设发展的第三个阶段是教材体例与内容的创新，其间不同形式和体例的知识产权教材不断涌现，如金勇军著的《知识产权原理》在正文后面用附录的形式给出案例或者问题，以避免一般教材只重说理而忽略操作的缺陷，并为读者提供一个综合演习的机会。此外，该书还提供了部分典型的英文案例，使得该书生动活泼。而蔡振亚主编的由中国纺织出版社1999年

1 月出版的《中国知识产权法案例教程》，采取原理与案例一一对应的方式，系统介绍著作权法律制度、专利法律制度、商标法律制度的历史演变、基本原则、核心内容及管理法则，有利于读者理论联系实际进行运用，既适合大专院校相关专业教学之用，也适合广大科技人员、管理人员和法律工作者阅读，具有较强的指导性和应用性。

2007 年 9 月由中国人民大学出版社出版了王迁著的《知识产权法教程》。该教材编写体例独特，以本章导读开篇，在介绍相关内容后以立法背景、理论研究、实务探讨、典型案例等部分展开讨论，案例丰富，兼顾中外，图文并茂，并在每章最后列出深度阅读的文献目录和问题与思考。全书共 546 页，是目前同类教材中形式较为新颖、内容较为丰富、分量也较重的一部教材。

陶鑫良、单晓光主编的由知识产权出版社于 2004 年 4 月出版的《知识产权纵论》，则"从一个新的视角出发，全面改造了传统知识产权教材的横向分论部分，将专利权、著作权、商业秘密权、商号权、原产地名称权、集成电路布图设计权和植物新品种权等知识产权的内容重新分类组合，以知识产权整体及其分类的权利主体、权利客体、权利内容、权利取得、权利行使、权利限制、权利冲突、法律责任等大类为纵向阐述顺序，综合横向比较论述各部门法相关内容，以期实现使读者能够就某一个方面全面了解、比较分析、整体把握各种知识产权权利内容的目的。"而陶鑫良、袁真富所著的《知识产权法总论》，则改变"知识产权无理论"以及我国现行知识产权法教材总论部分大多寥寥数页，浮光掠影，内容泛泛或浅浅，讨论知识产权概念、性质等细节问题，难以反映出知识产权法总论的特色和性质，不能与民法总论、刑法总论等量齐观的局面。陶教授作为先食螃蟹者，以绪论、本论、专论的形式，详细论述了知识产权法的发展历史、分类与特征、主体与客体、取得与归属、行使与限制、权利冲突及保护等方面的知识，并对知识产权法与民法的关系以及知识产权法的法典化、全球化等经典热点问题进行了独到的分析。作者大胆创新，首先概括总结知识产权法与民法的共性，以实现民法与知识产权法的相互沟通和相互借鉴，打破两者在传统教材中"老死不相往来"的局面；其次，通过概括总结知识产权法内部的共性，探讨知识产权法的理论共性基础，并对知识产权法律制度进行反思。❶

徐棣枫、解亘、李友根编著的《知识产权法：制度、理论、案例、问题》，则围绕知识产权制度、理论、案例、问题展开对具体内容的介绍与研讨，在介绍我国现有知识产权法的各种制度设计的同时，着重从理论角度予以

---

❶ 陶鑫良，袁真富. 知识产权法总论［M］. 北京：知识产权出版社，2005：456 - 459.

阐述和分析，揭示知识产权制度设计的理论基础和可能存在的问题，并以典型案例引出知识产权实务问题，结构和体例新颖独特。2008 年 2 月，齐爱民、朱谢群主编的普通高校精编法学教材《知识产权法新论》既包含传统知识产权法的基本内容，又涵盖了商业秘密保护法、非物质文化遗产保护法和遗传资源保护法等新的理论，能够帮助学生建立起符合时代要求的合理知识结构，是我国目前已出版的内容最为全面、体系最为完整的知识产权教材之一。

三、繁荣的背后：不容忽视的问题

中国现在可能是以知识产权冠名之教材与书籍出版种类和数量均属最多的国家。❶ 但是，我们必须注意到，在繁荣的背后，存在许多不足和问题。

1. 教材出版数量虽多，但结构单一、分论与总论分离

目前，知识产权教材种类繁多，各个学校的教师，不管是否从事知识产权专业，都来编写教材，造成教材质量良莠不一，某些观点不一甚至相左。❷ 几乎所有一定规模的大学都编写出版自己的知识产权法教材，有学者称中国现在可能是以知识产权冠名之教材与书籍出版种类和数量均属最多的国家❸。然而，这些教材在结构上渐趋近似甚至一致，难见创新。有学者指出，知识产权法教材通常先以一个绪论性质的较为淡薄的总论（寥寥数页或数十页）起始，然后大致按照著作权、专利权、商标权、其他知识产权（包括反不正当竞争、商号等商业标识权、集成电路布图设计权、植物新品种权、商业秘密权等内容）、知识产权国际保护等分论主题，依次横向分别阐述其内容。虽然近期有的著述也有了些许令人瞩目的改变，但在总体上，此类著述的结构并没有太大的革新。知识产权法学教材的传统结构，虽历经锤炼、已臻成熟，但仍然存在先天"缺陷"，比如在分论部分，著作权、专利权、商标权等内容各自为政，未能整合一体，使初学者常有盲人摸象之感而不能总揽全局，不能周详地把握各种知识产权的内容及其内涵❹。知识产权法教材普遍存在分论与总论相互分离，分论部分的各个部门法相互独立，缺乏有机联系的问题。一部知识产权法教材往往给人以仅仅是专利法、商标法、著作权法等部门法的简单罗列之感。

---

❶❸ 陶鑫良，袁真富. 知识产权法总论［M］. 北京：知识产权出版社，2005：458 – 459.

❷ 姜春林，鞠树成. 我国高校开展知识产权教育的探讨［J］. 技术与创新管理，2005（4）：19 – 20.

❹ 陶鑫良，单晓光. 知识产权纵论［M］. 北京：知识产权出版社，2004.

2. 教材内容单一，重知识、轻实践

大多数院校开展知识产权教育以理论教学为主，实践教学为辅，缺少实践教学环节，对学生进行知识产权专业知识的实践运用的能力的培养不够重视。教材的内容多重理论轻实践，知识产权方面的案例教材数量有限❶。

3. 内容更新缓慢，对前沿理论关注不够

知识产权法的发展更新非常迅速，不仅立法变化快，学术和理论也处在不断创新之中。而目前大多数教材满足于对已有成熟知识和理论的介绍，内容更新不够快，知识产权法教材与前沿理论脱节❷，难以及时反映理论和学术的最新成果。

4. 回避技术问题，难以深入讨论《专利法》和新问题

《专利法》是知识产权法中重要部门法之一，必然涉及技术内容，一般说来都很难理解，因为一个法律专家如无一定的科学技术知识，或一个科学技术者如无一定的法律知识，仅想凭一本专利法的书就能够真正掌握和理解其法律精髓，这理所当然是一桩困难的事情❸。由于国内知识产权法教材的编写者多缺乏理工科背景知识，更少有专利实务工作经验者，因此，大多数教材回避技术内容，绕开专利申请和审查等内容，停留于对法律条文的一般性解释，例如回避对专利文件的介绍，使得深入讨论《专利法》的实质性内容较为困难。

5. 难以激发学习兴趣，学生使用满意度低

教材是教学活动的重要基础条件之一，是学生学习课程知识的重要载体，不论是内容还是结构，都应当符合教学规律的要求，既方便教师使用，也便于学生阅读。然而，根据国家知识产权局 2005 年软科学项目——我国高等学校知识产权教育问题与对策研究课题组对 13 所开展知识产权教育比较早也较为成功的高校走访调研，并对遍及全国 29 个省、区、市的 227 所高校的 5000 多名在校大学生进行的问卷调查显示，学生对知识产权专业教材非常满意的仅占 10.9%，比较满意的占 62.9%，不满意的占 26.2%❹，可见学生对知识产权法教材的满意程度较低。现有教材普遍的特点是在内容上强调知识传授、重法条阐释、轻联系实务、少能力培养。由于编写者知识结构的限制，多以讨论单纯的法律问题为主，少有对法律与技术结合的实际问题的讨论。在编排体系和结

---

❶❹ 罗青兰，苏春辉，秦彩萍. 高校知识产权教育的现状与对策研究［J］. 情报科学，2007，25（8）：1167 –1170，1175.

❷ 陶鑫良，袁真富. 知识产权法总论［M］. 北京：知识产权出版社，2005：458 –459.

❸ 吉藤辛朔. 专利法概论［M］// 宋永材，魏启学，译. 北京：专利文献出版社，1990.

构上传统单一，形式和内容严谨而不活泼，对学生而言，难以激发学习兴趣。

而编排体例对本科生的学习既不方便，也有一定的难度；有的对法条阐释的不够深入、与实务的联系欠紧密；有的虽选择真实案例，注意典型性，通过案例阐释基本理论和法律，但在编排和内容上却类同于一般案例评析，由于案例数量多，很难深入展开，更难以通过所举案例实现全面研读知识产权法的作用。虽然也引进了一些国外原版教材，❶ 但多主要介绍外国法律，与中国法律有差异，收录的理论研究成果和案例也是外国的，脱离我国的实际。

四、对策与思路：知识产权法教材创新

教材是高校人才培养工作的一项基础性设施，其建设质量和数量不仅在很大程度上影响甚至决定着高校教学内容和课程体系改革的效果，而且最终必然对人才培养目标的实现产生极大的作用，是高校人才培养目标的基础性依托❷。知识产权法本科教材建设直接影响我国知识产权法学科建设以及知识产权法人才培养的未来发展方向。为适应国家知识产权战略的需要，有必要在知识产权法学科建设中实施知识产权法教材创新工程，具体思路如下：

1. 编排体系的创新

在保证教材的通用性和规范性的前提下，编写体系和结构有发展和创新。应总结归纳知识产权法的变化和发展，构建合理的、适合知识产权法教学的教材体系。编写体例上，可以融合两大法系的优点，强调理论联系实际，改变重知识传授、轻能力培养的痼疾。具体体例可以如下：

案例引导、正文、实务分析、问题讨论、习题、思考题、主要阅读资料、参考文献、索引等。

以典型案例导出讨论问题，结合国家法律、司法解释，从理论、制度等层面上引导学生进行主动学习，刺激学生主动思考、学习，训练学生的法律思维，培养学生推演法律原则、解决法律问题的能力。

教材中应给出学习指导、资源使用指引、相关网站链接、精选案例、主要文献索引等，并附大量讨论问题和阅读资料，引导有兴趣的学生进一步深入学习。特别设计相应内容，以实现对学生发现和解决法律问题能力的培养。

创新的体系既方便学生预习、复习、掌握课程知识，也利于培养学生思考

---

❶ 墨杰斯，迈乃尔，莱姆利，等. 新技术时代的知识产权法 [M]. 齐筠、张清、彭霞、等译. 北京：中国政法大学出版社，2003. 吉藤辛朔. 专利法概论 [M]//宋永林、魏启学，译. 北京：专利文献出版社，1990.

❷ 周琦，肖瑛. 高校教材建设的目标与原则 [J]. 中国大学教育，2004（12）：50 – 52.

问题的意识、敢于质疑和创新的精神。教材的层次性强，由引人入胜的问题、案例引出话题，激发学生的阅读兴趣，再由浅入深，层层相扣，以一定的逻辑展开内容。

2. 案例使用的创新

首先，案例的使用形式应当多样。有作为某章开篇以引起思考的案例，有穿插在篇中以供运用相关知识及时进行分析的"讨论案例"，有在篇中直接用以佐证某一法律问题的"参考案例"或"事例"，以及供学生思考的案例。

其次，案例的表达形式应当多样。有经过加工的案例，这类案例便于学生直接掌握该类案例的关键点，直奔主题。也有没有经过加工的案例，表现为专利申请文件、无效宣告请求决定书、法院判决书等，特别是有一定量取自项目主持人自己经办的典型案例，可以较为深入和生动地为学生进行讲解和组织讨论。由于本科阶段的法学学生少有机会接触和阅读专利文件，也未亲历法庭，原汁原味的专利文件和判决书必然能激发学生的学习兴趣；同时，通过判决书中记载的案件各方当事人的诉辩主张，学生如同亲历法庭一样。对这样的案例的细细品味无疑有助于培养学生的司法思维。

3. 内容选择的创新

注重吸收最新的前沿理论，大胆放弃与其他课程重复的内容，突出重点。考虑到专利法、著作权法、商标法这三部分本身已经非常充实，教学内容在本科教学有限的课时中已经显得较为紧张，可以以传统意义上的知识产权所涵盖的范围即著作权、专利权和商标权三大部分为对象进行阐释，不涉及反不正当竞争法的内容，这一创新并非认为反不正当竞争法不属于知识产权法领域，而是体现了务实态度，因为我国法学本科教学实践，很少将该内容纳入知识产权法的教学内容之中，其内容或者包含在经济法学的课程之中，或者单列为一门选修课。对有关国际公约的内容将穿插在相关的制度中进行阐述，便于在各部门知识产权法的教学活动中，进行与国内法的比较分析。

另外，应当充实专利法中的实质性内容，弥补现有知识产权法教材避而不谈专利文件的撰写、专利申请和审查等重要内容之缺陷。教材将突出专利文件，根据学生的知识背景，选择学生能够理解的发明创造，以生动的事例，讨论专利文件，并通过学生自己动手撰写权利要求书等专利文件，助其理解和掌握《专利法》对专利文件的规定以及关于专利文件的理论和制度，从而真正掌握《专利法》。这一方法具有形象生动的特点。

著作权法部分则将尽可能地跟踪理论前沿，激发学生抽象思维和挑战创新的动力。商标法部分则选取最新及具有典型意义的案例，引发学生对商标法理论与实务中需要引起关注的问题进行思考，并从理论、制度原理的角度加以剖析，既具有系统性，又具有针对性，辅之以从司法实务案例中提炼出来的问题作为思考题，以帮助学生进行继续的深入钻研。

4. 形式立体化、表达方式多样化、学习互动化

教材除提供纸质载体，还应配套电子版、网络和案例库、法规库，设立教学网站，提供讨论交流平台和国内外代表性论文索引，实现教材的立体化。电子版和网络资源的利用，可以实现师生及时互动，为师生提供联系交流平台。通过网站，展开课程学习、案例分析和研讨；通过师生维护网站，教师回答问题，参与讨论，实现教师与学生的互动，实现教学相长；网站讨论的优秀成果也可对进一步修订教材提供帮助。在表达方式上，结合知识产权法的特点，提供大量图表、动画，既方便学习，也提高可读性；既避免长篇大论，又着重提炼核心知识点，使教材生动活泼，引人入胜。

5. 理法结合，融通科学技术与法律

知识产权法具有交叉学科的特点，是技术与法律的结合。目前国内知识产权法教材的编写者大多没有理工背景，由于知识背景所限，其所编写的教材就是只注重法律本身而尽可能避开技术，使教材显得空洞无力。特别是专利法以及著作权法中的软件和网络问题，由于专业性极强，现有教材难有全面和完整的介绍。教材的编写者应兼具理工和法律背景，并具有专利代理人资格，有专利代理工作经验，这样可以在知识产权法的教材编写中兼顾理法，融通科学技术与法律问题和管理学，为克服现有教材技术问题空洞化的缺陷提供解决方案，以帮助法学专业和非法学专业两类学生顺利完成知识产权法的学习任务。

6. 为采用多种教学形式提供条件

由于教材编写有各种形式的案例和问题，若配有电子版，则更便于使用多媒体手段进行讲授，便于开展课堂讨论，方便案例教学。多媒体手段的运用使得教学形象生动，可提高教学效果。

7. 针对性强、适用范围广

知识产权法是教育部规定的法学专业14门核心主干课程之一，教材应当以法学专业本科生为主要对象进行编写。

知识经济的到来使得知识产权日益重要，国家"十一五"规划也特别强调知识创新，非法学专业的学生（特别是理工科学生）接受知识产权教育的呼声越来越高。教材可以通过特定的体例和处理方式，兼顾非法律专业学生的需要，为向非法律专业学生开设知识产权课程提供准备。

8. 设计理念科学、思路先进

教材应当以学生认知规律为指导，注重能力培养和思维训练，指导学生发现问题、思考问题、探索问题，变被动的知识传授为积极主动的知识获取，使学生在获得知识的同时，也能受到技能的训练，提高综合素质和能力。

试论科技法与知识产权法之关系及两者在高校教学体系中设置之设想

马忠法[*]

科教兴国，是中国的国家战略，是基本国策。党的十七大报告，从树立和落实科学发展观的高度，提出要更好地实施科教兴国战略、人才强国战略、可持续发展战略，加快转变经济增长方式，更加注重提高自主创新能力，促进经济增长由主要依靠增加物质资源消耗向主要依靠科技进步、劳动者素质、管理创新转变，推动经济社会实现又好又快发展，为发展中国特色社会主义打下坚实基础。与此相应，十七大报告提出了为了实现我们的目标，我们也必须实施知识产权的国家战略。这是首次在党的重要文献中提出这一观点。

可见，科教兴国的基点在于人才培养和科学技术水平的提高，而作为鼓励创新和技术扩散主要手段的知识产权制度是实施科教兴国战略的重要保障。因此，在我们的教学中，科技法和知识产权法两者应当并重，受教育者要懂科技法就必须要懂知识产权法，而懂知识产权法也必须懂科技法，两者结合才有利于培养出符合创新型国家需要的人才。本文试图在论述科技法与知识产权法关系之基础上说明两者在高校教学中的地位和作用。

一、科技法与知识产权法的关系

（一）两者的联系

科技法是科学技术法的简称，它是我国法律体系的一个重要组成部分，意指国家对科技活动所产生的各种社会关系进行调整的法律规范，或国家调整科技活动所引起的社会关系的法律规范的总和。[●] 其调整对象包括：①国家在科学技术上所进行的纵向管理关系；②不同科技部门、不同科技领域和相关企业之间在研究、开发、协作、技术流转（转让和转化）和管理过程中所发生的

---

* 复旦大学知识产权研究中心。

● 罗玉中. 科技法学［M］. 武汉：华中科技大学出版社，2005：14.

横向关系；③科技机构内部和科技人员之间发生的权利和义务关系；④国际科技合作过程中所发生的关系等。科技法的核心内容不是规定科技活动过程中涉及的方方面面的法律法规，而反映的是国家干预、介入科技活动，促进科技进步的有关法律规定。

我国科技法以《中华人民共和国科技进步法》（以下简称《科技进步法》）为基本法，其体系❶一般包括：①科技进步基本法律制度及有关科技体制改革的规定，如《科技进步法》《关于进一步推进科技体制改革的若干规定》等。②研究开发法律制度，主要涉及有关科技研究机构和科技社团管理方面的立法，如国家科委发布的《自然科学研究机构建立、调整和审批的试行办法》等。③科技成果法律制度，如有关科技成果的确认、评估、管理、保护和奖励等制度，包括知识产权法、科技成果奖励和管理条例等，如《专利法》《计算机软件保护条例》等。④关于建立和健全技术市场、技术贸易模式和加强技术市场管理的法律法规，如《科技成果转化法》《技术合同法》❷《标准化法》等。⑤有关科技人员的培养和管理方面的规定，如《科学技术干部管理工作试行条例》等。⑥有关国际科技交流的规定、国际条约和协定等。有些学者认为还应当包括高新技术法律制度❸，如涉及信息技术、生物技术和核技术等方面的法律制度及有关科技活动中的法律纠纷之解决制度等。❹

从上述内容可以看出，科技法偏重于国家宏观管理，性质上属于公法的范畴，但其中有关技术流转方面的制度却带有私法的性质，因为技术流转属于交易类，它需以私法的原则如民法、商法、合同法的基本原则为指导；但这类法律法规在科技法上并不是主流。在调整手段上，科技法以鼓励为主，有关违法惩治的规定并不多。

知识产权法是调整因创造、使用智力成果而产生的以及在确认、保护与行使智力成果所有人的知识产权过程中所发生各种社会关系的法律规范之总称，或是调整基于创造性的智力成果和工商业标记而依法产生的权利等形成特定社

---

❶ 也有学者认为科技法律体系应当包括科技进步法、科技改革与创新法、科研主体法、科学技术基金法、科学技术市场管理法和奖励法、促进科技成果转化法、科技投入法等。

❷ 该法已失效。——编辑注

❸ 由于高新科技的快速发展，国家干预科技已成为趋势，任何单个力量难以承担巨大的研发任务，国家的协调、支持成为必然。同时，也为了国家和公共利益的需要，避免有人开发出不利于人类生存和发展的技术，国家对科技研发管理的强度必然要加大。再有，即使对那些有用的科学技术而言，它们也是一把双刃剑，如核能既能用来发电，也可以用来杀人，如任由私人企业或组织开发、利用，有可能会给人类带来灾难。所以，它们必须由科技法来进行调整。

❹ 罗玉中. 科技法学 [M]. 武汉：华中科技大学出版社，2005.

会关系之法律规范的总称。❶ 知识产权可分为智力成果权（如著作权、专利权、专有技术权、集成电路布图设计权）、工商业标记权（如商标权、地理标志权、商号权等）等；有学者认为知识产权还应当包括其他知识产权，如植物新品种权、域名权等。❷ 因此，知识产权法律制度一般包括以下几种法律制度：著作权（版权）法律制度、专利权法律制度、商标权法律制度、商号权法律制度、产地标记权法律制度、商业秘密权法律制度、反不正当竞争法律制度以及植物新品种法律制度等。

自从《与贸易有关的知识产权协议》（TRIPS）序言中明确规定知识产权是私权起，知识产权便在很大程度上属于私法领域的内容。虽然国家对知识产权的各客体的认定有一定的强制性的规定，但谈到知识产权，人们想到更多的是确权、保护和实施；至于知识产权管理和流转等内容，人们讨论的多为著作权的许可和转让、专利技术的许可和转让及商标权的许可和转让等。

在分析两者概念和组成部分时，我们能发现它们之间关系密切，甚至有部分内容重叠。两者的密切关系主要体现为：科学技术成果是知识产权制度主体（专利、专有技术和著作权特别是计算机权利）的前提和基础，如果没有科技成果，知识产权制度就如同空中楼阁，无从谈起；而知识产权制度的确权和保护之内容又有利于科技的发展、成果的扩散和转让，有利于创新能力的提升，在微观上激励有关科技人员创新的积极性。从历史上看，科技规范先于知识产权制度的诞生，而当代意义上的科技法又后于知识产权制度的产生，它真正产生于 20 世纪五六十年代。但对于近代科技法制度，多数学者同意其实质就是与知识产权法的产生和确立相适应，有学者甚至认为它是科技法的形成阶段。❸

重叠部分主要涉及成果的确权、保护和技术流转和贸易方面。有关科技法教材的内容可以见证这一点。如何敏教授主编的《科技法学》的第四章（知识产权法）、第五章（计算机软件保护条例）与第六章（技术转让法）等就直接包含了知识产权法的部分内容；❹ 赵震江教授主编的《科技法》第十二至第十五章论述的也是知识产权法方面的内容；❺ 陶鑫良教授主编的《实用科技法》的第八、第九、第十、第十二、第十三等章均涉及知识产权法的内容；❻

---

❶ 刘春田. 知识产权法 ［M］. 2 版. 北京：人民大学出版社，2003：4.

❷ 吴汉东. 知识产权法：第五编 ［M］. 北京：法律出版社，2004：25.

❸ 余蓟曾. 浅谈科技法与知识产权法的关系 ［J］. 河南科技，1997（4）：25.

❹ 何敏. 科技法学 ［M］. 武汉：华中理工大学出版社，1999.

❺ 赵震江. 科技法学 ［M］. 北京：北京大学出版社，1998.

❻ 陶鑫良. 实用科技法 ［M］. 北京：专利文献出版社，1991.

李艳华等主编的《科技法导论》的第五、第六两章分析的是知识产权制度的内容。❶ 有关科技法包括知识产权法的专著或教材不胜枚举，但知识产权法中包括科技法的很少见。显然，多数学者将知识产权法的主要内容看作科技法的组成部分了。不过，重叠部分的内容主要涉及《专利法》《技术合同法》《计算机软件保护条例》等技术性较强的法规；有人认为这一类既可以归入科技法，也可以归入知识产权法。❷ 至于《著作权法》中保护自然科学、工程技术作品的作者的权利的部分，也可视为科技法的内容。由此可见，科技法主要涉及科学技术，而当知识产权法涉及该部分内容时无疑就会重复。

此外，两者的目标和使命是一致的，即都致力于促进国家创新能力的形成，提高国家科技水平和形成国家或企业的核心竞争力，尽管科技法致力于宏观上的规范，而知识产权法更多立足于微观层面的调整。

（二）两者的区别

从性质上看，科技法属于公法的范畴，而知识产权法属于私法的范畴。前者强调国家管理，调整的多为纵向管理关系，但它也调整平等主体间的有关技术交易行为；而后者调整的是私权，其制度重在保护私人权利和鼓励权利人在实现个人合法权利下让社会分享其成果，但它又离不开国家有关机构的管理和授权，而国家公权力对其又有一定的干预。然而，总体上说，科技法中的私权利部分内容不如知识产权法领域中公权力干预得那么明显，所占的比例也远不如知识产权法公权力干预那么大。

科技法偏重于宏观科技政策和管理、科技创新意识的培养、研发投入导向性政策和相关政策的优惠；它关注的是公共权力对微观经济领域的影响。❸ 而知识产权法注重于微观私权利的保护和流转，关心的是有关主体如何获取相关权利、如何使用和转让权利；当然也涉及公共权力干预部分，如权利限制、他人合理使用和法定许可与强制许可等。但可以看出，知识产权法的国家干预还是直接与权利的行使有关，这一点与科技法没有直接的联系。

在调整的手段上，知识产权法以确权、保护和鼓励实施等为主要形式；而科技法主要以鼓励为主。因此，打击各种侵犯知识产权行为的惩罚手段在知识产权法领域十分突出；而在科技法领域，尽管有追究有关违法者法律责任之规

---

❶ 李艳华，等. 科技法导论 [M]. 北京：中国检察出版社，1996.

❷ 余蓟曾. 浅谈科技法与知识产权法的关系 [J]. 河南科技，1997（4）.

❸ 曹昌祯教授所定义的"科技法是国家为开拓先进生产力和合理地开发利用自然而制定的推动、组织和指导科技研究开发及其成果应用的法律规范总称"可以说是对这一本质的准确归纳。参见曹昌祯. 关于科技法在法律体系中定位问题的再思考 [M] //蒋坡. 科技法学研究. 北京：法律出版社，2007：15.

定，但它们的惩罚性色彩并不是很明显，在打击力度上要温和许多。由于科技研发等活动的难以预测性，对科技人员或相关活动以鼓励为主也就顺理成章。科技法通过调整科技行政关系，理顺科技劳动组织的隶属关系，使不同的科技劳动的多样化管理既强劲有力又有条不紊，充分发挥科技劳动管理的作用；科技法通过科技政策和科技规划的制定及实施、科研经费的使用和管理、科技成果的奖励和转让，使科研和开发具有稳定和坚强的组织和管理保证。科技法通过调整科技民事关系，维护科技活动的充分自由和必要秩序，与知识产权法结合起来保护知识产权，使得管理部门、科研部门、科技人员依法履行科技法律的责任。❶而这些是知识产权法所不涉及或涉及不深的。

在调整的范围上，两者的区别很大。科技法着眼于国家对科技活动的宏观管理，涉及科研活动和科研机构等许多方面，目的在于制定、执行和完善国家的科技政策和法律制度，促进国家科技核心能力的形成和提高。而知识产权法主要着眼于私权利方面的内容，其规范的是国家对有关知识产权人私权利的确认、保护和实施，平衡各方利益，意图在微观上调动各私人主体的创造积极性，从而让个体为国家创新能力的形成和提高作出贡献。从调整的对象上看，科技法主要集中于科学技术领域及科学技术活动的全过程，涉及科学技术活动的各个主要环节；而知识产权法仅涉及科技领域中科技活动出成果的阶段，即科学技术活动有了成果后，权利人如何处理自己的成果，涉及科技成果创造、确权、保护和扩散的领域。

所谓两法调整范围不同，也表现在科技法仅限于调整科学技术活动中的社会关系；而知识产权法所要保护或调整的不仅限于科学技术成果，对于文学、艺术、社会科学、经营管理等方面的智力成果以及商标、商誉、地理标志、域名、植物新品种等与科技无直接关系的也要进行规范和调整。显然它们在逻辑上超越了科技法调整的范围。至于像保护商业秘密❷的反不正当竞争、集成电路布图设计等一般也不纳入科技法的范畴，但知识产权法也要一视同仁地予以规范、保护。可见知识产权法的保护超越了科技领域。

从两者的起源看，系统的科技法制度晚于知识产权法制度。前文已提及，尽管科技规范要早于知识产权法制度，但它不是现代意义上的科技法制度。知识产权制度源于商品经济的发展，特别是文艺复兴以后，知识产权的商品价值日益得到体现，为维护有关权利人的利益，相关制度应运而生，如作为早期专

---

❶　宋伟. 简论科技法的功能［J］. 科学管理研究，1995（2）：77 - 78.
❷　所谓商业秘密是指不为公众所知悉、能为权利人带来经济利益，具有实用性，并经权利人采用保密措施的技术信息和经营信息。

利法规范的 1474 年的威尼斯专利法、1623 年的英国垄断法案、1790 年的美国专利法及 1709 年英国的安娜女王法案等。知识产权法诞生以后经过长时间的发展，已经形成一个相对完整的体制，尽管其本身还在不断发展和完善中。而科技法是社会生产力发展到一定水平的产物，经历了古代的技术规范阶段（主要以行业规定和约定俗成为特色，此为萌芽阶段）、近代的科技法阶段（与知识产权法的产生和确立相适应，有学者甚至认为它是科技法的形成阶段）❶ 和现代的宏观科技法阶段（强调国家宏观管理和调控之特征）。可以说，现代科技法是在国家干预经济日渐深入的 20 世纪五六十年代之后，尤其是随着高新科技的发展及它们在一国经济发展中所起重大作用的显现，国家将其作为干预国家发展的一个重要手段，而日渐形成和发展起来的。

尽管有区别，但两者的关系可以总结如下：科技法律制度的完善有利于知识产权法的形成和发展；而知识产权法律制度的完善能够推动科技法目标的实现。科技的发展需要知识产权法的微观保护，这样才能激发科技工作者的创新精神和激情；而科技立法的完善也会有利于知识产权的保护，并为知识产权制度的完善提供参考目标，如为了鼓励创新，促进科技成果转化，国家必须在科技法领域作出激励性的规定，即在宏观上指明知识产权法的战略方向。

二、科技法教学与知识产权法教学的现状

目前来看，曾在 20 世纪八九十年代流行一时的、备受关注的科技法，现在的声音似乎越来越小；曾作为民法的一部分及主要内容为科技法一个组成部分的知识产权法反倒成了教育部指定的法学类 14 门核心课程之一，成为一种显学。这一方面说明我国法律制度对私权利保护的重视；另外一方面也要考虑到这种安排的历史背景，如知识产权问题自从中国改革开放之初就引起国内外的关注，尤其是欲进入中国市场的发达国家的企业十分关注自己的权利在中国能否得到保护。随着中国的崛起及在世界贸易额中比重越来越大，重要的贸易伙伴，特别是美国，不断地在知识产权方面给中国"找麻烦"，尤其在 20 世纪 90 年代不断通过知识产权谈判来要求中国提高保护力度。由此，知识产权引起国人，尤其是学者的普遍关注；而同时科技法并没有得到这么多的"待遇"。当然，由于知识产权制度在国外发展的成熟（如调整范围、手段、性质、实际运用制度等），其对国内的影响也是不可忽略的。再由于知识产权法规定知识产权是一种私人财产，它可能会与每个人的利益挂起钩来，从实用的角度说，它引人关注也在情理之中。而由于科技法处于发展时期，其概念、调

---

❶ 余蓟曾. 浅谈科技法与知识产权法的关系［J］. 河南科技，1997（4）：25.

整范围、调整手段等的模糊性和不确定性使其研究和教学受到一定的冷落，是有其历史因素的；而且科技法与国家的公共管理职能有关，它未必涉及每个人的生活。

目前，在上海高校中，本科阶段开设科技法课程的只有同济大学（该课程为公共选修课，不针对法学专业的同学）、上海政法学院（作为法学类学生的必修课），在研究生阶段设科技法方向的是上海政法学院；在全国，笔者曾在网上搜索，得知进行科技法本科教育比较出名的是华中科技大学，其既对全校学生开设公共选修课科技法与环境法，又在法学院也开设了科技法学这门课程。其他高校可能设置了科技法研究所，但教学较少。

很多从事科技法研究和教学的老师十分怀念 20 世纪科技法处于鼎盛时期的状况，即会议级别之高、参与人员之广、各种活动之多以及研究人员的论文和书籍的影响之大等，如今这些均一去不复返了。据说原因是当时科技法受到政府的特别重视，而如今由于种种原因，科技法的影响力大大减小，从有关科技法的教学、科研活动和会议与会人员的状况就可看出。笔者不认为必须将科技法作为一门二级学科，而是想表明：在强调科教兴国、实施科学发展观和实现建设创新型国家战略等要求下，我们不能割裂科技法与知识产权法的关系；另外也必须看到，知识产权法无法取代科技法就像科技法无法取代知识产权法一样，它们共生共存的现象必然长期存在。虽然我们可能厚此薄彼，如目前更多的学校、学者关注知识产权，但绝对不能完全漠视另一方。它们是建设创新型国家必须具备的两种法律制度。

如果知识产权法可作为法学类核心课程，那么科技法至少应当作为法学类的选修课程，但遗憾的是很多学校（尤其是更应开设该课程的理工科学校或学院）并没有开设这门课程，更无相关的教师；这的确是一个很大的遗憾。事实上，我们透过现象来看，科技法发展了，知识产权，特别是与科学技术相关的知识产权才有原动力和生命力。我们不难看出，发达国家的科技制度是相当成熟的，正是有了成熟的科技法律制度，有了严格的管理，国民和企业有了创新意识，在研发上通过国家政策的倾斜和宏观调控，才会有其强大的知识产权资源。因此，我们在高校的教学体系中，应当给科技法留下一席之地。

三、对科技法教学和知识产权法教学课程设置的设想

实际上，就像中国这样的发展中国家而言，在目前阶段，科技法应当更为重要。我们可以看看技术后进的国家如日本、韩国等的发展史，可以发现，它们无一不先是实施科技立国战略，然后才可能谈到知识产权立国，因为一国如果没有自己的知识产权，那么有知识产权立国战略是无意义的；只有有了自己

的知识产权，才可能借助于该战略实现自己的最佳国家利益，否则知识产权制度只是在为拥有知识产权的跨国公司保驾护航，而且将本国的竞争者置于十分不利的地位。如何才能获得自己的知识产权？无疑科技发展和技术核心竞争力的提升是最为根本的。因此，日韩先通过科技立国发展本国的科技实力，等积累了大量的自主知识产权成果，自己的企业可以与跨国公司一比高低时再提倡知识产权立国就成了必然选择。目前，中国尚未在关键领域形成核心技术，我们应当更加关注借助于政府强有力支持科技法来发展科技实力，这一点更为根本，它直接涉及高质量的知识产权的诞生及国家核心竞争力的形成和增强。科技法直接关系一国经济发展的状况；而知识产权法为全球范围内的问题，它某种程度上是富人的游戏，更多关注的是私人利益，尽管也间接地关系到科技发展。因此，从中国的经济发展角度看，在高校教育中，知识产权法虽然重要，但科技法教学也是不容忽视的。

建设创新型国家，只有知识产权法律制度是远远不够的，我们还需有科学技术法律制度。两者相互结合，才会相互辉映，折射出美丽的光环，服务于我们的建设。它们是一国经济发展的两个轮子。虽然科技法与知识产权法密切相关，但两者的性质、调整的范围、社会功能还是有本质区别的。我们不能将两者混同，也不能割裂两者的关系；可以完全把两者看作密切相关的独立学科进行教学，但无必要重复两者的内容，那是一种资源浪费，不过，也不能不谈两者的密切关系。科技法教学与知识产权法教学相互配合会相得益彰：科技法提供宏观视角让人们洞悉科技如何为国家经济发展服务；知识产权法从微观角度谈如何使科技政策目标得以实现。学完科技法再学知识产权法，会有助于对国家宏观政策的把握，同时加强对科技法理解的深入。我们应通过教学让学生把握两者的本质及它们的关系。通过教学，让受教育者明白：它们的目标是一致的，即提高国家创新能力和提高科学技术发展水平；同时让他们理解、掌握两者的区别，即科技法虽然也涉及微观层面的合作、技术流转等内容，但偏重于从宏观层面、国家政策给予方向性的调整，从而为科学发展定下基调和发展路径，注重管理，在调整方式方面以鼓励、肯定为主；而知识产权法偏重于从私权利的保护和运用层面帮助权利人实现自己利益，最大程度激发出他们的创造积极性，从而调动各方面的积极因素，服务于国家的科技发展和经济建设，是落实和实现科技法律、政策目标的主要手段和途径，注重科技成果的保护和运用，在调整方式方面含有较多的对违法行为的制裁和严厉打击侵权行为等内容，此为其主要特征之一。

我国科技法制建设的指导思想是，以邓小平同志"科学技术是第一生产力"理论为指针，结合"科教兴国"战略和"依法治国"方略的实施，进一步完善科技法律体系，提高科技宏观管理的法制化程度，并通过加强法制宣传和执法监督工作，依法行政，为我国科技事业发展创造良好的法制环境和重要支撑。❶ 为此，在高校，通过教学，将科技法和知识产权法一道传播出去，让两者相得益彰，共同促进我国科技目标的实现。如果现在不重视，将来也有可能我们很多人还要回过头来补科技法这门课，这是很不经济和明智的。通过教学，在某种程度上也可以使知识产权权利人将个人利益与国家利益、知识产权与国家高新技术战略结合在一起。

为此，笔者对两门课程设置的构想如下：对法学类学生而言，知识产权法是法学类本科必修的核心课程；科技法可以作为知识产权法的辅助课程，要求学生学会在宏观的背景下掌握知识产权精髓并服务于建设国家创新目标。对于非法学类的本科生，在条件成熟时，可以开设科技法和知识产权法必修课，或两者合为一门课，这尤其对于理工科的学生而言意义很大（偏重于技术类的知识产权）；也可以根据条件开设选修课，如华中科技大学将科技法与环境法作为一门公共选修课就很有意义。当然，对于全校非法学类的学生（特别是对于理工科的学生）而言，如能将科技法与知识产权法都作为普及性的课程来推广，则最为理想。这一方面教会他们在将来的就业过程中如何保护和应用自己的智力成果；另一方面通过科技法和知识产权法的教学，能唤起人们对科学技术创新的重视并找到内在的激励机制，也利于我国知识产权法和科技法意识的提高，有利于弥补中国传统文化中缺乏科技创新元素的弱点，有利于国家创新机制和知识产权战略的实施。

对于知识产权方向或科技法方向的硕士研究生，这两类课程可以作为必修课。很难想见，不对科技法律制度了解的硕士生将来能把知识产权法掌握到何种熟练程度；反之一样，不了解知识产权法的学生又能把科技法掌握到何种程度。对于科技法或知识产权法方向的博士研究生，要求更高，理论层面、实务层面均应有所要求。

在目前条件下，对于涉及科技管理类专业的各层次学生，应当要求将科技法作为必修课，而知识产权法可作为科技法的补充课程，以选修的形式纳入教学体系中。当然，由于教育层次的不同，可以采用普及课程（本科同学）、专题课程（硕士研究生）或具体领域或方向讲座或研讨的方式（博士研究生）进行教学。

此外，我国已出台《科学技术普及法》，它本身不仅是要求普及科技，同

❶ 徐冠华. 关于"十五"期间科技法制建设和与科技有关的知识产权保护工作［J］. 全球科技经济瞭望，2001（5）：1 - 9.

时也是对科技法的普及提出要求。因此，我们应当结合高校的教育体制，利用高校的优势资源，在高校将科技普及法与科技法教学完美地融合在一起，为实施科教兴国战略作出应有的贡献。

四、结语

2007 年，以胡锦涛同志为总书记的党中央，高度重视科技进步和创新，审时度势、高瞻远瞩，作出了走中国特色自主创新道路、建设创新型国家的重大战略决策。他在十七大报告中指出：目前，中国科技人力资源总量达到 3500 万人，居世界第一位，形成了规模宏大的科技人才队伍。科技投入的规模不断提高，科技体制改革不断深化，国家创新体系建设顺利推进，各创新主体的地位不断明确，国际科技合作的广度和深度不断拓展。这些表明我国科技创新呈现良性的发展势头。但我们不禁要问：庞大的科技人员队伍中有多少既懂科技法又懂知识产权法或懂两者中的任何一个？这么大的一支队伍，如果不了解科技法或知识产权法，可能会对创新发展带来沉重的负担；如果了解，且能维护正当权益，则他们就是巨大的人力资源。因此，加大科技法和知识产权法教育比重，能极大发挥我国科技人员的巨大潜力，推动科技发展。

推进素质教育已成为把我国建设为人力资源强国的重要途径。在高校培养出懂科技法和知识产权法的专门人才和创新人才，是完成我国素质教育的关键步骤。十七大报告提到促进国民经济又好又快发展，将"好"放在"快"前，表明我国应当注重经济发展的质量甚于经济发展的速度，而这很大程度上最终要依赖于较高的技术水平。党中央提出我们必须提高自主创新能力，建设创新型国家，此为国家发展战略的核心，是提高综合国力的关键。为此，要坚持走中国特色自主创新道路，把增强自主创新能力贯彻到现代化建设各个方面；认真落实国家中长期科学和技术发展规划纲要，加大对自主创新的投入，着力突破制约经济社会发展的关键技术。高校无论是在人才培养还是在自身创新、研发方面都肩负着重大使命。为完成高校的使命，我们在进行知识产权法教学的同时，必须加强科技法教育，让两者比翼双飞、并驾齐驱，使人才在为社会发展作出贡献前就已全部武装好，准备应对任何挑战；因为懂科技法和知识产权法，不仅利于受教育者了解科技法、知识产权法与国家发展之关系，还有利于他们未来具体的工作（包括政府或企业）。这样才能有助于我国科教兴国战略的实现，把中国建设成一个创新型国家。

专业复合型知识产权本科
人才培养的教学探讨

于正河　隋臻玮　刘　新[*]

2006 年 6 月，胡锦涛同志在谈到创新型国家建设时指出："建设创新型国家，关键在人才，尤其在创新型科技人才。培养造就创新型科技人才，要全面贯彻尊重劳动、尊重知识、尊重人才、尊重创造的方针，以建设创新型国家的需求作为基准，用事业凝聚人才，用时间造就人才，用机制激励人才，用法制保障人才，不断发展壮大科技人才队伍，努力形成江山代有人才出的生动局面。"在建设创新型国家、培养造就创新型人才的进程中，专业复合型知识产权人才培养是创新型人才培养的重要内容。培养具有综合素质的应用创新型知识产权专业人才，特别是培养一大批适于在创新一线工作的本科层次的专业复合型知识产权人才，对于推动创新社会发展具有重要意义，也是高等教育义不容辞的时代任务和历史使命。青岛大学在实践和探讨专业复合型知识产权本科阶段的人才培养方面走过两年的路程，有几点体会写出来供同仁们指教。

一、关于知识产权专业本科双学位（学历）教学计划与课程设置的探讨

未来我国知识产权专业人才的培养目标重点应放在培养复合型高素质的本科层次的专业人才。此种专业人才一般可分为 4 个类型，即应用型、理论型、管理型和通识型。这里所说的理论型不是一般意义的理论研究型，而是适合于企业研发、经营管理中的宣传普及型知识产权专业人才。对于这 4 类本科层次的知识产权专业人才的培养，主要可采用本科辅修法学（知识产权方向）双学历或双学位的教学模式完成。同时，针对目前我国没有知识产权本科专业设置的现实，以及培养知识产权专业人才的教学及课程体系缺少宏观指导和具体课程设置要求的情况，各高校在培养方式和教学侧重点方面各有不同。如采用双学位和辅修双学历的方式来培养，就我国目前的社会需求来看，可分为 3 种课程设置类型进行课程和教学安排，即理工类、经管类和社科类。

---

* 青岛大学知识产权学院。

青岛大学自 1995 年开始在本科生中开设知识产权概论通识教育课，平均每学期约有 80～120 人选修该课，设 32～36 个课时，计 2 个学分。2004 年，学校在筹建知识产权学院的同时，在法学专业开设知识产权方向辅修双学历（学位）教育，每年招收 150 人左右，学生报考条件是非法学专业全日制大二本科学生，并且在专业学习中成绩优秀并能确保完成第一专业学习任务。我们认为，这种培养方式在目前比较切合国情、校情，也是能快速培养专业复合型高素质知识产权本科人才的较理想模式。对于这种模式，在教学计划上应设计为 50～65 个学分，少于 50 学分则难以完成法学知识产权类专业课程的学习；多于 65 学分则容易造成学生学习压力过大，可能导致原专业学不好，而法学（知识产权专业）的课程任务也难以完成。比较适合的修业年限应为 4～6 年，其中原学专业的学习应确保在四年制中完成，而辅修专业可以允许延长 1～2 年，否则易带来诸多连带问题，如毕业分配、学校住宿、学生管理等多方面的交叉困难。

在教学安排方面，特别是在课程设置方面，我们按照理工、经管、社科 3 个类别分别进行课程设置和教学内容安排。我们在实践中探讨的教学计划课程设置见表 1 和表 2。

表 1　法学知识产权方向辅修双学历（位）教学计划（试行）

课程类别	课程编号	课程名称	学分	总学时	学时分配		考核方式		授课学期				备注
					讲授	实验	考试	考查	一	二	三	四	
专业必修课	101	法理学	3	48	48		√		√				
	102	宪法学	3	48	48		√		√				
	103	民法	3	48	48		√		√				
	104	中国法制史	3	48	48		√		√				
	105	诉讼法学	4	80	48	32	√		√				
	106	经济法学	3	48	48		√			√			
	107	知识产权法学	2	32	32		√			√			
	108	专利法	2	32	32		√			√			
	109	商标法	2	32	32		√			√			
	110	著作权法	2	32	32		√			√			
专业选修课	201	刑法学	2	32	32			√			√		
	202	商法学	2	32	32			√			√		
	203	司法文书	3	48	48			√			√		
	204	国际法	2	32	32			√			√		

续表

课程类别	课程编号	课程名称	学分	总学时	学时分配		考核方式		授课学期				备注
					讲授	实验	考试	考查	一	二	三	四	
专业特色选修课	301 316	见表2	16	256	256		√				√		
实践教学课	401	基地实习	2	2周								√	
	402	实验与模拟法庭	2	2周								√	
	403	毕业论文	2	6～10周								√	

注：本教学计划按 2 年辅修时间设计，在 2 年内不能完成学分者，可适时跟班重修，但跟班重修时间不得超过 2 年，即整个辅修时间不超过 4 年。

表2　法学知识产权方向辅修双学历（位）专业特色选修课类别及课程

课程编号	理工类或 A 类	经管类或 B 类	社科类或 C 类
301	普通物理	普通物理	社会工作与创新
302	普通化学	商业秘密保护	商业秘密保护
303	电学原理基础	知识资本学	知识资本与管理
304	计算机应用基础	计算机信息与管理	计算机文化基础
305	环境科学概论	电子商务	环境与生命科学
306	生物与医学基础	生物化学基础	信息科学概论
307	知识产权国际保护	知识产权国际保护	知识产权国际保护
308	科技文献检索	科技文献检索	科技文献检索
309	知识产权实务（1）	知识产权实务（2）	知识产权实务（3）
310	企业科技创新与管理	企业科技创新与管理	文化产业政策与管理
311	科技创新政策与评价	科技创新政策与评价	企业创新能力与评价
312	公文写作	公文写作	科学基础知识
313	大学语文	大学语文	公共理科基础知识
314	知识产权新领域专题	知识产权新领域专题	知识产权新领域专题
315	机械原理	科技政策与管理	机电基础知识
316	文化产业概论	文化产业概论	文化产业概论

需要说明的几点：

（1）理工类或 A 类课程是供参加辅修学习的学生中原来专业背景为理科或工科类各专业的本科在校学生所选择的专业特色选修课；经管类或 B 类课程是供参加辅修学习的学生中原来专业背景为经济类、管理类等各专业的本科在校学生所选择的专业特色选修课；社科类或 C 类课程是供参加辅修学习的学生中原来专业背景为社会科学，即文科类各专业的本科在校学生所选择的专业特色选修课。

（2）按教学计划，专业特色选修课应选满 16 学分，即学生在选修该类课程时，应至少选修 6 门以上课程，且其中可以免修 1 门，并计入学分。

（3）该类选修课的目的在于让学生选择一个相对特定的方向进行学习，以便用于将来就业选择的定向参考。

（4）专业特色选修课中每门课程的学分和课时安排，由任课教师所在院系确定，其指导性计划为每门 32~48 学时，占 2~3 学分。

（5）知识产权实务（1）、（2）、（3）的教学内容分别以专利权、商标权、著作权与计算机软件保护为主体内容，由任课教师授课时区别对待，重点讲授实务与代理、登记管理等内容。

二、对专业复合型知识产权本科人才培养的体会和认识

专业复合型知识产权人才的培养早已引起国家决策与管理部门的高度重视，教育部、国家知识产权局 2004 年教技 4 号文件《关于进一步加强高等学校知识产权工作的若干意见》第四部分中也强调要加强知识产权专业人才的培养，其中的第 13 条明确提出了关于设置知识产权专业硕士和博士点的规定。但是这个文件中对本科阶段的知识产权专业人才的培养没有作出明确的要求，只对通识性教学课程的设置和学生法律基础知识培训有所规定。总结我校几年来的实践探索，结合国家对知识产权专业人才的需求与培养的现状，现就本科阶段知识产权专业方向的人才培养与教育管理等问题介绍几点体会和认识。

（一）专业复合型知识产权人才培养的重点应在本科和法律硕士专业学位阶段

在国家没有专门设立知识产权本科专业和硕士点方向的情况下，培养知识产权专业人才的选择途径主要有 2 种。一是以法学课程为主的知识产权方向的本科双学位（或称辅修双学历）教育，这类毕业生的总体知识结构在学分上的分配比例为公共基础课 25%~35%，第一专业基础课（原专业课）25%~35%，辅修法学知识产权方向专业课 20%~30%，第二专业方向实践教学 5%~10%，

其中后 2 项学分之和在 60 左右，并与第一专业的相应课程类学分相当。这类学生毕业后可适应的工作岗位包括企业创新研究和设计人员、商业性经营管理人员或知识产权管理与实务人员、县级及以下政府部门的知识产权普及教育与管理人员、职业教育或中等教育的专业教师等。这部分毕业生，特别是理工科背景下的双学历毕业生，可以考虑考取专利代理人或相关的职业资格；经管类专业背景的可以作考取商标代理人或相关的中介类职业资格；社科类专业背景的可以从事文化创意、文化产业或文化管理部门的相关工作。二是法律硕士（J. M）。我国目前设置的法律硕士专业教学内容特别适合知识产权专业人才的培养，尤其是适合 A 类学生在自身已有基础上继续深造，或按照本科类教育知识结构在硕士阶段的办学。法律硕士招收的对象主要是非法学专业的本科毕业生以及在司法及相关岗位上工作满 2 年的人员。据调查，目前我国设立法律硕士教学点的近 50 所高校中，80% 以上高校的培养方向涉及知识产权方向。有的高校设立的法律硕士（如烟台大学）把知识产权方向作为主干培养任务。在法律硕士点中培养知识产权专业人才有 3 个有利条件：首先是报考生源的专业要求比较适合知识产权专业人才的培养目标；其次是这种培养模式和教学内容设置与复合型知识产权专业人才培养相适应；再次是法律硕士毕业后所具备的知识结构和业务素质要求也很适应知识产权专业人才综合素质的要求。

（二）专业复合型知识产权人才的培养与教学体系设置应以高素质应用性为目标

综观世界上发达国家知识产权专业人才培养的教学内容或课程设置可以看出，其课程涉及内容非常广泛，充分体现出复合型（专业知识面广）的特点，例如，日本在培养知识产权专业人才的课程设置中分为 3 类课程体系，即知识产权专业课，10～15 门；技术经管类专业课程，10～15 门；理工类基础课（包括化学、物理、生物、电子、环境科学、信息技术、医学等），10～15 门。根据我国对知识产权专业人才需求的主体在企业，特别是在具有创新特点的高新技术企业和各类研发机构这一特征，我国的知识产权专业人才培养的课程体系和教学内容可以借鉴日本等国家的培养模式，把应用性放在首位。不管是本科法学（知识产权方向）双学位辅修专业还是法律硕士中的知识产权方向，均应把体现高素质复合型应用性人才的培养作为课程设置和教学内容的主线，特别是对理工类的专业基础课要瞄准前沿知识，讲授带有综合性的课程内容。

专业复合型应用性知识产权人才的培养，关键体现在培养出来的人才具有什么样的知识结构，具有什么样的素质能力，具有什么样的创新思维。这一点是培养知识产权专业人才的重点要求。要把培养具有复合型知识结构、综合型素质能力、超前型创新思维作为知识产权专业人才培养的既定目标和主要任务。要围绕这样的目标和任务去规划课程设置、制定教学大纲、设计教学计划、指导教学管理。

（三）培养专业复合型知识产权本科层次的人才应以法学（知识产权方向）辅修双学位（学历）模式为主

这种认识和建议是建立在目前我国高等教育尚未设立知识产权本科专业这一基础之上的。将来如果随着形势的发展，国家在本科专业目录中设置了知识产权专业，可以考虑在全国各地合理地布局设置培养单位和专业方向。

据分析，全国未来 3~5 年内所需的知识产权专业人才的数量，特别是本科层次的专业复合型应用型人才数量，平均每年应在 6000~10000 人，而且这种需求主要在企业和研发机构。按全国目前有 600 所院校招收法学专业学生计算，其中 10% 的高校即 60 所能招收并培养知识产权专业本科层次的人才，则每校每年可招生培养 100 名知识产权专业方向的本科生，而且都能在企业和研发机构归口就业。

在本科层次复合型知识产权专业人才的培养方面，青岛大学的实践模式，即法学知识产权方向辅修二学历（学位）模式的可参考之处在于：一是校内招收（将来可以在学分互认的高校招生）大二非法学专业的学生，生源有保证；二是原专业采用相对固定的 4 年制保证完成学业，二学历采用 4~6 年的弹性学制，但鼓励 4 年完成，同原专业一起颁发毕业证、学位证，便于教学管理；三是将招收的学生分为理工类、经管类和社科类 3 类进行课程设置，总学分相同，选修课开足，提倡文理交叉，推进复合型因素的增加；四是辅修双学历（学位）的课程教学，采用非全日制，即教学安排在原专业的业余时间，一般选择下午 7~8 节时间段，晚上 9~11 节时间段，双休日、节假日全天为宜；五是课程设置尤其是专业基础课教学内容侧重基本知识和基础概念，大部分课程的内容设计采用概论形式讲授，每门课程一般为 32~48 学时，2~3 学分；六是采用先期讲授、延时考试、教考分离的管理模式，即本学期开设的课程，为避免影响原专业的学业完成，把辅修课程考试安排在下学期开学后第 2~3 周内进行，为了鼓励学生充分利用好假期的时间进行系统的复习和全面掌握课程教学内容，采用教考分离的考试方式；七是对辅修双学历（学位）的学生进行双重管理，即辅修双学历（学位）的学生以原专业所在院系的管理为主，以辅修专业所在院系的管理为辅，双方均要加强管理的学生管理模式，以确保学生学业和素质培养任务的完成；八是对辅修双学历（学位）的学生应适当收取成本费，按学分收费，成本管理，以教学成本为核算基数，严格执行国家收费标准。

（四）加强专业复合型知识产权人才培养要根据其专业特点增加实践性教学内容，把实践性教学作为培养高素质复合型应用型知识产权人才的重要任务，努力增加教学比重

对于法学（知识产权方向）本科辅修双学历（学位）的学生，组织和安排实践性教学活动的形式可以有多种选择，其主要包括：

一是设立知识产权教学实习基地。我校自从 2005 年开始招收法学（知识产权方向）本科辅修双学历（学位）学生以来，便在青岛市，尤其是和作为国家知识产权示范园区的青岛高科技工业园区内的 12 家高新技术企业协议建立了知识产权专业人才培养实践教学基地，每个基地每年接收 10 ~ 20 名学生进行为期 1 ~ 2 周的教学实习，实习主要内容是学习围绕企业科技创新和研发的技术项目进行知识产权保护的途径与方法，使学生既掌握了技术专业知识又学习了知识产权应用方法；除了在企业建立实习基地，还与市、区两级科技、信息、文化、文物等行政管理部门及工商行政、出版界的业务部门协议建立知识产权实习基地；特别是与青岛市知识产权管理和保护主管部门以及行业协会设立了长期的教学实习联系单位，学生定期参加活动和学习，收效明显。

二是在校内设立实践性教学场所，如学校的物证技术实验室、专利事务所、知识产权研究中心，以及设在校内的青岛市知识产权信息服务中心，都成为培养知识产权专业人才的实验教学场地，还有模拟法庭为知识产权诉讼开展了单独的模拟演示教学活动。尤其是青岛大学物证技术实验室开设的部分开放式试验项目很受学生欢迎，学生通过实验演示可以学会和掌握有关知识产权证据鉴定与识别等多项技术性知识要点。

三是毕业论文设计环节也是培养学生综合素质不可缺少的实践性教学内容。特别是对于学习成绩优秀，能在 4 年内完成双专业学习任务的同学，在教师的指导下同时完成 2 份毕业论文的任务非常重，负责辅修专业论文指导的教师更应加强管理和指导。在指导学生完成辅修专业的毕业论文时，因为学生了解了撰写论文的一般要求，掌握了基本的论文格式，所以在指导辅修专业的论文时，教学重点应放在引导学生学习阐述自己的观点，创造性地撰写有独创性的论文。

（五）通过辅修双学位（学历）的方式培养专业复合型知识产权本科人才，应把培养方案和模式定格于职业技术教育

其原因在于：一是我国知识产权人才需求的大户在企业，尤其是具有创新能力的高新技术企业，另一部分人才需求在中介机构，而真正意义上的知识产

权法学理论人才需求较少；二是知识产权专业培养的人才具有很强的专业交叉性，按照目前我们国家对法学本科学生的教学计划和课程设置的要求，用4年制本科阶段的学习难以实现把学生培养成复合型高素质知识产权专业人才的目标，而按照职业教育的特点或成人非全日制教育模式和课程设置的特点，既可以完成教学计划和培养目标，又可以自主性设计若干门特色专业课程；三是我国目前实行的司法资格考试制度是按照职业技术教育的培养目标进行能力考试的，而其他一些知识产权专业资格考试如专利代理人等，也是按照职业技术教育模式的培养目标和教学内容进行测试的，所以要使高校培养出来的本科层次知识产权专业人才毕业后能及时适应社会需求，顺利取得各种专业任职资格，其培养模式和教学内容应具有灵活性、多样性、交叉性；四是知识产权专业人才的执业性质和知识产权法律制度的快速发展要求知识产权专业人才必须坚持终身学习和继续教育，也要求学生在学习和培养知识产权执业基本技能时，尽量采用灵活多变的教学体系，这也是目前职业技术教育的特点之一。

在法律硕士中培养知识产权人才的思考

魏　玮*

为充分发挥法律硕士专业学位培养复合型法律实务人才的特殊优势，经研究并报国务院学位办同意，2006 年，全国法律硕士教育指导委员会特批准中国人民大学、北京大学、中南财经政法大学、华中科技大学和中国社会科学院研究生院等培养单位试办法律硕士专业学位知识产权方向班。这一决定拓宽了当前高校培养知识产权人才的渠道，但是，如何针对法律硕士的特点很好地理解与执行这一决定，却是实践中亟待研究的问题。

一、在法律硕士中培养知识产权人才应当成为当前高校法科知识产权人才培养的重要渠道

随着知识产权重要性的日益凸显，知识产权人才的培养成为非常紧迫的任务。然而，高校作为法科知识产权人才培养的主要基地，其人才培养模式却存在与社会实际需求脱节的现象。❶ 一方面，用人单位感叹人才难求；另一方面，高校知识产权专业毕业生慨叹伯乐太少。产生这一现象为非常重要的原因在于传统的高校人才培养模式下的法科知识产权人才，或较多偏重于知识产权法理论，操作性知识欠缺；或知识结构不尽合理，知识面狭窄。例如，在知识产权法学本科出现以前，高校培养的知识产权人才大多为知识产权法学硕士。由于法学硕士作为科学学位的性质，更由于法学硕士本科背景大多为法学的情况，学生在研究生阶段学习的基本上都是知识产权法律知识，几乎没有专利申请、商标注册申请、企业知识产权战略、知识产权管理等实务方面的知识训练。以这样一个知识结构毕业的法学硕士更适应的是知识产权法学的辅助研究，而不是知识产权的实务工作。但目前中国对知识产权法学研究人才的需求一般较少直接指向知识产权法学硕士，而对知识产权人才存在渴求的企业更需

---

* 上海财经大学。

❶ 华为虚席以待，奈何人才难求 [EB/OL]. [2005 - 09 - 21]. http://www.sipo.gov.cn/sipo/xwdt/mtjj/2005/200509/t20050916_72600.htm.

要的又是实务人才。因此，只在法学硕士中培养知识产权人才并不适应人才需求的现实。又如知识产权本科，作为对高校知识产权人才培养的一个新的探索，其积极意义无疑是存在的。但是，由于知识产权本科学生基本上都是应届高中毕业生，受年龄及人生经历的限制，不仅这种教育的层次较低，更为重要的是，学生缺乏对专业背景、国家形势的深刻理解与体会，而这些对于学生的知识吸收，特别是从全局与长远角度来学习与理解知识产权是十分不利的。尽管学校在课程设置上煞费苦心，一般是一些理工科基础、一些知识产权法学知识、一些管理学知识，表面上看似乎满足了知识产权人才的知识结构需求，但是，学生对象的根本性不足在一定程度上削弱了法科知识产权人才培养的效果，复合型的教学设计与理想并没有培养出真正的复合型人才。

虽然在经过各种探索与摸索后，法科知识产权人才培养的现实还是不容乐观，但是随着我国知识产权战略制定工作的启动，国家对于知识产权人才战略在国家知识产权战略中的重要性非常重视。我们看到，在国家知识产权战略中，除有创新战略、保护战略、应用战略外，还有知识产权人才战略。的确，无论是创新、保护还是应用，其关键因素都是人，而培养有创造能力的人和善于利用知识产权工具的人是知识产权人才战略的主要内容。但是，从立法机构、司法机构、行政执法机关，到企业、科研机构等，当前法科知识产权人才总体缺乏的形势与知识产权人才战略的目标显然是有很大差距的。而这一差距绝不简单表现为数量的差距，而更多是质量的差距。因此，有专家提出，我国应当突击性地规模培养知识产权应急人才。从当前我们面临的紧迫形势出发，通过培训的方式应急性地培养一些法科知识产权人才是可以的，但是，高校主要需要寻求并建立的应当是法科知识产权人才培养的常规路径，只有这样，才符合人才培养的连续性，才能保证足够的质和量。

理想的法科知识产权人才是兼具有理工科基础，掌握管理和法律知识的高层次复合型人才。在高校招收的各类法科学生中，知识产权法学本科最低程度地在形式上满足了复合型的需要，但非满足高层次的需要，且该类学生知识结构的复合主要由于外在的学科课程设计，而复合知识的融合取决于学生，如此，很难认为这类学生培养模式能够普遍地满足法科知识产权人才培养的需求。知识产权法学硕士固然是高层次人才，但是，学生来源的单一型知识背景通常不会在研究生学习的短短 2 年内改变成复合型，因此，在法律硕士中培养知识产权人才应当成为当前高校法科知识产权人才培养的重要渠道。

法律硕士（Juris Master, J. M）是随着我国法治建设的发展，为加快与国际法律教育接轨，满足社会对高级法律人才的需求而设立的，主要培养有特定专业背景的高层次、宽基础的应用型、复合型法律人才。根据国务院学位办的有关文件，其主要面向法律实务部门，以培养高层次的应用类法律人才为目标，与主要培养法律教学和研究的专门人才的法学硕士属同层次但不同类型的研究生教育。目前，法律硕士专业学位的办学类型分为两种：一种是全日制攻读法律硕士专业学位，招收对象为非法律专业本科的应届（或往届）毕业生；另一种是在职攻读法律硕士专业学位，招收对象一般为法律实务部门的在职人员。该专业学位的设立，一定程度上解决了法律教育层次结构失衡以及法律实务人才稀缺与法学研究人才浪费并存的问题，并正在成为高层次应用类法律人才培养的主渠道。不仅如此，法律硕士还具备培养法科知识产权人才所需要的条件：第一，J. M 教育是一种本科后教育，而本科后教育意味着参加 J. M 教育学习法律的学生年龄比较大、阅历相对比较深，他们以前获得的各种知识及对社会现实的理解与关注能够帮助他们更深入、更全面地思考法律问题和更好地领悟作为一门实践型和社会性学问的法律科学，从而改善知识产权法律教育的效果；第二，参加 J. M 教育的学生或是非法律专业本科的应届（或往届）毕业生，或是法律实务部门的在职人员，因此，J. M 教育同时意味着有多种专业或职业背景的本科毕业生进入法学院的课堂。这些不同知识背景下的交融，特别是理工科背景、管理学背景以及经济学背景等，使得法律硕士生具有明显的复合型知识产权人才的基础。

有鉴于此，2006 年，全国法律硕士教育指导委员会作出了上述决定，虽然只在个别学校试点，但是它开启了理顺我国的知识产权法律教育与法律职业之间关系的历史。可以预见，在法律硕士中培养知识产权人才必将成为我国高层次、应用类法科知识产权人才培养的主渠道。

二、在法律硕士中培养法科知识产权人才的目标

从更宏观的视野看，知识产权人才包括知识产权创造人才、知识产权研究人才、知识产权管理人才、知识产权实务人才和涉外知识产权人才。❶ 知识产权创造人才作为创造知识产权的人，不仅包括自然科学领域的科技人员，而且包括社会科学领域（包含文学艺术领域）的各类人才。由于知识产权创造人才不仅需要具备基础专业知识和技能，而且必须具备足够的创新意识和创造能力，因此，此类人才的培养更多依赖于创造性人才自身的专业基础和创造力。就知识产权研究人才而言，其主要是指在高等院校、科研院所等机构内专门从事知识产权政策与制度研究的人才。随着世界科技、经济的发展和进步，知识

---

❶ 田文英，纪梦然. 我国知识产权人才及其结构探析［M］//陶鑫良. 中国知识产权人才培养研究. 上海：上海大学出版社，2006：167.

产权越来越多地渗透到社会、经济生活的各个角落，并不单纯是单一法律领域的问题，而是与经济、政治息息相关的。因此，知识产权的研究不是如我们从事法律研究的人所理解的只局限于法律制度层面的研究，知识产权制度与经济、科技发展的协调，国内知识产权制度与国际接轨，知识产权资本化等问题，都是对于知识产权的研究，而法科的知识产权研究人才只填充了其中的一小部分。除此之外，知识产权实务人才中的法律实务人才主要是指在立法、司法和执法领域专门从事知识产权法律工作的人才，其工作性质决定这类人才通常应当具备扎实的法学与知识产权法学的基础，如此，培养此类人才的主渠道应当是知识产权法学硕士。因此，法律硕士应当侧重于知识产权管理人才、知识产权中介服务人才和涉外知识产权人才的培养。

（一）知识产权管理人才

知识产权管理人才主要是指在企事业单位或者政府行政部门管理本单位或者本部门行政管辖范围内知识产权工作的人员。一般来说，主要包括以下两种：

第一，技术管理人才。技术管理类知识产权人才的适用领域主要是企业，特别是大中型企业。技术管理工作的内容主要是对科技创新与研究开发中知识产权创造、申请、管理、应用、许可、保护等方面进行日常协调和管理。

第二，知识产权经营管理人才。知识产权经营是企业积极管理知识产权的一种非常重要的方式。其与一般的行政管理和企业管理不同，需要较高的知识水平和知识产权专业知识。以经营的理念和方法来管理企业的知识产权事务，仅具备知识产权法律知识是不够的。理论上，在现代社会，经营管理相当主要的基础之一就是法律，但从事这项工作的人不能是单一的知识产权法律人才，而应当是具有法律、管理及市场知识的复合型知识产权经营管理人才。由于全日制法律硕士的非法学本科学位要求，有相当数量学生具有理工科背景、管理学背景，如果在法硕培养中，注重知识产权法学的教育，则他们的知识结构非常符合知识产权管理人才的需要。

知识产权的管理人才对企业的发展作用十分明显。因此，国外有竞争能力的企业都设有专门的知识产权部门，由专职的知识产权管理人员负责本企业知识产权战略的策划、实施，具体包括知识产权创造、申请、经营管理、应用、许可和保护。我国企业也开始注意这方面的工作，如海尔不仅设立了专门的知识产权管理部门，还安排了一定数量的既懂知识产权法律又有技术背景或者管理经验的人员。在可以预见的将来，此类人才的市场需求将很突出。但是，如果不在法律硕士的培养中特别注意培养知识产权管理人才，这方面的市场需求

（包括潜在的市场需求）被抑制，则将对企业乃至国家的发展产生负面的影响。

（二）知识产权中介服务人才

知识产权中介服务人才主要是指从事知识产权代理、知识产权许可贸易、知识产权转让、知识产权经营的专门人才。此类人才除了需要具备扎实的知识产权法的法律基础，还需要具备对相关行业操作性知识的了解，如专利代理人、商标代理人等。由于专利代理人考试资格要求理工科背景，因此，传统的法学教育培养不出这样的人才。但全日制法律硕士中具有理工科背景的学生就有成为专利代理人的可能，且经过法律硕士阶段的定向培养出来的专利代理人，很显然其知识结构及市场竞争力都好过未经过知识产权法学专门知识浸润的纯技术人员。同样，对于商标代理人来说，当前商标代理人的市场需求量极大，但商标代理人法律素质的欠缺，使得商标代理市场问题较多，而通过在职法律硕士培养来提高商标代理人的知识产权法律基础及相关法学知识，无疑是十分必要的。

知识产权中介服务机构在我国扮演的角色和作用不可忽略。即使是在发达国家设有知识产权专门机构的企业，知识产权事务也并非事必躬亲，尤其是专利申请的代理。相对于知识产权中介服务人才紧缺的社会现实，在法律硕士中迅速地培养相当数量的此类人才是一条便捷也可行的路径。

（三）涉外知识产权人才

涉外知识产权人才主要是指能够处理涉外知识产权的权利取得、参与知识产权国际立法与谈判、解决国际知识产权纠纷甚至于跨国知识资产运营的实务型人才。这种高级实务人才不仅要熟知知识产权制度，通晓知识产权的国际公约和国际规则，还需要具备对国际经济贸易规则及总体情况的知识，同时，还应当具有较强的外语交流能力，而这种复合型的知识结构，一般法科毕业生是没有办法达到的，而本科为国际贸易专业的知识产权方向法律硕士则更容易完成这样的知识积累。

随着经济贸易全球化的进一步加剧，特别是知识产权在国际贸易中的比重不断增加，涉外知识产权法律事务数量呈现增长趋势。面对发达国家及其企业，尤其是跨国公司蓄谋埋设的"专利地雷阵"和精心构筑的以技术标准战略和驰名品牌战略为核心的"知识产权壁垒"，当前我国迫切需要一批既了解又能熟练运用知识产权国际贸易规则，可积极应对这些已经发生或者可能发生的知识产权纠纷与诉讼的知识产权法律服务人才。

综上，打造自主核心技术和自主驰名品牌的知识产权管理人才及中介服务人才，以及应对涉外知识产权纠纷与诉讼的知识产权涉外人才，是我国经济发展的迫切需要。由于法律硕士生源的知识背景，知识产权法律硕士的培养应当侧重于知识产权管理人才、知识产权中介服务人才和涉外知识产权人才的培养。

三、法律硕士知识产权方向班的课程设置

课程设置是否合理，在相当程度上决定了学生培养的质量。因此，法律硕士知识产权方向班的课程设置应当注意以下问题：

第一，基于知识产权法方向的法律硕士，其课程设置应当偏重于知识产权法。如果课程安排上与一般法律硕士没有区别，而知识产权课程设置过少，则无法体现出其知识产权法方向的特点。根据全国法律硕士教育指导委员会新调整的培养方案，一般情况下，法律硕士专业学位研究生毕业并获得学位，要求总学分不低于75学分。该75个学分的课程分配是：必修课为32学分，课程包括邓小平理论、外语、法理学、中国法制史、宪法、民法学、刑法学、刑事诉讼法、民事诉讼法、行政法与行政诉讼法、经济法、国际法；选修课为13学分，从外国法律史、商法、国际经济法、国际私法、知识产权法、环境与资源法、法律职业伦理、法律方法共8门课中选修；自选课为8学分，可由各校根据学校实际情况自定；实践必修环节设12学分，须开设法律文书课、法律谈判课、模拟法庭训练、法律实践课4门；学位论文为10学分。如果知识产权法方向开出的课程与上面完全一样，其结果是名不副实。对于知识产权法方向的法律硕士，原则上，知识产权法应当作为必修课程，著作权法、专利法、商标法、技术转让法、反不正当竞争法、科技法等课程至少应当作为选修课开设出来，以突出显示知识产权法的专业特点。

第二，有条件的情况下，开设无形资产评估、知识产权管理、企业知识产权战略、涉外知识产权实务等课程，主动完善知识产权法律硕士的知识结构。对于具备很好理工科背景、管理学背景以及国际经济贸易背景的法律硕士来说，光学习知识产权法学知识的话，则复合型知识结构的完成基本上取决于每个学生的自我努力。但是，学生之间的差别是很大的，在此情况下，直接开设知识产权管理、企业知识产权战略、涉外知识产权实务等课程，在一定程度上确保了其复合型知识结构的生成。

第三，基于法律硕士实务型人才培养的目标，课程的设置应当偏向于知识产权实务，注重提高学生的知识产权实务操作能力。知识产权法实践性极强，知识产权人才需求最大的地方是企业和科研单位，知识产权取得、管理、应用、转让和保护等工作，无一不具有很强的专业性和实务性，但当前知识产权教育的一个突出问题是重理论轻实践，而这与法律硕士这种实务型专门人才的

培养目标是完全不相符的。因此，在知识产权法律硕士的课程设置中，应当开设专利申请书撰写、专利文献检索、商标注册申请、知识产权诉讼策略等实务课程，培养真正适合社会需要的知识产权法务人才。

四、法律硕士知识产权方向班的师资问题

在法律硕士中培养高素质的法科知识产权人才，必须有一支优秀的教师队伍。但是，当前的知识产权师资情况不容乐观：一是教师数量少，二是很多从事知识产权法科人才培养的教师没有受过正规的知识产权专业教育，三是整体上看，大多数培养法律硕士的单位并没有形成结构合理的教师队伍。在此情况下培养知识产权法律硕士，特别需要注意以下 5 点。

（一）引进知识产权法律硕士培养所需要的各类老师，完善师资结构

由于知识产权学科属于新兴交叉学科，复合型师资欠缺是普遍的问题，但这并不是妨碍我们培养出复合型法科知识产权人才的根本障碍，因为复合型的知识结构需要法律硕士在学习的过程中自我整合，但若要实现让学生自我整合，相当重要的问题是他有没有整合的基础，而这个基础即是培养单位的师资知识结构，如果没有所需要的知识来源，则很难培养出高质量的知识产权法律硕士。针对现在各法律硕士培养单位的普遍情况，各单位在完善师资结构方面，一是要对现有师资进行一个基本的评估；二是要进行合理的学科分配，形成较为科学的师资布局；三是要大力引进欠缺的师资，如理工科背景、管理学背景的知识产权法教师，或者是专利代理实务类的教学人员。

（二）建立师资的再教育机制

知识产权法是一门发展变化较快的部门法，新情况、新问题层出不穷。教师固然应当在教学之余注意跟进与提高，但是，建立师资的再教育机制也是非常重要的。例如，可以选送教师到教育部知识产权研究基地或教学水平高的高校进修培养，可以让教师参加知识产权师资培养班，甚至可以派遣教师出国学习。

当前，各地都非常重视知识产权人才培养问题，因此，各培养单位也可利用各地的地方项目进行知识产权师资再教育。例如，2004 年 3 月，上海市知识产权局与美国教育基金会签署了《知识产权人才培养的合作意向书》。按照合作意向，在 2005～2010 年的 6 年时间里，上海市知识产权局将在美国教育基金会的支持下，派出 50 名人员赴美国接受知识产权课程的培训，此项人才培训计划被称为"650 知识产权人才培养合作项目"（简称"650 项目"）❶，

---

❶ 参见：http://www.sipo.gov.cn/sipo/xwdt/dfdh/200509/t20050902_73498.htm。

到今年已派出 2 批，每批都有上海高校教师。

（三）聘请知识产权实务人员为兼职教师

固定的、知识结构合理的师资队伍当然最好，但在特殊情况下，借鉴国外知识产权专业教育的经验，从知识产权实务界聘请一些具有丰富实践经验的人员为法律硕士生开设一些他们擅长的实务课程，也是十分必要的。如北京大学就聘请多位有丰富实务经验的专业人士担任兼职教师，如世界知识产权组织的总干事伊德里斯、原中国专利局局长高卢麟、科技部副秘书长段瑞春、中国社科院法学所研究员郑成思等。❶ 一些有影响的律师也可被聘为兼职教师。

（四）挖掘各培养单位校内资源，进行师资的优化整合

受传统的学科划分因素影响，各学校的各类师资分散在不同的院系。如果拘泥于知识产权法律硕士培养的小单位选择安排师资，则不利于培养出真正符合标准的法科知识产权人才；如果放眼于所在地区甚至是全国、全世界，培养成本又会急剧增加。因此，各培养单位应当依托学校内资源，进行师资的优化整合。如中南财经政法大学知识产权方向法律硕士班就依托学校知识产权研究中心（教育部人文社会科学重点研究基地、国家保护知识产权工作研究基地）、知识产权学院、法学院、法律硕士教育中心等各部门的特色和优势，进行专项培养。对于综合性的大学，如果有管理学、国际贸易等课程，则均可以从相关院系中选聘更优秀的师资，也可以将这些院系的此类课程开放给学生选修。

（五）建立相关培养单位校际间教师资源共享

目前，由于知识产权教学工作开展的普遍性，有限的高素质知识产权师资分散在各个法律硕士培养单位之中，实践中造成了都有，但却都不能形成完全合理的师资结构的情况。如果不能打破校际的隔阂，实现知识产权师资至少在一个地方的整合与融通，这从某种意义上来说是对师资的浪费，更是对学生的耽误。因此，知识产权法律硕士的培养单位应当充分利用本地有限的师资，尽可能从培养合格法科知识产权人才出发进行校际间教师资源整合，实现资源共享。

五、法律硕士知识产权方向班的培养方式

知识产权法律硕士的培养一般情况下由各培养单位自己独立完成，但是，由于其培养目标是复合型的知识产权实务人才，传统的教学手段不一定能完成

---

❶ 参见：http://www.iplawyers.com.cn/article/print.php/151。

这一培养任务，且各培养单位常常师资力量有限，因此，除以自身为培养主体外，还需要采用以下方式，以更好地培养知识产权法律硕士。

（一）校企合作培养

知识产权实务人才主要是面向企业，如果不了解企业需要什么样的实务人才，学校与学生都会在教学与学习过程中出现偏差，而校企合作培养知识产权法律硕士是避免出现这种偏差的方式之一。通过校企合作培养，可以增加最具实务性和时代性的教学内容，学生从中会受益颇多：学生不仅了解企业运作的基本情况，还清楚地知道企业需要什么样的知识产权人才以及企业为什么需要这样的知识产权人才，这样，对他们下一个阶段的学习会有极大的帮助。当然，这里的企业一般应当是较大的知识产权示范企业。

目前，很多学校都在走和企业联合的路子来培养法科学生，如飞利浦在中国已与清华大学、中国人民大学、复旦大学签署协议，联合培养知识产权专业人才。

（二）定期或者不定期地举办专题实务讲座

上课作为常规的教学活动，其内容一般够系统但不够前沿。在此情况下，定期或者不定期地举办专题实务讲座，既丰富了教学内容，又开拓了学生视野，不失为常规教学手段的很好的补充。各培养单位可以有计划地邀请国家知识产权局、法院、律师事务所、企业、知识产权代理机构的专家学者为知识产权法律硕士举办专利的申请和撰写、专利文献的检索、企业知识产权战略规划、知识产权热点等方面的专题讲座，以培养合格的知识产权实务人才。

（三）在相关单位建立实践基地

根据知识产权人才培养不同于一般法学人才的特点，除了让学生去法院、检察院等相关司法行政机关实践，还可以积极组织学生在商标事务所、版权代理机关、专利事务所等实务部门从事社会实践和毕业实习，使学生不仅学习书本知识，还具有一定的社会知识和操作技能，为以后走上社会打下良好的基础。

六、对于更多未开设知识产权方向班的法律硕士培养单位培养知识产权法律硕士的思考

很显然，我们应当注意到，相对于极少数试点培养知识产权方向的法律硕士的培养单位而言，未开设知识产权方向班的法律硕士培养单位数量更多。考虑到办学成本及实际培养能力，这些未开设知识产权方向班的法律硕士培养单位不可能按照上述基本思路进行知识产权人才培养，但是也不能在知识产权人才培养上无所作为，而是应当因地制宜。上海财经大学于 2005 年获得法律硕士的培养资格，现已按招生计划分别招收 2 届在职及全日制法律硕士。就知识产权人才的培养问题，目前我们只是在培养计划中将知识产权法学作为一门必修选修课或者选修课，但正在考虑针对全日制法律硕士生中具有理工科背景的学生较多的特点，在学生选修课程时有意识地从开课上加以引导。

在此条件下，在法律硕士培养工作中注重培养知识产权人才的思路是：

第一，以全日制法律硕士为重点，在法律硕士教育中注重培养知识产权人才。在职法律硕士生大多来自法律实务部门，学成后较少有调整现在工作方向的可能，因此，不是知识产权方向班的在职法律硕士不是法硕培养知识产权人才的主战场。相反，全日制法律硕士的本科非法学背景及绝大多数为应届毕业生的情况，使得不仅许多学生都具有理工科的背景，而且今后都有一个选择职业的需要，而这正是在全日制法律硕士中培养知识产权人才的知识基础与现实可能性。

第二，尽早为全日制法律硕士生分专业，并鼓励有条件的学生选择学习知识产权法学方向。现在法律硕士的学制为 3 年，要在这样短的时间内完成 75 个学分的课程学习、实习及论文，应当说是非常紧张的。在此情况下，要求他们像法学本科生一样掌握全面的法律知识也是不现实的。因此，尽早地分专业方向，使他们有意识地选择自己喜欢或者适合于自己的方向，不仅提高了他们的学习兴趣，而且则有助于他们真正成为知识产权专业人才。

第三，如果不能采取第二点所说的方法，则可以在平时的教学中注重培养学生的知识产权意识，或者在学位论文的选题与写作中鼓励学生写与知识产权法有关的题目。

专利法批判性回应式教学研究

刘永沛[*]

> 走在圣殿的阴影下，
> 行在其追随者中的教师，
> 传授的不是他的智慧，
> 而是他的信念和爱。
>
> ——纪伯伦[❶]

课堂教学是大学中最常见的活动，也因为如此，它也是最经常被滥用的活动。[❷] 想想我们当学生的时候，有些课堂曾怎样地使我们痛苦不堪，欲速逃之而后快，就知道这是一个不争的事实。布鲁克菲尔德直言不讳地谈到课堂被滥用之弊：由于这样的滥用，也由于讲课形式所具有的居高临下的、以教师为中心的本质，这种方式常常被宣布为已经死亡。但是，正由于如此频繁地被宣布死亡，其尸体仍表现出非同寻常的生气。的确，那些倾向于曾经在思想上为其读悼词的人常常会发现自己在以后的某个时刻又在使尸体复活。[❸]

课堂既是竞技场，也是舞台；师生之间既存在暗中的角力，也会出现联袂的表演，这就使得既要达成脆弱的平衡，又要活跃、具批判性和启发性，绝非易事。写作本文，既不是为了标榜我的教学艺术或教学改革，也不是为了炫耀我的教学技术，因为技术的滥用会危害到教学本身。在笔者的试验中，教师和学生都互为主体，而不是客体，双方在一个平等的环境中共同创造课堂的教学效果。教师每年都会老去，而新教师每年都会加入。本文主要是写给像笔者一样的新教师的；以笔者还没有褪色的经验的记忆作向导，支持他们在泥泞中跋涉的脚步。笔者也希冀本文给经验丰富的教师提供一个可以进行批判性思考的

---

[*] 上海交通大学法学院（liuyongpei@gmail.com）。

[❶] 纪伯伦. 纪伯伦的诗 [M]. 林志豪，杜静斐，译. 哈尔滨：哈尔滨出版社，2005：65.

[❷❸] 布鲁克菲尔德. 大学教师的技巧：论课堂教学中的方法、信任和回应 [M]. 周心红，洪宁，译. 杭州：浙江大学出版社，2005：46.

案例，并希望得到他们的反馈和指导。

一、问题

对于初任教师来说，刚开始的几周是令人焦虑不安的，小课如此，大课尤甚。上课的头一天晚上，往往很难睡得安稳，常常为了如何熬过第二天而苦恼。无论你准备了多长时间，都感觉不够。到了上课的时候，时间也把握不好，不是讲不满预定的时间，就是讲不完预定的内容。一个新教师面临的压力是多重的，每一项都相当急迫。而一旦开课以后，教学的压力就是头等的。可以说，一个新教师的第一、第二年都不得不在教学的重压下度过。即使只有一门课程，都常常会让新教师心惮力竭。

从受众来看，法律硕士的特点是，虽然参加了入学考试，有一定的法律知识，但由于没有系统的法学训练，法律基础相对薄弱。在进入法学院以前，他们对知识产权法，尤其是对专利法知之甚少。他们的学科背景也很复杂，文科生和理科生都有，个人的兴趣也大不一样，众口难调。文科生占的比例比较大，而专利法的学习需要一定的理工背景知识的支撑，这样就加大了他们学习专利法的难度。

从课程内容上来看，专利法的技术性相当强。专利法与别的部门法的不同之处在于：程序与实体杂陈，技术与法律交织，国内与国际并重。在同一部专利法中，既要对实体规范，如专利的新颖性、创造性和实用性有比较深的认识，又要对专利申请、复审和无效等程序了然于心。而对这些内容的讲述，又离不开专利审查指南中的庞杂内容。在对一个案例的分析中，既要对专利法熟知，又要对专利所涉及的技术方案有基本的理解，而其中权利要求、说明书中的内容比较抽象，不好理解，常常令没有技术背景的同学如坠云里雾里。另外，由于中国的《专利法》大多是移植外国法律和国际规则，在对中国《专利法》进行讲解时，又要拓展到 PCT、《巴黎公约》、TRIPS 等相关的国际规则，才能使同学们有一个广阔的视野。所以，学生们原本认为"没什么"的专利法，却越上越复杂，越上越难，越上越不像他们所想象的法律。学生们感受到的压力，也就不时地转到了授课教师身上。

二、教学理念及课程设计

传统的课程教学大纲是为以教师或内容为中心的课堂而设计的，它们未能帮助学生理解他们在学习中所扮演的丰富角色。所以，应制订以学习为中心的课程大纲，把教师从一个知识的传播者转向学习的促进者。❶针对前述的问题，笔者提出了专利法教学的理念：互动共享、全程参与、具体直观。师生间的互动是为了建立信任，让教师和学生之间有充分的了解，并把信息通过共享平台发布出去，尤其重要的是要建立一种反馈机制，让同学们方便地表达他们的要求并得到教师迅速的反馈。课前、课中、课后全程管理是为了弥补课时少而内容多的不足，把学习延伸到课堂之外，促进学生的自我学习。"具体直观"是要从内容上稀释专利法的难度，利用多种教学手段来促进学生的学习，在课件的制作和课堂表达上下功夫。

教学进度，除了几堂比较强的理论课，基本上按照中国《专利法》的体系来进行。之所以这样安排，是因为在上了几次理论课后，同学普遍反映太难，要求回到基础。考虑到法律硕士的特点，决定以法条为中心，采用对法条进行法律解释，并辅之以立法史、案例、专利审查指南、与国际条约及外国法的比较等多角度来讲解。经过这种典型的大陆法系的教学，同学们发现，往往一个简单的条文后面隐藏有大量的信息，从而训练他们对法条的敏感，培养他们的法律思辨能力。

三、建立信任

教学为什么对新教师尤其重要？声誉，也就是我们俗话说的口碑，是作为教师这个职业要生存下去的第一个坎。如果这一步挺过去了，可能诞生一个优秀的教师。如果这一关过不了，则对新教师的打击可能是巨大的。新教师如果在早期的教学中受到打击，而没有建立起应有的自信，这种阴影会在其教学生涯中延续好几年，甚至可能会迫使新教师改变职业生涯，只能去做专门的研究工作，或者去做其他与教学研究无关的事情。教学这个基础打好以后，最重要的是可以给新教师以信心，而这一点再怎么强调都不过分。信任因素构成所有有意义的学习的基础；教师与学生之间的互信是把教学关系捆在一起的情感黏合剂。在建立互信的过程中，"教师可信度"和"教师威信"两个因素处于中心位置。❷

新教师最致命的地方，是经验不足。其常会导致过度焦虑、发挥不正常、课堂控制能力差、与学生关系恶化等。但这并不是说，新教师就没有办法挺过

❶ 戴尔蒙德. 课程与课程体系的设计和评价使用指南［M］. 黄小苹，译. 杭州：浙江大学出版社，2006：159.

❷ 布鲁克菲尔德. 大学教师的技巧：论课堂教学中的方法、信任和回应［M］. 周心红，洪宁，译. 杭州：浙江大学出版社，2005.

这一关。只要在意识上高度重视并足够勤勉，就完全可以把劣势变为优势。有几个基本的原则可供借鉴：信任、激情、高度负责、诚实、纪律、时时欣赏并激励学生。大部分新教师有一个巨大的优点，那就是激情。当经验不足的时候，这种热情完全可以弥补其教学经验的不足，而学生也完全乐意理解并支持教师的工作。教师的热情可以激发学生的学习热情，他们可以在教师的身上发现他们自己想要的力量。经验大多是技术层面的，而激情却更多是人格方面的。学生会欣赏教师的人格魅力而对其表现出来的生涩视而不见。

由于刚出校门，新教师与学生常能很容易地打成一片，这非常利于沟通和交流。新教师往往会与他或她的第一届学生成为好朋友。跟学生近距离接触，并不会伤害到一个教师的尊严，相反，可以得到理解学生的第一手资料。在日常的接触中，可以更全面地了解学生的需要，增进友谊、改进教学。根据"自传隐喻"理论，教师要透露自己与教学无关的那些侧面，那些引起你热情、激情和关心的事，让学生感觉他们是在与一个有血有肉的人打交道。学生会对把课外的热情带入课堂的教师表现出偏爱。一旦成功地化解了初期的信任危机，赢得了学生的信任，教师就掌握了课堂的主动权。

有关师生关系的另一基本概念是领导才能。新教师不妨把自己视为"学生王"，去努力充当发动机的角色，不断地激励同学前进。在教学过程中，如果教师有意识地把自己当成学生的小领袖，就可以应用领导理论来重新塑造课堂。尽管模式多种多样，对教学特别有价值的一种是由伯纳德·巴斯提出来的。在此模式中，4 个因素构成了改善领导才能的核心：理想化的感召力、富有激发力的动机、智力上的激励和对个体的关照。

四、课堂中的节奏

新教师的一个问题是，想告诉学生的东西太多。"教师有一个很严重的想把什么都告诉学生的嗜好"❶。新教师在制作课件的过程中，生怕自己有所遗漏，所以想在 PowerPoint 页面上表现的内容过多，这种危险，会把新教师和学生都淹没在文字的海洋中，使双方都感觉很累而且收获并不大。而在这过程中，新教师把自己的主动性降低了。过多过细的展示反而束缚了自由发挥的余地。其实，课堂时间是相当有限的，要想在一两个小时的时间内把自己所知道的都通通兜售出来，这是极其不现实的。以为自己感兴趣的，学生也会感兴趣，这是一个误区。课堂上，教师只能给出一个大概的框架、一个方向、一种

---

❶ 韦默. 以学习者为中心的教学：给教学实践带来的五项关键变化［M］. 洪岗，译. 杭州：浙江大学出版社，2006：57.

方法，并提及一些学生容易忽视但是非常重要的地方，并对难点问题进行解释。"伤其十指，不如断其一指"，与其面面俱到，让学生有种飘忽而过的感觉，还不如就某个关键问题进行透彻的解释，给学生以深刻的印象，让他们在面对其他问题时，也能用学到的方法自己去解决问题。好的做法是，只做一个大纲，在讲授的过程中，循此大纲向前推进。这时，由于在细节上有巨大的空间要填补，就会迫使你进行快速思考，而激发类似战斗的热情。当然，这要与课前的精心准备有关，如果准备不足，就会发生"短路"，影响效果。

由于不间断地听课时，人们的注意力能够集中的平均时间跨度据估计在10~20分钟❶，所以教师可以这样安排时间：每堂课老师先讲30分钟，留10分钟给学生作课堂报告；学生讲完以后，可以用5分钟左右的时间来对该小组的报告作评述，或者对其引申出的问题在全班进行讨论。这样进行时间分配，一方面可以发挥老师讲授的主要功能，另一方面可以发挥学生的主动性。把两个主动性结合起来，就可以形成一个良好的课堂效果。

永远不要拖堂。无论你讲得多么精彩，学生都会认为你不善于控制时间。

五、反馈机制

现代大学的教育，典型情况是这样的：上课铃响，教师走进教室；下课铃响，教师离开教室。学生与教师之间很疏离，教师对教学的结果常常不得而知，只能凭感觉，完成工作量就行。学生也不奢望去打搅老师甚至跟老师作深入的探讨，他们只要得到学分就行。所以，我常常在想，能不能找到一种方法，既简便易行，又能充分利于师生间的沟通和反馈；既对学生形成有效的激励和监督，又避免点名产生的抵触情绪。

如果人数众多，又按传统的方法，则不易实行，效果也不好。如果用电子邮件给每个人都来进行反馈，从时间、精力上都是不可能的，所以需要找到一种反馈的办法，既要让每一个人都看到自己的问题和老师反馈，也能看到其他人的问题和教师反馈。这样的好处是，可以把每一个人都置于他人的前面，每一个人都是信息源，又是信息的接受者，他们自然会重视这种反馈方式。经过试验，统一处理是可行的办法，而 Excel 提供了一个非常好的工具，它不仅在制作表格方面非常方便，还提供了强大的统计功能，可以用来提供学生到课的信息。

我首先制作了一张卡片，上面有如下三个问题：①在今天的课堂上，我学

❶ 布鲁克菲尔德. 大学教师的技巧：论课堂教学中的方法、信任和回应［M］. 周心红，洪宁，译. 杭州：浙江大学出版社，2005：49.

到的最重要的东西是什么？②我心里仍然存在的最大问题是什么？③一句话，我今天对本堂课的最深感受是什么？每次上课的时候，可以在课前把卡片发给学生，在课程结束以后收回。卡片收回后，用 Excel 把问题进行汇总，并对学生提出的问题一一作答。最后，把整张表群发给每一个学生。如果学生有问题，或者教学上有不足，则会及时地又反馈给教师，这样，即使有问题，也会及时发现并得到修正。反复应用一段时间以后，师生间就可以产生默契，形成良性互动。这种反馈和互动，在第一个学期对一个新教师的提高是极其迅速的，可不间断地得到学生的反馈并充分利用好这种反馈来改进教学。这种方法还有利于与学生建立良好的信任关系，从而可以在课堂中顺利推行改革。

六、学生课堂报告

为什么要成立研究小组进行课堂报告？有几个目的：培养自治能力、培养团队精神、培养兴趣、培养口头表达能力、培养发现问题并解决问题的能力。[1] 自主形成的一个个小型集体的努力，可以寻找到众多有价值的论题，而这些论题在时间上是有连续性的，如果同学们再下点功夫，可以扩展成专利法相关的学期论文；如果再深入研究，甚至可以拓展成硕士论文。学生组成小组以后，还要作指导。为了保证课堂报告的质量，笔者要求学生在课下先进行讨论，待他们的研究有一定结果以后，再最后跟笔者讨论一次，然后才能够到课堂上作报告。这一次与学生的面对面讨论相当重要，可以让学生领略到小班教学的魅力。在人数多的班上，这种小组讨论可以弥补上课讨论不足的缺陷。对每个小组，笔者都会跟他们就选定的主题讨论 3 小时左右，要对其观点、材料来源、模糊点、演示文稿的制作、课堂报告的形式等充分讨论。如果学生的主题不符合要求，就得换其他题目重新开始。

小组研究有几个优点。首先，小组研究可以成为课堂教学的有效延伸。虽然上课是掌握高校课程内容的必要条件，但大多数的学习成果是在课外获得的。[2] 任何课程的教学时数都是稀缺的，课堂上的信息量不可能足够大，关键是要教给学生学习的方法，而这种方法就是自主学习。通过课堂报告小组，可以激发学生的自律和主动精神。实践证明，虽然每个小组的知识水平各不相同，但都会尽最大的努力来完成其研究并展示给大家。其次，小组研究还可以作为案例教学的补充。因为在课堂上，要花相当的时间来讲述原理性的内容，

---

[1] 关于学习小组的更多细节参见：韦默. 以学习者为中心的教学：给教学实践带来的五项关键变化 [M]. 洪岗，译. 杭州：浙江大学出版社，2006：149.

[2] 罗曼. 掌握教学技巧 [M]. 2 版. 洪明，译. 杭州：浙江大学出版社，2006：138.

不可能花太多的时间在案例上，而且研究案例也比较耗时。可以通过研究小组的形式，让小组做典型的案例研究，在课堂上报告出来与大家分享，从而可以开拓学生的视野。一个学期上完以后，最后一节课，我请学生对专利法课程作一个小结：学生们谈得最多、觉得收获最大的也是课堂报告。学生们的反馈意见多种多样，大体有以下几类：①认为增进了团队精神的；②认为提高了表达能力的；③认为提高了研究能力的；④认为提高了上课质量的；⑤认为是一种教学试验的。这些意见对于将来课程的开设、管理都是很有教益的。

七、学生自我评价机制

通常，在传统的教学活动中，是以教师为中心的，而对学生的评价也完全由教师作出。这种方法的好处是简便易行，缺点是把学生对象化了。如果换个角度，把学生引入评价体系，让他们自己对自己的群体作出评价，就可以增进学生的参与意识。

让学生们在互相评价的过程中进一步提高自我评价的能力，这能让他们学会怎样进行判断并帮助他们获得自信，尤其是当他们有证据支持自己的观点时。提出批评的能力有助于他们学会怎样接受他人的批评。他们可以从他人的角度来看待问题的严重性。当看到别人如何努力地使其反馈意见重点突出、清晰易懂时，他们就能意识到哪种反馈意见是最有帮助的。❶

所以，笔者在课堂报告环节中引入了学生评委。学生一旦参与到课堂的创造过程中，就会更积极主动，更集中注意于同学的报告，并能从同学的报告中学到更多。另一方面，引入学生评委可以使学生的课堂报告得到更为客观的评价。而让教师的评价占一定比例，又可以部分纠正学生评价中的某些偏见，更为合理。

为了保证公正，学生评委要随机抽取，而每个学生都有至少一次的机会充当评委。学生作为评委，可以增进他们自己对课堂的参与积极性；还因为评委就在同学中间，就有一种"功率放大器"的作用，如果以一个评委可以影响3个同学来计算，则他们每次可以影响40个左右的同学，这样的一个网络关系会产生积极的效果。每次课程结束以后，评价表要当场收回并进行统计。按照评分规则把成绩算出来以后，就可以当天发给全班所有同学。当周做报告的同学可以看到自己的长处和弱点，可以看到别的同学对自己的表扬和批评，从而在将来作进一步的改进。还没有做报告的同学，可以从该周做报告的同学处得

---

❶ 韦默. 以学习者为中心的教学：给教学实践带来的五项关键变化［M］. 洪岗，译. 杭州：浙江大学出版社，2006：90.

到启发等，并激发他们自己做得更好。

八、危机管理

在与学生的关系中，在两种情况下会出现危机：一种是在课堂上，当学生中出现不同的声音，而这种声音不合理的时候；另一种情况，是当学生作弊的时候。在此两种情况下，都要对学生说"不"。这需要勇气。

一旦把重心从教师身上移开，改变成以学习者为中心，虽然说起来、听起来或者看起来都很美，但实际上这种方式的转变对学生和教师的压力都同时增加了。刚开始的时候并不会一帆风顺，学生可能不会像教师所期待的那样欢欣鼓舞地接受，而更可能会表现出抵触情绪。

出现抵触行为并不是以学习者为中心的教学法正确实施后没有成效。大量的文献和我们自身的经验都证明这种方法是有效的。问题在于，虽然这种预期的效果和作用是真实的，但它们不会立刻实现也不会自动实现。从一年级开始，学生就习惯于老师告诉他们每一件他们想知道的事情；一旦老师的这种帮助没有了，学生当然不会喜欢了。❶

在一个大的课堂上，有时学生会表现出不满。理由多种多样，比如不满你的课程设计，或者不满你给了他们过大的压力，或者觉得得到的成绩不公平，或者觉得你讲的课难以接受等。这时小的危机就出现了，如果处理得不好，就会蔓延开来，不可收拾。如果出现这种情况，教师就要抱一种积极的心态，"一切问题都是好问题"，把问题当作机会来处理，积极寻求解决或者改进。一般情况下，双方都会达成共识。但如果学生提出无理的要求，教师就要及时进行制止。要爱护学生，但是不能讨好学生。学生有自己的利益，有些是对的，但有些就要坚决反对。有些学生希望课程不要太难，而又要有好的成绩：花的时间要少，花的力气要小，得到的成绩要高，一句话，价廉物美。这怎么可能呢？我曾经在课堂上对全体同学说：

"我相信我们会成为好朋友，但有时你们却是我的敌人，我要跟你们身上的怠惰、不良习惯作不懈的斗争。我相信你们是优秀的法律人，我们之间出现任何问题，你们都要以法律人的方式来思考，要按法律人的程序来行事。课堂不是市场，而是探求真知的地方，我绝不允许我的课堂成为涣散之地。"

---

❶ 韦默. 以学习者为中心的教学：给教学实践带来的五项关键变化［M］. 洪岗，译. 杭州：浙江大学出版社，2006：102.

九、余论

即使教学质量只提高 10%，也会给整个社会带来巨大的影响，而教学质量的提高离不开优秀的教师。据研究，优秀教师有 300 多条不同的特征，但可以浓缩为 6 条：对工作饱含热情、知道该教什么和如何教以及如何提高自己、擅长创造活跃的课堂气氛、擅长与学生交流、能激励学生挖掘出自身的潜力、教学效果十分理想。❶虽然这些标准对一个新教师而言有些可望而不可及，但通过不断的学习，是可以逼近的。对新教师而言，要直面问题和困境，不回避，不畏难，以诚实的态度面对。由于个体差异，每个人都有自己独特的教学个性，有适合于自己的教学理念。制定了教学目标后，就必须要有相应的技术来作支撑。但即使你头脑中充满了种种教学理论且做了各种精心准备，当你走进教室的时候，仍然常常会感觉到自己像一叶孤舟航行在大海上那样无助，那样面临各种不确定性，一切想象和概念都化为乌有，剩下的只有混沌状态。这种如履薄冰、如临深渊的感觉让我们对讲台心存敬畏。完美是不存在的，也是不可能的。这种想法激励我们在心底发起一次又一次的冲锋，用激情之剑来穿透我们从讲台上下来之后所蒙上的挫败感。在课堂这个竞技场上，既是适者生存，也是勇者生存，最重要的是，要听从内心的呼唤，信自己。

---

❶ 史蒂芬森. 非常教师：优质教学的精髓 [M]. 周渝毅，李云，译. 北京：中国轻工业出版社，2002：7-25.

知识产权管理：一门课程的建构

袁真富[*]

一、知识产权管理的探索发展

（一）混乱的草创时期

"知识产权两张皮，一张是法律，一张是管理。知识产权不仅仅是法律问题，可能进一步表现为管理问题和经营问题。"[❶] 随着知识产权管理的理念逐渐被人接受并受到推崇，现在知识产权管理已经成为热门的话题。在汗牛充栋的报刊论著和网络文献中，"知识产权管理"频频亮相，很多人都在对其谈论着。

但是，知识产权管理到底是什么？对于这个新的事物（知识产权领域总是不断地在制造新的东西，因此是最为活跃的研究领域之一），人们喜欢追问它的意义。

大家各有看法，但很少有人系统性地给出一个框架。知识产权管理的定位在哪里？知识产权管理的角度在哪里？知识产权管理的内容在哪里？知识产权管理的目标在哪里？凡此种种。

专注于细节的知识产权管理人员，可能觉得这些问题似乎无用，甚至无聊，但它却决定了知识产权管理的研究取向、发展方向、结构体系和知识谱系。

由于知识产权管理的内涵没有弄清楚，现在市面上一些标榜"知识产权管理"或类似名称的著作，把知识产权管理变成了知识产权基本法律知识的介绍或者传统知识产权法律著作的一块"金字"招牌。

2005 年 2 月底，在上海大学召开的"中国知识产权人才培养研讨会"上，笔者在会议论文以及发言中，批评市面上一些挂着"管理""管理实务""攻略""战略"之类的貌似知识产权经营管理或法律实务的著作（甚至教材）多

---

* 上海大学知识产权学院讲师，社会学博士，主要从事知识产权管理、知识产权公共政策与商业标志法的教学研究与咨询培训。

❶ 语出上海大学知识产权学院陶鑫良教授，他多次提到并阐述这种观点。

半是挂着管理的"羊头"而卖着法律的"狗肉"。❶ 遗憾的是，由于知识产权管理越来越火，如今挂着管理的"羊头"而卖着法律的"狗肉"的知识产权著作不但没有减少的趋势，反而如雨后春笋般不断地涌现出来。

它们在炒作概念、兜售概念的同时，把"知识产权管理"的真谛抛弃在一边，把一个优秀的知识产权理念扔进拙劣的框架和乏味的内容中。这不仅伤害到知识产权管理的学术研究，而且对于知识产权管理的指导也有害无益。

这可能是任何事物在发展初期都必然遭遇的混乱与迷茫。幸好，这混乱的背后，我们还有真正的探索者。目前我国出版的一些著作，比如戚昌文、邵洋等编著的《市场竞争与专利战略》，冯晓青著的《企业知识产权战略》，王晋刚、张铁军合著的《专利化生存》，周延鹏著的《虎与狐的智慧力》，朱雪忠主编的《企业知识产权管理》等（见识有限，恕不能一一列明），已经体现了很多知识产权管理方面的内容，而不是简单地复述知识产权的概念、特征和内容。而从国外引进的一些著作，比如《尘封的商业宝藏——启用商战新的秘密武器：专利权》《董事会里的爱迪生——智力资产获利管理方法》等优秀的著作，更以富于吸引力的方式，阐释了知识产权管理，尤其是企业专利管理的理念和方法。

（二）个人的初步探索

笔者真正系统地研究知识产权管理，时间也并不久远。2004 年 8 月，在学院知识产权学科会议上，陶鑫良教授倡导开设面向知识产权实务的课程，让法律制度和法律实践结合起来。作为知识产权课程改革的一部分，"知识产权经营管理"课程摆上了议事日程。可能是初生牛犊不怕虎，笔者一口应承下来，担负起知识产权经营管理的课程设计和教学尝试。

笔者之所以选择知识产权经营管理，可能是因其暗合笔者几年来对知识产权管理断续的兴趣。在 2000 年尚读大学本科时，发表的几篇知识产权文章，多半与知识产权管理的主题有关。不过，那时还没有形成"知识产权管理"的理念，笔者也是无意识地在写作这类主题。

从 2005 年 3 月到 2009 年 5 月，知识产权经营管理课程已经在上海大学知识产权学院（法学院）给本科生讲授了 6 次（同时给研究生讲授了一门企业知识产权战略与策略），课程的结构与内容根据新近的研究积累，几易其稿，可以说进行了翻天覆地的调整与更新。不过，对于知识产权管理的内容和体

---

❶ 袁真富. 知识产权教育：法学传统与管理思维［M］//陶鑫良. 中国知识产权人才培养研究. 上海：上海大学出版社，2006：236-247.

系，仍然在探索和建构之中，也许仍然处于幼稚的程度。

在这期间，笔者作为负责人承担的一系列小课题，都与知识产权管理直接相关，包括上海市教委项目"知识产权经营中的策略与风险管理"、上海大学优秀青年教师后备人选科研项目"知识产权战略管理"、上海大学法学院院长基金项目"知识产权管理学"、中国船舶重工集团公司第七一一研究所委托项目"专利战略研究"、上海市法学会项目"中国企业海外知识产权法律风险的对策研究"等。这些研究资助为笔者持续关注知识产权管理提供了一些物质保障基础。

关于知识产权管理课程教学和相关课题研究的成果，笔者近两年出版了《商标战略管理》《专利经营管理》两本知识产权管理方面的著作。尽管对于知识产权管理的研究比较浅薄，甚至存在偏见和谬误，但笔者还是想把自己在知识产权管理教学研究过程中的一些不太成熟的见识、经验和体会讲述出来。把知识产权管理建设为一门成熟的课程，甚至是一门相对独立的学科，❶ 需要许多人共同的不懈努力，也许才能达成基本的共识，获得学界的认可。目前，越来越多的高校正在或准备开设知识产权管理的课程，因此，越来越多的人加入知识产权管理的教学与研究中，这自然会大力促进知识产权管理的教学研究。笔者期待本文能够对同行或读者，有所观照，有所启迪，哪怕是作为反面教材也算是贡献吧。

二、知识产权管理的内容观察

（一）面向企业的知识产权管理

尽管知识产权在中国煞是热闹，地位日益提升，但对于知识产权的认识，仍然有些"政府热、企业冷，上层热、基层冷"的局面。有的企业甚至不了解知识产权为何物。我国多数企业之所以无视知识产权、漠视知识产权、轻视知识产权，没有把知识产权提升到与资本、人力资源等相提并论的重要地位上来，其中的原因当然有很多。但笔者认为，企业没有认识到知识产权与经营管理相结合可以产生巨大的竞争力和丰厚的回报，或者虽有这种认识，但不知如何结合运用的状态，至少是各种原因中的一个重要的方面。

因此，尽管知识产权管理可以宏大叙事，从国家战略的角度纵横开来，从行政执法的角度拓展开来，但笔者所倡导的知识产权管理，是面向企业管理的

---

❶　有学者认为，建立知识产权管理学科意义重大，并认为"知识产权管理学，是一门以知识产权各方面关系的宏观调控和微观操作为研究对象，系统协调知识产权各种关系和矛盾的知识"。参见：朱清平. 知识产权管理学科初探［J］. 发明与创新，2003（4）：37－38.

法律实践，是一种指导发展思路、关注操作细节、重视实证研究、善于案例解读的中微观研究。期待围绕知识产权的体制建设、信息分析、经营策略、风险管理和战略规划，探讨如何通过知识产权增强企业技术能力，防御企业侵权风险，坚固企业的利润根基，增强企业的竞争能力，从而通过加强知识产权的经营管理，促进知识产权的转化实施，使知识产权真正成为"浇在智慧火花上的利益之油"，源源不断地激发自主创新、原始创新的潜力、动力和活力。

笔者研究的知识产权管理，如果要提升"重大意义"的话，可以概括为：辅助我国企业跨越知识产权发展的传统模式，培育知识产权发展的战略思维，从知识产权保护的传统观念转向知识产权经营的现代理念，从知识产权的侵权防御阶段提升到知识产权的战略规划层次，尤其要把知识产权从法律资产的桎梏中解放，释放出商业资产的活力，进而发展到策略资产的境界。

（二）知识产权管理的观察视角

面向企业的知识产权管理，可以多重视角或多个层次切入进去。当然，不同的视角或层次，可能在某些方面存在交叉或重合，但由于视角或重点的不同，反而可以让大家更加全面深入地了解知识产权管理的内涵。图1是一些面向知识产权管理的常见的观察视角。

图1　知识产权管理的观察视角

1. 组织面

组织面主要从组织建设的角度研究企业的知识产权管理，比如，企业内部知识产权管理机构的定位、组织体系的架构、管理机构的职能以及管理人员的专业背景与知识结构等。

2. 制度面

制度面主要从制度建设的角度研究企业的知识产权管理，比如，企业知识产权管理具体制度的设计、知识产权制度体系的建设以及相配套的一些操作规则和程序等。

3. 员工面

员工面主要从员工管理的角度研究企业的知识产权管理，比如，企业与员工之间保密协议的设计、企业与员工之间知识产权归属的处理、对员工发明创新的激励机制、面向员工的知识产权培训等。

4. 信息面

信息面主要从信息管理的角度研究企业的知识产权管理，比如，专利信息的检索利用、专利地图的制作分析、商业秘密的档案管理、知识产权的资讯安全等。

5. 流程面

流程面主要从流程管理的角度研究企业的知识产权管理，比如，从研发设计、权利获取，到经营利用、侵权防御等流程，研究专利管理；从商标设计、商标注册，到商标使用、商标续展等流程，研究注册商标的管理等。

6. 策略面

策略面主要从策略运用的角度研究企业的知识产权管理，比如，专利回避设计的策略、专利布局的策略、商标注册申请的策略、知识产权许可的策略、知识产权诉讼的策略等。

7. 风险面

风险面主要从风险控制的角度，研究企业的知识产权管理，比如，如何防止研发创新的知识产权风险、如何规避商标退化风险、如何处理知识产权侵权危机、如何控制商业秘密的泄露风险等。

8. 经营面

经营面主要从经营利用的角度研究企业的知识产权管理，比如，如何从事知识产权的许可、如何透过知识产权融通资金、如何在企业并购中开展专利的尽职调查等。

9. 行业面

行业面主要从行业合作的角度研究企业的知识产权管理，比如，如何建立同业知识产权战略联盟、如何处理行业性的知识产权争议或危机等。

三、知识背景：法律与管理的结合

正如我国台湾地区"政治大学智慧财产研究所"在其网站所宣示的："智慧财产❶为一整合性高的学门，至少牵涉科技、管理、法律三个重要领域，所

---

❶ 知识产权在我国台湾地区多称为"智慧财产权"，而"智慧财产"即受"智慧财产权"（知识产权）所保护的财产对象。

涉及的问题极为广泛与复杂，除专利、商标、著作权、营业秘密、半导体电路布局、公平交易等法律问题外，尚涉及电子商务、生物科技、光电、通信、资讯、电子、航太、医药等研发成果之商品化（技术移转）与智慧财产之行销、计价、经营、管理策略与授权协商及创业投资等问题……智慧财产是结合了商业管理、法律规范与科技创新三方面的一个整合而专业的领域，所含括的各项专业如图2所示，而这些亦是课程规划的重点。"

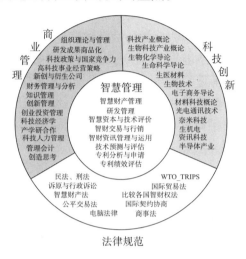

图2 "台湾政治大学智慧财产研究所"课程规划的重点

毫无疑问，作为知识产权领域的一个重要分支，知识产权管理是一个知识整合的交叉学科。当然，囿于不同的专业背景、不同的研究视角，对于知识产权管理的知识整合与学科支撑，研究者的理解并不一致。比如，科技背景出身的人，也许非常强调科技知识与知识产权的整合与互动。在笔者的研究视野里，知识产权管理需要但不限于下列学科知识：

比如，专利信息的分析与专利地图的绘制，需要运用情报学的方法；商业秘密的文件管理，需要借助档案学的知识；知识产权战略的规划，需要依赖企业战

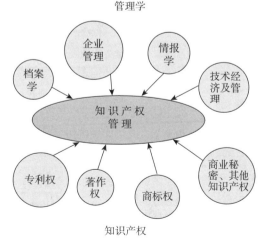

图3 知识产权管理的知识整合

略管理的思路。诸如此类，不胜枚举（见图3）。

不过，在知识产权与管理学的知识整合中，笔者仍然强调"法律为体，管理为用"。知识产权的管理思路很大程度上是建构在法学分析的基础之上。如果没有知识产权法律知识的背景，很难进行知识产权经营管理的运用，特别是难以开展知识产权细节上的管理活动。

四、知识产权管理结构化的进路

知识产权管理作为一门课程或学科，当然没有固化的结构形式，但优秀或者适宜的结构可以包容更加丰富的知识内容，提供更加独特的研究进路。目前，在笔者目力所及的有限范围内，有一些优秀著作呈现了比较成熟的结构体系。下面结合已有的研究成果以及个人的经验体会，简要介绍知识产权管理的一些体系结构，以对后续研究者有所参考或借鉴。

（一）价值阶层式

1994 年 10 月，Thomas A. Stewart 在《财富》（Fortune）杂志发表了一篇有关知识资产的文章，讨论其对于企业的价值。随后，一个被称为"知识资产管理群"（Intellectual Capital Management Group，ICMG）的组织成立。ICMG 的主要目的就是希望能发展出一套有效管理企业知识资产的系统。结果整理出一套能有效管理企业知识资产发展的应用模式，并称为"价值阶层"（Value Hierarchy）理论，其内容是将企业知识资产管理系统分为 5 个阶段，如图4 所示。

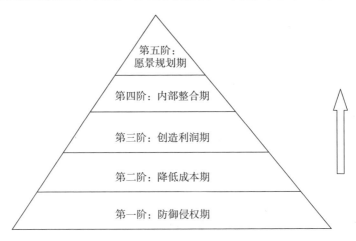

图4　企业知识资产管理的价值阶层

第一阶段为防御侵权期（Defense），主要以发展专利数量为任务，防止陷入侵权困境；

第二阶段为降低成本期（Cost Down），期待以有限的经济资源，获得数量更多、质量更高的知识产权；

第三阶段为创造利润期（Profit Making），透过授权利用等渠道，实现知识产权的商业价值；

第四阶段为内部整合期（Integration），透过知识产权协助公司发展策略的定位，及将知识产权作为商业谈判时的有力工具等；

第五阶段为愿景规划期（Vision），发挥知识产权的作用，创造、扩散其领导技术发展、协助产业调整、创造市场空间的战略影响。

价值阶层就像一个金字塔，每一层都代表着一个不同的预期值，这个预期值是企业希望知识产权对企业目标作出的贡献。关于价值阶层的5个层次及其定位、任务和行动，被系统地记录在《董事会里的爱迪生》（*Edison in the Boardroom*）❶一书中。对于企业知识产权管理的战略思维与发展思路，价值阶层将提供一个全新的视角或理念。

如果将ICMG的价值阶层浓缩一下，则可以勾勒出知识产权保护、知识产权经营、知识产权战略3个发展模式（见图5）：保护主要从知识产权风险预防的角度，经营主要从知识产权价值创造的角度，战略主要从知识产权长远规划的角度，来阐述知识产权管理的内容。

图5　企业知识产权发展模式

（二）主题类聚式

众所周知，经过几百年的演进，知识产权的类型日益丰富，但专利权、商标权、著作权和商业秘密权是其中最为核心的权利。由于这些不同类型的知识产权各具特色，各有个性，很多知识产权管理类著作，就是按类型分别展开其中的管理内容的（见图6）。冯晓青教授的《企业知识产权战略》❷很大程度上采用了这种叙事方式，该书第二版的结构如下：

第一篇　导论

---

❶ 戴维斯，哈里森. 董事会里的爱迪生：智力资产获利管理方法［M］. 江林，等，译. 北京：机械工业出版社，2003.

❷ 冯晓青. 企业知识产权战略［M］. 2版. 北京：知识产权出版社，2005.

第二篇　企业专利战略及其运用

第三篇　企业商标战略及其运用

第四篇　企业商业秘密保护战略

第五篇　企业知识产权资本运营战略

第六篇　企业知识产权控制与管理

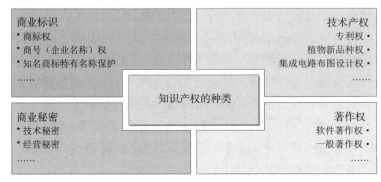

图6　知识产权的种类

另一种主题类聚式的叙事风格，则是从产业链上的环节或细节入手，然后围绕其中的问题，层层剥开各种可能的知识产权管理问题。比如，对于音乐版权的管理，上海大学的蒋凯博士将其解剖为各种细节，比如音乐著作权协会、表演者、唱片（CD）版权贸易、唱片（CD）反盗版、网络音乐、接听者听到的铃声、回铃音（彩铃）、影像插曲、唱片宣传等，然后分别探讨其中可能发生的版权实务问题。

（三）流程管理式

流程管理的叙事结构是许多知识产权管理类著作常用的研究进路。一般而言，知识产权管理自研发设计阶段开始，大体上历经权利获取阶段、产业经营阶段、授权许可阶段，直至争议处理或诉讼攻防阶段。笔者与苏和秦律师合著的《商标战略管理——公司品牌的法务支持》❶大体遵循这种叙事模式，其结构如下：

第1章　品牌竞争中的商标战略管理

第2章　商标选择的知识产权风险

第3章　商标注册规划：封锁与突围

第4章　品牌传播中的商标管理

❶ 袁真富，苏和秦. 商标战略管理：公司品牌的法务支持［M］. 北京：知识产权出版社，2007.

第 5 章　整合公司经营的商标战略

第 6 章　商标保护的法律行动

第 7 章　强化商标战略管理的执行

当然，还有其他可资借鉴的研究进路，比如周延鹏先生从智慧财产的智慧资本化、产业结构化及资讯网络化等角度，开启了智慧资源规划的金钥匙，❶这里不再作介绍。

（四）笔者的课程进路

笔者对于知识产权管理课程的研究进路，可谓几易其稿，变动不居，到现在为止，也还没有找出最为满意的叙事结构。表 1 只是演示了 4 次课程讲义的结构变迁。笔者还探索了一些其他变形的结构，兹不详列。从表中可以看到，第一版讲义与第四版讲义总体框架变革巨大，而在内容上，因为占有和阅读了更多的资料，所以增加或革新了将近 80% 的内容。

表 1　"知识产权管理"课程的结构变迁

知识产权管理讲义第一版结构（2005 年 3 月）	知识产权管理讲义第二版结构（2006 年 3 月）	知识产权管理讲义第三版结构（2007 年 3 月）	知识产权管理讲义第四版结构（2009 年 3 月）
绪论 第一编　知识产权经营管理的认知 第 1 章　知识产权的价值观察 第 2 章　知识产权管理的发展过程 第 3 章　知识产权管理的意义	绪论　知识产权：一门管理的艺术 第 1 章　知识产权管理：印象 第 2 章　知识产权的目标规划 第 3 章　知识产权的组织架构 第 4 章　知识产权与资讯管理	第一编　知识产权管理绪论 第 1 章　知识产权管理：法律实践的艺术 第 2 章　知识产权：从权利到工具 第 3 章　知识产权管理的观念改造 第 4 章　知识产权管理的战略目标	第一编　知识产权管理导论 第 1 章　重塑对待知识产权的观念 第 2 章　揭开知识产权管理的面纱 第二编　知识产权形成管理 第 3 章　技术研发与专利管理 第 4 章　品牌建设与商标管理

❶ 周延鹏. 虎与狐的智慧力：智慧资源规划 9 把金钥［M］. 台北：天下远见出版股份有限公司，2006.

续表

知识产权管理讲义第一版结构（2005年3月）	知识产权管理讲义第二版结构（2006年3月）	知识产权管理讲义第三版结构（2007年3月）	知识产权管理讲义第四版结构（2009年3月）
第二编　知识产权经营管理的机制 第4章　知识产权的目标管理 第5章　知识产权的管理组织 第6章　知识产权与信息管理 第7章　知识产权与员工管理 第三编　知识产权经营管理的运作 第8章　知识产权的开发设计 第9章　知识产权的规划布局 第10章　知识产权的权利维持 第11章　知识产权的市场应用 第12章　知识产权的诉讼攻防	第5章　知识产权与员工关系 第6章　知识产权的布局设计 第7章　知识产权的申请规划 第8章　知识产权的市场行销 第9章　知识产权的诉讼攻防 第10章　知识产权的合纵连横	第二编　知识产权经营管理 第5章　知识产权经营的成本控制 第6章　知识产权的稽核评估 第7章　知识产权经营的途径与选择 第8章　知识产权的许可管理 第三编　知识产权战略管理 第9章　面向研发设计的知识产权战略 第10章　知识产权获取中的策略运用 第11章　整合公司经营的知识产权战略 第12章　公司愿景中的知识产权规划 第四编　知识产权风险管理 第13章　知识产权流程管理中的风险控制 第14章　知识产权调查：避免风险的手段 第15章　知识产权信息风险：以商业秘密为中心 第16章　知识产权诉讼中的风险管理 第五编　知识产权管理机制 第17章　知识产权的组织建设 第18章　知识产权的制度建设 第19章　知识产权的信息管理 第20章　知识产权的员工管理	第5章　信息安全与商业秘密 第三编　知识产权经营管理 第6章　知识产权价值的挖掘利用 第7章　知识产权经营的成本控制 第8章　知识产权营销的市场策略 第9章　知识产权交易的合同管理 第四编　知识产权风险管理 第10章　知识产权利用的风险控制 第11章　知识产权交易的风险调查 第12章　知识产权侵权的风险回避 第13章　知识产权诉讼的风险管理 第五编　知识产权战略管理 第14章　知识产权的战略分析概要 第15章　企业层面的知识产权战略 第16章　业务层面的知识产权战略 第六编　知识产权管理体制 第17章　知识产权管理组织的建设 第18章　知识产权管理制度的规范

总体来看，第一、二版讲义结构都覆盖了以下主题：①体制建设，主要包括企业知识产权管理组织、管理制度、员工关系、信息机制、流程管理等内容。②经营策略，主要包括企业围绕知识产权的开发、取得、应用和保护，在法律框架下所运用的对策、谋略和技巧。③风险管理，主要包括企业在知识产权开发、取得、应用和保护等方面，如何预测、评估和避免可能遭遇的法律风险。

而第三、第四版讲义仿佛制造了一个巨型结构，突出了经营管理、战略管理、风险管理以及形成管理等几个重要的维度，同时在开篇把知识产权管理提升到思想与理论的高度，又在结束时整理了知识产权的内部管理机制。显然，这个结构也导致了内容上的冲突，很多问题可以多个侧面观察，因此，如何协调结构与内容的呼应就立即变成一个问题。笔者现在主要以第四版结构为基准，期望创造性地综合已有研究结构和研究进路，根据"重点突出，视角多维"的原则协调、取舍结构与内容上的交叉叠合。

五、知识产权管理的教材风格

（一）知识产权管理教材的内在风格

知识产权管理作为一门课程，需要配套一本合适的教材。近年来，有关知识产权管理的著作逐渐面市，其中一些不乏是教材的体例。然而，正如笔者在《知识产权教育：法学传统与管理思维》❶ 一文中所批评的（包括本文的批评都是对事不对人，特此声明，请勿对号入座），一些知识产权管理著作存在比较明显的缺陷，典型的可以归纳为两种类型：

1. 知识产权"假"管理

这种著作其实是"法学教材型"或"知识普及型"，往往挂着管理的"羊头"，卖着法律的"狗肉"。有的号称知识产权管理的著作，却连一些涉及知识产权管理的核心术语，比如专利稽核、专利筛选、专利地图等类似的词语，都找不到。

笔者并不反对在知识产权管理中涉及知识产权法律知识，但知识产权管理的使命不是重述法律知识，而是把法律知识运用到企业管理中去。比如，对待"知识产权的地域性"，在法学教材上，我们多是作为知识产权的特征来阐述；但在知识产权管理中，我们应该从全球化的知识产权布局或者抓住海外剩余市

---

❶ 袁真富. 知识产权教育：法学传统与管理思维［M］//陶鑫良. 中国知识产权人才培养研究. 上海：上海大学出版社，2006：236－247.

场（指在知识产权人未获得权利的市场，从事相关产品或技术的制造、使用等）的角度来讨论。

2. 知识产权"空"管理

这种著作充斥着"伟大的空话""正确的废话"，对知识产权管理的概念、类型、特征、功能、意义、原则、要求、体系之类的问题，浓墨重彩，滔滔不绝，但往往"空对空"，不知所云，不得要领。读者阅毕难有收获，难有启发。

笔者并不反对理论阐述，但理论必须观照现实，指导实践。特别是对于知识产权管理这门面向企业、面向实务、面向细节的课程，如果上不着天，下不着地，恐怕其存在的合理性值得怀疑。与其高谈知识产权管理的功能、原则等脱离实践、缺乏实证的理论，不如告诉读者如何记录研发日志、如何辨明专利许可条款的风险等具体知识和现实经验。考虑到国内许多教材（不限于知识产权）总是纠缠概念、特征、意义等问题，而忘记了教材所应承载的"学以致用""授人以渔"的使命，笔者这种有些功利性的主张，或许更应值得重视。

总之，知识产权管理既要基于知识产权法律知识之上，又要摆脱知识产权的法律思维。这门课程的教学研究人员，应当像管理学家一样思考知识产权，从企业的角度，考虑如何获得知识产权，如何经营知识产权，如何保护知识产权，如何透过知识产权为企业赚取经济利益，为企业赢得竞争优势等。

（二）知识产权管理教材的外在风格

1. 知识产权管理教材的现状批评

笔者认为，教材的优劣好坏，不仅要看其内容，也要观其形式。毫不讳言地讲，目前中国的绝大多数知识产权教材都不讲究形式的包装与设计（甚至整个法学领域的教材几乎都是如此），以致大多落入窠臼，形式陈旧，缺乏创新，没有情趣。包括笔者自己曾经参与编著的教材，也同样存在这个问题。归纳起来，目前多数教材（包括知识产权管理教材）都存在下面这种状况：

（1）从表达形式上看，文字拥堵、面目可憎。全书都是密密麻麻的文字，很少有图表的设计和留白的处理，让读者看得疲惫不堪，昏昏欲睡。

（2）从内容阐述上看，概念交错，语言乏味。开篇甚至通篇都是概念特征，内容缺乏生活气息和知识乐趣，仿佛与现实生活没有关系。

（3）从结构布局上看，千篇一律，缺乏创新。教材大多保持结构一致，最多稍有微调，数十年不变，而这样的结构又难以容纳最新的知识和实践的需要。

（4）从案例选择上看，生搬硬套，单调枯燥。很多教材选择的案例不典型，纯粹是为了说明某个知识点，缺乏故事性和吸引力。

（5）从语言叙述上看，一本正经，繁冗啰唆。很多教材不择重点，空话连篇，只需要一句话讲明白的，非要讲一段，显得有些啰唆。

2. 知识产权管理教材的写作元素

教材一定是呆板无趣，面目可憎的吗？不是。我们可以发现，从国外引进的一些管理学或经济学教材，其实是非常生动有趣的。当然，这需要深厚的知识功底和非凡的文字功力，也需要精心的内容安排。不过，向来崇尚"形式主义"的笔者也坚信，如果具有良好的形式包装，教材会更加具有吸引力。

如果在知识产权管理的教材中，添加一些写作元素，丰富教材的表现形式，也许能取得事半功倍的效果。笔者经常向同行提倡，假若采用以下（但不限于以下）写作元素，完全可以增强知识产权管理教材的阅读效果和视觉体验：

（1）阅读提示：在教材每一章的开篇，以简短的语句，提示出本章的内容精要，让读者一目了然。

（2）开篇案例：撷取与本章内容相关度较高的典型案例，置于开篇，引出本章的核心命题，当然这种案例最好具有趣味性或故事性。

（3）管理提示：将重要的内容归纳为简洁明了的语句，在正文中间以加框等方式表现出来，提醒读者注意。

（4）案例阅读：针对比较重要的观点或内容，插入一些案例，让读者进行延伸性阅读。

（5）资料链接：提出与正文主题相关的话题，让读者了解更多的信息。

（6）背景知识：对比较重要或者必须交代的法律等知识，通过专栏的方式阐述。

（7）名言警句：选择刊登一些知识产权专家或管理人员的有关知识产权管理的精辟言论，以起到画龙点睛的作用。

（8）图表搭配：适当地根据正文内容，搭配示意图、流程图、照片、漫画、表格等，以加深读者的印象或理解。

上述一些写作元素，表面上是一种形式上的东西，但真正要运用到得心应手、恰到好处，而不花里胡哨、喧宾夺主，需要很深的功力，也需要很多的心思。

撰写一本兼具内容与形式的知识产权管理教材，一直是笔者的愿望。在已经出版的《商标战略管理》《专利经营管理》的基础上，笔者也正在尝试创作

《知识产权管理：战略与风险》，希望能够接近自己理想的境界，期待透过某种通俗的方式，采取某种叙事的风格，通过专注于案例、着眼于细节、洞察于深度，来表达知识产权的知识，并呈现知识产权的力量，使之从那些芜杂而僵硬的法条中解放出来，从某些枯燥且粗浅的教材中活泼起来，变成易于亲近、便于运用的法律工具和管理指南。本文的观点、主张，包括批评，更多的是对自己的一种反思、警醒和激励。笔者深切地期待从更多的同行和读者那里获得指正和建议。

高校急需加强知识产权管理人才的培养

赵　莉* 柴　颖**

21 世纪是知识经济的时代，知识推动经济，促进发展。知识的创造和应用将决定整个世界的发展方向。高校作为知识成果的主要生产地，逐渐被推向经济社会的中心。因此，有效开发、及时保护、合理利用知识产权，高校须先行。其中，知识产权管理尤为重要，它不仅贯穿于学校科研管理的各个环节，而且对学校的建设和发展有导向性作用。管理也是生产力；管理水平是决定知识产权管理制度发展的一个指标。知识产权管理人才在其中扮演的是一个至关重要、统筹全局的角色。然而由于我国高校知识产权管理人才的缺乏和管理的不规范，高校的知识产权流失现象比较严重。因此，进一步提高高校知识产权的保护意识，加强知识产权管理人才的培养势在必行。

一、高校知识产权管理人才的概念

知识产权的管理是对无形资产的管理，它既具有独特性和复杂性，又具有广泛性和特殊性。❶ 具体而言，它包括对专利权、著作权、校名、校号、校训使用权以及其他形式的知识产权的管理。相对于成果管理而言，知识产权管理存在时间短、任务重、难度大等特点，是集专业性、法律性、管理性、技术性于一体的特殊的工作。主要因为高校知识产权涉及学科多、种类多且交叉性强等，所以要求管理人员既要有一定的专业知识，又要有必要的知识产权管理知识和能力。❷ 因此，高校知识产权管理人才是具备必要的知识产权管理知识和能力，拥有较高法律水准、知识产权专业水平和实务技能以及较全面的科技知识的高素质专门人才。基于此，笔者认为，在我国当前的知识产权工作形势的要求下，高校知识产权管理人才应当既包括高校部分领导，也包括科研管理人

---

　*　上海大学法律事务办公室主任，管理学博士，上大路99号86信箱，200444，mszhaoli@citiz. net.
**　上海大学知识产权学院2005级本科生。

❶　鲍文胜. 试析高校知识产权的管理内容 [J]. 青岛职业技术学院学报，2004（3）：38 - 39.
❷　陈秋海，刘莹清. 论高校知识产权管理目标、内容及措施 [J]. 北京航空航天大学学报（社会科学版），2003，16（4）：20 - 23.

员，具体来说应当涉及高校科研管理的行政部门、科研机构的主要负责人、各院系主管科研的领导及工作人员等。

二、当前形势对知识产权管理人才提出的要求

近日，国家知识产权局根据《知识产权人才"十一五"规划》，制订并出台了《全国知识产权教育培训指导纲要》（以下简称《纲要》），明确将企业、科研机构、高等学校等单位的负责人、知识产权管理人员、科技研发人员列入《纲要》培训的对象，同时要求各单位根据实际需要，分为基础培训和实务培训两个方面，即学习掌握知识产权制度的基本概念及法律法规基本知识，了解国际国内知识产权工作的形势，把握国家知识产权战略的基本内容，了解掌握专利文献与信息利用的实务和技能等；了解把握世界知识产权制度发展与变革的趋势，掌握国家知识产权战略的指导思想和目标任务以及掌握运用知识产权制度的经验等。这是我国目前在落实国家"十一五"规划与知识产权工作"十一五"规划上的最新举措与要求。基于此，高校应当领会与落实其中的内容与要求。

同时，我们还必须看到，在高校中已经比较普遍地出现以下几种现象：

（1）国外企业与机构开始与国内高校联合成立实验室，通过合同约定知识产权成果归国外所有；

（2）国外企业与机构开始通过在高校设立专项奖学金等方式，在学生培养阶段开始提出对学生将来就业的选择；

（3）高校自身的知识产权私下交易已成为普遍问题，通过技术指导、技术服务，交易大量的知识产权，包括专有技术；

（4）大量知识产权没有产业化、市场化的事实已经显而易见。

上述几种现象的存在无疑是对高校知识产权管理工作的挑战。没有一支精良的高素质知识产权管理人才队伍的话，短期看，高校的知识产权工作比较被动；长期看，高校的知识产权就会出现大量的流失，甚至包括科研人员的大量流失。这种现象必须引起高校的关注。

三、高校知识产权管理人才的现状及分析

（一）高校普遍缺乏知识产权管理人才

由于现今高校管理机构的精简及1999年与专利事务所的脱钩，一批曾经从事专利管理的专利代理人随之脱离高校，缺乏知识产权管理人才的问题凸显

出来。据有关调查显示❶：全国 46 所高校中只有 4.3% 的高校设立知识产权管理部门并配备专职人才；有 50% 的高校知识产权管理机构一般挂靠在科技主管机关内，配备兼职人员管理知识产权；还有 45.7% 的高校对知识产权的管理既没有相应的管理部门又处于无人管理的状态。❷ 由此可见，现有的知识产权管理人才远不能满足现今形势下高校知识产权实际工作的需要，而且，传统的挂靠科研机构的模式常常导致一个人身兼数职甚至是无人管理的情况出现。这样的现状当然无助于做好知识产权的保护和管理工作。

（二）高校领导知识产权管理意识淡薄

校（院）级领导干部的法制观念直接影响知识产权管理工作的开展，然而，受传统文化与观念的影响以及长期的高度集中的计划经济的思想束缚和与外界的相对隔绝，他们对知识产权的管理和保护意识淡薄，不能从经济和市场的角度真正领会知识产权的深刻含义，对知识产权管理工作的重要性缺乏足够的认识。这种观念造成了高校内重论文发表而轻专利的现象。管理的不规范和不合理是造成知识产权流失的主要原因。❸ 领导层在意识上的不重视，加上制度上的不完善，造成各部门各行其是、互相推卸责任的混乱局面，使高校的知识产权得不到有效的管理和适合的保护。

（三）科研管理人员的非专业化、非专职化

目前，许多高校的知识产权管理人员并非专职人员，他们一般以其他工作为主，兼任知识产权管理工作，从事的管理工作也仅限于日常的一般性事务处理。他们中的大多数人没有经过知识产权的专门培训和系统学习，所掌握的一些内容也仅仅是通过自学或靠新闻媒体等途径了解到的，因而对知识产权的法定内容掌握不够，对知识产权的概念模糊不清，知识产权的保护意识和依靠法律救助的意识也不是很强。科研管理人员的非专职化、非专业化远不能满足专业性极强的知识产权管理工作的要求。❹ 知识产权管理工作集复杂性、多学科性于一身，非专职化的管理人员难以甚至是疲于应付繁重的工作，非专业化的管理人员很难甚至是不知如何发现知识产权，又谈何保护、管理甚至利用？因此必将导致高校知识成果在经济社会中作用的发挥受到不同程度的阻碍。

---

❶ 朱显国，唐代盛. 高校知识产权管理模式初探 [J]. 高教管理，2004（5）：51 – 53.

❷ 袁木棋，钱晓峰，袁莹，等. 关注高校知识产权保护：对浙江省高校知识产权保护现状的调查问卷分析 [J]. 中国高校科技与产业化，2005（12）：38 – 41.

❸ 赵淑茹. 高校的知识产权保护与管理 [J]. 中国创业投资与高科技，2005（5）：38 – 40.

❹ 王娅莉. 高校知识产权管理问题探析 [J]. 佳木斯大学社会科学学报，2005，23（1）：102 – 103.

这种知识产权管理人才的数量、质量、管理水平均难以适应当前形势的要求。无论从高校自身知识产权工作发展的需要，还是从高校知识产权工作适应市场的要求和与国际接轨的趋势，高校知识产权管理人才都需要尽快加强培养与完善。

四、加强培养高校知识产权管理人才的建议

（一）制定知识产权管理人才培养规划

按照国家知识产权局《知识产权人才"十一五"规划》要求，知识产权管理人才队伍应当具备专业化、专职化的要求。该规划同时明确了这支队伍的专业性、迫切性及重要性，并要求规范该队伍的岗位聘任和任职制度，研究编制知识产权管理人才培训纲要，加强知识产权管理人才队伍建设的统筹规划和指导，实施知识产权管理人才培养工程。因此，各高校均应当在实践中积极落实规划的要求，不断积累经验，用经验来完善制度，探索并制订出知识产权管理人才培养的最佳规划。

（二）培养中坚持的原则和目标

按照《知识产权人才"十一五"规划》的要求，知识产权管理人才应当坚持专业化、专职化的原则，以提高知识产权业务能力、战略思维能力、宏观决策能力、开拓创新能力为核心。着力培养精通知识产权法律法规，具备知识产权管理知识和能力及其他专业知识，能对知识产权进行全过程、多角度的有效管理的创新型人才。培养人才向专业化、专职化方向发展，可增强学校核心竞争力，为形成自主知识产权提供优秀的人才支持，以满足现今形势下对管理人才的需要。

（三）地方率先探索

地方知识产权行政管理部门应当联合当地教育部门出台相应的培养知识产权管理人才的政策，并对高校培养知识产权管理人才给予指导和帮助，促进各大高校间及高校与企业间的经验交流，充分利用高校的现有资源，实现资源共享，强化人才的岗位使用和实践锻炼，把知识产权保护与管理工作有效地结合，促进地方经济的发展。

（四）高校重点探索

一个学校知识产权保护与管理工作做得好坏，与学校领导的重视程度及管理人员的业务素质有着直接的关系。❶ 因此，我们建议需要对在校一级领导层

---

❶ 甄晓惠，陈欣，孙月琴. 浅谈高校知识产权管理的现状与对策［J］. 中国林业教育，2007（2）：26－28.

加强知识产权意识的培训，提高其科技知识、经济知识及相关的法律知识水平。在全国性专门政策和制度尚未出台前，各高校应当依据现行法律法规的要求和国家对加强知识产权工作、推进自主创新能力的形势要求以及高校自身的实际情况，积极主动地探索各具特色的知识产权管理人才培养工作。例如，在本校内制定专门的政策，采取各类鼓励性措施加强对该类人才的培养；制定专门性的制度和要求，利用专业学院和中心及上级科研机构与成熟企业进行知识产权管理人才的互动式培养；以及可以建立以能力和业绩为工作导向和科学化、社会化的评价与培养人才的选拔机制；有效利用教学资源，建立知识产权管理人才培养基地，加强管理人才的在职培训和继续教育；还可以开展国际合作与交流，选派专门人员到美国、日本、韩国等知识产权发达国家学习，邀请其他国家、地区相关国际组织的专家、学者举办研讨会。

五、结语

综上所述，国家对高校知识产权管理人才已经提出明确具体的培养要求、培养目标与培养方式。高校应当积极落实这一要求，结合学校实际，加强并完善对高校知识产权管理人才的培养，以有效地推进高校综合竞争力的提高，更有效地推进我国知识产权事业平稳、健康、快速地发展。

企业知识产权人才的管理研究

石秀丽　马瑞芹[*]

一、企业知识产权人才的需求

我国现有的数量有限的知识产权专门人才基本集中在专利事务所等专业服务机构以及司法领域；企业内部从事知识产权管理、经营的专业人才极度匮乏。国外一位专利权人对国内某家企业的产品质疑，而这家企业的法律顾问根本不懂知识产权；当对方拿出专利权证书后，在没有对专利权人的专利的法律状态进行调查的情况下，也就是在根本没有确定该专利是否有效的情况下，就在法官面前承认侵权。

由于企业的法律顾问缺乏知识产权知识和经验，在知识产权纠纷中，"没侵权的承认自己侵权，被侵权的说没侵权"是一种普遍存在的现象。因此企业对高、中级知识产权人才的需求是大量的、紧急的，特别是缺乏应对知识产权纠纷尤其是国际纠纷的专门人才，遇到知识产权纠纷时常陷入被动局面；另外，企业知识产权资本化运作专业人才也是比较欠缺的。

二、企业缺乏知识产权人才的主要表现

（一）知识产权人才数量极少

企业知识产权人才严重匮乏。目前，我国受过正规、系统知识产权教育的不超过 3000 人。有关专家测算，全国每年培养的知识产权人才不超过 1000 人。这些数量与市场对企业知识产权专业人才的需求量相比，显示出供求矛盾十分尖锐。

（二）企业知识产权人才偏重于法理理论，缺少实务操作技能

由于知识产权专业技术层次比较高，所以要求相关人才不但要了解知识产权的知识理论，还要有丰富的实践经验，而我国现有的知识产权人才的知识结构明显偏重于法理理论，缺少实务操作技能。

---

[*] 北京工业大学实验学院。

（三）高端知识产权人才凤毛麟角

企业尤其缺乏既有专业技术背景，又懂国际知识产权法律和实务的高级复合型知识产权人才，因此制约了企业对参与国际竞争中知识产权优势的挖掘。

三、企业知识产权人才的来源

由于知识产权人才的复合性，知识产权实务人才培养周期较长，因此企业必须多方采取有效措施，尽快拥有一支高素质的知识产权人才队伍。目前企业知识产权人才的主要来源途径如下。

（一）从企业外部引进知识产权人才

企业必须真正意识到，它们需要像吸引专业技术人才一样吸引知识产权人才，通过企业前途、创新条件、企业文化、激励机制等营造内部环境，建立筑巢引凤机制，使企业迅速形成知识产权人才的聚集效应。

（二）加强知识产权人才培训

采取多种形式的培训提高企业知识产权人员的业务水平和综合素质。企业要有计划地开设知识产权培训班，也要组织好参加行业、政府等部门组织的培训班，选择知识产权骨干人员到国内外企业进行培训深造。

（三）加强与高校合作

委托高等院校，针对本企业的实际情况，对知识产权人员进行专门培训。

（四）借用企业外部知识产权人才

由于专利人才培养的滞后性以及有些企业的各方面的限制条件，企业可以考虑充分利用中介部门的知识产权服务。

四、企业人才管理与知识产权的流失

（一）人才管理与企业知识产权的流失

某造漆厂副总工程师擅自离职，带走企业全套工程技术图纸，到另一同行业企业任总工程师。因该产品未能及时申请专利，所以即使索回图纸也无济于事，技术已经被副总工程师掌握，给原造漆厂造成经济损失 1000 万元以上。

这样的案例比较多见。知识产权与人才有着密不可分的联系，很多企业关键岗位核心员工的离职就意味着企业知识产权的流失，比如公司的技术、管理、营销等信息的流失。由于企业忽视对人力资源的知识产权管理，没有相关的制度制约，或虽有制度却没能严格执行，因此不但使企业损失惨重甚至致命，而且维权成功率极低。

企业人才"跳槽"、辞职"下海"和离退休等人才流动造成知识产权流失已成为我国企业知识产权流失的主要渠道之一。还有临时员工在兼职工作、接待参观及产品介绍、发表学术论文等过程中的不当行为也是造成企业内部知识产权流失的重要渠道。

合理的人才流动有利于整个社会人才资源的优化配置。但是流动人员的约束和自由与知识产权保护之间存在一种矛盾，企业人才流失是一个难题，但这不应该成为企业知识产权流失的理由，而应该促进企业人力资源的开发和员工队伍的稳定发展。对企业员工进行知识产权管理就是要消除来自企业内部对知识产权的威胁，提高对企业人才流失的风险预防能力。

（二）企业知识产权的流失主要原因

人才的流动往往伴随着相关知识产权的流动的主要原因有：

（1）管理制度化、规范化和法制化的缺失。有些企业忽视人才管理的制度化、规范化和法制化，注重"和气生财"。企业必须从注重人治转向注重法治。要加强制度的执行力度，使科技人员流动依法有序进行，把掌握企业核心技术的人员不规范离职的风险降低到最小。要确保即使发生了知识产权流失，也能为企业诉讼提供有力的依据。

（2）科技人员法律意识淡薄。要善于运用法律的手段进行人才的知识产权管理，使广大科技员工树立强烈的法制意识，消除员工私下兼职带来的诸多弊端。加强知识产权归属管理。科技人员在流动中应当遵守国家法律、法规和企业的管理制度，不能把企业的关键技术或商业秘密当作提高自己"身价"的砝码和资本。对于在人才流动中导致企业知识产权流失的，企业要通过法律途径维护自身的合法权益。

（3）激励机制不完善。科学有效的制度和完善的激励机制能够避免企业核心人才将掌握的属于企业知识产权如工艺流程、配方、经营秘密等拿去谋取个人私利，关键是企业要有满足不同时期员工需求的激励机制。

五、构建知识产权导向的企业知识产权人才管理方式

（一）企业人才的知识产权管理流程

1. 新员工：知识产权培训与合同约束

第一，新员工进入企业时，在员工培训中要有知识产权方面的培训，包括知识产权法律制度，文件管理及保密规定，知识产权的创造、申请、应用、维权程序和途径等，使每位员工逐步形成自觉遵守法律制度和保护企业知识产权的强烈意识。

第二，与员工签订的劳动合同中，要有知识产权保护条款，明确员工保护企业知识产权的义务及责任。

第三，以合理的限制条件为前提，与企业内掌握知识产权的关键人员签订《竞业禁止协议》，从而建立起一套与市场经济相适应的、有序的人才流动机制。

2. 员工在职时：人才管理制度创新

人才流动管理制度创新，就是要使合同与制度约束、人才激励、法律制裁等管理手段有效结合，全方位地、有效地进行人力资源开发与管理，这是企业知识产权管理的基础工作。第一，强化对人才流动的管理，增强对"人才资源是企业中最根本、最能增值、最活跃的资源"的认识，不能因为防止知识产权流失，就使用不合理的"关、卡、压"手段留住人才，或者只使用唯命是从的平庸之人。既要把更多真正的人才用到位，又要使人才规范、有序地流动，以充分调动人才积极性，如此才能提高企业的创新能力。第二，要建立健全严格的企业知识产权归属管理制度，使成果权属明晰，建立科技人才流动登记制度、科技档案保密制度、科技活动的全程监控制度等。使尊重人才，保护知识产权成为企业的一种氛围、一种境界、一种企业素质。

3. 离职时：正常合理的流动

当企业人才流动发生时，要使其成为正常合理的人才流动，即办理正当的流动手续，而且流动的人才不能随意带走原企业的商业秘密等知识产权。一方面，当员工提出离职、辞职、调动报告时，要移交涉及商业秘密的有关资料，并与单位解除劳动关系且订立流动后对原单位商业秘密负保密义务和竞业限制义务的协议；另一方面，通过与离职员工的真诚沟通和交流，可多听取对方的意见和建议，找到企业管理中存在的问题以便改进管理，充分挖掘离开人才的潜能，同时表达对离职员工的美好祝愿。例如深圳中兴通讯公司从 1997 年起即要求掌握公司核心技术的人员在离开公司时签订竞业限制协议，而它提供的补偿方式是给予公司股份，这取得了令人满意的效果。

（二）知识产权指标业绩考评体系的建立

建立企业知识产权指标业绩考评体系是企业建立有效的知识产权激励机制的前提。要使企业重视知识产权工作不是一句空话，就必须改变知识产权指标在相关的科技活动评价指标体系中没有或占非常小比重的现实，要围绕科技创新，使知识产权指标列入企业工程技术人员、管理人员及其他相关部门工作人员的业绩考评范围，从而建立考核与分配相结合的激励与约束机制。

（三）健全知识产权导向的激励机制

完善企业知识产权激励制度，就是要提高员工爱岗敬业、大胆创新的积极性，有效制止侵权，维护企业合法权益。建立激励机制并不只是增加工薪、福利待遇或是职务的提升这么简单，而应该是从物质、精神到文化的全面激励机制创新。

1. 物质激励是基础

我们的企业常常因知识产权工作经费缺乏，而对职务发明人没有或给予很少的奖励和支持，甚至专利工作无人管理，极大挫伤了员工的创新积极性。要完善知识和技术作为生产要素参与分配的制度，就应对知识产权创造者的工作、生活待遇给予物质回报，真正体现多贡献多得。对作出显著贡献的科技人员及管理人员实施重奖，采取一次性重奖、效益提成、技术作价入股等多种形式，从而提高知识产权创造者的积极性，使其自觉保护本单位的知识产权，维护本单位的合法权益。

2. 精神鼓励是动力

给员工提供满足成就感的机会是最好的精神鼓励。通过专利发明奖励、专利实施奖励、专利评审会及发明成果公告制度，让技术创新的理念深入每个员工的心中。海尔在奖励制度与设备、发明命名制中，规定"海尔希望奖"用于奖励企业员工的小发明、小改革及合理化建议；凡海尔员工发明、改革的工具，如果提高了劳动生产率，可由所在工厂逐级上报厂职代会研究通过，以发明者或改革者的名字命名，公开表彰宣传。让人才认识到自身的价值和成就感，才能激发他们为企业作贡献的动力和热情，避免让其产生怀才不遇的感觉甚而离开企业。

3. 企业文化激励

企业文化是不怕流失的"知识产权"。通过企业文化共鸣激励，形成知识产权全员意识的内在价值观念，持续地激发全员创新精神和创新动力，从而创造企业整体效应。把企业文化作为生产力要素来配置并纳入企业经营管理范畴。企业文化激励一般分为企业目标激励、企业形象激励、发展前景激励等。企业应努力创建鼓励创新的、富有特色的企业文化，通过文化留人，减少知识产权流失的风险，形成知荣辱、守诚信、促创新的文化氛围。

例如，华为公司非常重视以奖励调动员工的积极性和自觉性。按照专利相关规定，其1995年制定的《华为公司科研成果奖励条例》明确规定了对申请专利的员工发放专利申请奖、专利授权奖、专利提案奖。专利实施取得巨大经济效益的，可以不定期获得专利实施奖。1999 年，华为《专利创新鼓励办法》，除了规定了各种奖励，还将专利申请与员工的绩效考评联系起来，与员工的工资直接挂钩，有效地激励了广大员工申请专利的积极性。

综上所述，企业必须建立一种符合实际的人才流动与知识产权保护制度，施行着眼于知识产权导向激励机制的企业知识产权人才管理方式。

理工科高校知识产权本科
专业人才培养的思考

苏　平*

　　知识产权专业人才的培养无疑是国家知识产权战略的一部分。人才培养，关系到国家知识产权战略的构建和具体实施，关系到国家自主创新目标的实现，关系到人的全面发展和价值的充分实现。知识产权专业人才的培养成为目前具有争议的热点之一。本文就地方理工科院校知识产权本科专业人才培养作一探讨。

一、关于知识产权人才培养的基本思考

（一）知识产权专业的分类定位

　　教育部《普通高等学校本科专业目录》（1998 年 7 月正式颁布实施）关于本科专业的设置分类表明：知识产权没有在目录之内，属于教育部在少数高校试点❶的目录外专业。从教育部批准设置的高等学校本科专业名单中了解到，知识产权本科专业毕业授予法学学士学位。因此，知识产权专业目前是在法学大类下试点的目录外专业。

（二）知识产权人才的基本素质构架

　　关于知识产权人才的基本素质，有关学者论述较多，综合起来有几方面的构想❷：

　　第一，法学基础。知识产权人才首先必须要具备法律方面的基本素养，系统的法律培养是必要的。

　　第二，理工背景。无论传统知识产权的基本分类，还是新技术时代的知识

---

　　* 重庆工学院知识产权学院副院长、副教授。

　　❶ 目前，教育部批准设置知识产权专业本科的高校有华东政法大学（2003）、华南理工大学（2004）、暨南大学（2004）、重庆工学院（2005）、中国计量学院（2005）、杭州师范学院（2005）。

　　❷ 之所以称为构想，是因为目前对知识产权本科专业学生的培养处于探索之中，主要在理论上有争议，实践中也很难确定其优劣。

产权分类，都离不开科学技术的支撑，而具有理工背景对于应对知识产权的发展也是必要的，否则无法深入专利的研究和应用。

第三，经济管理类基础。企业对知识产权人才的需求包括懂得企业知识产权管理和价值评估。

（三）知识产权专业教育与知识产权法（专业）方向教育的差异

目前，在专业设置上，知识产权与知识产权法都未出现在国家《普通高等学校本科专业目录》上，但知识产权已经成为在少数高校试点的目录外专业。就我们掌握的资料显示，知识产权法至今未以任何形式成为在教育部相关文件中所列的本科专业，部分高校把它设置为法学本科专业下的一个方向。

知识产权专业与知识产权法（专业）方向设置是有差异的。

从知识产权与知识产权法的概念上分析，知识产权是工业产权和版权的统称，是公民对其脑力劳动创造的精神财富所应享有的合法权利。具体而言，知识产权是设定在特定创新性智力成果这种特定信息上的专有权、排他权。这至少包含以下两层含义：第一，只有那些前所未有、由人的智力新创造出来的信息才可能受到知识产权的专有保护，而人类社会中已有的各种信息（包括积存下来的智力成果）则处于知识产权法上的公有领域，只要未受到其他法律的控制，就可以被任何人自由、无偿地利用；第二，知识产权只保护特定的而非所有的创新性智力成果，而相当多的创新性智力成果也同样处于知识产权法的公有领域，任何人均可自由、无偿地对它们进行利用。❶ 从本概念及其理解中可以看出，研究知识产权主要包含三方面：一是研究和探索人们以智力新创造出来的信息；二是如何有选择性地确定智力新创造出来的应当受保护的信息；三是如何确保智力新创造出来的信息的专有权、排他权的实现问题，即知识产权法如何规制。知识产权法是为了保护知识产权而出现的，其产生的历史并不太长，只有两三百年时间。按照《建立世界知识产权组织公约》《保护工业产权巴黎公约》等国际公约的规定，知识产权包括著作权、专利权、商标权等对创造性智力成果和识别性商业标记的权利；知识产权法则是确认和保护这些权利的法律的总称。

从上述知识产权与知识产权法的内涵可以分析出知识产权与知识产权法作为专业或者方向时，前者重点在培养学生了解知识产权的基本内容以及知识产权的创造、应用、管理和保护等环节；后者则重点在如何规范知识产权的创造、应用、管理以及如何保护这些过程中的权利。前者强调结果，后者强调过

---

❶ 郑成思. 知识产权：应用法学与基本理论［M］. 北京：人民出版社，2005：17.

程。两者在人才培养方案课程设置上也是有较大差别的，知识产权在课程设置上应体现法学、理工以及知识产权的申请、管理、运用、许可、转让等方面知识的积累；而知识产权法则以体现法律及其保护为主。

二、知识产权本科层次人才培养模式的思考

（一）知识产权本科层次培养目标：应用型专门人才

知识产权本科层次的人才培养是知识产权高级人才的基础，其培养目标应以应用型人才为主。具体而言，就是要充分利用理工科院校的办学优势，培养既具有知识产权理论及其相关技能，又有相应的理工科知识背景的应用型高级专门人才。

（二）知识产权本科层次多元化培养的模式探索

知识产权本科教育实施 5 种人才培养模式，分别制订不同的人才培养方案，体现办学特色和方向。

模式一：IP（知识产权）普招班。设立知识产权专业全日制普通本科专业班，全部招收高中理科学生。本模式要创新人才培养方案，精心设计课程体系，以工业产权（专利、商标）为主攻方向，以知识产权管理和知识产权诉讼为专业发展重点。

模式二：设立"2＋2"知识产权特色班。在校内理工科院系大学三年级学生中选拔部分有志于知识产权事业的优秀学生去系统学习知识产权专业课程。这些学生已经具备理工科基础理论和部分专业知识，并在此基础上学习法律和知识产权相关知识。

模式三：设立"3＋2"知识产权特色班。根据重庆市关于"专转本"的规定，面向重庆市的理工科专科学生招收本科学生，提供知识产权本科教育。这部分学生必须取得专科毕业证才具备读本科的基本条件，因此该模式是以培养具有理工科专科基础学生的知识产权知识尤其是专利代理知识为特色方向。

模式四：设立"4＋X"知识产权特色班。即在本科学生中开设知识产权辅修专业，制订辅修专业计划，面向全校学生开放。这种模式旨在拓展学生的知识面，使一部分学业优良的学生在主修一个专业的基础上能辅修另一个专业即知识产权的主干课程，学习知识产权基本知识和基础理论，增强学生对社会的适应能力，适应社会主义市场经济发展对人才的需要。知识产权辅修专业与主修专业的学习同时进行，学制为两年半，一般安排在第 3～7 学期；知识产权辅修专业的课程是该专业的主要基础课程和专业课程，根据培养要求一般设置 7～10 门，总学分 25 学分左右，总学时 400 学时左右。

模式五：知识产权管理独立本科专业自学考试助学教育模式。 招生对象为取得地方学历专科毕业证（含电大开放式专科）或在读本、专科生。本专业为高等教育本科层次，其总体要求与全日制普通高等学校相近专业本科水平相一致。每门课程考试合格后，发给课程合格证书。凡取得本专业考试计划规定的 14 门课程的单科合格证书，即颁发国家承认的知识产权管理专业本科毕业证书；学业水平达到国家规定的学位标准，符合授位条件者，经批准可授予法学学士学位。理工科专科毕业生通过本专业的学习可以参加全国专利代理人资格统考，合格者获得国家知识产权局颁发的专利代理人资格证书。

三、知识产权本科层次人才培养方案的思考与实践

（一）知识产权专业本科人才培养方案指导思想

全面落实科学发展观，树立"以生为本、综合培养、求实创新、培育特色"的人才观、质量观和教育观，主动适应 21 世纪社会、经济、科技和文化发展对知识产权教育人才培养的要求，使受教育者成为面向现代化、面向世界、面向未来、社会适应性强、具有较强创新精神和实践能力的高素质应用型高级专门人才。

（二）知识产权专业本科人才培养方案制定的基本原则

遵循教育教学规律。 全面推进素质教育，把人文教育和科学教育融入人才培养的全过程，促进学生智力因素和非智力因素协调发展。从 21 世纪知识产权人才所需的知识、能力和素质要求出发，按照"加强基础、拓宽口径、注重素质、突出能力"的原则，创新和完善人才培养方案，突出专业办学特色，构建科学合理的课程体系，把进一步拓宽专业口径和灵活设置专业方向有机结合，增加学生就业的适应性和针对性。

体现整体优化的原则。 注重学科交叉、文理渗透、理工结合；协调统一专业知识理论与实践、知识与能力、讲授与自学等关系；深化课程改革，加大课程整合力度，精心设计主干课程，在保证选修课程质量的基础上逐步提高选修课程的数量。

坚持理论和实践相结合的原则。 通过教学内容、方法和手段的改革，切实改变课堂讲授所占学时过多的状况，增加学生课外实践和自主学习的时间与空间；强化实践育人的意识，切实加强实验、实习、实训、毕业设计（论文）等实践教学环节，逐步形成独立的知识产权实践教学体系。

坚持统一性和多样性相结合的原则。 要在保证人才培养基本质量的同时，积极为学生提供主辅修、课外学术活动等多种教育形式；要从学生的实际出

发，承认个性差异，在人才培养模式、课程设置、教学环节的设计和要求等方面注重共性和个性、统一性与灵活性相结合，因材施教，促进学生共同发展；要增加和改进培养学生创新思维、工程能力、科研能力和社会实践能力的教学环节，并使之融于教学的全过程之中。

（三）知识产权专业本科人才培养方案的基本框架

知识产权本科培养方案的基本框架由三大平台、七大课程模块构成。三大平台包含的模块和实践教学环节模块就构成七大课程模块体系。

1. 公共课程平台

公共课程平台是为奠定学生全面发展的基础和培养学生的综合素质而设置的，其课程体系和教学内容由学校统一设计。该平台包含公共必修课程模块和公共选修课程模块。

公共必修课程模块由思想政治理论课、体育、外语、数学、计算机、物理等系列课程组成，旨在培养学生的政治素养、科学素养、心理素质、身体素质，强化外语、计算机等应用能力。知识产权专业完全按照工科公共必修课程模块设置。

公共选修课程模块包括社会科学类、自然科学类、文学艺术类 3 类，原则上为知识产权专业课学习奠定基础和拓宽视野。

2. 学科基础课程平台

知识产权学科基础课程平台是为实现宽口径和学科交叉培养目标而设置时，其课程体系的建设是一个优化专业结构、拓宽专业口径、整合教学资源、规范知识体系的过程。该平台包括学科（专业）必修课程模块和学科选修课程模块。

学科（专业）必修课程模块主要包括知识产权专业大类所必需的法学学科基础课程、技术基础课程和相关学科基础课程。

学科选修课程模块是进一步拓宽专业口径，扩大知识面，使学生了解知识产权学科发展前沿和本专业大类里其他专业基本知识的选修课程。所设课程总学分一般为应选学分数的 1.5～2 倍。

3. 专业课程平台

专业课程平台是为实现知识产权专业的培养目标而设置的，面向知识产权专业学生开放，包含知识产权专业必修课程模块、知识产权专业选修课程模块。其课程的设置既要符合教育部本科专业目录外试点专业提出的要求，又要体现知识产权专业的特色和优势。专业必修课强调优质精选，专业选修课强调特色、前沿。

专业必修课程模块主要开设知识产权专业领域内最重要、最能反映知识产权专业特点的核心课程。开设门数原则上控制在 5~7 门。

专业选修课程模块主要开设能够让学生了解和掌握知识产权专业最新、最前沿的知识的课程。所设课程总学分为应选学分数的 1.5~2 倍。

4. 集中实践教学环节模块

集中实践教学环节是培养学生获得对实际工程问题或现实社会问题的分析能力和解决能力的重要环节，着重培养学生的工程实践能力、分析和综合能力、合作精神与创新意识。除军训之外具体内容还包括知识产权专业认识实习、机械基础技能训练、学年论文、课程实习、专业实习、毕业实习、毕业论文等。而集中实践教学环节模块和课内实验与独立设课的实验课两部分则组成实践教学体系，课内实验与独立设课的实验课在课内教学计划学时内完成。

为突出培养知识产权应用型专业人才的特色，增强学生的应用能力，需要特别注重实践教学环节，将实践教学环节安排为 37 周。其中专业认识实习为 1 周，通过讲座、参观、社会调查等形式加深学生对知识产权专业的认识和了解，并将时间安排在 4 月 26 日"世界知识产权日"之前的一周，因为在社会广泛宣传知识产权的浓厚氛围中进行知识产权专业认识教育，无疑会取得很好的效果。专业实习安排在第七学期的为期 2 个半月的时间内进行，其用意在于让学生在进行了较长时间的专业实习后通过单位的选择而从容就业。

培养知识产权应用型专业人才，应注重培育实践性教学环境。在校内，学校工程训练中心为学生提供良好的工程技能训练。2006 年，学校投入经费建设了现代化的知识产权专业模拟法庭，组织学生模拟知识产权审判实践活动，进一步为知识产权专业学生提供实践锻炼机会。

加强了校外实习和就业基地的建设。第一，与行政管理机关加强合作，建立学生实习平台。2006 年 4 月 26 日，重庆市知识产权局与重庆工学院设立了知识产权教学实习基地。重庆市知识产权局将利用重庆摩托车（汽车）知识产权信息中心、国家知识产权局专利局重庆代办处、重庆市保护知识产权举报投诉服务中心等实习平台，为重庆工学院学生提供多岗位的实践锻炼机会。同时，建立了和重庆市工商局商标处、重庆市版权局版权处、重庆市质量技术监督局等单位的紧密联系，也得到了它们对知识产权专业建设的大力支持。第二，与知识产权审判机关的联系。与重庆高级人民法院和重庆第一和第五中级人民法院知识产权庭建立固定联系，经常组织学生参加旁听知识产权案件审理；同时组织学生开展知识产权相关案例的辩论赛。第三，建立了一批企业实习和就业基地。几年来，在中国装备集团、重庆长安公司、重庆建设集团、重庆力帆集团、重庆隆鑫集团、西南商标事务所、重庆悦诚律师事务所、重庆智博律师事务所等建立了一批校外实习基地。在现代科技企业建立实习基地，指导、帮助它们建立知识产权管理制度，同时学习它们先进的知识产权管理经验。

知识产权教学实习和就业基地的建立，为培养出一批熟悉知识产权法律法规和国际规则、具有熟练业务水平和实务技能的知识产权高级应用人才创造了条件，为重庆市经济社会发展作出应有的贡献。

理工科高校知识产权普及教育的思考

杜 伟 聂 鑫[*]

高校学生特别是理工科学生，是未来科学技术人才的主要群体。作为国家未来自主知识产权技术的主要创造者，也是知识财产的主要生产使用者，高校理工科的毕业生大多数将成为各企事业单位的技术骨干，知识产权的创造、使用、管理和保护是他们工作的一部分。为使他们在企业知识产权战略管理、申请专利和商标等方面发挥作用，应在大学阶段进行知识产权普及教育，特别是在我国知识产权专业人才教育资源不足、短时间内难以得到根本改变的现状下这更为必要。

一、理工科高校大学生知识产权普及教育的意义

1. 知识产权普及教育是实施国家知识产权战略、建设创新型国家的重要举措

早在 2004 年 11 月，教育部、国家知识产权局就联合颁发了《关于进一步加强高等学校知识产权工作的若干意见》，教育部提出要在高校普及知识产权知识，增强知识产权意识。原国防科工委在 2006 年下发了《关于设立知识产权必修课程的通知》，指出应培养造就既懂专业技术又懂知识产权法律知识的高素质人才，建议委属院校为促进国防科技工业知识产权推进工程的展开，适应制定和实施国防科技工业知识产权战略的需要，应在各专业本科生和研究生层面设立知识产权必修课作为加强知识产权教育和人才培养的必要手段，并将其纳入知识产权推进工程验收考核的内容。2008 年 6 月 5 日，国务院发布了《国家知识产权战略纲要》（以下简称《纲要》），指出国家知识产权战略是一个完整的体系，不仅有知识产权的保护，也有知识产权的创造、管理、实施，更有知识产权人才的培养。其中，知识产权的创新是战略的核心，而培养知识产权人才是自主知识产权产生的源泉和动力，是知识产权得以有效保护、积极

---

* 南京理工大学知识产权学院。

实施、正确管理的保障和前提。《纲要》指出，目前我国"知识产权服务支撑体系和人才队伍建设滞后"，应"大规模培养各级各类知识产权专业人才，重点培养企业急需的知识产权管理和中介服务人才"。知识产权战略突出了知识产权人才队伍建设的地位。在当前国家知识产权人才需求日益紧迫的形势下，对理工科大学生开展知识产权普及教育，是培养知识创新人才的一个重要手段，也是全面提高我国科技创新能力、建设创新型国家的重要举措。高等院校的主要任务是通过教育培养高等专业人才，理工科院校的职能决定了它们是培养知识产权人才的重要场所之一。加强理工科高校知识产权普及教育有利于我国知识产权战略的实施。

2. 知识产权普及教育是知识经济时代下培养复合型、实践型知识产权人才的重要环节

在农业经济、工业经济中，由于创新性智力成果产生的周期长且绝对数量较少，创新性智力成果对社会经济发展的作用并不明显或不十分明显，地位远不如或至少是不如各种有形资源；在知识经济中，以创新性智力成果为核心的知识和信息已逐渐成为最基本的生产要素，知识成为最重要的社会财富。伴随着知识经济时代的到来，知识产权制度成为提高国家自主创新能力和国际核心竞争力的重要战略工具。知识产权涉及教育、科学、经济、法律等领域。当前急需培养既懂专业技术又通晓知识产权的高素质复合型、实践型人才。复合型、实践型人才的培养不仅需要知识产权的专业教育，知识产权的普及教育也不可或缺。一方面，理工科高校是科学知识、技术成果和科技人才产生的培养基地，在知识产权人才培养方面具有独特的优势，能够为培养跨学科的复合型、实践型的知识产权人才提供平台。其学科门类齐全，有着众多的理工类专业，且一般都有法学、管理学专业。在具有理工背景的大学生中普及知识产权知识，将知识产权与科技发展紧密相连，既培养他们的知识产权意识，鼓励其创新，为其将来进入高新技术领域从事相关工作奠定基础；又有利于吸引他们在知识产权方面进一步深造，从而成为高层次的复合型人才。另一方面，企业所需的知识产权人才将主要从事企业知识产权技术工作，主要在于技术创新与研发中的知识产权创造、申请、管理、应用、许可、保护等方面，具有极强的专业性与技术性，需要既懂技术又精通知识产权管理与运作的实践型人才。由于理工科学生具有理工科的背景知识，他们容易将知识产权知识特别是专利知识与理工科知识相结合，具有较强的实践操作能力。比较来看国外知识产权普及教育，如美国知识产权教育的普及教育层次是以高校为主导的，包括著名理工科高校美国麻省理工学院在内的许多

高校，据统计，知识产权课程开设率为100%，占整个学时总量的5%～15%。具有不同专业背景的学生参与到知识产权中，不同的专业人才在知识产权领域内都有各自的发展方向。

3. 知识产权普及教育是高校大学生创新素质教育的重要组成部分

从单纯追求知识传授发展到重视能力培养，再到素质教育的提出，素质教育思想为教育注入了生机和活力。素质是知识和能力的核心，是人的知识和能力内化后形成的相对稳定的品质或素养，包括思想道德素质、文化素质、业务素质等诸素质要素。高等教育应培养具有较高综合素质的、全面发展的人才，具体体现在对高校学生特别是理工科学生的教育，既要注重科学精神培养，又要注重人文精神培养，做到文理交融。知识产权普及教育，开设知识产权必修公共基础课和公共选修课，不仅能够使学生掌握必要的知识产权法律基础知识，而且能将知识产权规则意识内化为高校学生的素养品质。知识产权规则意识是理工科学生应具备的基本素质，是高校学生创新素质教育的重要内容，有利于帮助其认识知识产权社会利益平衡的特点，避免创造的盲目性，激发其创造热情，促进创新和技术进步，并有助于建立正确的知识产权观，树立良好的科学伦理道德品质，尊重他人知识产权，以形成未来良好的创新秩序，从而使知识产权法律课程成为他们成长过程中的一门十分重要的职业道德课程。

二、理工科高校大学生知识产权普及教育的现状

改革开放以来，理工科高校大学生最初接触知识产权知识是通过文献课获得的：在讲授专利文献检索时，教师针对大学生的知识产权意识及相关知识的缺乏，增加了关于知识产权问题的介绍，而学生们对知识产权问题表现出了极大的兴趣，认为通过知识产权内容的学习，扩大了他们的知识面，使他们懂得了自我保护的重要性，但由于学时的限制，对知识产权只能是粗浅的了解，因此迫切希望学校能调整教学计划，单独开设知识产权课程。但是，受当时社会发展及认识水平的制约，这种状况在相当长的时间内并未改观。知识产权教育主要针对法学专业学生，除了法学类和法律类学生必须要上知识产权法课程以，在大多数理工类和综合类高校，知识产权选修课是学生可以系统接受知识产权教育的仅有途径，但知识产权选修课却没有形成合理体系，数量严重不足；上过知识产权课程的学生不到学生总数的5%，从而造成人才的匮乏。我国高等教育对知识产权人才的培养相当不普及。近两年，随着原国防科工委在2006年《关于设立知识产权必修课程的通知》的发布，为适应原国防科工委

提出的应在各专业本科生和研究生层面设立知识产权必修课的需要，2006 年，北京理工大学首先开设了知识产权公共必修课，委属 7 所高校都相继开设了知识产权课程。此外，还有部分理工类高校也相继开设了知识产权课程。但在知识产权课程教材使用和知识产权课程内容设置、教学方法及师资方面存在较多的问题。

三、理工科高校大学生知识产权普及教育的几点建议

1. 在理工类高校设置知识产权通识课程，对本科学生开展知识产权普及教育

针对高校的知识产权教育在课程设置、课程性质等方面存在的认识上的分歧，应视其学校性质、特点，选择是否开设知识产权课程。我国目前知识产权人才培养的问题关键不在于培养数量，而在于人才培养的结构，特别是国内各大学大多培养没有理工背景的知识产权法律人才，难以适应社会特别是企业对知识产权实践人才的需求。知识产权人才区别于一般法律人才的主要标志是具有科技知识基础，因此，培养知识产权专业人才，无论是专业教育还是普及教育，都应重视其理工背景。建议在理工类高校设置知识产权通识课程，面向全校非法学和知识产权专业的本科生开设知识产权课程，设知识产权必修公共基础课，同时设实务性较强的知识产权公共选修课，将知识产权知识融入理工科的各个学科中，对全校本科学生开展知识产权普及教育、普及知识产权知识、培育知识产权素养。"北京高等学校知识产权管理工作对策研究"课题组曾对北京 44 所高校进行了问卷调查，其中，教育部直属高校有 20 所，市属高校 20 所，各部委直属高校 4 所。从问卷调查和全国部分调研情况得出两个共识：一是理工类高校应设置知识产权课程；二是理工类高校设置知识产权必修课具有重要意义。

2. 分析理工类高校知识产权课程的特点，在教学理念、教学内容和教学方法上有所创新

知识产权是一门涉及面广的交叉学科，具有广泛的社会性和应用性，很多内容无法用纯法学的方法解释和说明，而须借助相关的知识，加之信息、生物、新材料等高新技术突破了传统知识产权的保护范围，教师应注意调整教学内容，编写适合与知识产权教学的理论和实务相结合的教材，积极推进法学与自然科学的融合，培养学生的创新能力，使学生具有从事自身职业所必备的基本技能和复合型知识结构，适应社会的需要。

此外，建构跨学科的知识产权教学研究队伍，实行法学、管理学或科技类

跨学科的整合，多学科交融和渗透，专兼职结合，以满足知识产权人才培养的复杂性需求。

参考文献

［1］田华. 高校知识产权职业教育的思考［J］. 中国成人教育，2008（13）：46 – 47.

［2］朱谢群. 我国知识产权发展战略与实施的法律问题研究［M］. 北京：中国人民大学出版社，2008.

［3］刘友华. 论我国实践型知识产权人才的培养［J］. 湘潭师范学院学报，2009，31（1）：66 – 67.

［4］邹小红. 论高校开展知识产权教育的重要意义［J］. 吉林教育学院学报，2008（9）：55 – 56.

中医药知识产权基础教程建设新进展

宋晓亭[*]

我国知识产权制度建立较晚，知识产权的专业人员比较缺乏，而且由于中医药行业的专业性和特殊性，熟悉中医药知识产权的人才就更为稀少。因而，加快培养中医药知识产权人才是当务之急，建设中医药知识产权基础教程更是一项基础工作。

一、编写中医药知识产权基础教程具有深远的意义

中医药是中华民族集体创造并长期传承的传统医药知识，是中华民族集体智慧的结晶，是中华民族的宝贵财产。中医药作为我国优秀的文化资源，不仅是中国文化传统乃至中华民族传统的重要组成部分，而且是中华民族繁衍昌盛的重要保障，是我国重要的卫生资源、优势的科技资源和有潜力的经济资源，是具有国际竞争优势、应优先发展的领域之一。中医药学的存在与发展关系到中华民族的生命健康、社会和谐、文化安全和国家利益。

中医药在长期传承过程中，创造了丰富的医疗卫生保健知识。据统计，现存中医药文物有 20000 余件，中医药古籍约 12124 种，《中医方剂大辞典》载方 96592 种。

我国目前保有大量的中药资源，约有 12807 种，其中药用植物 11146 种，药用动物 1581 种，药用矿物 80 种。其中仅 320 种常用植物类药材的总蕴藏量即达 850 万吨。

我国现有中医医院 3009 所且 90% 的综合性医院设有中医科，有中医执业医师 49 万人，高等中医药院校 32 所，中医药科研机构 100 余所。中医医院的年门诊量已超过 2 亿多人次。89% 的社区医疗服务中心设有中医药服务项目。

我国以中药为主业的工业逐渐强大，共有中药企业 1370 多家。2005 年中药工业总产值达到 1202 亿元。中药出口六大洲 159 个国家和地区，2005 年中药出口总值达到了 8.3 亿美元。

---

[*] 上海中医药大学知识产权学院。

2007 年 3 月 5 日，温家宝总理在第十届全国人民代表大会第五次会议上指出：要大力扶持中医药和民族医药发展，充分发挥祖国传统医药在防病治病中的重要作用。

2006 年 9 月 29 日，吴仪副总理在主持国家知识产权战略第二次领导小组会议上指出："中医药专题面对的是个新问题，基本的内涵和外延都要从头开始研究，可以借鉴的经验和研究成果很少。专题组要深入分析中医药知识产权保护和利用的现状，加强实证研究，搞清楚中医药传统知识的特点，进一步研究与现有保护制度的关系，探讨建立中医药知识产权专门保护制度的必要性和可行性。"

2007 年 1 月 11 日，吴仪副总理在全国中医药工作会议上再次指出："中医药是我国为数不多的拥有自主知识产权的重要领域。要切实增强中医药知识产权保护意识，充分利用现行制度并发挥其激励作用。同时，要研究建立适应中医药知识产权保护需要的专门制度。加强对中医药创新源头的保护，防止中医药知识产权的不合理的占用，鼓励创新，在竞争中占据主动地位。"

加强对中医药知识产的权理论与实践研究是一项利国利民的工程，必须充分考虑并立足中医药的自身特殊性。要根据国家科技发展中长期规划和建设创新型国家的目标要求，着眼于发挥中医药在我国经济和社会发展中的重要作用和保持中医药在国际上的领先地位的需求来研究中医药知识产权。既要满足对中医药创新"源头"的保护，防止国外对中医药知识的不合理利用，维护国家利益；又要发挥现行知识产权制度的激励作用，促进中医药科技创新成果应用及产业化，实现对"流"的有效保护。加强中医药知识产权理论与实践的研究，有利于完善我国医疗保健体系，有利于保护我国在原始创新中的优势资源，有利于弘扬我国的优秀文化，有利于促进社会和谐和稳定发展。

我国已故著名知识产权法学家郑成思先生根据国内外形势的发展，深刻地指出："这两部分❶在中国都是长项，如果我们只是在发达国家推动下对它们的长项（专利、驰名商标等等）加强保护，对自己的长项则根本不保护，那么在国策上将是一个重大失误。即使传统知识的这两部分不能完全像专利、商标一样受到保护，也应受'一定的'保护。我认为中国在这个问题上，与印度等发展中国家的利益是一致的，应在立法中表现出支持对传统知识的保护。更何况国际（乃至国内）市场上，外国公司对中医药提出的挑战，已使我们不可能对这种保护再不闻不问或一拖再拖了。"

2005 年开始，我国着手制定国家知识产权战略，单设第 12 专题"中医药

---

❶ 指传统知识中的民间文学艺术与地方传统医药两大部分。

知识产权的保护与利用"，首次把中医药作为我国知识产权战略中的一项内容，把中医药作为传统知识的一种，纳入国家知识产权战略的范畴之一，并且在战略中提出"在中医药院校建立相应的专业和课程，有计划地培养中医药知识产权复合型人才，为创造、管理、保护、实施中医药知识产权服务"。

二、中医药知识产权基础教程的基本内容

为实施国家中医药知识产权战略，配合中医药知识产权类人才的培养工作，由上海市中医药知识产权研究中心主任宋晓亭副研究员主编的教材参考书《中医药知识产权理论与实践》（暂定名）已交由知识产权出版社出版，预计在年底可以面世。

该书针对中医药领域的知识产权问题，以现行知识产权制度和国际传统知识保护运动的兴起为背景，以国家知识产权战略制定中有关中医药部分的内容为框架，立足中医药的自身特殊性和我国中医药事业发展的现状，系统阐述了中医药界应当如何充分利用现行知识产权制度有利的一面，如何正确认识一种制度的两面性；对中医药知识产权的概念和主要内容以及发展的趋势也作了系统的归纳。全书共分 11 章，内容包括知识产权制度概述、中医药知识产权的概念与内容、专利制度与中医药专利权、商标制度与中医药商标权、著作权制度与中医药著作权、商业秘密制度与中医药技术秘密、地理标志制度与中医药道地药材、植物新品种制度与中药材植物新品种、厂商名称权制度与中医药老字号、传统知识与中医药传统知识保护和中医药知识产权的实施与管理。

该书具有鲜明的中医药特色，每章均从案例出发，紧密围绕知识产权法学的基础理论，结合中医药自身的特点，力求从中医药知识产权的实践来说明理论问题，增加了该书的可读性。该书可作为中医药高等院校知识产权课程的辅助教材或其他高等院校知识产权法学专业的参考书；同时，也是中医药界从业人员和中医药行政管理人员的培训教材和参考读物。

《中医药知识产权理论与实践》这本书先从知识产权制度的形成谈起，客观地说明知识产权制度的基本作用以及对一个国家的客观影响。从中医药知识的内涵和特殊性出发，阐述了中医药知识产权的概念和内容，说明了中医药知识产权是指与中医药有关的智力成果权和特殊标记使用权，包括运用现有技术和中医药知识而产生的新的智力成果和在中医界具有特定意义的名称与标志符号。从发展的眼光看，还应当考虑作为既有的智力成果的中医药理论知识所应当具有的权益。该书系统阐述了当前中医药知识产权研究的范围主要包括中医药专利权、中医药商标权、中医药著作权、中医药技术秘密、中医药地理标志、中药材植物新品种、中医药老字号、中医药传统知识等。紧紧围绕中医药

来谈知识产权，立足中医药自身的特性和规律性来论述中医药知识产权的理论，密切联系中医药来阐述中医药知识产权的实践是该书最大的特点。

该书第一章、第二章、第五章、第八章、第九章、第十章由上海中医药大学宋晓亭副研究员编写，山东中医药大学刘更生教授参加了本书第二章的编写，上海市医药信息研究所的王巍所长参加了第三章的编写，上海市中医药知识产权研究中心的姚苗律师参加了第四章、第七章和第十一章的编写，胡惠平同志参加了第三章的编写，郝凯莉博士参加了第六章的编写，刘春辉同志参加了案例部分的编写。全书由宋晓亭负责审核并统稿。

该书在编写过程中，得益于国家知识产权战略第 12 专题"中医药知识产权保护与利用"的总报告，受到了时任国家中医药管理局副司长苏钢强、上海中医药大学刘平副校长的鼓励和支持，得到了国家知识产权战略第 12 专题组专家柳长华、李顺德、马治国、刘更生、王风兰等的启发和帮助。由于中医药知识产权工作在我国还是一个新生事物，加上编写时间比较仓促，对中医药知识产权的理论问题还没有完全理解透彻，对中医药知识产权的实务工作还有待进一步实践完善，但该书的出版必定会对中医药知识产权类人才的培养工作起到积极的推动作用。

三、《中医药知识产权理论与实践》的基本框架

该书的基本框架结构为：

第一章　知识产权制度概述
【案例 1】国家中医药知识产权战略的启动和制定
第一节　知识、知识产权与知识产权制度
第二节　知识产权制度的产生和发展
第三节　知识产权制度的范围和特征

第二章　中医药知识产权的概念和范围
【案例 2】天士力制药公司诉万成制药公司"养血清脑颗粒"专利侵权案
第一节　中医药知识的基本属性
第二节　中医药知识产权的概念
第三节　中医药知识产权的范围
第三章　专利制度与中医药专利权

【案例 3】急支糖浆专利技术助推太极集团形成

第八章 植物新品种制度与中药材植物新品种

【案例8】河南农科院诉内蒙古华龙公司侵犯植物新品种案

第一节 植物新品种权的取得

第二节 植物新品种权的内容及限制

第三节 植物新品种权的法律保护

第四节 中药材植物新品种保护

第九章 厂商名称权制度与中医药老字号

【案例9】康随利诉"明善堂"药业侵犯老字号名称权纠纷案

第一节 厂商名称与厂商名称权

第二节 厂商名称的法律保护

第三节 中医药老字号的法律保护

第十章 传统知识与中医药传统知识保护

【案例10】Hoodia 仙人掌案

第一节 国际上对传统知识保护运动的兴起

第二节 传统医药知识保护的进程及趋势

第三节 中医药传统知识保护的基本原则和做法

第十一章 中医药知识产权的实施与管理

【案例11】涪陵制药厂诉上海华山医院、绍兴中药厂侵害非专利技术纠纷案

第一节 中医药知识产权的实施

第二节 知识产权管理及中医药知识产权全程管理

相信该书的出版将会对我国中医药知识产权类人才培养工作起到一定的促进作用,为我国中医药知识产权工作提供研究思路。

关于国外大学工科院系开设知识产权法课程的设想与实践的调查

金海军[*]

据介绍，国内有人提议在法学院之外开设知识产权法课程，要求将该课程作为工科学生的必修课。据说有些院校已经开始准备提纲，甚至还要出版专供理工科学生使用的知识产权法教材。该提议引发诸多争论。固然，此种提议符合当前国内自上而下形成的"知识产权热"，或许还能让相关决策者投以青睐。但是，如果真正搞起来，恐怕将是又一场法学教育的"大跃进"。❶

知识产权法课程在法学院的课程体系中尽管比较年轻，但已经成为其中的重要组成部分，并且其地位日渐突出。这在中外都是如此。但是，在法学院之外，是否开设或者应当开设知识产权课程呢？尤其，在工科院系是否应当为学生开设此课程呢？国外的一些设想与实践也许可以给我们提供一些思路。

以下将就相关文献与访谈作一介绍与评析，供参考。需要说明的是，相关文献原有注释以及更多内容，请查阅原文。

一、法学院的知识产权法课程设置

关于美国法学院的知识产权课程设置，有两篇调查文章可资参考。主要内容如下。

1. Roberta Rosenthal Kwall 的《知识产权课程：对教授与律师的调查分析》❷

该文作者是美国 *DePaul* 大学知识产权法 Raymond P. Niro 讲座教授。据

    * 此文系笔者受刘春田教授嘱托，作为在哈佛大学法学院访问研究期间的任务之一而完成的。除感谢本文所引证论文的作者以及访谈者之外，还要特别感谢安守廉、王钢桥与祝凯提供的便利。本文初稿曾被收入中国人民大学 2007 年 10 月 22 日举办的"中国知识产权高等教育二十年"论坛的会议资料，此次略有补正。

    ❶ 中国在 20 世纪 80 年代也曾经历过一次法学专业设置上的失误。那时国内法学院校先后设置过国际法、经济法、国际经济法、国际私法、涉外经济法、劳动改造法等作为本科专业，一派"大跃进"的景象。90 年代后期，这种做法得到纠正，前述专业全部被归并为法学专业。

    ❷ KWALL R R. The intellectual property curriculum：findings of professor and practitioner surveys ［J］. Legal education，1999（49）：203.

其介绍，他在 1983 年到该法学院任教时，唯一的知识产权课程就是专利法与反不正当竞争（Patent Law and Unfair Trade Practices）；而到 1999 年，则已经有 25 门知识产权法及其相关课程了。该文的写作背景是，美国法学院协会（AALS）的知识产权部门在 1999 年举行首次工作会议，该会议的诸多话题之一是美国法学院的知识产权课程设置状况。作者为准备此项发言，设计了两份问卷调查，一是针对法学院教授，一是针对执业律师。主要调查结果如下。

（1）针对法学院教授的调查结果：此次调查共收到 69 所法学院的回复，然后按照回复情况进行知识产权相关课程的统计（课程按字母顺序排列，具体法学院的名称参见文章英文版）：

艺术法——20 所法学院开设；

生物技术——10 所法学院开设；

交流/传媒法——23 所法学院开设；

计算机法——32 所法学院开设；

著作权法——54 所法学院开设；

网络法——34 所法学院开设；

娱乐法——42 所法学院开设；

知识产权研讨班——14 所法学院开设；

国际知识产权法——19 所法学院开设；

知识产权许可——14 所法学院开设；

知识产权诉讼——7 所法学院开设；

音乐产业——5 所法学院开设；

专利法——56 所法学院开设，其中有 9 所还提供专利法方面的高级课程，涉及专利申请、权利要求书写作、实践等；

体育法——26 所法学院开设；

法律与技术——名称上花样众多，计约 20 所法学院开设；

通信技术——15 所法学院开设；

商标法——47 所法学院开设；

商业秘密——5 所法学院开设；

无法归类的杂项实体法、执业技巧、研讨班等，由若干所法学院开设。

绝大部分学校提供知识产权基础课程（IP Survey Course），该课程包含全部或两部分以上的知识产权法内容，区别于上述高级课程。绝大多数教师认为知识产权基础课是重要的，其中，有 52 份回复确定其价值，7 份不同意，3 份不确定。关于是否将知识产权基础作为 JD[*] 一年级课程（美国法学院在传统上仅将财产法、合同法、侵权法、刑法、民事诉讼法等课程为一年级必修课）的组成部分，大多数回答表示不同意。但当时已经有 2 所学校将知识产权基础作为一年级课程：康涅狄格大学在 1998 ~ 1999 学年将其设为一年级第二学期选修课；富兰克林皮尔斯法律中心将之作为一年级春季学期的选修课。也有人建议将知识产权基础的内容放入已有的一年级课程中，比如财产法、合同法、侵权法。被问及其所在院系是否将考虑将知识产权基础作为一年级选修课，33 人回答"否"，4 人回答"不确定"。

（2）针对执业律师的问卷调查结果：问卷题目是，他们认为哪些知识产权课程对于知识产权执业者具有重要意义。作者尽管在全国范围内发出几百封信，但只收到 33 个正式回复。但作者借讲课之际，与芝加哥 200 位左右的知识产权律师进行了交谈。在 33 个回复中，18 个确定其律师事务所主要或者专门从事知识产权业务；9 个从事一般业务但设有知识产权部门。根据回复统计，律师认为最有帮助的课程依次为（括号内数字是回复支持的数量）：民事诉讼法（19）、合同法（15）、反托拉斯法（11）、著作权法（11）、专利法（10）、法律文书写作（10）、侵权法（9）、商标法（8）、审判实践（8）、证据法（6）、反不正当贸易法（7）、全部知识产权课（4）、联邦法院（4）、公司法（3）、财产法（3）、法律救济（3）、模拟法庭（3）、宪法（2）、计算机技术（2）。以下课程仅被 1 个回复提到：会计、行政法、知识产权基础课、执业道德、法理学、税法、法律冲突、统一商法典。

当被问到法学院应当开设哪些知识产权高级课程时，回复结果按字母顺序排列如下（括号内数字是回复支持的数量）：商标、著作权与专利的高级课程（2），美国联邦巡回法院审判实践（2），与雇用相关的课程（包括商业秘密、职务发明、竞业禁止等）（1），娱乐法（1），国际知识产权（1），互联网（2），诉讼实践（4），专利复审（1），专利申请（6），技术转让（3），商标申请（1），商业秘密（4）。

一般而言，律师们更喜欢以其职业为导向的课程，特别是写作课程。一些回复提到，任何知识产权课程都不如在工作中的培训（on - the - job training）来得有用，因为法学院与实务界存在鸿沟。在作者与芝加哥知识产权执业律师的交谈中，他们的观点是：并没有某一门单独的知识产权课程是至关重要的，一个好的基本法律教育才是最理想的道路。一些律师事务所实际上建议学生不

---

   * 据教育部留学服务中心 2019 年 6 月 25 日公告，Juris Doctor（JD）的中文名称统一调整为"职业法律文凭"。

要选太多的知识产权课，但许多专门型律师则相信学生应当尽可能选学更多的专门性知识产权课程。

该文也提出，应当从知识产权课程扩张模式中吸取教训。以其所在学校为例，1998 年，德保罗大学法学院开始考虑对其知识产权课程进行扩张，因为大量的学生对芝加哥的知识产权工作市场充满兴趣并且准备投身于此。法学院院长任命一个特别委员会，由该文作者领导。1 年内，引入 10 门新的知识产权课程。据称，这种扩张规模是其他法律学科所没有出现过的。该文作者认为，对于那些考虑扩张知识产权课程的法学院来说，应当考虑如下因素：其一，德保国大学的法学院院长将知识产权作为本院重点给予了大力支持；其二，特别委员会对于芝加哥的工作市场和律师培训之于知识产权课程的关系进行了仔细全面的调查；其三，特别委员会仔细考虑了哪些课程是核心的；其四，委员会采用了一套有效的方法。

2. Kenneth L. Port 的《美国的知识产权课程设置》❶

该文作者 Kenneth L. Port 教授是威廉米歇尔法学院（William Mitchell College of Law）知识产权中心主任，其论文是对上文的进一步追踪调查，针对 Roberta Kwall 在 1999 年所进行的问卷调查与文章，转而采用搜索与分析法学院相关网页介绍的方法。两者相比，其结论认为：自 1999 年以来的 6 年间，美国知识产权课程已经发生很大变化。Kwall 的调查认为，美国有 56 所法学院提供 1 门专利法课程，54 所提供 1 门著作权法课程。Port 的调查则认为，至今已有 139 所法学院提供专利法课程，123 所开设著作权法课程。全美国的法学院除 7 所之外，均提供至少 1 门知识产权课程。54 所提供 1 ~ 4 门，89 所提供 5 ~ 10 门，20 所提供 10 门以上知识产权课程。❷ 因此，再将知识产权法称为"新的热门领域"，已经不合适。

（1）Port 与其研究助手访问了美国所有法学院网站关于 2004 ~ 2005 学年的课程设置，然后分类统计。其将知识产权法核心课程分为如下几种：知识产权基础课、知识产权高级课程（一般）、知识产权诉讼（一般）、专利法导论、专利法、著作权法、著作权法高级课程、商标法、国际/比较知识产权法、知识产权许可、专利申请、专利诉讼、商标申请、商标诉讼、商业秘密、娱乐法、知识产权交易、互联网/电子商务法。以上统计未将那些准知识产权法课

---

❶ PORT L K. Essay on intellectual property curricula in the United States [J]. The intellectual property law review, 2005, 46：165.

❷ 截至 2007 年 6 月，获得美国律师协会（American Bar Association）批准的法学院（ABA - approved law schools）为 196 所。参见：http：//www. abanet. org/legaled/approvedlawschools/approved. html。

程列入，例如艺术法和体育法。

（2）根据上述分类，Port 将调查结果及其比较结果罗列如下：

按照《美国新闻与世界报道》杂志的美国年度最佳研究生院排行榜 2006 年版 ［U. S. News and World Report：America's Best Graduate Schools（2006 ed. ）］，全美国知识产权法教育的 10 所最好的大学是（括号内的数字是其开设的前述知识产权核心课程的数目）：

① 加利福尼亚大学伯克利分校（University of California – Berkeley）（8）；

② 斯坦福大学（Stanford University）（10）；

③ 乔治华盛顿大学（George Washington University）（10）；

④ 休斯敦大学（University of Houston）（11）；

⑤ 卡多佐 – 耶西瓦大学（Cardozo – Yeshiva University）（11）；

⑥ 富兰克林皮尔斯法律中心（Franklin Pierce Law Center）（14）；

⑦ 哥伦比亚大学（Columbia University）（6）；

⑧ 杜克大学（Duke University）（8）；

⑨ 纽约大学（New York University）（9）；

⑩ 波士顿大学（Boston University）（9）。

根据 Port 的调查，再按照所提供课程的多少排列，这些知识产权教学机构排名是：

① 约翰马歇尔法学院（John Marshall Law School）（20）；

② 圣塔克拉拉大学（Santa Clara University）（19）；

③ 惠蒂尔学院（Whittier College）（18）；

④ 威廉米歇尔法律学院（William Mitchell College of Law）（16）；

⑤ 萨福克大学（Suffolk University）（15）；

⑥ 阿克伦大学（University of Akron）（15）；

⑦ 富兰克林皮尔斯法律中心（Franklin Pierce Law Center）（14）；

⑧ 洛约拉马利蒙特大学（Loyola Marymount University）（13）；

⑨ 乔治城大学（Georgetown University）（13）。

（照 Port 的排法，就把自己的雇主单位威廉米歇尔法律学院排到第四名去了！）

《美国新闻与世界报道》杂志的调查方法是：以该法学院的声望作为其知识产权课程的一项指标。每年，特定数量的知识产权教授会收到一份包含所有法学院的名单，要求其从中挑选出知识产权教学最好的 20 所法学院，但并未要求对 20 所法学院进行排序，亦未给出挑选的标准，然后由该杂志按得分多少排序。

这样排下来的结果，只有富兰克林皮尔斯法律中心是两榜兼中。Port 的方法，也未必科学。因为课程开得多，并不意味着就能讲得好，但这至少也是一项参考指标。

在《美国新闻与世界报道》杂志排名前十的法学院中，每一所提供至少 6 门以上的知识产权课程。

（3）知识产权课程分析：

根据 Port 的调查，全美有 43 所法学院提供知识产权许可（IP Licensing）课程。他认为，该课程具有特别的重要性。显然，美国法学院已经意识到这一事实了。但是，只有 16 所法学院提供更为一般性的知识产权交易（IP Transactions）课程。

开设最多的课程是知识产权法基础课，全美国有 144 所法学院开设。如果每一班有 40 人，那么，每年就有将近 6000 名法学院学生参加了该课程。因为全美国每年保有将近 4 万名法学院学生，这就意味着将近 15% 的法学院学生接受过至少一门知识产权课程。

开设次多的是专利法，有 139 所法学院开设。另外，还有 11 所在一学期开设专利法导论，接着一学期开设专利法。因此，实际上在 139 所法学院开设有 150 门专利法课程。有 123 所开设著作权法。令人感兴趣的是，开设专利法的法学院比开设著作权法的法学院还要多。尽管两者数量接近，但至少在笔者看来，著作权法本来应该比专利法更受欢迎。因为，著作权法更容易教，而且每个人都可能学习和实践。而且，尽管这种观念具有误导性，但还是存在这样一种观念，即认为只有专利律师才能教专利法。

开设互联网法（Internet Law）与开设商标法的法学院数量相同，都是 106 所。而开设娱乐法（Entertainment Law）的法学院则有 101 所。

有 71 所法学院开设了国际或者比较知识产权法课程。有些还将之分为国际专利法、国际著作权法、国际商标法等。不过，在 Port 所列的前九所法学院中，就开设了 23 门国际知识产权法课程，平均每所法学院将近有 3 门。

除以上 7 门课程外，开设其余课程的法学院数量就明显少多了。因此，Port 认为，完全可以得出这样的结论：这 7 门课程（知识产权法基础课、专利法、著作权法、网络法、商标法、娱乐法、国际知识产权法）构成了今日美国法学院开设的知识产权课程的核心。

二、法学院以外的知识产权法教育状况

关于在法学院以外的地方开展知识产权法教育，国外也有一些人提出如下的建议。

《职业前的知识产权教育》❶的作者 Monisha Deka 是富兰克林皮尔斯法律中心的知识产权硕士与 JD 学生。该文提出了开展知识产权法公众教育的必要性与方法。作者认为，知识产权在经济发展中的作用日益增加，因此，应当提高公众在知识产权法方面的知识。下面按该文的章节结构进行大致介绍。

（1）该文首先列举了公众知识产权教育的几个例子：其一是南美洲亚马逊流域当地部落反对美国生物公司将当地植物资源申请专利；其二是中国，作为中国与美国所达成协议的一部分，中国在其大学实行知识产权教育。中国的经济与知识产权制度都经历了巨大改变，而公众的知识产权教育被用于对研究与发明的激励，这正是一个可靠的知识产权制度所提供的。该文引用的资料来自俞建扬（Jianyang Yu, People's Republic of China：Protection of Intellectual Property in P. R. C.：Progress, Problems and Proposals, 13 UCLA P. Basin L. J. 140，160，1994）。俞建扬在文章中提及：中国大学的研究人员与教授以发表论文为主要目标，非以拥有专利为导向，故应当加强大学的知识产权教育。

（2）该文认为，美国国内关于公众知识产权教育的提议还只是在立法过程中沉浮不定。当前，综合性的知识产权教育还有待展开与实施（H. R. 2517，108th Congress，§ 5）。对知识产权的生产者所给予的知识产权法教育，还不如对于知识产权消费者所提供的那么强，换言之，作者认为应当扩大知识产权教育的受众层面。

作者提出知识产权教育中的生产者/消费者二分法：对消费者的知识产权教育，重点在于解释这些产品是如何通过知识产权得到保护的、如何遵守这些制度、正确地购买而不是下载或者共享（Washington Post, 2004 - 10 - 21 B02）；对生产者的知识产权教育，则是鼓励创新，提高公众对于获得知识产权保护之基本步骤的熟悉程度 [Harold Evans, They Transformed the world, Parade Mag. （2004 - 10 - 24）]。美国的知识产权教育重在前者，而对后者重视不够，两者不成比例。

（3）为什么进行公众知识产权教育。戈登·古尔德（Gordon Gould）是激光的发明人。尽管古尔德做出了一项改变世界的发明，但他也经受了长达 30 年的诉讼，其发明的可专利性经常受到怀疑。古尔德甚至承认，他完全忽视了专利法，从而实际上丧失了该发明的专利（John Steele Gordon, Pioneers Die Broke, Forbes Mag. 1，4，2002 - 12 - 23），"我对整个专利程度是如此无知，

---

❶ DEKA M. Pre - professional intellectual property education ［J］. The Intellectual Property Law Review, 2005, 46：143.

我以为要获得专利就必须先做出一个模型。"古尔德的错误是典型的"19世纪工匠的错误"。当古尔德最终申请专利时,贝尔实验室的科学家已经就激光发明提出了专利申请,也许他们对专利法理解得更好。幸运的是,古尔德把他关于激光的发明构思已经记录在笔记本上,并且请当地的糖果店作出证明。据此,古尔德充分证明是他发明在先的。因为美国专利制度采用发明在先,而非申请在先,所以古尔德从中获益。❶ 但从历史上看,发明家尽管做出了重大发明,结果却大多是贫困不堪,甚至自杀。

关于消费者知识产权教育的例子可参见美国录音行业协会起诉非法下载者。

(4)以往美国知识产权教育的提议。以往的立法活动显示,政府对于向公众提供综合性知识产权教育具有某种兴趣。在20世纪90年代初期,有提议让公众熟悉互联网,其中即包含公众知识产权教育的观念。由美国商务部与专利商标局组成的"信息高速公路"工作组起草的提议中就有此项意见。工作组提到了公众知识产权的缺乏、教学困难及其目标建议,并提出了3个目标:一是提高公众的知识产权意识;二是通过鼓励公众理解知识产权,从而对知识产权生产者进行教育;三是提供一套体系,使公众易于获得有关著作权的最新信息,包括如何获得作品使用授权的指南。围绕工作组有关知识产权教育的提议的立法听证在1995年停止了。相关立法工作被分解为不同的题目,但教育这一块就不提了。10年过去了,技术进步已经很多,需求更为迫切,但国会对于知识产权教育仍然没有明显的行动。

美国本身不采取行动,相反地,要求其他国家对公民进行知识产权教育。《有效保护及实施知识产权的行动计划》(1990年中美换函)即包含关于中国将对公众进行知识产权教育的约定,内容大致如下:

相关部门将在全国采取知识产权培训与教育行动,并采取如下步骤:……就知识产权保护提供全国性培训与教育。这些努力将包括:通过新闻媒体就知识产权及其保护的重要意义开展群众运动;在高等教育机构开设或者扩大知识产权专门研究,并向大学本科学生提供(知识产权)基本教育;为制造与销售知识产权保护之产品的企业与事业单位管理人员提供培训课程。

除了要求开设比美国现存的更为广泛的知识产权教育计划之外,该备忘录还确定了一个目标,即同时提供生产者与消费者的知识产权教育。综合性的知识产权教育已经被美国政府官员承认为有益的。但美国的知识产权教育却缺乏

---

❶ 对古尔德(1920—2005)激光专利之争的回顾,参见:GOULD G. Figure in Invention of the Laser, Dies [N]. New York Times, 2005 – 09 – 20.

综合性（指对生产者的知识产权教育不如对消费者的教育）

（5）美国当前的知识产权教育提议。美国当前在知识产权教育方面的努力集中于反盗版或者网络犯罪上，而非在鼓励创新上。联邦议员们在 2003 年提出《盗版遏制教育法》（*Piracy Deterrence Education Act*），其中提到"教育公众有关著作权法在网络中的适用"等语。

（6）公众寻求知识产权教育（略）。

（7）教育者与知识产权教育。Shaheen Lakhan 是加利福尼亚大学圣迭戈分校生物技术专业的讲师与教学助理，也是洛杉矶一所私立高中的课程顾问以及哈佛医学院生物医学研究人员。Lakhan 建议在小学、初中、高中的现有课程中引入知识产权教育，强调作为生产者与消费者的知识产权教育的重要性。

第一，英国的知识产权教育。英国前文化传媒与体育部长 Chris Smith 提到："知识产权是新的知识经济的核心，对于创造性产业至关重要。应当鼓励公众对知识产权的作用与意义更加了解。"但是，英国同样存在知识产权教育不平衡的现象，强调对消费者的知识产权教育，而且偏重于有关侵犯著作权方面。

相对于美国的工作组计划，英国的 Creative Industries Task Force 提出三步方法，以提高知识产权教育。第一步是确定哪部分人需要获得额外的知识产权教育，既考虑到公众的需要，也考虑到特定需要。第二步是确定有哪些已经存在的与达到基本要求的知识产权教育。第三步是确定如何向那些有必要接受的人群进行知识产权教育。该组织提出利用英国的广播系统、音乐产业、出版社以及其他与知识产权保护利益相关者来执行这些教育计划。

第二，支持知识产权教育的团体（略）。

第三，教师与知识产权教育（指中小学教师，略）。

（8）知识产权与高等教育。在 5 年之前，全美国获得认证的 175 所法学院中，只有极少数法学院提供了 2 门以上的知识产权课程。（William Hennessey, The Place of Intellectual Property Teaching in the Curricula of Universities and Technical Institute。其内容详见下文）。在美国，只有 5 所法学院提供知识产权 LLM 学位：富兰克林皮尔斯法律中心、乔治·华盛顿大学、纽约大学、约翰马歇尔法学院、休斯敦大学。其中有 3 个是早就设立的，富兰克林皮尔斯法律中心与休斯敦大学则相对较新。而且，在全美 175 所法学院中，只有一小部分向 JD 学生提供超过 1 门或 2 门的知识产权课程。提供 2 门以上的有芝加哥肯特法学院、狄金森法学院、巴尔的摩大学法学院、乔治城法学院和乔治梅森法学院。在此之后，大学向本科生，尤其是工科的本科生提供知识产权教育。在美国工科院系之所以极少开设知识产权课程，一个实际原因是在那里几乎没有能够胜任该课程的教师。另一原因是，在大部分工科院系中，工科课程非常集中于那些学生为获得工程师资格所必需的技术专业知识。因为没有任何技术工程专业组织要求其成员在其工程学科中掌握知识产权，所以，在这些工科院系中就不会去讲授知识产权。许多律师抽出时间去向本科大学生传播知识产权知识。但有意思的是，美国律师协会（American Bar Association）却并未将本科学生的教育作为培养知识产权律师的可能专业。（ABA Section of Intellectual Property Law Careers in Intellectual Property Law。大学雇佣知识产权律师，尤其是那些倚重于研究开发的大学。大学知识产权律师与科学家、研究人员共同合作，确定那些具有潜在商业价值的发明。尽管有一些大学是自己从事专利申请的，但大部分还是依靠律师事务所从事该项工作。大学知识产权律师帮助发明的产业化、许可或者转让专利技术。）

三、在工科院系开设知识产权法课程的提议与争议

1. 美国富兰克林皮尔斯法律中心的知识产权法教授 William Hennessey 的《大学与理工学院课程表中知识产权教学的位置》❶

该文就工科院系是否应该以及如何开设知识产权课程的问题进行了系统分析，其主要内容如下。

（1）研究该问题的必要性。Hennessey 教授认为，在考虑综合性大学与工科院校课程表中知识产权之位置时，必须设法在大学法律教育与技术教育的传统之间达成一种适应融合（accommodation），因为过去很少认识到知识产权学习的重要性，但最后的发展正在挑战这些传统。技术方面在急速变化，比如在计算机、传媒、通信、生物技术、环保产业方面。这些技术在商业方面的创新被许多部门认识到，是与充分而有效的知识产权保护分不开的。国家边界与主权也受到全球化挑战，而且此种挑战因为全球性技术革命与国际商品服务贸易而加剧。这些发展和影响增加了地域原则（territorial principles）的紧张。因此，在高等教育机构中，知识产权教学的地位在近年来得到了快速改变。

（2）美国的现况，以美国高等教育的一般结构为背景。美国直到最近，在法学院以外，也几乎没有综合性大学或者理工学院提供任何的知识产权培训。其原因多种多样。为什么在大学本科生中不教知识产权法？一个原因在于法科培训——尤其像知识产权这样非常复杂的法律领域——已经被归入研究生职业学院（graduate professional school）中了。即使在今天，除了法学院，也

❶ The Place of Intellectual Property Teaching in the Curricula of Universities and Technical Institutes (1999).

极少有研究生院提供知识产权方面的课程。

（按：以下部分主要是美国法学教育的背景知识，熟悉者可略）

在美国，经过 12 年的初级与中等教育之后就是"高等教育"了。在规模较大的大学，教学课程分为本科生与研究生的课表。"college"（学院）通常用于指提供本科生教学的机构。有时，它是一个独立的教育机构；有时，一个本科学院也是一个较大规模大学的组成部分，而此种大学具有一个或者数个研究生院或者职业学院。

关于州立大学与私立大学的情况：比如州立大学的教员是州的雇员，其薪水来源于州，且州政府提供教学设施的建设与维护；比如学费，州立大学的学费通常只有私立大学的一半甚至 1/4，但已经不再有免费的州立大学。联邦政府没有设立过任何国立大学或者院校。州立与市立的大学有加利福尼亚大学、密歇根大学、纽约州立大学、纽约城市大学等。美国每 1 州均有州立大学。

大多数美国大学与院校是私立的且大多数是非营利性机构，收到的学费与慈善捐赠用于教员工资以及教学设施，若有余，则再投资于教学收益。此外，许多私立大学也接受联邦政府机构的拨款，用于开展教学与研究。例如，麻省理工学院每年从政府接受 2.5 亿美元以上的款项从事研究。一些冠以公共机构之名，但实为私立大学的机构，比如麻省理工学院、乔治·华盛顿大学、纽约大学、芝加哥大学等，不直接或者间接受州政府的控制。

独立的研究生学院（graduate institutions）中尽管大多数研究生课程是从属于大学的，但也有一些研究生学院完全独立，例如，费城的杰弗逊医学院、纽约市的洛克菲勒大学、加州的克莱蒙研究大学、芝加哥的约翰马歇尔法学院、新罕布什尔的富兰克林皮尔斯法律中心。这些学院不提供本科课程，也不属于大学。进入这些学院必须已经从其他大学或者学院获得一个学士学位。

美国的本科课程传统上是四年制，学生毕业获得学士学位。美国的学士学位授予文科 Liberal Art，包括商业、经济、语言文学、历史、社会科学、艺术、数学等、理科 Natural Sciences（生物、化学、物理等）与工科 Engineering（机械、电力、化工等）。但是，美国并不在法律上授予学士学位。学生必须在其他学科上获得一个学士学位，才能获准学习法律。教授知识产权的唯一机构是法学院。因此，传统上，在大多数美国综合性大学与工科院校的本科学生课程表中没有知识产权课程。

在获得学士学位之后，美国学生可以继续深造，开始研究生课程。研究生教育通常是由那些具有本科教育机构的大学进行的。研究生课程分为：①学术类（academic programs），学生准备从事教学研究工作，课程引导其获得博士学位；②职业类（professional programs），主要集中于法律、商业管理与医学。

因为知识产权传统上与法律具有强烈的关联，而非与科学或者商业，因此在美国，知识产权方面没有任何学术类课程。因此，美国没有任何知识产权方面的博士学位，因为实际上没有任何学院提供法律方面的博士学位。

医学院提供职业的医学博士（Doctor of Medicine，MD），这是美国行医必需的；商学院提供工商管理硕士（MBA）或工商管理博士（DBA），前者从事公司管理，后者从事商业教学。商学院学生的商法教科书针对知识产权的学习篇幅与分量极少。随着生物医学的进步，医学院师生对知识产权的兴趣越来越高。但据笔者所知，美国没有任何医学院提供知识产权课程。

（按：背景介绍完毕）

在过去，美国的工学院（colleges of engineering）与理工学院（technical institutes）极少提供知识产权课程。工学院一般授予工科方面的学士、硕士与博士学位。工学院有时被称作理工学院（technical institute），但这可能具有误导性。例如，麻省理工学院实际上是一所大型的私立大学，具有文科、理科的本科与研究生课程。麻省理工学院的斯隆商学院授予 MBA 以及科技管理硕士（Master of Management in Technology，MOT）学位。后者表明，不同学科之间相互结合的趋势越来越大。美国大学的工学院与理工学院极少提供知识产权课程的一个实际原因是：这些院校几乎没有任何教员适于教授这一课程。第二个原因在于，大多数工学院或者理工学院的课程表专注于获得工程师资格的专业知识。因为没有任何工程师职业组织要求工程师掌握或者了解知识产权，所以，知识产权在这些院校并不被讲授。

关于知识产权的基础与高级职业课程，如前所述，进入法学院的学生必须已经在其他学科获得一个学士学位。法学院则授予 JD 学位，这是一个通常性的职业学位，美国 48 个州要求获得 JD 才能从事法律执业。因此，JD 学位是美国的基本法律学位。一些法学院为那些已经获得 JD 学位的学生提供"高级"法律学位。研究生法律学位包括法学硕士（Master of Laws，LLM）、比较法学硕士（Master of Comparative Law，MCL）、法学博士（Doctor of Juridical Science，SJD），集中于专门科目，如国际法、公司法、税法等。美国多数律师或者法学教授仅拥有基本法律学位 JD，只有小部分法学教授还有高级学位。尽管越来越多的人也拥有其他学科的学术学位，比如技术、经济、国际关系等，但令人感到奇怪的是，直到最近都极少有法学院提供知识产权方面的高级学位课程。此外，富兰克林皮尔斯法律中心提供一种高级学位知识产权硕士（Master of Intellectual Property，MIP），这是在知识产权方面的学科交叉，为法学与其他研究生开设。以下讨论之。

在传统法学院中缺乏对知识产权教学的强调，原因如下：第一，因为在美国，律师想要从事专利法执业，政府的规定就要求其在理工科专业受过训练，大多数法学院学生并不具备此等条件，因为大多数学生只是有政治学、政府或者历史学方面的本科学位。因此，法学教授如果没有这样的技术训练，也就不熟悉专利法。专利律师（patent lawyers）常常是由通用型执业律师（general legal practitioners）担任，现在仍然如此，而法律技术人员或者专家（legal technicians or specialists）则从事范围狭隘的法律意见工作，并且仅仅起草专利申请文件或者解释专利法的细节问题。因为专利法并未在法学院课程表中被讲授，受过技术训练的法学院学生就得等到他们进入律师事务所工作以后，才能获得在专利法方面的在职培训（on-the-job training）。美国有许多所谓的"法律继续教育课程"（continuing legal education，CLE）。这样的课程一直主要是由专业协会而非法学院提供的。直到最近，一些法学院开始向执业律师提供知识产权方面的课程。但是，这些课程并不适用于非律师的人员。第二，大量的专利从业人员原来就是专利审查员，而后选择进入法学院，以便成为专利律师（patent attorneys）（按：attorney 与 lawyer 在美国是指同一回事）。因为前专利审查员被认为已经理解了美国专利商标局的程序，因此这些人就被假定不需要知识产权方面的学术训练，但这种假定常常是不正确的。这样的态度加深了这样的认识，即知识产权是一般法学院课程中一个不恰当的主题。第三，在美国，商业法的业务传统上是由那些与美国专利商标局常打交道的专利律师来做的。没有不具有美国律师身份的所谓"商标代理人"（trademark agent）。即使在今天，很多通用型法律执业人员还持这样的错误态度，即律师必须具有技术训练才能在美国从事商标法业务。第四，著作权法业务，如果不是由专利与商标律师从事，则通常由那些解决文学、出版与艺术品问题的律师来做。著作权法被认为是一般法律业务中只占很小比例且相对不重要的领域。

由于一方面，传统法学院课程表与知识产权教学之间的差异，另一方面，一般法律业务与知识产权法律业务之间的巨大落差，著作权、专利与商标律师在过去常常在那些专门的律师事务所，而且今天依然如此。通用型律师仍然极少意识到知识产权执业的特征。不过，这些趋势已开始发生改变。

（3）将知识产权教学纳入大学与理工学院课程表的一般趋势。快速变化的技术与不断增加的知识产权事务国际合作所带来的挑战对美国法学院的知识产权培训带来了积极影响。1990 年，美国法学院协会（Association of American Law Schools，AALS）设立了知识产权委员会，以提高法学院教授对知识产权的熟悉程度。最近列出的全美法学院有 300 位法学教授在讲授知识产权课程。尽管不熟悉知识产权研究传统的一般性教员很难掌握知识产权法，但有一种趋势是需要在法学院更多讲授知识产权法。此外，因为一般法学教授为知识产权学科营造了一种新的视角，知识产权研究就能够利用一般法学研究成就。富兰克林皮尔斯法律中心拥有人数最多的知识产权教员，目前有 5 位全职的知识产权法教授。加利福尼亚大学伯克利分校法学院拥有 3 位。不久的将来，美国的知识产权法教师可能会大量增加。

另一趋势是，越来越多拥有丰富知识产权执业经验的知识产权从业人员开始进入教学活动，作客座教授。专业组织，例如美国知识产权法律协会（American Intellectual Property Law Association，AIPLA）、国际商标协会（International Trademark Association，INTA）、美国著作权协会（Copyright Society of the United States）、许可协会（Licensing Executives Society，LES）也建立了教育委员会，以研究改进知识产权教学的方法。这些专业委员会的作用之一，在于鼓励知识产权执业律师到法学院以及工学院或者商学院担任兼职教授，讲授知识产权法。技术变化影响了美国法学院知识产权教学与研究的内容，因为一些经济部门的发展扩大是与知识产权保护相联系的，比如计算机技术、通信技术、生物技术、环境保护技术，所以，美国法学院的知识产权教学在过去 10 年中变化非常快。一些法学院创办了新的专门化学术杂志，以研究知识产权问题。这是一个非常好的趋势，主要是因为这些快速成长的技术被一些法律学者感觉到无法用传统的知识产权概念加以充分涵盖。新的问题，比如计算机数据库的信息保护、遗传信息的收集与生物多样性、电子信息网络、新的数字化通信与传媒技术正受到法学学者的关注。法学教员对于知识产权给予了越来越多的关注。

在法学院与综合性大学以及理工学院其他部门之间的合作与跨学科课程方面，最近的另一趋势是知识产权教授与不同领域的执业者不断开设合作性与跨学科的课程。例如，巴尔的摩大学法学院与商学院的 Fryer 与 Herron 教授的论文，标题是"知识产权法律与实务的教学：商学院与法学院的合作"（Teaching Intellectual Property Law and Practice：Business School and Law School Cooperation）。该论文在 1993 年 7 月由世界知识产权组织（WIPO）发起的国际促进知识产权教学与研究协会（International Association for the Advancement of Teaching and Research in Intellectual Property，ATRIP）的年度大会上宣读。工学院也开始向工科学生提供知识产权法课程。为此，有必要发现能够担当此项教学任务的教师。这一任务比以往要容易，因为理工学院的教员已经相当了解知识产权的法律与实务。例如，Steven Grossman 博士是麻省大学洛威尔分校的化学工程的教授，向工科学生提供一系列一天型的讨论课程（one - day seminars）。Grossman 教授认为，相同的课程应也在哥伦比亚大学工学院开设。富兰克林皮尔斯法律中心的 Edward Coleman 教授也在马萨诸塞尔的伍斯特理工学院讲授专利法课程。

在技术管理学硕士与相关硕士学位方面，法学院、管理学院与工学院已经开始建立知识产权与技术转让方面的课程。富兰克林皮尔斯法律中心的企业家与创新中心（Center for Entrepreneurship and Innovation）在 Homer Blair 教授与 Karl Jorda 教授的领导下，于 1986 年创设了第一个知识产权方面的跨学科学位（interdisciplinary degree），即知识产权硕士。知识产权硕士不是一个法律学位，而是一个跨学科的学位，其学生要接受科学与技术、商业、政府管理与法律方面的教育。没有任何其他法学院提供这样的学位课程。但是，除此之外，Hennessey 教授还列举了在管理与工学院还有以下学位课程及授予相应学位的教育机构：

硕士学位课程（Master Degree Programs）

富兰克林皮尔斯法律中心（Franklin Pierce Law Center）：知识产权硕士（Master of Intellectual Property Program）；

佐治亚理工学院（Georgia Institute of Technology）：技术管理学硕士（Master of Science in the Management of Technology Program）；

麻省理工学院管理学院（MIT/ Sloan School of Management, SLOAN）：技术管理学硕士（Master of Science in the Management of Technology Program）；

国家技术大学（National Technological University）：技术管理学硕士（Master of Science in the Management of Technology Program）；

俄勒冈理工学院（Oregon Institute of Science & Technology）：技术管理学硕士（Master of Science of Management of Technology）；

波特兰州立大学（Portland State University）：工程管理学硕士（Master of Science in Engineering Management）；

伦斯勒理工大学（Rensselaer Polytechnic Institute）：MBA 技术与管理（Technology & Management MBA）；

斯蒂文森工学院（Stevens Institute of Technology）：技术科学硕士（Master of Science of Technology）；

明尼苏达大学（University of Minnesota）：技术管理学硕士（Master of Science in the Management of Technology）；

凤凰城大学（University of Phoenix）：技术管理（MBA in Technology Management）；

得州大学奥斯丁（University of Texas at Austin）：科学与技术商业化硕士（Executive Master of Science in Commercialization of Science and Technology）；

得州大学圣安东尼奥分校（University of Texas at San Antonio）：技术管理

硕士（Master of Technology Management）；

滑铁卢大学（University of Waterloo）：应用科学与技术管理硕士（Master of Applied Science – Management of Technology）；

华盛顿大学圣路易斯分校（Washington University in St. Louis）：技术管理学硕士（Master of Science in Management of Technology）；

威林耶稣大学（Wheeling Jesuit College）：技术转让与商业化学硕士（Master of Science in Commercialization and Technology Transfer。

（4）在知识产权课程与教学材料上的发展是关键性的重要方面。这不是一夜之间就可完成的。只能通过试错来，不断地试验与探讨。

一是要考虑知识产权受培训学生的职业领域范围。

二是要考虑其受教育水平与背景。在美国，虽非全部，但绝大部分知识产权课程与教材是供研究生使用的，而且主要是面对法学院。

三是要考虑特定国家的教育与知识产权制度的关系，以及知识产权在不同领域的讲课方法。案例教学法（case method）在大陆法系国家可能不适用，因为法院判决意见极少具有可用性，并且可能使学生犯晕而非受到启发。此外还有解决问题的方法（problem – solving method）、假设问题的方法（hypothetical problem approach）、激励法（simulation method）、原理讲授法（doctrinal method）、实践教学法（clinical method）。

四是要考虑知识产权教师的能力。

2. Ruth Soetendorp《为工程师开设知识产权——一个课程开发项目》

作者 Ruth Soetendorp 是英国伯恩蒂斯大学法学院知识产权政策与管理中心（Center for Intellectual Property Policy and Management）教授。该文是英国伯恩蒂斯大学法学院与工学院几位教师进行的研究与课程开发计划。

该文认为，公共法律教育的提高将对法学院产生双重影响，促使法学院重新评估应当如何便利于学习法律，增加了跨学科之间法律研究合作的机会。这些思想成为英国法律教育中心（UK Centre for Legal Education，UKCLE）支持由 Ruth 领导的法律与工程师项目（Law and Engineers Project）的背景。该项目关注于将知识产权法纳入工科本科教学大纲中。

（1）法律教育不仅仅是培养法律专门人才，因此，法律教师应当被认为是"专业"教育者，而不是"纯粹的法律"教育者。公共法律教育正在不断扩大，确保"作为公民与消费者的个人处于恰当的地位，能够实现其权利，承担其责任，为维护其利益而使用法律服务"（Brooker，2004）。

该项目由跨学科的4人完成，其成员来自2所大学的法学与工科教师。该项目关注于将知识产权法纳入工科本科教学大纲中的方法。

该项目的研究在 2 个方面：一是知识产权法教学人员与非法律教学人员的合作程度；二是工科教师向其学生提供知识产权法律教育的程度，即在哪里进行，由谁来教。

2004 年，高等教育研究院工科中心（Higher Education Academy Engineering Subject Centre）与 UKCLE 同时接到一项独特的提议。该提议提出一项研究计划，其主要目标是开发出一套教学方法，由网络资源提供支持，以便利于知识产权法与工科教学大纲相结合。更广泛地说，这将有助于向法律学生与非法律学生传授知识产权法，帮助将非核心主题纳入核心课程表中。此研究项目受到该两家机构的小额资助，于 2005 年夏天开始。

（2）知识产权是英国法学院相对较新的课程。它最早不过是伦敦大学的 LLM 课程，但在很短时间内即获得全面承认。大部分高等教育机构已经至少开设一门知识产权相关课程。它现在已经成为英国法律学位课程的一部分。

由于知识产权已经被英国与欧盟政策所接受，事情还在迅速发展。英国政府"高等教育创新基金"（Higher Education Innovation Fund）的计划 1、2 以及当前的计划 3，每一期都强调大学生知识产权教育的重要性。因为技术转让办公室现在在绝大部分高等教育机构中均有设立，知识产权与高等教育的关系非常紧密。

结果之一是法律以外的学科开始关注知识产权。它们认为，知识产权的根基（root）在法律，但其枝叶（branch）可能与它们的学科发生接触，从而与其学生的学习以及将来的职业相关。这就引发了这样的问题，即如何在法学院以外讲授知识产权课程以及如何设计课程，以适应人文、科学、技术与艺术的教师使用。

（3）课程开发方面的压力在于以下方面：国内外学生市场的竞争、对政府期望的响应、新技术的显现、雇主、专业团体以及评价机构、行业与职业。同时，以下因素亦有影响：具有强烈领导技巧的个人、财务压力、学术影响以及学术态度。

尽管英国国内国际知识产权法持续发展，但法学院的知识产权课程表却相对稳定。在知识产权教育领域，课程变化的压力来自以上同样的因素。法学院希望设计知识产权学位课程时与商业、创造性产业、科学与技术相关，同时，其他学科的教师开始考虑将知识产权纳入其课程中。有一些已经开始开发知识产权课程，其中一些涉及与法学院的合作。

法学院课程的开发方面，知识产权学习通常是在法学本科的最后学年进行的。那时学生已经学习了合同法与其他基本法律科目，有利于知识产权法的学习。

大多数本科课程包含了著作权、专利与商标，还可能包括外观设计法。著作权花时最多，而准知识产权，例如商业秘密花时最少。如果有时间，地理标记是法学院课程中最想被人们包括其中的。所有法学院都面临这样的决定，即在知识产权不断扩大的"菜单"中应当包含哪些？实体国内法、实体国际法、商业秘密、人体资源问题、竞争法、商业应用、管理与策略、国内与国际政策、伦理、替代性制度等。

课程是对雇主与执业机构的响应。同时，知识产权法的学习也应当是学术性的。对知识产权的学习应当将学生带入更深的伦理、哲学等问题，这将引发对于财产本身特征的思考。对知识产权教育的批判方法应当包括对专利制度的反思，以及保护的不适当性等。

英国特许专利人协会和商标律师协会联合教育委员会（UK Joint Education Board of the Chartered Institute of Patent Agent and the Institute of Trade Mark Attorneys）开始扩大这样的机构，它们免考这些执业考试的基础等级。学生从伯恩蒂斯大学完成本科或研究生课程，例如 Intellectual Property Practice/IPP，就能够从 2005 年夏天开始获得免考。

（4）关于跨学科合作对课程开发的影响，法学院与其他学科教师的跨学科教学研究合作，带来了学术与管理上的挑战与困难。牛津大学的自动化研究学院（The Institute of Automotive Studies at Oxford University）的牛津科技园（Begbroke Science Park）为该大学的研究开发提供了切入点。事例之一是SPRINTcar，它将为英国企业提供合作性知识产权与新机会。管理与市场开发、设计与体现、知识产权问题与商业化进程，这些都被认为将形成 MBA 或博士项目。

在法学院之外的课程开发方面，其他学科的教学研究者开始意识到，它们的学生的职业与管理能力可以从知识产权意识中获益。科学技术管理等领域越来越认识到知识产权保护、利用与执法的重要性，同时，职业团体、政府与国际机构也在对此进行促进。

非法律界对于引入知识产权课程并不总是热心的。2003 年的一项调查问题问他们是否将向学生教授知识产权知识时，工科教师的反应是：我不必讲这些；我不知道如何教这些；如果我有好学生，我就不必教这些。

客观上讲，他们不情愿教是因为教学大纲内容已经很拥挤了，而知识产权不属于必教或者必修科目，即英国工程委员会（Engineering Council UK）的考试科目。

另外的原因是：缺乏必要的热情，觉得这不是一个人的责任；这被认为是软工程而非硬工程；还没有这样的意识；这是必须由专家来教的课程；工程师还有其他更重要的事情，比如安全教育。

工科学生则反应积极，将知识产权看作与他们将来职业相关的事情。一位日本工科本科学生在听了介绍性的知识产权课后评论是：知识产权是工程师的食物，应当每天都吃一些。但是，2004年麻省理工学院的一项研究表明，理科学生（science students）并不总是认为专利是有用的。

如果片面地将责任放在教师身上，知识产权教育不可能获得成功。工作重点应当放在使非法律的教师开始扩大知识产权课程，并将之转授给学生。

"知识产权教育对于支持工程师的创新开发具有特殊重要作用。这是企业家活动进一步开发的基础。但是，对于工程师与科学家还没有形成良好的教学方法"（MacLaughlan，2005）。

3.《工科教学大纲中的知识产权：一项正在进行的工作》

该文的作者为 Ruth Soetendorp。在2005年10月开始的法律与工程项目工作组中，一个由英国与澳大利亚工科教授组成的小组调查了他们所在院系的知识产权教学程度。

（1）收到的回答包括［Soetendorp，2005］：

① 知识产权被结合到知识转让中心的活动中，但它并不被列为课程，也不受评估；

② 在某些课程中由客座人员演讲；

③ 知识产权被嵌入教学单元中，知识产权问题被认为是学生书写商业计划项目的部分或全部知识产权；

④ 在某些主题中讲授，由工程师来教，有时从法学院请教师来讲；

⑤ 知识产权只在第四年管理课程中讲，但不够，人们想要更好的知识产权课；

⑥ 由一名工程师来教，作为最后一年必修课商业管理单元的一个单独部分。

（2）这个工作小组的成员包括知识产权法教学研究人员、工科教师、商业管理人员、英国知识产权局工作人员、世界知识产权组织代表以及大学生创业促进委员会（National Council for Graduate Entrepreneurship）。主要讨论的问题包括：

① 谁最适合于向工程师讲授知识产权法；

② 一个毕业的工程师需要在其知识产权工具箱中放哪些东西；

③ 对工程师而言，知识产权教学应当达到什么样的结果。

（3）关于继续教育与终身教育。作为实例，该文提到飞利浦公司与中国3所大学（中国人民大学、清华大学、复旦大学）联合开设知识产权课程。吉列英国公司向其员工开设知识产权课程，提高对知识产权认识。

此外，还有世界知识产权组织世界学院网络课程、欧洲专利学院、欧盟的欧洲专利计划（IP Ewope Project）。

4. 澳大利亚 Robert G. McLanghlan 的《将知识产权纳入工科课程表的路径》❶

该文作者系澳大利亚悉尼科技大学工学院教师，也是该大学工程系核心课程项目（Core Curricula Program）的负责人。核心课程是所有工科学生必修的一系列主题，包括更具专业方向的工程方面的具体课目。具体内容尚未确定。

四、与相关学者、学生的访谈

就本调查报告所涉及的问题，我也曾与海外学者学生交流（以下皆为化名）。

1. ZK（国内大学工科，留学美国获得博士学位，现为加利福尼亚大学伯克利分校法学院的 JD 三年级学生，曾在硅谷从业）

通过电子邮件、电话、当面讨论等方式交流，其主要观点如下：

（1）美国法学院像医学院、商学院那样，属于专业学院。此前的本科学习，头两年是不分专业的，专业非常分散。（按：国内恰恰相反，本科生就分非常细的专业。实际上，文理分科在高中就开始的话，不利于学生的知识面与宽厚背景。）

（2）美国的律师、专利代理人等专业人员在数量与分布上能够满足社会需求。在硅谷做工程师的绝大多数是印度人、中国人。美国人自己去做律师、医生，或者自己创业。结合他自己的情况，就是不甘心只做工程师，而在自己创业时面临许多法律问题，律师费又非常高，干脆想自己做律师了，故又来加利福尼亚大学伯克利分校法学院读 JD。回想起来，当时有许多好的想法，但请人申请专利，一问，每个申请就要 1 万美元，投入太大。现在学了专利法，有了专利意识，觉得当时如果去申请还是值得的。因此，工程师学习知识产权法并不需要专业知识，只要有知识产权意识与常识，这对于工程师就有帮助。

（3）美国法学院不可能为其他专业开设知识产权课程。在美国，理工科学费是比较低的，即使是最吃香的电子专业，每年也不到 1 万美元；而法学院

---

❶ The Journey towards Intellectual Property in the Engineering Curricula.

每年就得 3 万美元。即使加利福尼亚大学伯克利分校法学院这样的公立学校也收费很高。

（4）美国高校其他院系可能开设与法律相关的课程，主要是供社会科学比较研究之用，但不会开设知识产权法这样的课程。其他专业来学习法律，是基于美国的法治社会以及其他社会学科与法律的关系。

（5）但他主张"大跃进"。理由是，与美国、欧洲、日本甚至韩国相比，我们在技术创新方面落后了。（按：超常规发展？但历史经验常常是，"大跃进"往往反而是退步，应当尊重发展规律。）但他提到，在理工科院校开设与不开设知识产权课程这两种观点都有些极端。应当考虑到理论与实践，做到平衡。在理工科开知识产权课程，想法可以，但是否可行，必需照顾到实际情况。如果连师资都没有培训好，怎么开课？能否胜任？会不会名不符实？

（6）结论是可以开选修课。如果开成必修课，效果不好。

2. P Y H（中国人民大学 01 级法学本科，华盛顿大学圣路易斯分校法学硕士，现为该校 JD 二年级学生）

据其调查与征询美国同学，并无听说美国有哪个工科院系开设知识产权课程。

3. J S（德国马普学会知识产权法、竞争法与税法研究所教授）

以电子邮件方式交流，其主要观点是：关于为科学家与工程师们以及管理专业的学生提供知识产权教学的必要性，在全世界范围内都在讨论，但其回答则因各大学而不同。据他所知，例如，慕尼黑技术大学、斯图加特技术大学、亚琛技术大学等向学生讲授专利法。这些课程一部分由法学教授来讲；更多的部分是由专利律师这样的执业人员来教，而这些人或迟或早都会被授以名誉教授。在慕尼黑大学，他的专利法课程多年以来都会有化学与生物专业的学生来听课。化学专业的学生还选择将专利法作为证书考试的选修科目（例如，以之取代生物化学！）。据他所知，化学系一度还开设一门更为实用的专利课程，由一位在慕尼黑执业的专利律师来上。因此，这取决于一所大学的组织。更重要的是，这样的课程必须由真才实学的教师来讲，应当贴近实践。

4. H Y（中国人民大学 01 级本科，现留学德国海德堡大学法学院）。

以电子邮件方式交流。其未听说德国大学在理工科开设知识产权法课程。据其查阅在海德堡大学法学院所念课程，"没有商标法、专利法的课，著作权法不是必修，而且只有一个学期，每周 1 个课时！相比之下，民法基础课多得多。第一学期民法典总则，每周 5 课时；第二学期债法总则，每周 5 课时大课，2 课时练习；第三学期债法分论每周 3 课时，物权法每周 3 课时……德国人的逻辑大概是，民法是私法的基础，知识产权法、劳动法、国际经济法等等，归根结底都是民法问题……所以说，按照德国人的想法，单独开一门知识产权法专业大概是不可能的。不要说针对理工学科，就是我们都没有这个专业方向。"

五、初步结论

以上通过检索、摘录、编译、访谈等方式，收集整理了该主题之下的主要观点与论述。这些更多属于资料汇集，供国内有志研究知识产权教育问题的专家学者参考。但是，综合上述情况，我们也可以得出这样一些结论：

（1）从现状看，美国法学院普遍开设知识产权课程，并且有扩张之举或者趋势。其课程设置范围远广于国内院校。但就一些名牌综合性大学而言，知识产权法课程数目并不多。（按：以笔者正在进修的哈佛大学法学院为例，该校2006～2007学年开设的知识产权课程有知识产权法理论研讨班、著作权法、专利法、商标法、网络相关的法律、反托拉斯与技术创新、艺术法等7门。）

（2）工科院校开设知识产权，有人提议，但真正做起来的极少，综合性名牌大学的理工科则几乎没有。而真正做的，主要是开设一些网络课程、培训课程，从未将之纳入正规课程。现实原因是，律师、专利代理人、工程师各有各的资格考试；专业协会与课程设计各有不同。

（3）从必要性看，强调工科学生或者工程师们应当具备知识产权意识与常识，以便在其碰到相关问题时能够及时求询于知识产权专业人士，这就不是知识产权专业课程的问题了。

（4）关于知识产权的学科划分，这是一个主要争点，但是国外大学似乎并不关注这一点，它们更关注现实的可行性。但是，从实际结果看，又恰恰印证了知识产权的法学学科性质。

德国慕尼黑知识产权法律
中心法律硕士培养模式

白　洁[*]　张伟君[**]

慕尼黑知识产权法律中心的全称是"Munich Intellectual Property Law Center"（MIPLC）。MIPLC 成立于 2003 年，由 4 个机构合作在德国慕尼黑组建而成，它们是：德国马克斯·普朗克学会知识产权法、竞争法与税法研究所（以下简称"马普所"），德国奥格斯堡大学，德国慕尼黑工业大学和美国乔治·华盛顿大学法学院。从 2003 年开始 MIPLC 正式向外界招收硕士生，迄今为止已经培养出了 4 届毕业生，合计 80 多人。MIPLC 的教学机构就位于马普所旁边。

因为 MIPLC 的知识产权法律硕士的办学形式对于德国，甚至整个欧洲的高校来说可称为一个全新的尝试，所以对于中国高校来说也有可借鉴之处。

一、MIPLC 的组织架构

管理委员会（Managing Board）是 MIPLC 的核心部门，由来自 4 个合作机构的 4 位教授组成，主要负责 MIPLC 教学政策的制定及教学工作的管理。目前，管理委员会的成员是来自马普所的 Straus 教授、来自奥格斯堡大学法学院的 Moellers 教授、来自慕尼黑工业大学的 Ann 教授和来自美国乔治·华盛顿大学法学院的 Brauneis 教授。每届管理委员会的任期是 3 年，在 4 位教授中选举一位为管理委员会主席。Straus 教授作为欧洲知识产权界最德高望重的教授之一以及 MIPLC 的发起人，已经连任了 2 届主席，将负责整个 MIPLC 的运作管理直到 2009 年进行第三次选举。

MIPLC 有 5 位工作人员专门负责学生日常管理和行政事务处理，包括学生申请资料的初审、签证事务的协助、教学阅读材料的制作和发放、学生实习工作的安排、交换学生项目的组织等。

---

[*]　MIPLC2006 级法律硕士。
[**]　同济大学知识产权学院。

除了管理委员会和行政团队，MIPLC 还有一个在欧美知识产权界极有分量的"顾问委员会"（Advisory Board）。按照提供的支持类型不同，其顾问委员会又被划分为 3 支不同的团队：科学顾问委员会（Scientific Advisory Board）、专家顾问委员会（Fachbeirat）和董事会。MIPLC 科学顾问委员会的设立目的是向 MIPLC 的管理委员会提供法律硕士课程设置和发展以及财务方面的顾问服务。每个 MIPLC 的合作教学机构向科学顾问委员会提供一名教授作为代表，除此之外还有 3 位来自非 MIPLC 合作教学机构但在 MIPLC 教学范围内的专家型教授顾问。专家顾问委员会也有来自 4 家合作教学机构的代表教授各一名，另外 3 位则是由马普所指定的国际上知识产权领域内的权威教授。董事会的设立目的是提高 MIPLC 与相关行业及大众的联系紧密度，所以董事会里都是来自商业、科技、政治、媒体界等有影响力的人士。

除了一流的管理团队和顾问团队，MIPLC 还与知识产权界一些相当有分量的组织机构建立了密切的合作伙伴关系。这些合作伙伴包括：欧洲专利局、德国联邦专利法院、欧洲知识产权机构网络（EIPIN）、世界知识产权组织学术委员会、EC – ASEAN 知识产权合作项目、日本最高法院、南非大学等。

二、MIPLC 的师资和教学方法

MIPLC 是一个合作教学机构，而师资力量对于一个教学机构来说至关重要。MIPLC 的讲师们来自 3 种不同的职业背景：大学教授、欧美著名知识产权法官、欧美著名知识产权律师。

在 MIPLC 讲课的大学教授里包括被称为"欧洲专利教父"的 Straus（讲授欧洲专利法）、马普所的现任执行所长 Drexl 教授（讲授欧洲著作权法）、美国乔治·华盛顿大学法学院的 Brauneis 教授（讲授美国商标法）、美国芝加哥肯特法学院的 Dinwoodie 教授（讲授管辖权与冲突法）、美国华盛顿大学的 Kieff 教授（讲授美国专利诉讼）等。讲授欧洲商标法及商标实务的则是来自欧洲著名知识产权律师事务所 Lovewell 的著名商标律师 von Bomhard 博士；欧洲专利实务则由来自欧洲另一大知识产权律师事务所 Bird & Bird 的 von Meibom 先生讲授。在 MIPLC 授课的法官则有来自英国的 Pumfrey 法官、来自美国第九联邦法庭的 Rader 法官和来自德国的 Leovenheim 法官等。

招生 4 年以来，MIPLC 的师资力量也在不断改进和完善，以适应国际发展潮流。例如，2007 年特别请来了日本知识产权界著名的专利律师 Katayama 先生，讲授日本专利法部分。MIPLC 的亚洲知识产权研究专家 Peter Ganea 博士讲授日本版权法部分。

MIPLC 的教师们在知识产权界都有相当丰富的实践经验，授课的方式方法也各有风格。

来自德国的教师们喜欢使用幻灯片，课程安排非常紧凑严谨，哪堂课讲什么概念、什么案例都严格按照他们事先的准备来进行。德国教师们的课前阅读材料预习起来比较轻松，因为他们讲课的思路就是严格围绕这些阅读材料进行，所以即便有疑问也可以在课堂上弄懂。

美国的教师们提供的课前阅读材料的厚度通常是德国教师的 3 倍，而且美国教授不会像德国教师那样将所有的基础概念都帮学生挑出来整理好，你只要跟着他的思路走就可以了。美国讲师们的课前阅读材料通常是由很多个案例组成，有时也会是某本他自己写的或是他所欣赏的书的节选，但是，即使是使用书的节选作为教材，里面也会包含大量的案例。相对于德国教授而言，美国教授们在课堂上则更加自由，他们不会过分着重于基础概念的讲解，而是更喜欢与学生进行互动——向学生提问或者要求学生表达自己对某个案例判法的观点等，尽量通过实际的案例来鼓励学生们在课堂上进行"Argue"（讨论）。学生们必须积极发言说明为什么他们支持这个观点，或者反对这个观点。美国教授教给学生的是一种灵活变通的思维方式，当然这跟美国属于普通法系国家，案例法的运用多于条法也有关系。案例法的教学更强调在理解案例中双方采用怎样的论点和策略进行辩论的基础上，训练学生在日后的实际操作中能够灵活而辩证地解决问题的能力。

总之，美国教授更倾向于"讨论"，而德国教授更倾向于"讲授"。这两种不同的教学方式各有千秋。中国学生可能更习惯于德国教授的教学方式，因为与国内大多数大学老师的教学方式相似。大部分 MIPLC 的讲师会采取苏格拉底式诘问的教学方式，只是美国讲师们比德国讲师们运用得更多而已。

这里还得提一下 MIPLC 的辅导课（Tutorial）。MIPLC 每年都资助一些博士研究生，这些博士研究生如果有兴趣，可以报名承担给硕士研究生上辅导课的任务，然后行政人员根据实际情况来进行安排，MIPLC 会支付相应的报酬。

因此，辅导课的功能是在每门课上完之后和考试之前由于上课时间有限，对硕士研究生进行一对一的辅导，也就是中国学生所谓的"答疑"。这个方法既提高了教学效果，又能补贴博士研究生们一些日常生活费用。在毕业所要求达到的 42 个课程学分中（基本相当于要通过 27 门课程的考试），除去一些经济类的选修课（因为 MIPLC 的博士们都是法律专业，所以不能进行经济类课程的辅导，也因为经济类课程都属于选修课范畴，相对来说教授们的教学以及考试都比较简单），剩下的大部分法律类的课程都需要博士研究生进行辅导。

有的教授会在授课完毕后特别组织辅导员（Tutor）开个会，跟他们讲讲课程中都有些什么要点，然后发一份 Tutorial Question（辅导问题），辅导员就可以根据这份 Tutorial Question 来上辅导课。不过因为每个博士研究生研究的方向不同，比如有的人的研究课题是版权，就不能保证这名辅导员能够将欧洲专利法的辅导课上得很好。但是综合来看，倒也公平，因为没有哪个学生的辅导员是全能的，也就意味着大家的辅导课都是有的上得好、有的上得差，所以对于最后考试平均分的影响也就相同了。在 2007 年，因为有一些学生反映有的辅导员对于所讲的课程自己都不清楚而导致辅导课效果不好，MIPLC 经过慎重考虑，决定推行一个"Super Tutorial"（超级辅导）的项目，就是每门课都找一名在这门课方面做得比较优秀的以前 MIPLC 硕士毕业的辅导员在固定的教室上一节公共辅导课，这样如果学生对自己原本的辅导员在这一门课程上的讲解不满意，就可以参加这节公共课，也算解决了没有万能辅导员的这个问题，最后取得的效果不错，获得了学生们的好评。

三、MIPLC 的课程设计和培养方式

MIPLC 的法律硕士课程设计非常紧凑，在 10 个月左右的时间里学生们必须修完 60 个学分，而要修完这些学分意味着要学习 27 门左右的课程并且通过相应每门课程的考试，参加为期 4 周的实习，以及用英语完成一篇硕士毕业论文。换句话说，除了上下 2 个学期中 1 个月左右的实习以及第二学期末 1 个月左右的时间写论文，剩下 8 个月（32 周）里学生们要通过 27 门考试，平均每周就要考一门。

课程通常安排在周一至周五的上半天，偶尔也会有在下半天上的课。因为很多讲师都是从外国或者外地来慕尼黑授课，所以同一位讲师的课程一般连着上 3 个半天到 4 个半天的时间结束。学生们平时需要同时进行 3 件事情：预习马上要上的课程、复习刚刚上完的课程、准备下一门考试的辅导课。

MIPLC 的课程分为必修课和选修课，各须修满 21 个学分才能毕业。必修课主要包括欧盟法和世界贸易组织法、欧洲专利法、美国专利法、欧洲商标法、美国商标法、欧洲版权法、美国版权法、欧美竞争法、欧美设计法等基础性课程。而选修课则是深化课程，由学生根据自己以后的发展方向以及兴趣来选择。选修课既包括知识产权法的深化课程，如欧美专利实务、欧美商标实务等课程，也包括一些与知识产权有关的经济类课程，例如无形资产评估、知识产权项目管理等。由于与慕尼黑大学及慕尼黑工业大学有着密切的合作关系，这些经济类的课程基本由来自这两所大学经济系的教授来讲授。另外也有几门课是由知识产权律师或者技术转化公司的负责人来讲授。

考试则为 18 分制，4 分为及格分。考试的形式由授课教师决定，开卷考试和闭卷考试的数量基本为一半对一半。考试时一般允许使用法条书。学生们

可以自由选择手写答题或是使用计算机答题。MIPLC 的行政人员将手写答题的学生与计算机答题的学生分在两个不同的考场以避免击打键盘发出的声音影响手写答题的学生进行考试。计算机答题使用特殊的考试软件，开启这个软件后，学生们就只能使用这个考试软件进行答题，而不能使用计算机内其他任何软件程序或是资料。在考试结束后，监考员会用 U 盘存下学生们的答卷。MI-PLC 一般每两到三个月会将已经批改出的考卷分发给学生们复核。如果觉得有疑问，学生们有权向 MIPLC 行政人员提出质询。有极少数的课程是要求学生们在规定的时间内完成一篇论文，根据论文情况来进行考核。

必须修满的 60 个学分里包含了"价值" 18 个学分的毕业论文。由于学习时间紧，MIPLC 鼓励学生们尽早开始着手准备论文，一般在每年 3 月份实习开始前就要提交自己的论文题目，在 4 月份则要完成论文提纲，8 月中旬完成论文初稿并交给导师。MIPLC 的硕士生导师都是 MIPLC 的课程讲师。论文的最终稿在 9 月底必须完成。

除了平时的课程，马普所作为德国乃至欧洲知识产权界举足轻重的学术机构，吸引了来自各国知识产权界的学者前来访问以及演讲。平均每三到四周就有一场演讲，MIPLC 会用电子邮件事先通知所有学生演讲的时间、地点和主题。演讲的主题涉及的范围很广泛，有关于美国专利的，有关于欧洲版权的，还有中国教授就中国反垄断法的制定情况作演讲。这些演讲并不是课程的一部分，所以不强制要求学生参加。学生可以凭自己的兴趣自由参加讲座。参加这些讲座非常有意义，因为这些学者基本都是知识产权界最前沿的研究人员或从业人员，所以他们带来的都是各国知识产权最新的发展动态。

在 10 个月的学习项目中，MIPLC 提供 3 次"官方"机会让学生们"出国"。第一个机会是参加 EIPIN 会议。EIPIN 会议在欧洲各个不同的国家举办，相当于研讨会。参加 EIPIN 会议的学生都是自愿报名，但是 MIPLC 有名额限制，最多大概只能去 10 个人。EIPIN 会议一般会邀请一些欧洲的法官或律师演讲，也会组织学生们参加模拟法庭及辩论。第二个机会是每年 5 月份 MIPLC 会组织学生们参加在英国伦敦举行的知识产权专场招聘会。招聘会的针对性很强，参加的都是一些欧美知识产权界能排上名号的律师事务所，也有像宝洁、诺华制药这样的大企业。第三个机会是每年 6 月份 MIPLC 会组织学生去美国参加乔治·华盛顿大学法学院的访问学习，时间为 1 周左右。在美国，学生除了有机会体验在乔治·华盛顿法学院的学习生活，还可以被安排去参加美国第九联邦法院的案件审讯以及参加美国方面安排的一些演讲和模拟法庭的辩论。

四、MIPLC 的招生、实习和就业

申请攻读 MIPLC 的法律硕士课程主要需要满足的条件有以下几点：具有法律、经济类，自然科学类或工程类学士学位；至少一年相关工作经历；托福（书面考试）600 分以上，雅思（学术类）7.0 以上，或 Cambrige CPE 在 C 以上；除此几点必须具备外，有说服力的推荐信以及自荐信也是相当重要的。

德国大部分高校都不收学费，施行免费教育，但作为新的办学形式的探索，MIPLC 属于自负盈亏的教学机构，所以学费非常昂贵，目前一年是 26000 欧元，另外还需要 1000 欧元左右的书本费和杂费。不过，对于背景优秀但是经济上有困难的申请者，MIPLC 会尽量帮助其申请相关机构提供的奖学金。

每一年，MIPLC 都会录取来自十几个不同国家的学生，这些学生的学习背景、工作背景又都有所不同。例如，在 2006～2007 学年这一届班级里一共有 24 名学生，来自四大洲 17 个不同的国家：欧洲有德国、葡萄牙、西班牙、立陶宛、比利时，非洲有坦桑尼亚、埃塞俄比亚等，亚洲有中国、韩国和日本，美洲则有美国、巴西和哥伦比亚。24 个人中大部分都是法律科班出身，但不一定是学知识产权，可能是学民商法等。由于被 MIPLC 录取必须满足有一年工作经验的前提条件，因此班级里不乏有着丰富从业经验的律师。大概 1/5 的学生则是理工科背景，例如来自化学专业、计算机软件专业、生物工程专业、电机专业等。MIPLC 之所以招收相当比例的理工科背景的学生，主要是想将他们往专利律师方向进行培养。学生背景的多样化使原本枯燥的学生生活变得有趣了很多。

MIPLC 的毕业生主要有 4 个工作去向：进律师事务所当律师；为大型公司的法务部工作；进各国知识产权局或专利局工作；继续攻读博士学位。每年 MIPLC 毕业生中都会有四到五个人申请攻读 MIPLC 或者外校的博士。

MIPLC 有一位专门的行政总监负责学生的实习工作安排以及就业相关事项的联系。在每年快到 3 月份的时候，MIPLC 会提供给学生们可供实习的单位的清单，其中包括世界知识产权组织、西门子公司知识产权部门、各大知名欧洲知识产权律师事务所等。学生根据自己的兴趣进行选择，MIPLC 再根据实际选择情况进行安排。由于专人专项负责，MIPLC 的实习项目运作得非常成功，做到了每个学生都有合适的地方可以实习，而所有实习相关的行政手续都能够顺利办理。实习非常重要，因为成功的实习是学生 5 个月后求职时最好的名片。不乏 MIPLC 的学生因为在实习期间工作表现优秀而毕业后直接进入原实习单位工作的。由于实习单位都是行业内权威的行政单位及公司机构，校方对实习工作非常重视，学生们表现令人满意，MIPLC 与这些实习单位都建立了紧密的

联系。

　　MIPLC 的学生有时会收到校方的电子邮件通知某个公司的招聘信息，有兴趣的学生可以直接投递简历。每年 5 月的伦敦知识产权专场招聘会也是学生求职的一个机会，不过相对来说竞争较为激烈，因为整个欧洲修读知识产权法专业的毕业生多数会来参加这个招聘会，其中包括在欧洲也很有影响力的玛丽女王知识产权所（Queen Mary Intellectual Property Institute）和苏黎世知识产权所（Zurich Intellectual Property Institute）的毕业生。

　　现在不论是在欧美、日本还是在发展中国家，知识产权都是一个热点职业。良好的就业大环境也带动了 MIPLC 的学生就业。

日韩知识产权人才的培养情况简介[*]

袁真富[**]　赵　妍[***]

2008 年 11 月 13 日至 22 日，在国家知识产权局人事司司长肖鲁青的带领下，教育部高等教育司处长吴燕、中国知识产权培训中心邓一凡、上海大学知识产权学院袁真富、国家知识产权局国际合作司梅卓以及专利局人事教育部赵妍一行 6 人，前往日本和韩国就知识产权人才培养方面的相关问题进行了考察。

本次考察是在我国《国家知识产权战略纲要》颁布实施后，由国家知识产权局人事司提出需求，国际合作司联系日韩相关部门确定考察单位的基础上进行的，考察单位包括大阪工业大学知识产权系、日本特许厅及情报研修馆、日本发明协会、东京工业大学、韩国知识产权局及研修学院、高丽大学法务大学院等 8 个单位。本次考察取得了预期的效果。现就日韩知识产权人才培养情况的考察内容进行简要整理和概括介绍。

一、日本知识产权人才的培养情况

（一）日本知识产权人才的培养概况

自 2002 年 2 月小泉纯一郎首相发表施政方针的演说以来，政府一致地推动了通过重视知识产权而强化国家竞争力的国家战略。对于一项人才培养的措施，日本相关部门虽然进行了律师与代理人等专业人才的培养，开展了大学知识产权教育等，并由此提高了国民对知识产权的关心程度，但对于满足社会的需求来说，知识产权教育的推进还不够充分。

由于企业活动日趋向全球化的方向发展，因此需要确保和培养越来越多能够在国际上通用的人才。另外，对于智力创造循环（创造、保护、有效利用之

　　[*]　本文主要根据现场访问或座谈记录，并结合日本特许厅、日本发明协会、大阪工业大学、东京工业大学等机构提供的材料撰写而成，特此致谢。数据与事实获得的时间为 2008 年 11 月 13 ~ 22 日。
　　[**]　作者单位：上海大学知识产权学院。
　　[***]　作者单位：国家知识产权局专利局人事教育部。

间的循环）中各领域的知识产权人才，希望他们能够胜任不同种任务的需求也日益增多，如研究、生产、营业、规划、经营、内容业务、法律事务等。同时，为实现知识产权立国的目标，需要加深全体国民对知识产权的认识。

针对知识产权人才重要性日益提高的现状，知识产权人才在数量上显得不足，在质量上需要提高。因此，日本在"知识产权推进计划2005"中提议，在今后10年内将知识产权人才从现在的6万人倍增至12万人，以积极地培养和有效利用复合型人才、能够开展国际业务的人才以及商业头脑敏锐的人才为目标，推动"培养知识产权人才的综合战略"。

2006年1月30日，在智力创造循环专业调查会上经审议和研讨，制定了"培养知识产权人才的综合战略"（简称"人才综合战略"）。人才综合战略提出3个目标：①倍增知识产权专业人才的数量（从6万人到12万人）并大幅度提高其质量。②培养知识产权的创造及管理人才并大幅度提高其质量。③提高国民的知识产权文化水平。人才综合战略提出培养5种理想人物：能够奋战在国际舞台上的人才、能够了解尖端技术的人才、综合性人才、在知识产权的竞争中能够得胜的经营人才、对中小企业和地区有用的人才。

上述多样化的知识产权人才大致可以分为3类：①知识产权专业人才，指直接从事知识产权的保护和有效利用的人，包括律师、专利代理人、专利审查员、企业知识产权人员、知识产权研究人员、知识产权行政管理人员等。②知识产权的创造与管理人才，指创造知识产权的人、有效利用知识产权而进行经营活动的人，包括创造者、研究人员、标准负责人、经营人、内容编制人等。③后备人才，指有望具备有关知识产权一般性知识的人员和将来有望创造知识产权的人员等，包括学生、普通公务员、普通消费者、普通员工等。

日本期望到2015年实现知识产权专业人才从2005年的6万人倍增到12万人的目标。培养知识产权专业人才分为3个阶段：入门阶段、成长阶段、成熟和发展阶段。日本政府采取了10项重点措施：①为推进知识产权人才的培养设立协商会；②充实对知识产权教育研究的援助计划；③招揽和有效利用能够理解尖端技术的人才；④有效利用具有实际业务经验的人；⑤通过确立职业道路，培养综合性的人才；⑥通过海外派遣等促进国际的交流；⑦人才的网络化；⑧学会（协会）的有效利用与支援；⑨教材与教育工具的开发；⑩充实有关知识产权人才的民营资格。

为培养知识产权人才，日本充实了培养知识产权人才的机构，主要由教育与培训机构培养知识产权人才。根据教育培训的分工，法学研究生院将重点放在关照理科人才和知识产权上的教育；知识产权专门研究生院培养能够从多方面支援知识产权事务的知识产权专家；一般院系学科（工学系、艺术学系、经营学系等）充实有关知识产权授课科目以及与知识产权的有效利用相关的教育；内容方面的教育机构培养能够在世界舞台上取得胜利的高质量的编制人及创造者；由民营机构（日本代理人协会、知识产权协会等）等进行的培训充实商务知识、企业经营战略、顾问战略等教育。

为了在全日本推行基于"培养知识产权人才的综合战略"的人才培养计划，联合发明协会、工业所有权情报与研修馆、知识产权教育协会、日本知识产权学会、日本知识产权协会、日本律师联合会、日本代理人协会等7家民营人才培养机构共同成立了培养知识产权人才推进协商会，提供信息交换与相互合作、各种举措的普及与宣传、政策提议等。

（二）日本知识产权人才的专业教育

2002年以前，日本高等院校虽然设有法律本科专业，但知识产权教育在其中并未获得特别的重视。2002年7月，日本政府发布《知识产权战略大纲》，将"知识产权立国"列为国家战略以后，以大阪工业大学、东京工业大学为代表的高等院校开始逐步建立专门的、系统的知识产权教育。

1. 大阪工业大学的知识产权教育

大阪工业大学知识产权系是全日本目前唯一的独立知识产权院系，定位于从事本科生教育，建成于2003年4月，共投资10亿日元，是在日本实施知识产权战略背景下成立和发展起来的。2005年，大阪工业大学建立了独立地从事研究生教育的知识产权专门学院，培养高水平的知识产权专业人才。

大阪工业大学知识产权系主任兼知识产权专门学院院长石井正教授曾在日本特许厅工作33年，后来受邀到大阪工业大学开创了知识产权系及专门学院。大阪工业大学的知识产权教师大多具有实务经验，或者担当过日本特许厅等相关部门的政府官员，或者具有跨国公司的知识产权工作经验。比如岩本教授在政府有20年的工作经历，现在专门从事"知识产权独占禁止法"的研究；田和浪生教授在佳能公司知识产权部门工作多年；则近教授在东芝公司担当知识产权部部长多年；平松幸男教授长期在日本电信公司工作，专长于标准及知识产权；山崎攻教授长年在松下电器工作，专长于如何在企业应用知识产权。这些教授都是100%的全职，已经和原来的实务工作脱离。

大阪工业大学知识产权系的本科教育为4年制教育，在课程设置方面拓宽到包括法律、理工类课程或者跨学科的课程，具体而言分为2个部分❶，如

---

❶ 需要说明的是，这些课程名称有的是根据其内容或主题而确定的中文名称，不完全是日文原始名称的直译。

表 1 所示。

表 1　大阪工业大学知识产权系本科课程设置

基础教育科目	1）心理学、历史学、伦理学等人文科学课程
	2）社会学、政治学、经济学等社会科学课程
	3）科学技术概论、科学技术历史、日本技术等技术思想课程
	4）物理世界、化学世界、基础数学等技术入门课程
	5）英语、体育等课程
专门科目	1）宪法、刑法、民法、商法、民事诉讼法、知识产权法概论、专利法、商标法、著作权法、不正当竞争防止法、经济法、行政法、国际知识产权制度概论、经营学、会计学、知识产权英语基础等专门基础课程
	2）现代机械技术概论、现代化学概论、现代技术特许等工程类课程
	3）经营工学概论、人力资源管理等经营工学类课程
	4）特许（专利）手续、商标手续、海外特许手续等知识产权手续类课程
	5）知识产权企业经营、研究开发的知识产权管理、知识产权关联情报、创造工学、知识产权活用演习、研究开发的知识产权战略、知识产权活用基础、情报检索资格等知识产权活用课程
	6）国际企业法务概论、美国知识产权制度概论、欧洲知识产权制度概论、国际特许纷争的对应等国际法务课程等

　　知识产权系中知识产权各个领域的全职教师为 17 人。知识产权系每年招生 150 人，4 年共计在校生 600 人左右。毕业需修满 124 个学分，约 60 门科目。本科学位为知识产权学士。

　　大阪工业大学的知识产权本科生主要是输送到企业和律师事务所做法律支持人员，比如美国从事专利事务工作的，每个代理人会有 3 个助理。2007 年，日本知识产权专业人员达到 6 万人左右，其中 3 万人在公司，其中知识产权经理（manager）3000 人，法律助理（paralegal）和专利工程师（patent engineer）约 2.7 万人；3 万人在律师事务所，其中专利代理人（patent attorney）7000 人，律师助理和专利工程师约 2.3 万人。大阪工业大学的知识产权本科生培养的方向主要就是这些知识产权法务人员和知识产权助理人员。其本科生毕业去向主要为：①公司职员，大多数是负责处理知识产权问题的。这些公司从大小制造企业到银行等，类型不一。②专利事务所助理。

　　知识产权专门学院的研究生培养的方向主要是：①知识产权法律专业人才，如专利代理人、国际知识产权法律专才。②知识产权管理人才，如公司知识产权管理人员或经理。

知识产权研究生的课程设置如表 2 所示。❶

表 2　大阪工业大学知识产权研究生课程设置

知识产权基础领域的课程	包括民法要论、民事诉讼法要论、专利法要论、商标法要论、著作权法要论、国际知识产权公约等
知识产权基干领域的课程	包括专利法特论、商标法特论、著作权法特论、不正当竞争防止法特论、知识产权国际公约特论等
知识产权关联领域的课程	包括知识产权契约特论、知识产权诉讼特论、知识产权和反垄断法特论等
技术经营领域的课程	包括知识产权评估会计特论、知识产权情报分析特论、知识产权技术经营特论、知识产权经营战略特论、发明工学特论等
国际法务领域的课程	包括国际关系法要论、知识产权国际契约特论、知识产权国际诉讼特论、比较特许（专利）法特论、比较商标法著作权法特论、美国知识产权制度特论、知识产权英语特论等
现代知识产权领域的课程	包括生物工艺学与知识产权特论、IT 知识产权特论、技术标准与知识产权特论、数字内容产业与知识产权特论等
实务演习领域的课程	包括知识产权专门实务特论等
科学技术领域的关联课程	如机械技术要论、电气电子要论、应用化学要论等

　　知识产权专门学院共有全职教师 12 名，另有许多兼职教师。研究生主要由专利代理人等有实际工作经验的教师来授课，为学生拓展更加广泛的知识，不能只是从事学理上的研究，这也是他们的特色之一。

　　知识产权专门学院每年招收研究生 40 人，通常为 2 年学制，因此 2 年共计在校 80 名左右。这些学生来自各个领域，40% 是社会上来的，如来自律师事务所、化工制药行业、电气行业、食品行业、服务业、教育业、政府等。60% 是直接从大学里考上来的，这其中一半是本校过来的。无论是社会上来的还是直接从大学里升上来的，课程设置是一致的，但社会在职学生主要是晚上上课。

　　研究生毕业需要修完 52 个学分，约 25 门科目。经文部省批准，可以获得专门的知识产权硕士学位。知识产权研究生毕业去向主要为：①公司职员或知识产权经理，大多数是负责处理知识产权问题的。这些公司的类型各种各样。②专利代理人或专利工程师。

---

❶　需要说明的是，这些课程名称有的是根据其内容或主题而确定的中文名称，不完全是日文原始名称的直译。

2. 东京工业大学的知识产权教育

东京工业大学以科技学科为主，2008 年在世界技术类院校中排名第 21 位，有教职员工 2700 人，其中 1300 人从事教学工作；学生 1 万人左右。该校与很多高校都有合作项目，其中包括与清华大学的可授予双学位的教育合作项目。

东京工业大学不像大阪工业大学，没有专门的知识产权硕士专业，而是自 2001 年 10 月起在技术经营专业的创新管理学科中开设知识产权方面的课程，包括知识产权战略、国际知识产权制度、知识产权侵害实务、如何利用知识产权以及研发战略等内容。该专业除将知识产权课程贯穿始终外，主要还包括金融、经营等方面的课程。

东京工业大学的知识产权教育主要面向研究生，强调培养全面的知识产权人才，尤其是能够从事技术经营的知识产权人才。不仅要培养学生如何取得知识产权，更要培养学生如何管理知识产权。其部分专业教授曾经在日本电气股份有限公司（NEC）知识产权部等实务部门长期从事知识产权工作，同时学校还延请了一些公司的知识产权部长为学生授课。

东京工业大学技术经营专业可以根据研究生的个人需要设置课程"菜单"，学生修满 40 学分并通过毕业论文答辩即可取得硕士学位；也设有 1 年短期课程，主要针对已有工作经验或已获得硕士学位的人员，学生毕业后主要输送到各大企业。东京工业大学技术经营专业的研究生毕业后，很多都去佳能、日立、谷歌、日本特许厅等知名企业或政府机构从事知识产权工作。

东京工业大学也是日本唯一一所可授予技术经营专业博士学位的高校，目前该专业已开设 3 年时间，在读学生共 46 人，主要为社会人员，占 41 名，学制为 1.5 年左右，期间必须发表至少一篇论文，现阶段毕业率不足 50%。

（三）日本知识产权人才的社会培训

在日本，主导知识产权人才社会培训的机构比较多，除日本特许厅以外，还有发明协会、工业所有权情报与研修馆、知识产权教育协会、日本知识产权学会、日本知识产权协会、日本律师联合会、日本代理人协会等民营人才培养机构。下面，主要介绍日本工业所有权情报与研修馆和日本发明协会在知识产权人才在职培训方面的经验和做法。

1. 日本工业所有权情报研修馆的人才培养工作

工业所有权情报研修馆（INPIT）属独立行政法人，其历史可以追溯到 1884 年 6 月，1952 年 8 月名为"万国工业所有权资料馆"，1997 年 4 月改名为"工业所有权综合情报馆"，开始经营咨询业务和信息传播业务。2001 年

4月设置"独立行政法人工业所有权综合情报馆",至2004年10月,新增信息普及和人才培养业务,改称为"独立行政法人工业所有权情报研修馆"。工业所有权情报研修馆的主要职责是收集、整理及提供关于发明、实用新型、外观设计和商标的公报以及审查、复审文献等工业所有权相关信息,针对日本特许厅职员等从事工业所有权业务的人员实施培训,旨在促进工业所有权的保护和应用。

自日本政府颁布"知识产权人才培养综合战略"以来,以工业所有权情报研修馆为首的教育培训机构依照上述人才培养综合战略,实施各项人才培养计划,除培养日本特许厅审查员、复审员、行政官员外,还积极地向社会传授审查员及复审员等掌握的专业知识和技巧,培养了多样化的知识产权人才。

针对企业、大学及研究学者等社会团队及个人的培训,原则上,对于社会团体能操作的内容均会委托给社会团体操作;而社会团体无法操作或不愿操作的内容,则由工业所有权情报研修馆来实施。作为基础,工业所有权情报研修馆通过传授政府拥有的知识与技巧和创造良好的知识产权人才培养环境,来推进知识产权制度的普及和启蒙教育,从而培养具有社会特色的知识产权人才,最终培养多样化的知识产权人才,包括培养知识产权专业人才、创造及管理人才,强化全民知识产权意识。

在支援知识产权教育、促进一般国民了解最基本的知识产权常识与规律方面(强化全民知识产权意识),工业所有权情报研修馆提供了知识产权教育辅助阅读刊物、产业知识产权标准教材、举办专利竞赛以及其他知识产权教育支援措施。

在支援革新创新、培养能够创造大量知识产权并能加以积极应用的人才方面(培养知识产权创造及管理人才),工业所有权情报研修馆开展了专利侵权警告模拟培训、专利检索人才培训(中级)、知识产权政策培训等。

在支援知识产权专业人才,培养熟知知识产权制度、能够保护研究学者创造的"智力成果"、应对侵权行为、促进知识产权流通的骨干型人才方面(培训知识产权专业人才),工业所有权情报研修馆积极推进知识产权人才培养促进协商会的运作,提供审查指南研讨培训,培养专业检索人才(高级)。下面主要介绍工业所有权情报研修馆针对社会的知识产权人才培训(培养知识产权专业人才、知识产权创造及管理人才)。

(1)培养专业调查人员的培训

在日本,为加快专利审查,对于现有技术的检索常常委托外部注册调查机构来完成,因此,工业所有权情报研修馆负责对这些机构负责调查的业务人员实施专业的培训。在为期2个月的培训中,受训者将接受专利法讲座、检索讲座和实习、分组讨论以及制作检索报告的课程培训，并通过笔试和面试相结合的方式进行培训结业和肄业的评估。

（2）针对知识产权专业人才的探讨审查指南培训

为了向社会传授日本特许厅审查员、复审员拥有的技巧，工业所有权情报研修馆灵活运用日本特许厅职员学习理解审查指南指导思想的方法，以讨论审查指南的方式，对知识产权专家或企业知识产权部门职员进行"探讨审查指南培训"，以便他们能够掌握专利审查判断的技巧和研究方法。这类培训的方式通常是：首先把专利审查指南中的主题作为题目，如将诉讼中有关创造性的判断的典型判决作为题目，然后由培训生进行分组讨论，如5~7名专利代理人或企业知识产权部门职员组成一个学习班，就申请内容、判决内容、判决结论进行讨论，最后，整理审查指南中存在的主题并发表意见，由讲师详细讲解思路。

（3）中级专业检索人才培训（针对研究学者等）

工业所有权情报研修馆针对大学中的科技研发人员实施专业检索人才培训（中级），向他们传授日本特许厅审查员拥有的现有技术检索技巧和审查判断方法，以便于其开展更为有效的研究开发。为了便于研究学者理解，这类培训引入了机械领域的教材，使他们能够结合日本特许厅的专利审查判断，从专利代理人等知识产权专家身上学到有利于开展个人学术研究的现有技术文献检索手法。专业检索人才培训（中级）计划一年举行两次培训，其培训对象是科研人员或大学中的知识产权相关人员，其培训特色是传授通过专利电子图书馆（IPDL）检索专利文献的技巧。培训期间通常是：第一天介绍专利法及专利文献分类体系概论、现有技术文献检索理论，第二天进行现有技术调查练习，第三天分组讨论调查结果并讲解标准答案（教师跟踪确认）。

（4）高级专业检索人才培训（针对企业知识产权部门职员）

工业所有权情报研修馆针对企业知识产权部门职员或调查公司实施专业检索人才培训（高级），向他们传授日本特许厅审查员拥有的现有技术检索技巧和审查判断方法。这类培训聘请在职审查员，就如何建立检索式以精确、快速地找到审查判断所依据的引用文献和如何判断新颖性、创造性，按照不同领域进行培训。上述培训不仅限于发明，还包括外观设计。

专业检索人才培训（高级）计划一年举行四五次培训，其中包括一次外观设计培训。其培训对象是企业知识产权部门职员或专利调查公司职员等。其特色是在不同技术领域设置不同培训课程（机械、化学、电气通信），聘请在职审查员加以指导，向培训生传授现有技术调查的高级技巧。在培训期间，通常在第一天讲授检索索引，在第二天讲授调查实务，在第三天讲授筛选引用文献练习并在检索终端操作实习，在第四天进行调查实习，在第五天讨论调查结果和讲授调查实务。

（5）专利侵权警告模拟培训（针对中小企业管理人员等）

工业所有权情报研修馆通过模拟邮寄专利侵权警告函，对中小企业的经营管理人员或知识产权负责人进行培训，以便让他们在实践中体会到专利侵权后应采取的解决方案。通过这类培训，受训人员能够了解到中小企业的经营管理者收到专利侵权警告函后易犯的错误，向有着丰富专利诉讼经验的专利代理人等知识产权专家学习恰当的解决方案。

专利侵权警告模拟培训计划一年举行四次培训。培训的方式为：由工业所有权情报研修馆向培训申请人邮寄培训专用的专利侵权警告函，要求其于规定期限内提交解决方案；培训生收到警告函后，联系实践思考解决方案，总结后以报告的形式回复；然后培训生分组讨论提交的答复并向讲师陈述；讲师公布并评述各组的解决方案，培训生学习典型的警告函解决方案，包括预防措施、今后对策、谈判前调查、回复警告函等。讲师在进行讲评时，会讲解反击、防御技巧，介绍日常知识产权管理。

2. 日本发明协会的知识产权人才培训工作

日本发明协会可以追溯到 1904 年，迄今已经具有 104 年的历史，本部设在东京，在日本 47 个都道府县设有支部，共有 577 名员工。在日本发明协会本部的研究所下面，设有知识产权研究中心、亚太工业产权中心（APIC）和专利流通促进事业中心（PADIC）。日本发明协会的理念是实现尊重知识产权的社会、形成知识产权文化，目的是有效利用全国支部的网络，促进发明奖励、制度普及等业务，以大力促进日本科学技术的发展与产业经济的发展。

日本发明协会在日本培养知识产权人才综合战略中也担当了重任，承担了面向专业人才、经营人与研究人员和普通国民的人才培养任务。在培养专业人才方面，日本发明协会为应对专业性的分化与高度化而实施的培训按照不同主题开设公开讲座；在培养经营人与研究人员方面，日本发明协会面向中小企业和风险企业等开展培训，按照不同主题开设公开讲座；在强化普通国民的知识产权意识方面，日本发明协会为提高学生和儿童的知识产权意识而提供发明奖励。下面，笔者主要介绍日本发明协会面向公众（专业人才、经营人和研究人员）的培训工作。

日本发明协会面向公众主要开展本科培训（面向专业人才）、公开讲座（面向专业人才、经营人和研究人员）、专业人才培训计划（面向专业人才）、面向中小企业和风险企业的研讨会（面向经营人和研究人员）等工作。

（1）本科培训❶

本科培训的目的是培养具备有关知识产权的专业知识和战略性思考力的人才。其培训对象为企业知识产权部门的实际业务负责人（每个课程50人）。培训内容为：第一课程（法律、条约）21天，第二课程（专利管理、实施合同）17天，第三课程（专利诉讼、侵犯诉讼）16天。完成全部课程通常约需8个月时间。每个科目需要学生接受考试或提交报告书后方可结业。具体安排如表3所示。

表3　日本发明协会本科培训的主要科目与讲师

	第一课程	第二课程	第三课程
科目	专利法 外观设计法 商标法 著作权法 反不正当竞争法 民法 民事诉讼法 反垄断法 国际条约	企业经营与知识产权管理 研究开发与知识产权管理 专利审查标准 欧美的专利制度 PCT申请 许可 编写合同书实际业务 演练编写明细单	专利侵犯诉讼 判决撤销诉讼 ADR 事例研究 裁判研究
讲师	大学教授 律师 代理人	企业经营人 企业知识产权管理人 代理人 大学教授	法院审判员 律师 代理人 大学教授

（2）公开讲座

公开讲座的目的是教授有关知识产权的一般性知识及专业知识。其面向对象范围广，从初学者（学生、社会人）到企业的知识产权的实际业务负责人为止（根据主题20人~100人）；培训内容为特定主题的讲座（每年40个讲座），每个主题的讲座期限为1~2天；讲师主要为大学教授、代理人、企业知识产权经理人，而根据主题，还会有外国人讲师（如美国专利律师等）。公开讲座的主题如表4所示。

---

❶ 这里的本科培训不是指国内本科生层面的教育。

表4 日本发明协会公开讲座的主要主题

	法律条约	申请手续	专利管理与有效利用	诉讼	知识产权与经营
高级		∨ PCT申请 ∨ 外国申请 ∨ 专利明细单编写实际业务	∨	∨ 外国诉讼 ∨ 判例 ∨ 申请审判	∨ 知识产权战略与经营
中级	∨ 修改法律的要点 ∨ 欧美专利制度 ∨ 亚洲知识产权制度	明细单的编写 补正 中间手续等	∨ 专利地图 ∨ 许可 ∨ 职务发明	∨ 专利侵犯诉讼	∨ 企业举办的知识产权活动
初学者	∨ 入门与基础	∨ 制度的概要	∨ 专利调查实际业务	∨	∨

（3）专业人才培养计划

专业人才培养计划的目的是培养支援中小企业、风险企业的知识产权专业人才，包括劝告者、许可证与协调人、知识产权管理顾问。培训的对象是知识产权事业家、大学与企业等的知识产权负责人。培训内容为特定主题的讲座（每年40个讲座，基本上每周1次）。每个课程的期限均为9天。学生通过考试或报告书记分与通过结业。

（4）面向中小企业、风险企业的研讨会

面向中小企业、风险企业的研讨会的目的是普及和启发有关面向中小企业、风险企业的知识产权制度；对象是中小企业、风险企业的经营人、研究人员、知识产权负责人等；内容是制度的概要、知识产权战略、仿制品对策等；期限为每次1天，每年在日本全国各地举办数百次。

二、韩国知识产权人才的培养情况

（一）韩国知识产权人才培养概况

韩国于2008年4月颁布了国家知识产权培训综合计划（简称"培训计划"），其中涉及4大部门和14个重点项目，并将知识产权人才培训体系分为企业、大学和专利代理人3个主要方面，以培养擅长知识产权知识的人才、培养企业内部知识产权工作人员、培养加强知识产权服务的人才和为知识产权相关工作打下坚实基础为目标。

培训计划由韩国知识产权局（KIPO）提出，其预算计划主要由产业财产人力科制定，部分委托发明振兴会制定，相关经费由韩国政府出资，而具体工作由大学或其他机构与 KIPO 共同推进，网络课程则外包给国际知识产权研修院来开发管理。

除了 KIPO，最为主要的负责人才培养工作的机构是国际知识产权研修院（IIPTI）。国际知识产权研修院成立于 1987 年，1991 年搬至现在的大田县，2005 年成立发明培训中心，2006 年成为世界知识产权组织（WIPO）指定的正式培训机构。与日本的工业所有权情报研修院不同，国际知识产权研修院是 KIPO 的下属机构，可进行预算编制，工作人员为公务员，共有 4 个科，43 名工作人员，其中教育企划科 21 人，负责策划课程；知识产权教育科 8 人和创新发明教育科 8 人，具体负责培训业务；教师科 6 人，负责专职授课或外聘教师的工作。目前国际知识产权研修院主要负责面向公务员、一般社会人、教师、学生、外国人以及网络教学这 6 个方面的培训。

国际知识产权研修院最为核心的工作是为 KIPO 的审查员和复审员提供培训。每年由韩国的行政自治部提出所有培训教育的“指针”，国际知识产权研修院根据指针内容制定课程并了解 KIPO 的需求，将其所关心的课题反映到培训课程中，制订培训计划和预算计划。教师主要是来自 KIPO 的审查员和复审员，也有部分外聘教师承担授课工作。

而对于企业、研究所等民间机构进行的培训则不需要提前报送计划，由国际知识产权研修院制作课程后，民间机构自费前来听课，从而解决经费问题。中小企业可先根据受训人数向国际知识产权研修院缴纳费用，在培训结束后可向韩国劳动部提出 70% ~80% 的退费申请。2008 年已举办 13 次课程讲座，其中专利地图、信息更新以及有关纠纷类的课程最受企业欢迎。

（二）韩国知识产权人才的专业教育

1. 高丽大学的知识产权教育

韩国的高丽大学、延世大学和庆南大学等学府都开设有可授予硕士学位的在职知识产权教育。囿于信息掌握的情况，这里只详细介绍高丽大学的知识产权教育情况。

高丽大学成立于 1905 年，最初以法律、商学为主，现发展为综合性大学。学校计划于 2009 年 3 月模仿美国成立美式法学院（Law School）。自 2002 年起，该校开始注重与国际学校间的交流与合作，目前在本科生中派往中国、美国等国家或地区留学的以及来韩留学的外国学生共计 1500 名左右。

高丽大学的法学院分成 2 个不同的部分，即法科学院与法务学院。

法科学院为一般法学院，学生为本科在校生，教学以理论为中心，学习各种法律知识，每学期有 3 门与知识产权相关的课程，毕业后授予商法学士学位，并无专门的知识产权学位。

而法务学院以实务教学为主，成立于 1995 年 12 月，学生均为在职人员，在晚间授课，知识产权方面的必修课为专利法、实用新型法和著作权法；并设有 29 门选修课程，包括商标法、诉讼法、美国专利法等以及医疗法律等学科，2007 年 9 月又加入了税法课程。

法务学院现有教授 5 名，大部分有海外留学背景和相关实务工作经验。学院教学主要以学院教授和外聘专家讲座为主，以案例讲解居多，学制一般为 2 年半，每学期 4 门课程，1 次学术讲座和 1 次与论文答辩相关的讨论。该院每年招收 200 名左右的新生，其中 20 名左右学习知识产权方向课程，目前仅在韩国国内招生，学员主要由各大企业法务部人员、律师等在职人员组成，并无应届毕业学生。法务学院的大部分学生在本科学习的并非法律专业，但已通过司法考试。入学时无须笔试，仅提供书面材料，由学院根据职务、本科成绩、工作经历以及男女比例等招收，毕业后可取得知识产权硕士学位。

2. KIPO 介入大学知识产权的教育培训

值得一提的是，在大学的专业教育（不限于法律或知识产权专业）中，韩国知识产权主管部门还积极介入，提供一些知识产权培训机会。韩国对大学中的知识产权培训，按照本科和研究生分别设置了培训方式和内容。本科生的培训主要以在线教学为主，相对较为薄弱的环节会派讲师进行面授，如 2006 年 KIPO 在 28 所大学中开办了 44 次讲座，2007 年在 37 所大学开办了 47 次讲座，2008 年在 39 所大学开办了 91 次讲座；而对研究生的培训主要以研究项目为中心，并辅以讲座，如 2006 年 KIPO 在 2 所大学中开办了 4 次讲座，2008 年在 6 所大学中开办了 15 次讲座，内容主要包括以案例为中心的说明书撰写、检索与分析等。KIPO 对研究人员还进行技术动向调查以及申请文件的评价等内容的培训。

此外，KIPO 还负责开发教材并给出教学指导方案；为提高学生的兴趣，开办优秀本科生夏令营活动，并选派优秀的研究生前往美国、新加坡等国家进行为期两周左右的参观学习；同时为获得大学和企业的双赢，举办了校园专利竞赛活动，由企业出题并审核，学生积极参与活动，优秀者可得到几千万韩元的奖金，并可在应聘时获得相应的加分奖励，2008 年共有约 68 所大学的学生参与了此项活动。

（三）韩国知识产权人才的社会培训

除了关注大学的知识产权教育，在企业的知识产权培训方面，韩国对于中小型企业，目前主要通过知识产权信息门户网站的形式进行网络培训；而对于大企业，本着尽量满足企业需求的原则，计划 2009 年起采取定制式培训的方法，即先到企业中进行访问，诊断企业的知识产权水平，然后确定进行入门、中级或者深化的培训内容，并委托民间机构开发教材。

在专利代理人的培训方面，目前韩国每年增加约 200 名专利代理人。为使专利代理人能够在侵权诉讼等方面起到主导作用，提高代理人的诉讼能力，对专利代理人加强了检索以及更新知识的培训，并在教材的开发中增加了授权以及中英文专利说明书的撰写等内容。而在目前增加的新方案中，加入了了解外国知识产权制度的内容，聘请世界著名讲师来韩授课，并分领域培训，更加重视申请文件的撰写以及 PCT 申请方面能力的提高。

对于一般人员采取地区轮训的方式，以将一般知识产权人员培养成全球知识产权领导人为目标，加强案例方面的针对性培训，并派遣人员到美国等发达国家和地区的专利事务所中学习，以使其成为全球知识产权专家。

大学生知识产权认知水平
现状分析及教育措施[*]

刘 华^{**} 周 莹^{***}

高等院校是为创新型国家建设提供最直接人才输出的口径。高等教育阶段，大学生在创新意识的激发、创新能力的培育及知识产权观念的树立等方面获得正确的引导，是我国高等教育改革的重要目标，而厘清大学生群体知识产权认知水平的现状是实现上述目标的前提。

一、大学生群体知识产权认知水平现状调查方案

大学生知识产权认知水平调研的目的在于通过调查形成对我国大学生群体知识产权认知水平现状的结构性描述和全面、系统的实证材料，为我国知识产权及创新教育措施的确立提供参考。本次调研的对象包括普通、重点高校的本、专科生和硕、博士研究生在内的大学生，调研对象的整体特点是立体性和普遍性。笔者以不同学历层次为参照系，调查了解不同教育阶段的大学生在知识积累的过程中，其知识产权认知水平的发展程度。为保证调查的全面性和客观性，笔者有意识地选择了武汉地区的民办高校、普通高校、重点高校共4所大学，并针对不同学科、专业的学生进行了问卷调查。

本次调研的内容主要涉及3个方面：创新意识和能力、知识产权观念、理解和应用知识产权制度的能力。调研数据分析分为2部分：整体部分和分类部分。整体部分是对大学生群体在上述相关问题上整体调查数据的统计与分析；分类部分是为了解不同的教育阶段、学科和院校的学生之间的差别，分析了受教育程度、专业教育和教学水平等因素对学生的影响。笔者以学历层次为分类标准将受访学生分为专科、本科、研究生3类，以基本学科为分类标准将受访

---

 * 基金项目：教育部人文社会科学研究 2005 年度项目"我国知识产权文化建设的理论与实践问题研究"（项目编号 05JA820010）。
 ** 华中师范大学知识产权研究所所长、博士、教授。
 *** 华中师范大学知识产权研究所研究人员、硕士。

学生分为文科和理工科、法学和非法学类 4 个类别，将学校分为普通高校和重点高校两类。本次调研共回收问卷 767 份，笔者分别对所获得的数据进行了细化分类统计。

二、大学生群体知识产权认知水平现状实证分析

（一）大学生对知识产权了解程度

该项调查旨在考察大学生对不同层面知识产权问题的了解程度，包括宏观了解、关注程度以及对各种知识产权具体问题的认识和态度。宏观了解：对知识产权相当了解、有些了解和听说过的比例为 95.04%。关注程度：对列举的 5 个知名的知识产权案例，知道其中 3 ~ 5 个的学生只有 8.34%，知道其中 1 ~ 2 个的学生有 50.59%。知识产权知识获取途径（多选题）：通过专业课和公共课学习的有 13.43%，通过新闻媒体的有 77.83%，通过网络的有 8.66%，通过与他人交流的有 40.81%。对知识产权侵权界限的了解：有 83.57% 的学生表示清楚模仿、参考与抄袭的区别，但只有 32.33% 学生从不抄袭。对侵权惩治的态度：对盗版、仿冒行为，认为应当严厉打击生产销售者的有 78.35%。对我国知识产权保护水平的态度：认为太高的有 5.61%，认为保护不够，需进一步加强的有 71.58%。知识产权制度对公众的必要性：有 77.84% 的学生认为有必要。对知识产权与经济发展的关系的认识：认为对经济发展有利的有 79.27%。分类数据统计如表 1 所示。

表 1　知识产权了解程度分类统计

	专科	本科	研究生	文科	理工科	普通高校	重点高校	法学	非法学
宏观了解	87%	96%	98%	95%	95%	93%	97%	99%	95%
关注度	61%	56%	72%	60%	58%	56%	62%	62%	58%
重要性认识	81%	79%	81%	84%	77%	78%	81%	86%	78%
必要性认识	82%	78%	74%	87%	73%	77%	79%	88%	76%

对上述统计数据分析表明：（1）学生对知识产权的了解与关注程度与学历层次同步提升。大学生对知识产权的宏观了解程度进一步提高，其比例相比笔者同期进行的对中学生和小学生的调查数据分别提高了 40% 和 45%[1]；随着大学生学历程度的提高，主动关注程度也呈上升趋势，研究生群体相对于本科生和专科生的关注比例亦有所提升。（2）传媒与外部环境对学生获得知识产

---

[1]　大学生、中学生、小学生对知识产权有所了解的人数分别占相应受调查人数的 95%、55%、50%。

权知识的影响较大，学校正规教育有待加强。有超过 80% 的学生选择通过新闻媒体、网络等传媒途径获取知识，各类传媒和社会整体环境的作用不容忽视。非法学专业的学生中通过专业课和公共课的途径获取知识的比例很低。这种通过传媒和外部环境的影响所得到的知识容易有模糊、偏差和不完整的缺陷，加强学校正规教育正可以弥补这一点。（3）对知识产权重要性的认识有所提高。对于侵权行为的惩治力度、保护水平、知识产权制度的必要性和与经济发展的关系 4 个问题上，分别有 70% ~ 80% 的学生意识到知识产权的重要性，表现出比较清晰的认识和态度。（4）学科、专业与教学质量同知识产权的认知程度相关。在上述关于知识产权了解程度的 4 项分类统计中，文科学生、重点高校、法学专业的数据明显高于理科学生、普通高校和非法学专业的同类数据，这说明对知识产权的了解程度与学科、专业和教学水平是有一定的联系的。

（二）大学生知识产权侵权状况与原因

该项调查旨在获得学生日常生活中的知识产权侵权状况、原因以及知识产权相关行为意识强弱的情况。购买盗版状况统计显示：有 93.48% 的学生购买过盗版的书籍、影像制品或电脑软件。购买盗版原因：8.74% 的学生是误买盗版，85.14% 因便宜或质量与正版相当而购买。不购买盗版的原因：主要是担心盗版的质量问题，也有 36% 的学生认为这样侵犯别人的知识产权。免费下载状况：经常有此行为的有 41.59%，偶尔为之的有 39.77%。购买假冒名牌状况：买过的为 51.11%。购买假冒名牌的原因：有 41.07% 的人是上当受骗，有 59.95% 是便宜实惠。论文抄袭状况：一贯如此的有 7.17%，为完成任务有时抄袭的为 45.76%，抄袭时有顾虑而将他人论文改头换面的有 14.34%，严格遵守引用规范而无抄袭行为的有 32.73%。分类数据统计如表 2 所示。

表 2 知识产权侵权状况分类统计

	专科	本科	研究生	文科	理工科	普通高校	重点高校	法学	非法学
购买盗版	90%	94%	96%	93%	94%	93%	94%	93%	94%
具有知识产权意识	44%	35%	25%	58%	23%	29%	42%	70%	27%
免费下载	79%	78%	98%	89%	77%	72%	90%	92%	79%
有意侵权	70%	70%	84%	75%	70%	70%	74%	74%	71%
论文抄袭	64%	69%	62%	70%	65%	64%	70%	77%	65%

上述统计显示：（1）大学生群体侵权现象普遍。在 4 类侵权行为中经常或曾经侵权的分别占九成、八成、五成和六成。而且这里需要说明的是，有许

多学生在免费下载的问题上选择"无"，有很大一部分原因是其中有许多本科生没有电脑。（2）知识产权意识淡薄。大学生知识产权侵权的几个主要原因涉及经济成本、性价比、市场管理和社会公平等因素，但最值得我们注意的是知识产权意识因素。统计显示，学生不购买侵权产品多是出于担心质量问题或有其他顾虑，真正尊重他人知识产权的并不多。在了解程度数据统计中，有超过八成的学生清楚模仿、参考与抄袭的区别，而在侵权数据的统计中，我们仍然看到有超过六成的学生有抄袭行为。（3）教育层次提高并不必然增强知识产权意识。随学历层次的提升，大学生对知识产权的认知和关注程度呈正比增长，而在侵权情况调查中，我们却看到了相反的情况。研究生的知识产权侵权情况较本科生和专科生更为严重，知识产权意识（因意识到侵权而不购买盗版商品的比例）的数据随学历水平的提升反而呈下降趋势。

（三）大学生知识产权保护与维权意识

该项调查考查学生对自己的知识产权的保护意识和维权意识。在自我保护意识方面：对是否想到如何保护自己的创新成果，有 19.56% 知道如何保护，62.97% 不知道怎么做，有 15.38% 没有想过。在维权意识方面：对自己的作品或专利被他人抄袭或擅用的反应，32.86% 的学生表示看情况而定，26.73% 的学生只有当损害程度严重的时候才想到用法律手段去维护，37.15% 的学生会积极运用法律手段维护自己的合法权益。

从上述数据中我们可以看出：（1）知识产权保护意识较差且相关知识不足。只有二成的学生知道如何保护自己的成果，而有六成的学生没有相关的知识，有超过 15% 的学生甚至没有想过这个问题。（2）维权意识不强与成本考虑相关。学生的维权意识并不是很强，积极采取法律手段的只有不到四成，大部分是看情况而定。而且我们注意到本科生选择法律维权的比例要比研究生高，而研究生在选择维权手段的时候更多地会考虑维权的成本问题。

（四）大学生创新积极性和知识产权教育需求

该项调查考察大学生创新兴趣、能力和对知识产权教育的需求。在创新兴趣与能力方面：在被问及是否想过或曾经尝试过进行文学创作、科学研究或发明创新时，有 14.47% 的学生没有想过，有 64.93% 的学生有想法但没有实施，有 14.34% 的学生尝试过但没有很好的结果，6.26% 的学生已有一定的成果。知识产权教育需求方面：对有没有必要在大学开设知识产权法公共课的问题，有 58.67% 的学生认为很有必要，有 23.86% 的学生不排斥。

上述数据显示：（1）大学生整体创新积极性不高。在大学生中，不管是否取得成果，但有想法并且尝试过创新的学生只有二成，多数学生停留在只有想法的基础上。这一比例相比我们在小学和中学所作调查的数据有大幅度下降。❶（2）对创新的理解和认识不清。我们发现在研究生中甚至有很多学生认为自己有过创新的想法但从来没有实施过。我们知道，研究生的主要任务就是要学会在研究的基础上创新，而许多研究生竟然认为自己从未实施过创新。这既反映了研究生教育中的问题，同时也说明学生对于"什么是创新"的认识和理解模糊不清。（3）有知识产权教育的需求。有近六成的学生认为知识产权教育很有必要。另有二成多的学生可以接受，两者之和大于八成。

三、结论及措施

（一）结论分析

此次调查较客观地反映了目前我国大学生群体知识产权认知和创新素质方面存在问题的缘由和症结，针对这些现状，笔者认为，我国高等教育要适应创新型国家对创新人才的需求，如下问题亟待解决：

（1）创新热情滑坡。由于我国学校长期应试教育模式的影响，学生疲于应付日常的考试和测验，不可能有时间和精力去参加科技创新和普及活动，其兴趣不断减弱，造成从小学到中学、大学，学生的创新积极性在滑坡。而对国外相关情形的考察也显示，美、日、韩近年也存在青少年对科技不感兴趣的问题，它们非常重视对国内外情况的调研，并尝试多种形式的努力来激发青少年的兴趣。我国青少年创新兴趣随年龄衰减的趋势应当引起教育主管部门、教育者的重视和对现行教育体制和模式的反思。如何改造高等教育传统模式，激发和培养大学生创新的兴趣和能力，是高校专业教育和素质教育均不可忽略的环节。

（2）对知识产权的理解、尊重不足及制度应用能力不强。调查中一个突出的问题是学生对知识产权的了解程度虽然在不断提升，但是这种知识产权知识并没有内化为他们对知识产权制度的理解和对他人创新成果的尊重，直接结果就是抄袭以及其他侵权现象的普遍存在。知识产权意识淡薄是形成独立思想和创新动力的严重阻碍，故知识产权意识的教育是培养学生创造力的前提。另外，大学生不能有效地保护自身权益和实际应用知识产权制度的能力较差等问题的存在，反映出在知识产权制度应用能力的培养和训练上的教育措施的缺失。

---

❶ 对小学生和中学生的调查显示具有创新积极性的人数分别占受调查人数的74%、51%。

（3）诚信教育缺失。调查显示，从小学生到中学生、大学生，其对抄袭行为作出正确反应的比例呈下降之势❶，这一现象也折射出我国针对学生群体的诚信教育措施还需加强。普遍的诚信意识是创新受到尊重的必要社会环境，它为创新提供空间和保证良性循环。培养学生的诚信品质、为创新营造良好的氛围是创新素质教育的基础。

（4）缺乏科学系统的知识产权教育体系。调查显示，媒体宣传是学生获得知识产权知识的主要途径，没有专门的课程教育致使学生对知识产权基本知识的认识模糊、对创新的界定不明确、对知识产权保护的相关规则不了解。因此，正规的、系统的学校知识产权教育仍然是极为必要的。

在这次调查中，我们也看到了一些值得乐观的方面：（1）知识产权认知程度提高。经过多年的知识产权宣传教育，我国的学生群体对于知识产权已不陌生，高校学生对知识产权的关注程度和对知识产权与国家发展、经济增长的重要性的认识提高，与中小学生对比及几年前对大学生的同类调查相比均表现出明显的提高。这是我们进行知识产权教育的一个良好基础。（2）具有知识产权教育的需求和兴趣。调查显示大学生具有知识产权教育的迫切需求，这为在我国大学生群体中进一步开展知识产权教育提供了可能。

（二）教育措施

加强高等院校的知识产权教育对于培养高素质创新人才和营造全社会崇尚创新精神、尊重知识产权的良好氛围均有着基础性作用。高校知识产权教育不应当是孤立的课程教育模式，而应当是一个完整的教育体系：一个以创新素质的培育、诚信品质的养成和知识产权意识的培养为主要内容的相互联系、相互作用的有机统一体。建立这个体系的必要性表现在：其一，培养大学生创新素质是提升国家整体创新能力的前提。为国家培养和输送创新人才，使高校成为创新人才培养基地是高校教育的主要任务。其二，学生诚信品质是推动学术创新的重要思想保证。哈佛大学的《学习生活指南》中明示："独立思想是美国学界的最高价值。美国高等教育体系以最严肃的态度反对把他人的著作或者观点化为己有——所谓剽窃。"其意义显然不仅仅在于制止和减少剽窃，更重要的是捍卫独立思想这一大学理念，形成一种健康的学术氛围，从而为学生养成独立和创新的精神奠定良好的基础。其三，知识产权素质与创新素质的培育紧密相关。"通过不懈努力最终获得的成功，将给人以激励以朝着更远大的方向

---

❶ 小学生认为不应该抄袭他人作品的占 95.38%，中学生认为抄袭他人作品违法的比例为 57.17%，大学生从不抄袭的比例为 32.33%。

发展，而从别人那里不费力气获取的知识，将会丧失这种创新的原动力"。❶
培养学生的知识产权意识，有利于促进高校形成尊重知识产权的氛围，引导一
种高校创新文化。故建立完善的高校知识产权教育体系应立足于以下 3 种
机制：

（1）建立以兴趣激发为起点、能力培养为重心、评价体系为支持的创新
素质培育机制。建立高校的创新培育机制应当注重以下几个方面的问题。第
一，通过提高关注程度和增加接触机会激发学生的创新兴趣。高校教育应当注
意整合各种资源，提高学生对创新活动、创新成果的关注度，增加学生接触各
种创新活动的机会，使学生在关注和接触中产生对创新活动的兴趣。第二，通
过实践培养学生的创新能力。实践可以激发学习兴趣，激活学生已有的知识沉
淀，展开深层次的思维。开展实践教学要注意改革教学方式以激起学生的求知
欲和学习热情，培养学生的创造性思维，并且注意根据学生的学科特点制定不
同的创新能力培养目标；第三，通过改革评价体系为兴趣和能力的培养提供支
持。科学的评价体系是创新活动最有效的动力来源。我国高校的评价体系讲求
整齐划一，内容不科学，方式单一。学生为了迎合这种评价体系，在学习过程
中就会力求稳妥，不敢求新求变。因此，改革现有的评价体系，使学生的创新
激情不断得到鼓励和支持是提高学生创新能力的保证。

（2）建立以教育为基础、管理为保障的诚信品质培养机制。通过诚信教
育和诚信管理树立学生的诚信品质，可以改变大学生群体在其成长历程中所形
成的重结果而不重过程，讲成败而不讲诚信的习惯。首先，诚信教育是诚信品
质培养的基础。诚信教育可以纠正学生在成长过程中被扭曲的道德观念，可以
将朴素的诚信和被迫的诚信通过教育手段上升为自觉的诚信。诚信教育也是学
生培养独立思想、树立创新理念的内在基础。其次，诚信管理是诚信品质培养
的保障，高校应当建立诚信规范和诚信记录，以相应的管理规则作为落实诚信
教育的手段。诚信管理的目的还在于创造高校积极健康的学术环境和鼓励创新
的文化氛围。

（3）建立以意识教育为核心、能力获取为目标的知识产权素质培养机制。
通过情境教学手段提高学生知识产权意识和应用能力是值得重视的途径。教育
过程区别于其他活动过程的基本特征是主体建构以教育环境、教育情境为基
础、为依托。学生的现实表现反映出以往的教学方式使学生欠缺独立思考和分

---

❶ TOYODA S. Future of the global economy and IP culture: proceeding of international symposium in commemoration of the 100th anniversary of the establishment of the Japan Institute of Invention and Innovation [C]. 2004: 20.

析问题的能力。苏联教育心理学家维果茨基认为，学习过程其实等同文化背景与社会互动的组合，教学者应当多关注学习活动中的社会情境。将知识产权意识教育和应用能力培养与社会情境相结合将有助于学生对知识产权制度的理解和运用：第一，通过情境学习理论知识，可以使学生透过实际活动将学习建构在真实的活动中，这样学生才能了解知识产权的意义与价值；第二，学生通过自身的体验和尝试而融入创新活动之中，体会创新的乐趣和艰辛，不但可以激发学生的创新兴趣和提高创新能力，更重要的是还可以加深学生对知识产权人和知识产权制度的理解和尊重；第三，这种学习可以帮助学生通过在情境中得到的资料和经验，将知识应用到今后的工作和生活中去，以达到持久稳定的教育效果。通过知识产权产生和发展的历程，对当前社会生活、经济发展等方面的影响，以备受关注的事件、典型案例及具体创新目标的体验来设计情境，达到潜移默化地激发学生的创新兴趣、培养知识产权意识和提高应用能力的目标。

(原版)后记

　　未来世界的竞争，主要是知识产权的竞争；未来世界的知识产权竞争，主要在于知识产权人才的竞争。2008 年春，我国《国家知识产权战略纲要》(以下简称《纲要》)将"加强知识产权人才队伍建设"列入七大战略措施之一，强调"建设若干国家知识产权人才培养基地。加快建设高水平的知识产权师资队伍。设立知识产权二级学科，支持有条件的高等学校设立知识产权硕士、博士学位授予点。大规模培养各级各类知识产权专业人才，重点培养企业急需的知识产权管理和中介服务人才"等。随着《纲要》的颁布和实施，知识产权人才培养在我国的紧迫性和使命感越发突出。

　　在我国《纲要》颁布的春风鼓舞下，汇集了我国高校数十家知识产权教学与研究机构在知识产权人才培养方面的实践经验和体会的《中国知识产权人才培养研究 (第 2 卷)》即将出版。本书主要收编了 2007 年和 2009 年由中国高校知识产权研究会人才培养委员会、上海大学知识产权学院和上海市知识产权发展研究中心等联合举办的第三届和第四届中国高校知识产权人才培养研讨会上，各位知识产权专家和青年学者的发言和论文，全面探讨了我国知识产权人才培养模式及其教学安排、高校知识产权人才培养条件建设、知识产权学科整合和建设等涉及我国高校知识产权人才培养的具体内容及各类细节问题。需要特别指出的是，在"2008 中国高校知识产权人才培养研讨会"上，我国著名知识产权学者吴汉东教授、陶鑫良教授等提出了《关于中国知识产权人才培养的建议书》，主要就实施国家知识产权战略、推进我国知识产权人才培养提出了 6 点具体建议，提交国家相关部委，这也是近期中国高校知识产权人才培养的最新行动。

　　本书是在 2006 年《中国知识产权人才培养研究》一书基础上，对近年来我国知识产权人才培养研究成果的回顾和总结，为我国高校知识产权人才培养的深入发展展开了进一步的理论思考。本书的出版对《纲要》中知识产权人才培养战略的贯彻和实施有着重要的意义，相信也能为我国各大学、各研究机构、各单位的知识产权人才培养和知识产权教学工作提供有益的建议和帮助。本书的编撰过程得到了各位作者的大力支持。本书同时也是上海市教委设立的上海市知识产权教育高地建设项目的成果之一。在本书的编撰过程中得到了各位作者的大力支持，本书的编校还得到了上海大学知识产权学院杜承彦、周缘、高林、姚瑶、王佳慧等研究生的大力协助。上海大学出版社对本书的出版更给予了积极的帮助，本书的责任编辑在审阅本书时表现出来的求真务实的敬业精神与认真细致的工作风格感人至深。在此向本书的所有作者和对本书给予支持与帮助的人们表示最诚挚的谢意。

愿《中国知识产权人才培养（第 2 辑)》的出版能成为全国各高校、研究机构和单位在知识产权人才培养方面的学术交流和实务讨论的良好载体，能为《纲要》的顺利执行添砖加瓦，能为我国知识产权人才培养事业增光添彩。存在的各种不足和疏漏，也敬请各位读者给予批评与指正。

编者

2009 年 12 月 2 日

再版后记

上海大学知识产权学院成立三十周年之际，知识产权出版社再版十多年前上海大学出版社出版的《中国知识产权人才培养研究（一）、（二）》。《中国知识产权人才培养研究（一）》一书的主要内容为第二届中国高校知识产权人才培养研讨会的会议记录与第一、二届中国高校知识产权人才培养研讨会的与会论文，卷首有 2003 年 10 月在上海大学召开的"中国高校知识产权研究会第十一届年会"上发布的《关于中国知识产权人才培养的倡议书》。《中国知识产权人才培养研究（二）》一书的主要内容是第三届中国高校知识产权人才培养研讨会会议记录与第三、四届中国高校知识产权人才培养研讨会的与会论文，卷首有 2009 年 5 月在"第四届中国高校知识产权人才培养研讨会"上发布的《关于中国高校知识产权人才培养的建议书》。这两本书较完整地记录了当年几次中国高校知识产权人才培养研讨会的来龙去脉，较全面地荟萃了当时我国高校诸多知识产权学者的真知灼见。

1985 年成立的中国高校知识产权研究会，于 2003 年 10 月设立了"人才培养委员会"并挂靠上海大学知识产权学院。2005 年在上海大学召开了"第一届中国高校知识产权人才培养研讨会"，此后连年持续召开了系列中国高校知识产权人才培养研讨会：第二届 2006 年在上海大学召开，第三届 2007 年在浙江舟山朱家尖召开，第四届 2009 年在江苏吴江同里召开，第五届 2010 年在北京大学召开，第六届 2013 年在温州知识产权学院召开，第七届 2014 年在江苏太仓召开，第八届 2015 年在陕西西安召开，第九届 2017 年在大连理工大学盘锦校区召开，第十届 2021 年在重庆理工大学知识产权学院召开，第十一届 2022 年在广西师范大学召开，第十二届 2023 年在中南大学召开。2022 年，中国知识产权研究会高校知识产权专业委员会成立，中国高校知识产权人才培养研讨已成为中国知识产权研究会"面向各界搭建的聚焦知识产权人才培养的开放的交流平台"。

从 20 世纪 80 年代中期中国人民大学招收知识产权第二学士学位学生启始，继而北京大学于 1993 年成立我国第一所知识产权学院，我国高校的知识产权人才培养迅速发展，一路高歌，如今全国高校内已建立了六十多所知识产权学院，一百多个高校设置有"法学（知识产权）"本科专业，数以百计的高校正在培养知识产权硕博士研究生，今年起"知识产权专业硕士学位"又正式启动……

我国高校的知识产权人才培养厚积薄发，继往开来，已从早年的涓涓细流发展成为今天的滔滔江河。问江那得潮如许？为有源头活水来。如今我国高校知识产权人才培养的形势风起云涌，今非昔比，进入了一个新的历史时期。温故当知新，推陈而出新，《中国知识产权人才培养研究（一）、（二）》的再版，或能帮助我们重新回顾那一段峥嵘岁月，进一步总结与借鉴历史经验，或可为努力推进新时期我国高校知识产权人才培养的继往开来而添砖加瓦。

陶鑫良　王勉青

2024 年 8 月